火电行业环境保护政策法规

环境保护部环境工程评估中心　编

中国环境出版社・北京

图书在版编目（CIP）数据

火电行业环境保护政策法规/环境保护部环境工程评估中心编. —北京：中国环境出版社，2014.6
ISBN 978-7-5111-1856-1

Ⅰ. ①火…　Ⅱ. ①环…　Ⅲ. ①火电厂—环境保护—政策—中国②火电厂—环境保护法—中国　Ⅳ. ①D922.68

中国版本图书馆 CIP 数据核字（2014）第 095496 号

出 版 人　王新程
责任编辑　黄晓燕　李兰兰
责任校对　唐丽虹
封面设计　宋　瑞

出版发行　中国环境出版社
（100062　北京市东城区广渠门内大街 16 号）
网　　址：http://www.cesp.com.cn
电子邮箱：bjgl@cesp.com.cn
联系电话：010-67112765（编辑管理部）
010-67112735（环评与监察图书出版中心）
发行热线：010-67125803，010-67113405（传真）
印　　刷　北京中科印刷有限公司
经　　销　各地新华书店
版　　次　2014 年 6 月第 1 版
印　　次　2014 年 6 月第 1 次印刷
开　　本　787×1092　1/16
印　　张　25.75
字　　数　678 千字
定　　价　80.00 元

本书编写委员会

主　编　李海生

副主编　任洪岩

编　委　姜　华　曹晓红　莫　华　徐海红　何　磊

王连军　尤　杨　王临清　帅　伟　曹　娜

吴家玉　李　佳　葛德祥　何　皓　蔡春霞

赵　芳　祝晓燕

前　言

本书收集、归纳、整理我国现行火电行业环境管理相关政策标准共70余项。本书可作为各级环保部门、火电企业、环境影响评价机构、评估机构和相关单位的人员在开展火电行业相关业务工作时使用。

在本书编写出版过程中，环境保护部、环境保护部环境发展中心等单位给予了大力支持，中国环境出版社的领导和编校人员付出了辛勤的劳动，在此表示衷心的感谢。

由于时间紧迫，书中难免有缺漏，敬请读者批评指正。

编者

2014年1月16日

目　录

第一章　政策规划

第二章　结构调整

第三章　淘汰落后

第四章　准入条件

第五章 节能减排

第六章 污染防治

（一）大气污染

（二）水污染

（三）固体废物和危险废物

（四）防治技术

第七章 清洁生产

第八章 循环经济

第九章 审批管理

第十一章 上市环保核查

第一章　政策规划

国家发展改革委关于燃煤电站项目规划和建设的有关要求的通知

发改能源[2004]864 号

各省、自治区、直辖市发展改革委、经贸委（经委）、国家电网公司、中国南方电网有限责任公司、华能、大唐、国电、华电、中电投集团公司、神华集团、国家开发投资公司、中国国际工程咨询公司、中国电力工程顾问集团公司：

近年来，随着我国经济的快速发展和人民生活质量的不断提高，电力需求增长持续攀升，不少地区出现电力供应紧张的状况。为尽快缓解电力供需矛盾，国家抓紧制定电力规划，增加了电站建设规模，加快了电力建设步伐。但在燃煤电站项目前期工作中，出现了布局不合理、质量下降等问题，有的项目忽视了国家关于技术进步、环境保护、节约用水等方面的规定。

为了贯彻落实党中央关于树立科学发展观的精神，促进国民经济、能源和环境的协调发展，针对我国能源以煤为主的国情，必须高度重视燃煤电站规划及建设的各方面因素，尽快提升燃煤电站技术水平，严格执行国家产业政策和环境排放标准，规范电站项目建设，确保电力工业可持续发展，现将有关要求通知如下：

一、统筹规划，做好电站布局

燃煤电站项目要高度重视规划布局合理性。我国能源资源和电力负荷在地域上分布不均，电站规划布局需要符合我国一次能源总体流向，综合平衡煤源、水源、电力负荷、接入系统、交通运输、环境保护等电站建设必要条例，统筹考虑输煤与输电问题。现阶段，在电站布局上优先考虑以下项目：利用原有厂址扩建项目和“以大代小”老厂改造项目；靠近电力负荷中心，有利于减轻电网建设和输电压力的项目；利用本地煤炭资源建设坑口或矿区电站以及港口、铁道路口等运输条件较好的电站项目；有利于电网运行安全，多方向、分散接入系统的项目。

二、提高机组效率，促进技术升级

从长远看，我国一次能源是紧缺的，环境容量有限，电力建设必须要提高效率，保护环境。除西藏、新疆、海南等地区外，其他地区应规划建设高参数、大容量、高效率、节水环保型燃煤电站项目，所选机组单机容量原则上应为 60 万千瓦及以上，机组发电煤耗要控制在 286 克标准煤/千瓦时以下。需要远距离输燃煤的电厂，原则上规划建设超临界、超超临界机组。在缺乏煤炭资源的东部沿海地区，优先规划建设发电煤耗不高于 275 克标准煤/千瓦时的燃煤电站。

在煤炭资源丰富的地区，规划建设煤矿坑口或矿区电站项目，机组发电煤耗要控制在 295 克标准煤/千瓦时以下（空冷机组发电煤耗要控制在 305 克标准煤/千瓦时以下）。在生产外运煤炭的坑口和煤矿矿区，结合当地电力需求和资源条件，可采用先进适用发电技术，建设燃用洗中煤、泥煤及其他劣质煤的大中型电厂。鼓励发展煤电一体化投资项目。

三、严格执行国家环保政策

按照国家环保标准，除燃用特低硫煤的发电项目要预留脱硫场地外，其他新建、扩建燃煤电站项目均应同步建设烟气脱硫设施。扩建电站的同时，应对该电站中未加装脱硫设施的已投运燃煤机组同步建设脱硫装置。鼓励发电企业对已运行的煤电机组实施除尘和脱硫改造。所有燃煤电站均要同步建设排放物在线连续监测装置。

四、高度重视节约用水

鼓励新建、扩建燃煤电站项目采用新技术、新工艺，降低用水量。对扩建电厂项目，应对该电厂中已投运机组进行节水改造，尽量做到发电增容不增水。

在北方缺水地区，新建、扩建电厂禁止取用地下水，严格控制使用地表水，鼓励利用城市污水处理厂的中水或其他废水。原则上应建设大型空冷机组，机组耗水指标要控制在 0.18 立方米/秒・百万千瓦以下。这些地区建设的火电厂要与城市污水处理厂统一规划，配套同步建设。坑口电站项目首先考虑使用矿井疏干水。鼓励沿海缺水地区利用火电厂余热进行海水淡化。

水资源匮乏地区的燃煤电站要采用节水的干法、半干法烟气脱硫工艺技术。

五、严格控制土地占用量

所有电站项目要严格控制占地规模，严格执行国家规定的土地使用审批程序，原则不得占用基本农田。现阶段优先考虑占地少和不占耕地的电站项目。

六、落实热负荷，建设热电联产项目

在热负荷比较集中，或热负荷发展潜力较大的大中型城市，应根据电力和城市热力规划，结合交通运输和城市污水处理厂布局等因素，争取采用单机容量 30 万千瓦及以上的环保、高效发电机组，建设大型发电供热两用电站。

在不具备建设大型发电供热机组条件的地区，要根据当地热负荷的情况，区别对待。对于有充足、稳定的工业热负荷和采暖负荷的地区，原则上建设背压式机组，必要时配合建设大型抽汽凝汽式机组，按“抽背”联合运行方式供热；民用采暖负荷为主的中小城市、县城和乡镇，应按统一规划、分步实施的原则，先期建设大型集中供热锅炉房，待热网和热负荷规模发展到一定水平后，再考虑建设大型热电联产电站；对已建成的单机 15 万千瓦等级及以下抽汽供热机组，必须按“以热定电”的原则进行调度，电厂不带热负荷时不得上网发电。

国家鼓励发展大型热电冷多联产电站。

七、坚持技术引进和设备国产化原则

坚持国产化采购原则，新建及扩建燃煤电站均有义务承担技术引进和设备国产化的任务，国家鼓励采用国产发电设备。未经国家批准，不得进口燃煤发电设备。

优先安排采用国产化设备的整体煤气化联合循环、大型循环流化床、增压流化床等洁净煤先进技术发电项目。

八、关于燃用煤矸石发电的项目

对拥有大量煤矸石资源的矿区，在满足国家环保及用水要求等条件下，可建设适当规模的燃用煤矸石的电站项目。煤矸石电厂必须以燃用煤矸石为主，一般应与洗煤厂配套建设，其燃料低位发热量应不大于 12 550 千焦/千克。鼓励建设单机 20 万千瓦及以上机组，鼓励建设国产高效大型循环流化床锅炉的煤矸石电厂。

请按以上要求做好燃煤电站项目的规划和建设工作。

国家计委关于进一步做好热电联产项目建设管理工作的通知

计基础[2003]369 号

各省、自治区、直辖市、新疆建设兵团计委：

为了促进热电联产的健康发展，使热电联产达到节约能源、保护环境、改善人民生活条件的目的，现将热电联产项目规划与建设管理的有关要求通知如下：

一、高度重视集中供热规划工作。集中供热规划的落实是热电联产项目建设的首要条件。拟建热电联产项目所依据的集中供热规划应符合城市总体规划，反映城市最新发展状况，并通过有权审批部门的批准。没有经过批准的集中供热规划，不予审批热电联产项目。集中供热规划应包含供热区域划分、供热管网主干线布置、供热现状及热负荷调查、发展热负荷预测、热负荷特性分析、多种供热方式比较和热源点布局，规划热源应充分考虑当地资源、交通、工业、城建、环保和气候等条件，通过节能、环保和经济性比较合理选择。拟建热电联产项目应是集中供热规划中的热源点。

二、认真落实热负荷。热负荷的落实是热电联产项目可行性研究的首要内容，也是热电厂建设的重要基础数据。在项目建议书阶段应按《热电联产项目可行性研究技术规定》（计基础[2001]26 号）的要求，认真调查和准确核实供热区域内现有热负荷和近期热负荷，并分析热负荷的特性。热电联产项目的建设规模和机组选择应依据供热区域的热负荷数量及特性、城市建设发展前景和当地气候特点等因素经多方案论证后确定。

三、对于只有采暖热负荷的燃煤热电厂，应选用单机容量 20 万千瓦及以上大容量、高参数供热机组。如果因供热面积、燃料供应、环保要求和建厂条件限制而选用单机容量 20 万千瓦以下的供热机组，则应严格贯彻“以热定电”要求。在大电网覆盖范围内，对供热面积较小的供热区域，应考虑采用大型高效锅炉房集中供热；如技术经济可行，可考虑安装背压式供热机组结合供热锅炉供热，在非采暖期停止运行。对有连续、稳定常年热负荷的热电厂，原则上应选择背压式供热机组承担基本热负荷，由抽汽式供热机组承担变动热负荷。

四、要认真做好热电联产项目的环境保护和水资源保护工作，对燃煤供热机组要同步建设脱硫设施，在缺水地区应采用空冷技术。要协调落实热电联产工程配套热力网的建设工作，保证热力网与热电厂供热机组同步投入使用。

五、在有天然气供应的大城市，鼓励建设天然气燃气—蒸汽联合循环热电厂和以天然气为燃料并采用先进技术的小型热电联产项目。

六、要防止以建设热电联产电站的名义建设以供电为主的小火电。

各省（区、市）计委要按上述要求认真做好热电联产项目的规划工作，加强对项目建设前期工作的管理，确保热电联产项目取得明显的节能、环保和其他社会效益。

二〇〇三年三月十一日

国家计委　国家经贸委　建设部
国家环保总局联合发布《关于发展热电联产的规定》

急计基础[2000]1268号文

热电联产具有节约能源、改善环境、提高热质量、增加电力供应等综合效应。热电厂的建设是城市治理大气污染和提高能源利用率的重要措施，是集中供热的重要组成部分，是提高人民生活质量的公益性基础设施。改革开放以来，我国热电联产事业得到了迅速发展，对促进国民经济和社会发展起了重要作用。为实施可持续发展战略，实现两个根本性转变，推动热电联产事业的发展，特作出如下规定：

第一条　各地区在制定实施《中华人民共和国能源节约法》、《中华人民共和国环境保护法》、《中华人民共和国电力法》、《中华人民共和国煤炭法》、《中华人民共和国大气污染防治法》和《中华人民共和国城市规划法》等法律、细则和相关地方法规时，应当结合当地的实际情况，因地制宜地制定发展和推广热电联产、集中供热的措施。

第二条　各地区在制定发展规划时，应坚持环境保护基本国策，认真贯彻执行“能源节约与能源开发并举，把能源节约放在首位”的方针，按照建设部、国家计委《关于加强城市供热规划管理工作的通知》的规定（建城[1995]126号），认真编制和审查城市供热规划。依据本地区《城市供热规划》、《环境治理规划》和《电力规划》编制本地区的《热电联产规划》。

在进行热电联产项目规划时，应积极发展城市热水供应和集中制冷，扩大夏季制冷负荷，提高全年运行效率。

第三条　热电联合规划必须按照“统一规划、分步实施、以热定和适度规模”的原则进行，以供热为主要任务，并符合改善环境、节约能源和提高供热质量的要求。

第四条　各级计委负责热电联产的规划和基本建设项目的审批，各级经贸委负责热电联产的生产管理、热电联产技术改造规划的制定和项目的审批，各级建设部门是城市供热行业管理部门，各级环保部门要依照相关的环保法规对热电联产进行监督。

第五条　根据国家能源和环保政策，各地区应根据能源供应条件和优化能源结构的要求，从改善环境质量、节约能源和提高供热质量出发，优化热电联产的燃料供应方案。

第六条　在国务院新的固定资产投资管理办法出台前，热电联产项目审批暂按以下规定执行：

1. 单机容量25兆瓦及以上热电联产基本建设项目及总发电容量25兆瓦及以上燃气—蒸汽联合循环热电联产机组，报国家计委审批。

2. 单机容量25兆瓦以下热电联产基本建设项目及总发电容量25兆瓦以下的燃气—蒸汽联合循环热电联产机组，由各省、自治区、直辖市及计划单列市计委组织审批，报国家计委备案。

3. 现有凝气发电机组改造为热电联产工程和燃料结构变更与综合利用的热电联产技术改造工程总投资大于5 000万元的项目，由各省、自治区、直辖市经贸委组织审批；总投资小于5 000万的项目，由各省、自治区、直辖市经贸委组织审批，报国家经贸委备案。

4. 外商投资热电厂工程总造价 3 000 万美元及以上的项目，基本建设项目报国家计委审批，技术改造工程由国家计委审批。

5. 热电厂、热力网、粉煤灰综合利用项目应同时审批、同步建设、同步验收投入使用。热力网建设资金和粉煤灰综合利用项目不落实的，热电厂项目不予审批。

第七条 各类热电联产机组应符合下列指标：

一、供热式汽轮发电机组的蒸汽流

既发电又供热的常规热电联产，应符合下列指标：

1. 总热效率年平均大于 45%。

总热效率=（供热量+供电量×3 600 千焦/千瓦时）/（燃料总消耗量×燃料单位低位热值）×100%

2. 热电联产的热电比：

（1）单机容量在 50 兆瓦以下的热电机组，其热电比年平均应大于 100%；

（2）单机容量在 50 兆瓦至 200 兆瓦以下的热电机组，其热电比年平均应大于 50%；

（3）单机容量 200 兆瓦及以上抽汽凝汽两用供热机组，采暖期热电比应大于 50%。

热电比=供热量/（供电量×3 600 千焦/千瓦时）×100%

二、燃气—蒸汽联合循环热电联产系统包括：燃气轮机+供热余热锅炉、燃气轮机+供热余热锅炉、燃气轮机+余热锅炉+供热式汽轮机。燃气—蒸汽联合循环热电联产系统应符合下列指标：

1. 总效率年平均大于 55%；

2. 各容量等级燃气—蒸汽联合循环热电联产的热电比应大于 30%。

第八条 符合上述指标的新建热电厂或扩建热电厂的增容部分免交上网配套费，电网管理部门应允许并网。投产第一年按批准可行性研究报告中确定的全年平均热电比和总热效率签订上网电量合同。在保证供热和机组安全运行的前提下供热机组可参加调峰（备压机组不参加调峰）。国家和省、自治区、直辖市批准的开发区建设的热电厂投产三年后；以及现有热电厂技术改造投产后，达不到第七条规定指标的，经报请省级综合经济部门核准，按实际热负荷减算电量，对超发部分实行无偿调度。

第九条 热电联产能有效节约能源，改善环境质量，各地区、各部门应给予大力支持。热电厂应根据热负荷的需要，确定最佳运行方案，并以满足热负荷的需要为主要目标。地区电力主管部门在制定热电厂电力调度曲线时，必须充分考虑供热负荷曲线变化和节能因素，不得以电量指标限制热电厂对外供热，更不得迫使热电厂减压减温供汽，否则将依据《中华人民共和国节约能源法》和《中华人民共和国反不正当竞争法》第二十三条追究有关部门领导和当事人的责任，并赔偿相应的经济损失。

第十条 城市热力网是城市基础建设的一部分，各有关单位均应大力支持其建设，使城市热力网与电热厂配套建设，同时投入使用，充分发挥效益。

第十一条 凡利用余热、余气、城市垃圾、煤矸石、煤泥和煤层气等作为燃料的热电厂，按《国务院批转国家经贸委等部门关于进一步开展综合利用意见的通知》文件执行（国发[1996]36 号）。

第十二条 在有稳定热负荷的地区，进行中小凝汽机组改造时，应选择预期寿命内的机组安排改造为供热机组；并必须符合本规定第七条的要求。

第十三条 鼓励使用清洁能源，鼓励发展热、电、冷联产技术和热、电、煤气联供，以提高热能综合利用效率。

第十四条　积极支持发展燃气—蒸汽联合循环热电联产。

1．燃气—蒸汽联合循环热电联产污染小、效率高及靠近热、电负荷中心。国家鼓励以天然气、煤层气等气体为燃料的燃气—蒸汽联合循环热电联产。

2．发展燃气—蒸汽联合循环热电联产应坚持适度规模。根据当地热力市场电力市场的实际情况，以供热为主要目的，尽力提高资源的综合利用效率和季节适应性，可采用余热锅炉补燃措施，不宜片面扩大燃气容量和发电容量。

3．根据燃气—蒸汽联合循环热电厂具有大量稳定用气和为天然气管网提供调峰支持的特点，合理制定天然气价格。

4．以小型燃气发电机组和余热锅炉等设备组成的小型热电联产系统，适用于厂矿企业、写字楼、宾馆、商场、医院、银行、学校等分散的公用建筑。它具有效率高、占地小、保护环境、减少供电线路损和应急突发事件等综合功能，在有条件的地区应逐步推广。

第十五条　供热锅炉单台容量 20 吨/时及以上者，热负荷年利用率大于 4 000 小时，经技术经济论证具有明显经济效益的应改造为热电联产。

第十六条　在已建成的热电联产集中供热和规划建设热电联产集中供热项目的供热范围内，不得再建燃煤自备热电厂或永久性燃煤锅炉房，当地环保与技术监督部门不得再审批其扩建小锅炉。在热电联产集中供热工程和投产后，在供热范围内经批准保留部分容量较大、设备状态较好的锅炉作为供热系统的调峰和备用外，其余小锅炉应由当地政府在三个月内明令拆除。

在现有热电厂的供热范围内，不应有分散燃煤小锅炉运行。已有的分散燃煤锅炉应限期停运。

在城市热力网供热范围内，居民住宅小区应使用集中供热，不应再采用小锅炉等分散供热方式。

第十七条　各级政府应积极推广环境保护和节约能源，实施可持续发展战略，在每年市政建设中安排一定比例的资金用于发展热电联产、集中供热。

第十八条　住宅采暖供热应积极推进以用户为单位按用热量计价收费的新体制。从 2000 年 10 月 1 日起，新建居民住宅室内采暖供热系统要按热量收费；原有居民住宅要在开展试点的基础上，逐步进行改造，到 2010 年基本实现供热计量收费。

第十九条　热电联产项目接入电力系统方案，电力管理部门必须及时提出审查意见。热力管网走向和附设方式必须由当地城市建设管理部门及时提出意见。

第二十条　热电联产项目的建设、安装、调试、验收、投产必须遵照固定资产项目的管理程序和有关规定执行。在热电厂和城市热网的建设过程中应分别接受电力及城市建设管理部门的监督。

第二十一条　热电厂热价、电价应按《中华人民共和国价格法》和《中华人民共和国电力法》的规定制定。热电联产热价、电价的制定应充分考虑热电厂节约能源保护环境的社会效益，在兼顾用户承受能力的前提下，本着热电共享的原则合理分摊，由各级价格行政管理部门按价格管理权限制定公平、合理的价格。

第二十二条　本规定自发布之日起施行。本文发布单位的其他文件中有关热电联产的规定，凡与本文不符的应以本文为准。

第二十三条　本规定由国家发展计划委员会商国家经济贸易委员会、建设部、国家环保总局进行解释。

国务院关于落实科学发展观加强环境保护的决定

国发[2005]39 号

各省、自治区、直辖市人民政府，国务院各部委、各直属机构：

为全面落实科学发展观，加快构建社会主义和谐社会，实现全面建设小康社会的奋斗目标，必须把环境保护摆在更加重要的战略位置。现作出如下决定：

一、充分认识做好环境保护工作的重要意义

（一）环境保护工作取得积极进展。党中央、国务院高度重视环境保护，采取了一系列重大政策措施，各地区、各部门不断加大环境保护工作力度，在国民经济快速增长、人民群众消费水平显著提高的情况下，全国环境质量基本稳定，部分城市和地区环境质量有所改善，多数主要污染物排放总量得到控制，工业产品的污染排放强度下降，重点流域、区域环境治理不断推进，生态保护和治理得到加强，核与辐射监管体系进一步完善，全社会的环境意识和人民群众的参与度明显提高，我国认真履行国际环境公约，树立了良好的国际形象。

（二）环境形势依然十分严峻。我国环境保护虽然取得了积极进展，但环境形势严峻的状况仍然没有改变。主要污染物排放量超过环境承载能力，流经城市的河段普遍受到污染，许多城市空气污染严重，酸雨污染加重，持久性有机污染物的危害开始显现，土壤污染面积扩大，近岸海域污染加剧，核与辐射环境安全存在隐患。生态破坏严重，水土流失量大面广，石漠化、草原退化加剧，生物多样性减少，生态系统功能退化。发达国家上百年工业化过程中分阶段出现的环境问题，在我国近 20 多年来集中出现，呈现结构型、复合型、压缩型的特点。环境污染和生态破坏造成了巨大经济损失，危害群众健康，影响社会稳定和环境安全。未来 15 年我国人口将继续增加，经济总量将再翻两番，资源、能源消耗持续增长，环境保护面临的压力越来越大。

（三）环境保护的法规、制度、工作与任务要求不相适应。目前一些地方重 GDP 增长、轻环境保护。环境保护法制不够健全，环境立法未能完全适应形势需要，有法不依、执法不严现象较为突出。环境保护机制不完善，投入不足，历史欠账多，污染治理进程缓慢，市场化程度偏低。环境管理体制未完全理顺，环境管理效率有待提高。监管能力薄弱，国家环境监测、信息、科技、宣教和综合评估能力不足，部分领导干部环境保护意识和公众参与水平有待增强。

（四）把环境保护摆上更加重要的战略位置。加强环境保护是落实科学发展观的重要举措，是全面建设小康社会的内在要求，是坚持执政为民、提高执政能力的实际行动，是构建社会主义和谐社会的有力保障。加强环境保护，有利于促进经济结构调整和增长方式转变，实现更快更好地发展；有利于带动环保和相关产业发展，培育新的经济增长点和增加就业；有利于提高全社会的环境意识和道德素质，促进社会主义精神文明建设；有利于保障人民群众身体健康，提高生活质量和延长人均寿命；有利于维护中华民族的长远利益，为子孙后代留下良好的生存和发展空间。因此，必须用科学发展观统领环境保护工作，痛下决心解决环境问题。

二、用科学发展观统领环境保护工作

（五）指导思想。以邓小平理论和“三个代表”重要思想为指导，认真贯彻党的十六届五中全会精神，按照全面落实科学发展观、构建社会主义和谐社会的要求，坚持环境保护基本国策，在发展中解决环境问题。积极推进经济结构调整和经济增长方式的根本性转变，切实改变“先污染后治理、边治理边破坏”的状况，依靠科技进步，发展循环经济，倡导生态文明，强化环境法治，完善监管体制，建立长效机制，建设资源节约型和环境友好型社会，努力让人民群众喝上干净的水、呼吸清洁的空气、吃上放心的食物，在良好的环境中生产生活。

（六）基本原则。

——协调发展，互惠共赢。正确处理环境保护与经济发展和社会进步的关系，在发展中落实保护，在保护中促进发展，坚持节约发展、安全发展、清洁发展，实现可持续的科学发展。

——强化法治，综合治理。坚持依法行政，不断完善环境法律法规，严格环境执法；坚持环境保护与发展综合决策，科学规划，突出预防为主的方针，从源头防治污染和生态破坏，综合运用法律、经济、技术和必要的行政手段解决环境问题。

——不欠新账，多还旧账。严格控制污染物排放总量；所有新建、扩建和改建项目必须符合环保要求，做到增产不增污，努力实现增产减污；积极解决历史遗留的环境问题。

——依靠科技，创新机制。大力发展环境科学技术，以技术创新促进环境问题的解决；建立政府、企业、社会多元化投入机制和部分污染治理设施市场化运营机制，完善环保制度，健全统一、协调、高效的环境监管体制。

——分类指导，突出重点。因地制宜，分区规划，统筹城乡发展，分阶段解决制约经济发展和群众反映强烈的环境问题，改善重点流域、区域、海域、城市的环境质量。

（七）环境目标。到 2010 年，重点地区和城市的环境质量得到改善，生态环境恶化趋势基本遏制。主要污染物的排放总量得到有效控制，重点行业污染物排放强度明显下降，重点城市空气质量、城市集中饮用水水源和农村饮水水质、全国地表水水质和近岸海域海水水质有所好转，草原退化趋势有所控制，水土流失治理和生态修复面积有所增加，矿山环境明显改善，地下水超采及污染趋势减缓，重点生态功能保护区、自然保护区等的生态功能基本稳定，村镇环境质量有所改善，确保核与辐射环境安全。

到 2020 年，环境质量和生态状况明显改善。

三、经济社会发展必须与环境保护相协调

（八）促进地区经济与环境协调发展。各地区要根据资源禀赋、环境容量、生态状况、人口数量以及国家发展规划和产业政策，明确不同区域的功能定位和发展方向，将区域经济规划和环境保护目标有机结合起来。在环境容量有限、自然资源供给不足而经济相对发达的地区实行优化开发，坚持环境优先，大力发展高新技术，优化产业结构，加快产业和产品的升级换代，同时率先完成排污总量削减任务，做到增产减污。在环境仍有一定容量、资源较为丰富、发展潜力较大的地区实行重点开发，加快基础设施建设，科学合理利用环境承载能力，推进工业化和城镇化，同时严格控制污染物排放总量，做到增产不增污。在生态环境脆弱的地区和重要生态功能保护区实行限制开发，在坚持保护优先的前提下，合理选择发展方向，发展特色优势产业，确保生态功能的恢复与保育，逐步恢复生态平衡。在自然保护区和具有特殊保护价值的地区实行禁止开发，依法实施保护，严禁不符合规定的任何开发活动。要认真做好生态功能区划工作，确定不同地区的主导功能，形成各具特色的发展格局。必须依照国家规定对各类开发建

设规划进行环境影响评价。对环境有重大影响的决策，应当进行环境影响论证。

（九）大力发展循环经济。各地区、各部门要把发展循环经济作为编制各项发展规划的重要指导原则，制订和实施循环经济推进计划，加快制定促进发展循环经济的政策、相关标准和评价体系，加强技术开发和创新体系建设。要按照“减量化、再利用、资源化”的原则，根据生态环境的要求，进行产品和工业区的设计与改造，促进循环经济的发展。在生产环节，要严格排放强度准入，鼓励节能降耗，实行清洁生产并依法强制审核；在废物产生环节，要强化污染预防和全过程控制，实行生产者责任延伸，合理延长产业链，强化对各类废物的循环利用；在消费环节，要大力倡导环境友好的消费方式，实行环境标识、环境认证和政府绿色采购制度，完善再生资源回收利用体系。大力推行建筑节能，发展绿色建筑。推进污水再生利用和垃圾处理与资源化回收，建设节水型城市。推动生态省（市、县）、环境保护模范城市、环境友好企业和绿色社区、绿色学校等创建活动。

（十）积极发展环保产业。要加快环保产业的国产化、标准化、现代化产业体系建设。加强政策扶持和市场监管，按照市场经济规律，打破地方和行业保护，促进公平竞争，鼓励社会资本参与环保产业的发展。重点发展具有自主知识产权的重要环保技术装备和基础装备，在立足自主研发的基础上，通过引进消化吸收，努力掌握环保核心技术和关键技术。大力提高环保装备制造企业的自主创新能力，推进重大环保技术装备的自主制造。培育一批拥有著名品牌、核心技术能力强、市场占有率高、能够提供较多就业机会的优势环保企业。加快发展环保服务业，推进环境咨询市场化，充分发挥行业协会等中介组织的作用。

四、切实解决突出的环境问题

（十一）以饮水安全和重点流域治理为重点，加强水污染防治。要科学划定和调整饮用水水源保护区，切实加强饮用水水源保护，建设好城市备用水源，解决好农村饮水安全问题。坚决取缔水源保护区内的直接排污口，严防养殖业污染水源，禁止有毒有害物质进入饮用水水源保护区，强化水污染事故的预防和应急处理，确保群众饮水安全。把淮河、海河、辽河、松花江、三峡水库库区及上游，黄河小浪底水库库区及上游，南水北调水源地及沿线，太湖、滇池、巢湖作为流域水污染治理的重点。把渤海等重点海域和河口地区作为海洋环保工作重点。严禁直接向江河湖海排放超标的工业污水。

（十二）以强化污染防治为重点，加强城市环境保护。要加强城市基础设施建设，到2010年，全国设市城市污水处理率不低于70%，生活垃圾无害化处理率不低于60%；着力解决颗粒物、噪声和餐饮业污染，鼓励发展节能环保型汽车。对污染企业搬迁后的原址进行土壤风险评估和修复。城市建设应注重自然和生态条件，尽可能保留天然林草、河湖水系、滩涂湿地、自然地貌及野生动物等自然遗产，努力维护城市生态平衡。

（十三）以降低二氧化硫排放总量为重点，推进大气污染防治。加快原煤洗选步伐，降低商品煤含硫量。加强燃煤电厂二氧化硫治理，新（扩）建燃煤电厂除燃用特低硫煤的坑口电厂外，必须同步建设脱硫设施或者采取其他降低二氧化硫排放量的措施。在大中城市及其近郊，严格控制新（扩）建除热电联产外的燃煤电厂，禁止新（扩）建钢铁、冶炼等高耗能企业。2004年年底前投运的二氧化硫排放超标的燃煤电厂，应在2010年底前安装脱硫设施；要根据环境状况，确定不同区域的脱硫目标，制订并实施酸雨和二氧化硫污染防治规划。对投产20年以上或装机容量10万千瓦以下的电厂，限期改造或者关停。制订燃煤电厂氮氧化物治理规划，开展试点示范。加大烟尘、粉尘治理力度。采取节能措施，提高能源利用效率；大力发展风能、太阳能、地热、生物质能等新能源，积极发展核电，有序开发水能，提高清洁能源比重，减少大气污染物排放。

（十四）以防治土壤污染为重点，加强农村环境保护。结合社会主义新农村建设，实施农村小康环保行动计划。开展全国土壤污染状况调查和超标耕地综合治理，污染严重且难以修复的耕地应依法调整；合理使用农药、化肥，防治农用薄膜对耕地的污染；积极发展节水农业与生态农业，加大规模化养殖业污染治理力度。推进农村改水、改厕工作，搞好作物秸秆等资源化利用，积极发展农村沼气，妥善处理生活垃圾和污水，解决农村环境“脏、乱、差”问题，创建环境优美乡镇、文明生态村。发展县域经济要选择适合本地区资源优势和环境容量的特色产业，防止污染向农村转移。

（十五）以促进人与自然和谐为重点，强化生态保护。坚持生态保护与治理并重，重点控制不合理的资源开发活动。优先保护天然植被，坚持因地制宜，重视自然恢复；继续实施天然林保护、天然草原植被恢复、退耕还林、退牧还草、退田还湖、防沙治沙、水土保持和防治石漠化等生态治理工程；严格控制土地退化和草原沙化。经济社会发展要与水资源条件相适应，统筹生活、生产和生态用水，建设节水型社会；发展适应抗灾要求的避灾经济；水资源开发利用活动，要充分考虑生态用水。加强生态功能保护区和自然保护区的建设与管理。加强矿产资源和旅游开发的环境监管。做好红树林、滨海湿地、珊瑚礁、海岛等海洋、海岸带典型生态系统的保护工作。

（十六）以核设施和放射源监管为重点，确保核与辐射环境安全。全面加强核安全与辐射环境管理，国家对核设施的环境保护实行统一监管。核电发展的规划和建设要充分考虑核安全、环境安全和废物处理处置等问题；加强在建和在役核设施的安全监管，加快核设施退役和放射性废物处理处置步伐；加强电磁辐射和伴生放射性矿产资源开发的环境监督管理；健全放射源安全监管体系。

（十七）以实施国家环保工程为重点，推动解决当前突出的环境问题。国家环保重点工程是解决环境问题的重要举措，从“十一五”开始，要将国家重点环保工程纳入国民经济和社会发展规划及有关专项规划，认真组织落实。国家重点环保工程包括：危险废物处置工程、城市污水处理工程、垃圾无害化处理工程、燃煤电厂脱硫工程、重要生态功能保护区和自然保护区建设工程、农村小康环保行动工程、核与辐射环境安全工程、环境管理能力建设工程。

五、建立和完善环境保护的长效机制

（十八）健全环境法规和标准体系。要抓紧拟订有关土壤污染、化学物质污染、生态保护、遗传资源、生物安全、臭氧层保护、核安全、循环经济、环境损害赔偿和环境监测等方面的法律法规草案，配合做好《中华人民共和国环境保护法》的修改工作。通过认真评估环境立法和各地执法情况，完善环境法律法规，作出加大对违法行为处罚的规定，重点解决“违法成本低、守法成本高”的问题。完善环境技术规范和标准体系，科学确定环境基准，努力使环境标准与环保目标相衔接。

（十九）严格执行环境法律法规。要强化依法行政意识，加大环境执法力度，对不执行环境影响评价、违反建设项目环境保护设施“三同时”制度（同时设计、同时施工、同时投产使用）、不正常运转治理设施、超标排污、不遵守排污许可证规定、造成重大环境污染事故，在自然保护区内违法开发建设和开展旅游或者违规采矿造成生态破坏等违法行为，予以重点查处。加大对各类工业开发区的环境监管力度，对达不到环境质量要求的，要限期整改。加强部门协调，完善联合执法机制。规范环境执法行为，实行执法责任追究制，加强对环境执法活动的行政监察。完善对污染受害者的法律援助机制，研究建立环境民事和行政公诉制度。

（二十）完善环境管理体制。按照区域生态系统管理方式，逐步理顺部门职责分工，增强环境监管的协调性、整体性。建立健全国家监察、地方监管、单位负责的环境监管体制。国家加强对地方环保工作的指导、支持和监督，健全区域环境督查派出机构，协调跨省域环境保护，督促检查突出的环境问题。地方人民政府对本行政区域环境质量负责，监督下一级人民政府的环保工作和重点单位的环境行为，并建立相应的环保监管机制。法人和其他组织负责解决所辖范围有关的环境问题。建立企业环境监督员制度，实行职业资格管理。县级以上地方人民政府要加强环保机构建设，落实职能、编制和经费。进一步总结和探索设区城市环保派出机构监管模式，完善地方环境管理体制。各级环保部门要严格执行各项环境监管制度，责令严重污染单位限期治理和停产整治，负责召集有关部门专家和代表提出开发建设规划环境影响评价的审查意见。完善环境犯罪案件的移送程序，配合司法机关办理各类环境案件。

（二十一）加强环境监管制度。要实施污染物总量控制制度，将总量控制指标逐级分解到地方各级人民政府并落实到排污单位。推行排污许可证制度，禁止无证或超总量排污。严格执行环境影响评价和“三同时”制度，对超过污染物总量控制指标、生态破坏严重或者尚未完成生态恢复任务的地区，暂停审批新增污染物排放总量和对生态有较大影响的建设项目；建设项目未履行环评审批程序即擅自开工建设或者擅自投产的，责令其停建或者停产，补办环评手续，并追究有关人员的责任。对生态治理工程实行充分论证和后评估。要结合经济结构调整，完善强制淘汰制度，根据国家产业政策，及时制订和调整强制淘汰污染严重的企业和落后的生产能力、工艺、设备与产品目录。强化限期治理制度，对不能稳定达标或超总量的排污单位实行限期治理，治理期间应予限产、限排，并不得建设增加污染物排放总量的项目；逾期未完成治理任务的，责令其停产整治。完善环境监察制度，强化现场执法检查。严格执行突发环境事件应急预案，地方各级人民政府要按照有关规定全面负责突发环境事件应急处置工作，环保总局及国务院相关部门根据情况给予协调支援。建立跨省界河流断面水质考核制度，省级人民政府应当确保出境水质达到考核目标。国家加强跨省界环境执法及污染纠纷的协调，上游省份排污对下游省份造成污染事故的，上游省级人民政府应当承担赔付补偿责任，并依法追究相关单位和人员的责任。赔付补偿的具体办法由环保总局会同有关部门拟定。

（二十二）完善环境保护投入机制。创造良好的生态环境是各级人民政府的重要职责，各级人民政府要将环保投入列入本级财政支出的重点内容并逐年增加。要加大对污染防治、生态保护、环保试点示范和环保监管能力建设的资金投入。当前，地方政府投入重点解决污水管网和生活垃圾收运设施的配套和完善，国家继续安排投资予以支持。各级人民政府要严格执行国家定员定额标准，确保环保行政管理、监察、监测、信息、宣教等行政和事业经费支出，切实解决“收支两条线”问题。要引导社会资金参与城乡环境保护基础设施和有关工作的投入，完善政府、企业、社会多元化环保投融资机制。

（二十三）推行有利于环境保护的经济政策。建立健全有利于环境保护的价格、税收、信贷、贸易、土地和政府采购等政策体系。政府定价要充分考虑资源的稀缺性和环境成本，对市场调节的价格也要进行有利于环保的指导和监管。对可再生能源发电厂和垃圾焚烧发电厂实行有利于发展的电价政策，对可再生能源发电项目的上网电量实行全额收购政策。对不符合国家产业政策和环保标准的企业，不得审批用地，并停止信贷，不予办理工商登记或者依法取缔。对通过境内非营利社会团体、国家机关向环保事业的捐赠依法给予税收优惠。要完善生态补偿政策，尽快建立生态补偿机制。中央和地方财政转移支付应考虑生态补偿因素，国家和地方可分别开展生态补偿试点。建立遗传资源惠益共享机制。

（二十四）运用市场机制推进污染治理。全面实施城市污水、生活垃圾处理收费制度，收费标准要达到保本微利水平，凡收费不到位的地方，当地财政要对运营成本给予补助。鼓励社会资本参与污水、垃圾处理等基础设施的建设和运营。推动城市污水和垃圾处理单位加快转制改企，采用公开招标方式，择优选择投资主体和经营单位，实行特许经营，并强化监管。对污染处理设施建设运营的用地、用电、设备折旧等实行扶持政策，并给予税收优惠。生产者要依法负责或委托他人回收和处置废弃产品，并承担费用。推行污染治理工程的设计、施工和运营一体化模式，鼓励排污单位委托专业化公司承担污染治理或设施运营。有条件的地区和单位可实行二氧化硫等排污权交易。

（二十五）推动环境科技进步。强化环保科技基础平台建设，将重大环保科研项目优先列入国家科技计划。开展环保战略、标准、环境与健康等研究，鼓励对水体、大气、土壤、噪声、固体废物、农业面源等污染防治，以及生态保护、资源循环利用、饮水安全、核安全等领域的研究，组织对污水深度处理、燃煤电厂脱硫脱硝、洁净煤、汽车尾气净化等重点难点技术的攻关，加快高新技术在环保领域的应用。积极开展技术示范和成果推广，提高自主创新能力。

（二十六）加强环保队伍和能力建设。健全环境监察、监测和应急体系。规范环保人员管理，强化培训，提高素质，建设一支思想好、作风正、懂业务、会管理的环保队伍。各级人民政府要选派政治觉悟高、业务素质强的领导干部充实环保部门。下级环保部门负责人的任免，应当事先征求上级环保部门的意见。按照政府机构改革与事业单位改革的总体思路和有关要求，研究解决环境执法人员纳入公务员序列问题。要完善环境监测网络，建设“金环工程”，实现“数字环保”，加快环境与核安全信息系统建设，实行信息资源共享机制。建立环境事故应急监控和重大环境突发事件预警体系。

（二十七）健全社会监督机制。实行环境质量公告制度，定期公布各省（区、市）有关环境保护指标，发布城市空气质量、城市噪声、饮用水水源水质、流域水质、近岸海域水质和生态状况评价等环境信息，及时发布污染事故信息，为公众参与创造条件。公布环境质量不达标的城市，并实行投资环境风险预警机制。发挥社会团体的作用，鼓励检举和揭发各种环境违法行为，推动环境公益诉讼。企业要公开环境信息。对涉及公众环境权益的发展规划和建设项目，通过听证会、论证会或社会公示等形式，听取公众意见，强化社会监督。

（二十八）扩大国际环境合作与交流。要积极引进国外资金、先进环保技术与管理经验，提高我国环保的技术、装备和管理水平。积极宣传我国环保工作的成绩和举措，参与气候变化、生物多样性保护、荒漠化防治、湿地保护、臭氧层保护、持久性有机污染物控制、核安全等国际公约和有关贸易与环境的谈判，履行相应的国际义务，维护国家环境与发展权益。努力控制温室气体排放，加快消耗臭氧层物质的淘汰进程。要完善对外贸易产品的环境标准，建立环境风险评估机制和进口货物的有害物质监控体系，既要合理引进可利用再生资源和物种资源，又要严格防范污染转入、废物非法进口、有害外来物种入侵和遗传资源流失。

六、加强对环境保护工作的领导

（二十九）落实环境保护领导责任制。地方各级人民政府要把思想统一到科学发展观上来，充分认识保护环境就是保护生产力，改善环境就是发展生产力，增强环境忧患意识和做好环保工作的责任意识，抓住制约环境保护的难点问题和影响群众健康的重点问题，一抓到底，抓出成效。地方人民政府主要领导和有关部门主要负责人是本行政区域和本系统环境保护的第一责任人，政府和部门都要有一位领导分管环保工作，确保认识到位、责任到位、措施到位、投入到位。地方人民政府要定期听取汇报，研究部署环保工作，制订并组织实施环保规划，检查落实情况，及时解决问题，确保实现环境目标。各级人民政府要向同级人大、政协报告或通报环保工作，并接受监督。

（三十）科学评价发展与环境保护成果。研究绿色国民经济核算方法，将发展过程中的资源消耗、环境损失和环境效益逐步纳入经济发展的评价体系。要把环境保护纳入领导班子和领导干部考核的重要内容，并将考核情况作为干部选拔任用和奖惩的依据之一。坚持和完善地方各级人民政府环境目标责任制，对环境保护主要任务和指标实行年度目标管理，定期进行考核，并公布考核结果。评优创先活动要实行环保一票否决。对环保工作作出突出贡献的单位和个人应给予表彰和奖励。建立问责制，切实解决地方保护主义干预环境执法的问题。对因决策失误造成重大环境事故、严重干扰正常环境执法的领导干部和公职人员，要追究责任。

（三十一）深入开展环境保护宣传教育。保护环境是全民族的事业，环境宣传教育是实现国家环境保护意志的重要方式。要加大环境保护基本国策和环境法制的宣传力度，弘扬环境文化，倡导生态文明，以环境补偿促进社会公平，以生态平衡推进社会和谐，以环境文化丰富精神文明。新闻媒体要大力宣传科学发展观对环境保护的内在要求，把环保公益宣传作为重要任务，及时报道党和国家环保政策措施，宣传环保工作中的新进展新经验，努力营造节约资源和保护环境的舆论氛围。各级干部培训机构要加强对领导干部、重点企业负责人的环保培训。加强环保人才培养，强化青少年环境教育，开展全民环保科普活动，提高全民保护环境的自觉性。

（三十二）健全环境保护协调机制。建立环境保护综合决策机制，完善环保部门统一监督管理、有关部门分工负责的环境保护协调机制，充分发挥全国环境保护部际联席会议的作用。国务院环境保护行政主管部门是环境保护的执法主体，要会同有关部门健全国家环境监测网络，规范环境信息的发布。抓紧编制全国生态功能区划并报国务院批准实施。经济综合和有关主管部门要制定有利于环境保护的财政、税收、金融、价格、贸易、科技等政策。建设、国土、水利、农业、林业、海洋等有关部门要依法做好各自领域的环境保护和资源管理工作。宣传教育部门要积极开展环保宣传教育，普及环保知识。充分发挥人民解放军在环境保护方面的重要作用。

各省、自治区、直辖市人民政府和国务院各有关部门要按照本决定的精神，制定措施，抓好落实。环保总局要会同监察部监督检查本决定的贯彻执行情况，每年向国务院作出报告。

国务院

二〇〇五年十二月三日

国家能源局关于促进低热值煤发电产业健康发展的通知

国能电力[2011]396 号

为贯彻党中央、国务院关于加快建设资源节约型、环境友好型社会的战略部署，落实“十二五”规划纲要提出的优先发展煤矸石等综合利用电站要求，实现低热值煤发电产业又好又快发展，现通知如下：

一、发展低热值煤发电产业的重要意义

我国是煤炭生产和消费大国，煤炭生产和洗选过程中产生了大量的煤矸石、煤泥、洗中煤等低热值煤资源。近年来，我国低热值煤发电取得积极进展，总装机已达 2 600 万千瓦，但仍存在规模偏小、机组效率不高、管理基础薄弱、相关标准和政策不适应低热值煤发电产业健康发展需要等问题。进一步完善政策，促进低热值煤发电产业健康发展是构建资源节约型、环境友好型社会的必然要求。

（一）有利于提高能源资源利用效率。我国每年产生可用于发电的煤矸石、煤泥、洗中煤等低热值煤资源 3 亿吨以上，而已建成的低热值煤发电机组，每年仅可消耗低热值煤资源 1 亿多吨，尚有大量现有和每年新增的 2 亿吨未得到合理有效利用，折合标煤 8 500 万吨。加快发展低热值煤发电产业，对实现低热值煤资源就近高效转化，提高煤炭资源利用效率具有重要意义。

（二）有利于减轻矿区生态环境污染。大量未利用的煤矸石、煤泥等长期在矿区堆存，易自燃并释放有害气体，污染大气环境；同时经雨水淋溶，也会污染水体和土壤。加快发展低热值煤发电产业，对多途径利用废弃资源，减少煤矸石、煤泥堆存，保护矿区生态环境具有重要作用。

（三）有利于节约土地和运力资源。初步统计，全国煤矸石、煤泥占用土地已达 1.3 万公顷以上，长期堆存不仅浪费有限的土地资源，且对土壤质量造成很大破坏，加大了土地恢复利用的难度。另外，部分煤矸石、煤泥、洗中煤掺混在优质煤中长距离运输，增加运输能耗，加剧运力紧张矛盾。加快发展低热值煤发电产业，对保护宝贵的土地资源、避免运力浪费具有积极作用。

二、指导方针和目标

（一）指导思想

深入贯彻落实科学发展观，按照“十二五”规划纲要提出的加快构建资源节约、环境友好生产方式的要求，围绕提高能源资源利用效率，科学规划布局，规范准入标准，加大政策支持，强化监督管理，促进低热值煤发电产业健康发展。

（二）基本原则

分类利用、高效环保。根据矿区煤矸石、煤泥和洗中煤等资源的利用价值，选择最佳途径

实现综合利用。合理确定低热值煤发电项目的机组选型和入炉燃料热值范围，严格执行环保、用水和灰渣综合利用等相关要求。

合理布局、就近消纳。在科学论证资源总量的基础上，就近布局低热值煤发电项目，尽量减少低热值煤长距离运输，提高外运煤炭质量，避免运力浪费，实现煤炭资源合理分级利用，提高能源综合利用效率。

突出重点、统筹规划。把主要煤炭生产省区和大型矿区作为发展低热值煤发电的重点区域，科学编制低热值煤发电专项规划，做好与所在省区电力发展规划的衔接，统筹推进低热值煤发电项目建设。

政策支持、加强管理。进一步完善支持政策，调动骨干能源企业发展低热值煤发电的积极性。充分发挥地方政府作用，规范低热值煤发电项目前期工作与核准程序，加强生产运行管理，促进低热值煤发电产业又好又快发展。

（三）主要目标

力争到 2015 年，全国低热值煤发电装机容量达到 7 600 万千瓦，年消耗低热值煤资源 3 亿吨左右，形成规划科学、布局合理、利用高效、技术先进、生产稳定的低热值煤发电产业健康发展格局。

三、具体要求

（一）用于发电的低热值煤资源主要包括煤泥、洗中煤和收到基热值不低于 5 020 千焦（1 200 千卡）/千克的煤矸石。收到基热值不足 5 020 千焦（1 200 千卡）/千克的煤矸石等资源，可通过生产建材、筑路、沉陷区回填、井下充填等方式综合利用。

（二）“十二五”期间，重点在主要煤炭生产省区和大型煤炭矿区，紧邻 600 万吨/年及以上总规模的炼焦煤（无烟煤）洗煤厂（群）或 1 000 万吨/年及以上总规模的动力煤洗煤厂（群），规划建设 2×15 万千瓦级及以上的高效低热值煤发电项目，鼓励具备条件的地区建设 2×30 万千瓦机组。同时，项目布局兼顾热值满足发电要求的存量矸石资源。矿区内洗煤规模不足的，其低热值煤资源应由邻近具备条件的大型坑口电厂掺烧实现就近消纳。

（三）低热值煤发电项目所用燃料优先采用皮带输送方式。依托多个洗煤厂的项目，燃料运输距离不应超过 30 公里。合理运输距离范围内不重复规划建设低热值煤发电项目。

（四）低热值煤发电项目应以煤矸石、煤泥、洗中煤等低热值煤为主要燃料。以煤矸石为主要燃料的，入炉燃料收到基热值不高于 14 640 千焦（3 500 千卡）/千克。

（五）根据燃料特性合理确定低热值煤发电项目的机组选型。以煤矸石为主要燃料的，应结合资源数量，优先选用国产大型循环流化床锅炉；以洗中煤、煤泥为主要燃料的，可考虑采用高效煤粉炉。扩建项目可建设单台机组，新建项目原则上按两台机组考虑。

（六）低热值煤发电项目应尽可能兼顾周边工业企业和居民集中用热需要，采用热电联产或具备一定供热能力的机组。

（七）低热值煤发电项目原则上采用煤矿、洗煤厂、电厂为同一投资主体控股的“煤电一体化”模式。鼓励有低热值煤发电运行管理经验的企业，以及周边符合国家产业政策的电力、热力用户参股建设。

（八）低热值煤发电项目要严格执行国家环保、土地、用水和灰渣综合利用等相关政策规定，确保达标排放和灰渣综合利用，严格控制土地占用量，高度重视节约用水，并优先考虑使用矿井水，水资源匮乏地区要采用空冷机组。

四、支持政策

（一）符合上述条件的低热值煤发电项目，在各省（区、市）自用、外送火电建设规模中优先安排。

（二）对于以煤矸石为主要燃料的低热值煤发电项目，优先于常规燃煤机组调度和安排电量，并结合循环流化床锅炉发电机组负荷跟踪速度慢等特性，降低机组负荷调节速率要求。

（三）支持以煤矸石为主要燃料的低热值煤发电项目作为所在矿区工业园单个或多个符合国家产业政策企业的自备电厂，或参与大用户直供电。

五、监督管理

（一）低热值煤发电专项规划是项目核准的主要依据之一。有关省（区、市）政府能源主管部门要统筹考虑煤炭资源、洗选规模、水资源、环境容量等条件，按照国家电力发展规划和产业政策，抓紧编制本地区低热值煤发电专项规划，合理安排低热值煤发电项目布局和建设时序，经科学论证和专家评议后，统一纳入全省（区、市）电力发展规划。低热值煤发电专项规划在实施过程中，可根据实际情况进行滚动调整。

（二）低热值煤发电项目申报核准时，申报单位除按照有关规定编制并报送项目申请报告，提交与常规燃煤火电项目相同的支持性文件外，还需提供所在省（区、市）低热值煤发电专项规划及其评议审查意见，项目选用锅炉的订货协议，有关部门对项目燃料来源的论证和批复文件，项目申报单位和当地其他低热值煤发电项目运行以及近三年核验情况等。

（三）省级政府能源主管部门要会同有关方面，对运行电厂利用低热值煤资源情况，开展定期年度核验和不定期抽查；具备条件的省（区、市）要适时推进低热值煤发电入炉燃料在线监测系统建设。对不符合项目核准相关要求的，应责令限期整改，整改达不到要求的，取消其享受的优惠政策。

特此通知。

国家能源局

二〇一一年十一月二十五日

国家发展改革委关于印发《可再生能源产业发展指导目录》的通知

发改能源[2005]2517号

各省、自治区、直辖市及计划单列市、新疆生产建设兵团发展改革委、经贸委（经委），国务院各部委、各直属机构，各计划单列企业集团：

为了促进我国可再生能源产业的发展，根据《中华人民共和国可再生能源法》的要求，我委编制了《可再生能源产业发展指导目录》（以下简称《目录》），现印发给你们，用以指导相关部门制定支持政策和措施，引导相关研究机构和企业的技术研发、项目示范和投资建设方向。

本《目录》涵盖风能、太阳能、生物质能、地热能、海洋能和水能等六个领域的88项可再生能源开发利用和系统设备/装备制造项目。其中部分产业已经成熟并基本实现商业化；有些产业、技术、产品、设备、装备虽然还处于项目示范或技术研发阶段，但符合可持续发展要求和能源产业发展方向，具有广阔的发展前景或在特殊领域具有重要应用价值。根据国内外市场需求变化和可再生能源产业技术发展的情况，我委将适时对《目录》进行调整和修订。

对于本《目录》中具备规模化推广利用的项目，国务院相关部门将制定和完善技术研发、项目示范、财政税收、产品价格、市场销售和进出口等方面的优惠政策。

请各地区、各有关部门、单位和企业认真分析国内外市场情况，根据实际情况，选择本《目录》内有可能形成比较优势的技术和项目，积极开展技术研发、项目示范和投资建设活动。

附件：《可再生能源产业发展指导目录》

中华人民共和国国家发展和改革委员会

二〇〇五年十一月二十九日

附件：

《可再生能源产业发展指导目录》

编号	项目	说明和技术指标	发展状况
一、风能			
风力发电			
1	离网型风力发电	用于为电网不能覆盖的居民供电，包括独立户用系统和集中村落电站两种发/供电形式	基本商业化
2	并网型风力发电	用于为电网供电，包括陆地和近海并网风力发电，既可以单机并网发电，也可以由多台机组建成风电场并网发电	陆地并网风力发电：商业化初期 近海并网风力发电：技术研发

编号	项目	说明和技术指标	发展状况
设备/装备制造			
3	风能资源评估分析软件	用于对区域风能资源进行技术和经济性评估以正确地选择风电场场址，主要功能包括：测风数据的处理和统计分析、风况图的生成、风资源评估、风力发电机组和风电场年发电量测算等	技术研发或引进
4	风电场设计和优化软件	用于进行风电场优化设计（即风力发电机组微观选址和排列方案的设计和优化），主要功能包括：确定风力发电机组尾流影响并调整风电机组之间的分布距离，对风电机组和风电场的噪声进行分析和预测，排除不符合技术、地质和环境要求的地段，对风力发电机组选址进行自动优化，对设计过程结果提供可视化界面，进行技术经济分析等	技术研发
5	风电场集中和远程监控系统	用于集中和远程监控风电机组和风电场的运行，主要功能包括：通过运用现代信息和通讯技术，实时收集、分析并报告各风电场的风力状况和机组、风电场运行状况监测数据，自动或根据管理人员反馈的指令对风电机组和风电场运行进行效率优化和安全保障控制	技术研发
6	风电场建设和维护专用装备	用于陆地和近海风电机组的运输、现场吊装和维护	技术研发
7	离网型风力发电系统	用于独立户用系统和集中村落电站，包括风力独立发电和风光互补发电，保证系统安全、经济、连续可靠供电	基本商业化
8	并网型风力发电机组	用于并网风力发电，包括陆地和近海风力发电机组。近海风电机组需适应海洋地质、水文条件和气候环境条件	陆地风电机组：商业化初期 海上风电机组：技术研发
9	风力发电机组总体设计软件	用于对风力发电机组进行结构动力学建模与分析、极限载荷与疲劳载荷计算、风力发电机组动态性能仿真等整机设计工作	技术研发或引进
10	风力机叶片	用于配套1 000千瓦（含）以上的大型风力发电机组	技术研发
11	风力机叶片设计软件	用于进行大容量风力机叶片的气动外形及施工工艺设计	技术研发
12	风力机叶片材料	用于制造高强度轻质大容量叶片，包括玻璃纤维增强复合材料（GRP）和碳纤维增强塑料	技术研发
13	风力机轮毂	用于配套1 000千瓦（含）以上风力发电机组	技术研发
14	风力机传动系统	用于配套1 000千瓦（含）以上风力发电机组	技术研发
15	风力机偏航系统	用于配套1 000千瓦（含）以上风力发电机组	技术研发
16	风力机制动系统/机械刹车	用于配套1 000千瓦（含）以上风力发电机组	技术研发
17	风力发电用发电机	用于配套1 000千瓦（含）以上风力发电机组，包括双馈型发电机和永磁发电机	商业化初期， 技术研发（永磁型）
18	风电机组运行控制系统及变流器	用于配套1 000千瓦（含）以上风力发电机组，包括：离网风力发电控制器；失速型风电机组控制器；变速恒频风电机组控制系统及变流器	技术研发

编号	项目	说明和技术指标	发展状况
19	风电机组安全保障系统	用于确保在出现极端的气候环境、系统故障和电网故障等紧急情况时的风电机组安全，同时记录机组的状态	技术研发
20	风电机组电磁兼容、雷电冲击等检测装置	用于风电机组的电磁兼容性能和雷电冲击防护能力等性能的检测，以保证机组适应恶劣的自然环境	技术研发
21	风电接入系统设计及电网稳定性分析软件	用于大型风电场接入系统设计和对电网稳定性进行评价	技术研发
22	风电场发电量预测及电网调度匹配软件	用于实时监测和收集风电场各台风电机组运行状况及发电量，分析和预测风电场第 2 天及后一周的出力变化情况，为电网企业制定调度计划服务，促进大规模风电场的开发和运行	技术开发
23	风电场平稳过渡及支持控制系统	用于大型风电场在接入电网事故条件下，自身平稳过渡并对电网提供支持	技术研发
二、太阳能			
太阳能发电和热利用			
24	离网型太阳能光伏发电	用于为电网不能覆盖地区的居民供电，包括独立户用系统和集中村落电站两种形式	基本商业化
25	并网型太阳能光伏发电	用于为电网供电，包括建筑集成太阳能光伏发电	技术研发、项目示范
26	太阳能光热发电	用于为电网供电或为电网不能覆盖地区的居民供电。包括塔式太阳能光热发电系统、槽式太阳能光热发电系统、盘式太阳能光热发电系统和点聚焦太阳能光热直接发电系统	技术开发
27	工业用光伏电源	用于为分散的气象台站、地震台站、公路道班、广播电视、卫星地面站、水文观测、太阳能航标、公路铁路信号及太阳能阴极保护系统等提供电力	商业化
28	太阳能照明系统	包括：太阳能路灯，庭院灯，草坪灯，太阳能广告牌，太阳能 LED 城市景观灯等	商业化
29	太阳能交通工具	包括：太阳能汽车、太阳能电动自行车、太阳能游艇、太阳能飞船、太阳能充电站等	技术研发、项目示范
30	太阳能光伏海水淡化系统	用于为缺乏淡水的偏远海岛居民提供淡水	技术研发、项目示范
31	光伏水泵	用于为我国西部严重干旱和偏僻地区分散人口提供饮用水、为建设和改良草场以及沙漠植树造林提供用水	商业化
32	太阳能户用热水器	用于为居民提供生活热水，包括平板式太阳热水器、真空管式太阳热水器等	商业化
33	太阳能集中供热系统	用于为居民或工商业提供热水或供暖，包括太阳能集中供热水系统和太阳能集中采暖系统	技术研发、推广应用
34	太阳能空调系统	用于（通过太阳能集热器和吸收式制冷机）实现热冷转换从而提供制冷和空调服务	技术研发、示范项目
35	零能耗太阳能综合建筑	通过在建筑结构（屋顶和外墙）中集成太阳能集热器（实现太阳能采暖系统和空调系统）和太阳能光伏电池来满足建筑的所有能源需求	技术研发

编号	项目	说明和技术指标	发展状况
设备/装备制造			
36	离网型太阳能光伏发电系统	用于独立户用系统和集中村落电站	商业化
37	并网型太阳能光伏发电系统	用于为电网供电，包括建筑集成太阳能光伏发电系统	技术研发、项目示范
38	太阳能光热发电系统	包括：塔式太阳能光热发电系统、槽式太阳能光热发电系统、盘式太阳能光热发电系统和点聚焦太阳光热直接发电系统	技术开发
39	晶硅太阳能电池	包括：单晶硅太阳能电池和多晶硅太阳能电池	商业化、技术改进
40	薄膜太阳能电池	包括：多结非晶硅薄膜太阳能电池、多晶硅薄膜太阳能电池、化合物薄膜太阳能电池	技术研发
41	其他新型太阳能电池	包括：柔性衬底太阳能电池、聚光太阳能电池、HIT异质结太阳能电池、有机太阳能电池、纳米非晶硅太阳能电池、机械叠层太阳能电池、薄膜非晶硅/微晶硅叠层太阳能电池等	技术研发
42	建筑用太阳电池组件	用于建筑集成太阳能光伏发电系统，包括：半透光型光伏组件，可以与建筑构件互换的光伏组件，光伏玻璃幕墙，光伏遮阳板等	技术研发
43	太阳能电池及组件制造装备	用于制造太阳能电池及组件，包括：太阳级硅投炉料制造成套装备、多晶硅铸锭炉、多线切割机、剖锭机、硅片抛光设备、硅片清洗机、扩散设备、PECVD镀膜设备、丝网印刷设备、烘干烧结设备、划片机、自动焊接机、组件层压机等等	技术研发或引进
44	太阳能电池测试设备	包括：太阳能电池分选设备、太阳模拟仪、高压绝缘测试设备等	技术研发
45	太阳能电池生产用辅助材料	包括：低铁钢化玻璃、EVA、太阳电池背面封装复合膜、银浆铝浆、焊带等	技术研发
46	光伏发电系统用充放电控制器	用于智能化控制蓄电池充放电过程	技术研发
47	光伏发电系统用直流/交流逆变器	用于包括离网型和并网型直流/交流逆变器，后者需具有并网逆变、最大功率跟踪、防孤岛效应保护等功能	技术研发
48	户用光伏和风/光互补控制/逆变一体机	用于配套容量在1千瓦以下的户用光伏、风/光互补发电系统	技术研发
49	（专用）蓄电池	用于独立光伏发电和风力发电系统，应具有很强的耐过充过放性能，低的自放电率和长的使用寿命	技术研发
50	氧化还原液流储能电池	用于独立光伏发电和风力发电系统；功率在几十到几百千瓦、储能达百兆瓦时	技术开发、项目示范
51	光伏硅材料	用于生产太阳能电池用晶体硅	技术开发或引进
52	光伏发电系统用集中和远程监控系统	用于采集、传输太阳辐射和环境参数及光伏发电系统的运行数据并实现集中或远程监控	技术研发
53	太阳能光热发电用反射镜	用于配套各种太阳能光热发电系统	技术研发
54	光热发电反射镜自动跟踪装置	用于配套各种太阳能光热发电系统，以自动跟踪太阳光辐射，调整反射镜角度，从而最大化获取太阳能	技术研发

编号	项目	说明和技术指标	发展状况
55	光热发电集能器	用于配套各种太阳能光热发电系统，以吸收来自反射镜的太阳辐射能，也称“太阳锅炉”，要求体积小，换能效率高	技术研发
56	光热发电蓄热装置	用于配套各种太阳能光热发电系统，通过贮存集能器所吸收的热能以保证光热发电相对稳定	技术研发
57	光热直接发电装置	用于配套太阳能光热直接发电系统，包括碱金属热电转换器、半导体发电器、热电子发电器和热光伏发电器	技术研发
58	太阳能光热系统建筑应用设计、优化和测评软件	用于建筑上适用我国不同地区、不同光照条件下应用太阳能光热系统制冷、采暖的优化设计、模拟；对建筑中使用的太阳能光热系统进行检测和评价	技术研发和推广应用
三、生物质能			
生物质发电和生物燃料生产			
59	大中型沼气工程供气和发电	包括大型畜禽场、养殖小区、工业有机废水和城市污水工程	商业化、推广应用
60	生物质直接燃烧发电	利用农作物秸秆、林木质直接燃烧发电	技术改进、项目示范
61	生物质气化供气和发电	利用农作物秸秆、林木质气化供气和发电	技术研发、推广应用
62	城市固体垃圾发电	用于清洁处理和能源化利用城市固体垃圾，包括燃烧发电和填埋场沼气发电	基本商业化
63	生物液体燃料	利用非粮食作物和林木质生物质为原料生产液体燃料	技术研发
64	生物质固化成型燃料	将农作物秸秆，林木质制成固体成型燃料代替煤炭	项目示范
设备/部件制造和原料生产			
65	生物质直燃锅炉	用于配套生物质直接燃烧发电系统，技术性能和规格需适用于生物质的直接燃烧	技术改进
66	生物质燃气内燃机	用于配套生物质气化发电，技术性能和规格需适用于生物质气化发电系统	技术研发
67	生物质气化焦油催化裂解装置	用于将生物质在气化过程中所产生的焦油裂解为可利用的一次性气体	技术研发
68	生物液体燃料生产成套装备	用于生产上述各类生物液体燃料	技术研发、项目示范
69	能源植物种植	用于为各种生物燃料生产提供非粮食生物质原料，包括甜高粱、木薯、麻疯树、甘蔗等	项目示范、推广应用
70	能源植物选育	用于选育培养适合荒山荒滩、沙地、盐碱地种植、稳产高产、对生态环境安全无害的能源作物	技术研发，项目示范
71	高效、宽温域沼气菌种选育	用于沼气工程提高产气率及沼气池在较低温度条件下的使用	技术研发
四、地热能			
地热发电和热利用			
72	地热发电	包括：地热蒸汽发电系统、双循环地热发电系统和闪蒸地热发电系统（后两者适用于中低温地热资源）	技术研发
73	地热供暖	包括单循环直接供暖和双循环间接供暖	项目示范、推广应用
74	地源热泵供暖和/或空调	包括地下水源、河湖水源、海水源、污水源（包括城市污水、工业污水、医院污水）和土壤热泵系统	项目示范

编号	项目	说明和技术指标	发展状况
75	地下热能储存系统	储存包括太阳能、建筑物空调释冷量或释热量等在内的能量	技术研发
设备/装备制造			
76	地热井专用钻探设备	用于钻探地热井，需适应地热井特有的地质结构环境、高温和腐蚀性水文环境及成井工艺要求	技术研发
77	地热井泵	用于配套地热供暖和地源热泵系统，需适应地热井特有的高温和腐蚀性	技术研发
78	水源热泵机组	适应地下水或海水水质及温度	技术研发、项目示范
79	地热能系统设计、优化和测评软件	用于建筑上适用我国不同地区、不同类型地热能系统进行检测和评价	技术研发和推广应用
80	水的热源利用	利用水的温差对建筑物进行制冷和供热，包括利用地下水、城市污水处理厂处理水等水源	项目示范、推广应用
五、海洋能			
海洋能发电			
81	海洋能发电	包括：潮汐发电、波浪能发电、海洋温差发电和海流能发电	技术研发、项目示范
设备/装备制造			
82	海洋能发电成套装备	包括：波浪能发电成套装备、海洋温差发电成套装备、海流能发电成套装备	技术研发
六、水能			
水力发电			
83	并网水电站	符合流域开发规划要求，满足环保要求的各种类型水电站	商业化
84	离网小型水电站	用于就地开发、就近供电，解决边远地区用电和用能问题	商业化
设备/装备制造			
85	水轮机型谱编制	用于水轮机的制造和选型，提高水轮机效率和质量，降低造价，规范设备市场	技术研发
86	水电自动化技术	用于水电运行的自动化管理，提高运行水平，降低运行成本	技术改进
87	大型高效水轮发电机组	用于提高水轮发电机组单机容量、运行水平和运行效率	技术研发
88	小水电一体化技术	用于 1 000 千瓦以下小型水电站，实现油、水、气等辅助设备系统的控制与主机一体化，以及调速、励磁、保护、测量等监控一体化，提高可靠性，降低设备造价	技术改进

国务院关于印发国家环境保护“十二五”规划的通知

国发[2011]42 号

各省、自治区、直辖市人民政府，国务院各部委、各直属机构：

现将《国家环境保护“十二五”规划》印发给你们，请认真贯彻执行。

国务院

二〇一一年十二月十五日

国家环境保护“十二五”规划

保护环境是我国的基本国策。为推进“十二五”期间环境保护事业的科学发展，加快资源节约型、环境友好型社会建设，制定本规划。

一、环境形势

党中央、国务院高度重视环境保护工作，将其作为贯彻落实科学发展观的重要内容，作为转变经济发展方式的重要手段，作为推进生态文明建设的根本措施。“十一五”期间，国家将主要污染物排放总量显著减少作为经济社会发展的约束性指标，着力解决突出环境问题，在认识、政策、体制和能力等方面取得重要进展。化学需氧量、二氧化硫排放总量比 2005 年分别下降 12.45%、14.29%，超额完成减排任务。污染治理设施快速发展，设市城市污水处理率由 2005 年的 52%提高到 72%，火电脱硫装机比重由 12%提高到 82.6%。让江河湖泊休养生息全面推进，重点流域、区域污染防治不断深化，环境质量有所改善，全国地表水国控断面水质优于Ⅲ类的比重提高到 51.9%，全国城市空气二氧化硫平均浓度下降 26.3%。环境执法监管力度不断加大，农村环境综合整治成效明显，生态保护切实加强，核与辐射安全可控，全社会环境意识不断增强，人民群众参与程度进一步提高，“十一五”环境保护目标和重点任务全面完成。

当前，我国环境状况总体恶化的趋势尚未得到根本遏制，环境矛盾凸显，压力继续加大。一些重点流域、海域水污染严重，部分区域和城市大气灰霾现象突出，许多地区主要污染物排放量超过环境容量。农村环境污染加剧，重金属、化学品、持久性有机污染物以及土壤、地下水等污染显现。部分地区生态损害严重，生态系统功能退化，生态环境比较脆弱。核与辐射安全风险增加。人民群众环境诉求不断提高，突发环境事件的数量居高不下，环境问题已成为威胁人体健康、公共安全和社会稳定的重要因素之一。生物多样性保护等全球性环境问题的压力不断加大。环境保护法制尚不完善，投入仍然不足，执法力量薄弱，监管能力相对滞后。同时，随着人口总量持续增长，工业化、城镇化快速推进，能源消费总量不断上升，污染物产生量将继续增加，经济增长的环境约束日趋强化。

二、指导思想、基本原则和主要目标

（一）指导思想。

以邓小平理论和“三个代表”重要思想为指导，深入贯彻落实科学发展观，努力提高生态文明水平，切实解决影响科学发展和损害群众健康的突出环境问题，加强体制机制创新和能力建设，深化主要污染物总量减排，努力改善环境质量，防范环境风险，全面推进环境保护历史性转变，积极探索代价小、效益好、排放低、可持续的环境保护新道路，加快建设资源节约型、环境友好型社会。

（二）基本原则。

——科学发展，强化保护。坚持科学发展，加快转变经济发展方式，以资源环境承载力为基础，在保护中发展，在发展中保护，促进经济社会与资源环境协调发展。

——环保惠民，促进和谐。坚持以人为本，将喝上干净水、呼吸清洁空气、吃上放心食物等摆上更加突出的战略位置，切实解决关系民生的突出环境问题。逐步实现环境保护基本公共服务均等化，维护人民群众环境权益，促进社会和谐稳定。

——预防为主，防治结合。坚持从源头预防，把环境保护贯穿于规划、建设、生产、流通、消费各环节，提升可持续发展能力。提高治污设施建设和运行水平，加强生态保护与修复。

——全面推进，重点突破。坚持将解决全局性、普遍性环境问题与集中力量解决重点流域、区域、行业环境问题相结合，建立与我国国情相适应的环境保护战略体系、全面高效的污染防治体系、健全的环境质量评价体系、完善的环境保护法规政策和科技标准体系、完备的环境管理和执法监督体系、全民参与的社会行动体系。

——分类指导，分级管理。坚持因地制宜，在不同地区和行业实施有差别的环境政策。鼓励有条件的地区采取更加积极的环境保护措施。健全国家监察、地方监管、单位负责的环境监管体制，落实环境保护目标责任制。

——政府引导，协力推进。坚持政府引导，明确企业主体责任，加强部门协调配合。加强环境信息公开和舆论监督，动员全社会参与环境保护。探索以市场化手段推进环境保护。

（三）主要目标。

到 2015 年，主要污染物排放总量显著减少；城乡饮用水水源地环境安全得到有效保障，水质大幅提高；重金属污染得到有效控制，持久性有机污染物、危险化学品、危险废物等污染防治成效明显；城镇环境基础设施建设和运行水平得到提升；生态环境恶化趋势得到扭转；核与辐射安全监管能力明显增强，核与辐射安全水平进一步提高；环境监管体系得到健全。

专栏 1：“十二五”环境保护主要指标

序号	指　标	2010 年	2015 年	2015 年比 2010 年增长
1	化学需氧量排放总量/万吨	2 551.7	2 347.6	−8%
2	氨氮排放总量/万吨	264.4	238	−10%
3	二氧化硫排放总量/万吨	2 267.8	2 086.4	−8%
4	氮氧化物排放总量/万吨	2 273.6	2 046.2	−10%
	地表水国控断面劣Ⅴ类水质的比例/%	17.7	＜15	−2.7 个百分点
5	七大水系国控断面水质好于Ⅲ类的比例/%	55	＞60	5 个百分点
6	地级以上城市空气质量达到二级标准以上的比例/%	72	≥80	8 个百分点

注：①化学需氧量和氨氮排放总量包括工业、城镇生活和农业源排放总量，依据 2010 年污染源普查动态更新结果核定。

②"十二五"期间，地表水国控断面个数由759个增加到970个，其中七大水系国控断面个数由419个增加到574个；同时，将评价因子由12项增加到21项。据此测算，2010年全国地表水国控断面劣Ⅴ类水质比例为17.7%，七大水系国控断面好于Ⅲ类水质的比例为55%。

③"十二五"期间，空气环境质量评价范围由113个重点城市增加到333个全国地级以上城市，按照可吸入颗粒物、二氧化硫、二氧化氮的年均值测算，2010年地级以上城市空气质量达到二级标准以上的比例为72%。

三、推进主要污染物减排

（一）加大结构调整力度。

加快淘汰落后产能。严格执行《产业结构调整指导目录》、《部分工业行业淘汰落后生产工艺装备和产品指导目录》。加大钢铁、有色、建材、化工、电力、煤炭、造纸、印染、制革等行业落后产能淘汰力度。制定年度实施方案，将任务分解落实到地方、企业，并向社会公告淘汰落后产能企业名单。建立新建项目与污染减排、淘汰落后产能相衔接的审批机制，落实产能等量或减量置换制度。重点行业新建、扩建项目环境影响审批要将主要污染物排放总量指标作为前置条件。

着力减少新增污染物排放量。合理控制能源消费总量，促进非化石能源发展，到2015年，非化石能源占一次能源消费比重达到11.4%。提高煤炭洗选加工水平。增加天然气、煤层气供给，降低煤炭在一次能源消费中的比重。在大气联防联控重点区域开展煤炭消费总量控制试点。进一步提高高耗能、高排放和产能过剩行业准入门槛。探索建立单位产品污染物产生强度评价制度。积极培育节能环保、新能源等战略性新兴产业，鼓励发展节能环保型交通运输方式。

大力推行清洁生产和发展循环经济。提高造纸、印染、化工、冶金、建材、有色、制革等行业污染物排放标准和清洁生产评价指标，鼓励各地制定更加严格的污染物排放标准。全面推行排污许可证制度。推进农业、工业、建筑、商贸服务等领域清洁生产示范。深化循环经济示范试点，加快资源再生利用产业化，推进生产、流通、消费各环节循环经济发展，构建覆盖全社会的资源循环利用体系。

（二）着力削减化学需氧量和氨氮排放量。

加大重点地区、行业水污染物减排力度。在已富营养化的湖泊水库和东海、渤海等易发生赤潮的沿海地区实施总氮或总磷排放总量控制。在重金属污染综合防治重点区域实施重点重金属污染物排放总量控制。推进造纸、印染和化工等行业化学需氧量和氨氮排放总量控制，削减比例较2010年不低于10%。严格控制长三角、珠三角等区域的造纸、印染、制革、农药、氮肥等行业新建单纯扩大产能项目。禁止在重点流域江河源头新建有色、造纸、印染、化工、制革等项目。

提升城镇污水处理水平。加大污水管网建设力度，推进雨、污分流改造，加快县城和重点建制镇污水处理厂建设，到2015年，全国新增城镇污水管网约16万公里，新增污水日处理能力4 200万吨，基本实现所有县和重点建制镇具备污水处理能力，污水处理设施负荷率提高到80%以上，城市污水处理率达到85%。推进污泥无害化处理处置和污水再生利用。加强污水处理设施运行和污染物削减评估考核，推进城市污水处理厂监控平台建设。滇池、巢湖、太湖等重点流域和沿海地区城镇污水处理厂要提高脱氮除磷水平。

推动规模化畜禽养殖污染防治。优化养殖场布局，合理确定养殖规模，改进养殖方式，推行清洁养殖，推进养殖废弃物资源化利用。严格执行畜禽养殖业污染物排放标准，对养殖小区、散养密集区污染物实行统一收集和治理。到2015年，全国规模化畜禽养殖场和养殖小区配套建设固体废物和污水贮存处理设施的比例达到50%以上。

（三）加大二氧化硫和氮氧化物减排力度。

持续推进电力行业污染减排。新建燃煤机组要同步建设脱硫脱硝设施，未安装脱硫设施的现役燃煤机组要加快淘汰或建设脱硫设施，烟气脱硫设施要按照规定取消烟气旁路。加快燃煤机组低氮燃烧技术改造和烟气脱硝设施建设，单机容量30万千瓦以上（含）的燃煤机组要全部加装脱硝设施。加强对脱硫脱硝设施运行的监管，对不能稳定达标排放的，要限期进行改造。

加快其他行业脱硫脱硝步伐。推进钢铁行业二氧化硫排放总量控制，全面实施烧结机烟气脱硫，新建烧结机应配套建设脱硫脱硝设施。加强水泥、石油石化、煤化工等行业二氧化硫和氮氧化物治理。石油石化、有色、建材等行业的工业窑炉要进行脱硫改造。新型干法水泥窑要进行低氮燃烧技术改造，新建水泥生产线要安装效率不低于60%的脱硝设施。因地制宜开展燃煤锅炉烟气治理，新建燃煤锅炉要安装脱硫脱硝设施，现有燃煤锅炉要实施烟气脱硫，东部地区的现有燃煤锅炉还应安装低氮燃烧装置。

开展机动车船氮氧化物控制。实施机动车环境保护标志管理。加速淘汰老旧汽车、机车、船舶，到2015年，基本淘汰2005年以前注册运营的“黄标车”。提高机动车环境准入要求，加强生产一致性检查，禁止不符合排放标准的车辆生产、销售和注册登记。鼓励使用新能源车。全面实施国家第四阶段机动车排放标准，在有条件的地区实施更严格的排放标准。提升车用燃油品质，鼓励使用新型清洁燃料，在全国范围供应符合国家第四阶段标准的车用燃油。积极发展城市公共交通，探索调控特大型和大型城市机动车保有总量。

四、切实解决突出环境问题

（一）改善水环境质量。

严格保护饮用水水源地。全面完成城市集中式饮用水水源保护区审批工作，取缔水源保护区内违法建设项目和排污口。推进水源地环境整治、恢复和规范化建设。加强对水源保护区外汇水区有毒有害物质的监管。地级以上城市集中式饮用水水源地要定期开展水质全分析。健全饮用水水源环境信息公开制度，加强风险防范和应急预警。

深化重点流域水污染防治。明确各重点流域的优先控制单元，实行分区控制。淮河流域要突出抓好氨氮控制，重点推进淮河干流及郑州、开封、淮北、淮南、蚌埠、亳州、菏泽、济宁、枣庄、临沂、徐州等城市水污染防治，干流水质基本达到Ⅲ类。海河流域要加强水资源利用与水污染防治统筹，以饮用水安全保障、城市水环境改善和跨界水污染协同治理为重点，大幅减少污染负荷，实现劣Ⅴ类水质断面比重明显下降。辽河流域要加强城市水系环境综合整治，推进辽河保护区建设，实现辽河干流以及招苏台河、条子河、大辽河等支流水质明显好转。三峡库区及其上游要加强污染治理、水生态保护及水源涵养，确保上游及库区水质保持优良。松花江流域要加强城市水系环境综合整治和面源污染治理，国控断面水质基本消除劣Ⅴ类。黄河中上游要重点推进渭河、汾河、湟水河等支流水污染防治，加强宁东、鄂尔多斯和陕北等能源化工基地的环境风险防控，加强河套灌区农业面源污染防治，实现支流水质大幅改善，干流稳定达到使用功能要求。太湖流域要着力降低入湖总氮、总磷等污染负荷，湖体水质由劣Ⅴ类提高到Ⅴ类，富营养化趋势得到遏制。巢湖流域要加强养殖和入湖污染控制，削减氨氮、总氮和总磷污染负荷，加强湖区生态修复，遏制湖体富营养化趋势，主要入湖支流基本消除劣Ⅴ类水质。滇池流域要综合推进湖体、生态防护区域、引导利用区域和水源涵养区域的水污染防治，改善入湖河流和湖体水质。南水北调中线丹江口库区及上游要加强水污染防治和水土流失治理，推进农业面源污染治理，实现水质全面达标；东线水源区及沿线要进一步深化污染治理，确保调水水质。

抓好其他流域水污染防治。加大长江中下游、珠江流域污染防治力度，实现水质稳定并有所好转。将西南诸河、西北内陆诸河、东南诸河，鄱阳湖、洞庭湖、洪泽湖、抚仙湖、梁子湖、博斯腾湖、艾比湖、微山湖、青海湖和洱海等作为保障和提升水生态安全的重点地区，探索建立水生态环境质量评价指标体系，开展水生态安全综合评估，落实水污染防治和水生态安全保障措施。加强湖北省长湖、三湖、白露湖、洪湖和云南省异龙湖等综合治理。加大对黑龙江、乌苏里江、图们江、额尔齐斯河、伊犁河等河流的环境监管和污染防治力度。加大对水质良好或生态脆弱湖泊的保护力度。

综合防控海洋环境污染和生态破坏。坚持陆海统筹、河海兼顾，推进渤海等重点海域综合治理。落实重点海域排污总量控制制度。加强近岸海域与流域污染防治的衔接。加强对海岸工程、海洋工程、海洋倾废和船舶污染的环境监管，在生态敏感地区严格控制围填海活动。降低海水养殖污染物排放强度。加强海岸防护林建设，保护和恢复滨海湿地、红树林、珊瑚礁等典型海洋生态系统。加强海洋生物多样性保护。在重点海域逐步增加生物、赤潮和溢油监测项目，强化海上溢油等事故应急处置。建立海洋环境监测数据共享机制。到 2015 年，近岸海域水质总体保持稳定，长江、黄河、珠江等河口和渤海等重点海湾的水质有所改善。

推进地下水污染防控。开展地下水污染状况调查和评估，划定地下水污染治理区、防控区和一般保护区。加强重点行业地下水环境监管。取缔渗井、渗坑等地下水污染源，切断废弃钻井、矿井等污染途径。防范地下工程设施、地下勘探、采矿活动污染地下水。控制危险废物、城镇污染、农业面源污染对地下水的影响。严格防控污染土壤和污水灌溉对地下水的污染。在地下水污染突出区域进行修复试点，重点加强华北地区地下水污染防治。开展海水入侵综合防治示范。

（二）实施多种大气污染物综合控制。

深化颗粒物污染控制。加强工业烟粉尘控制，推进燃煤电厂、水泥厂除尘设施改造，钢铁行业现役烧结（球团）设备要全部采用高效除尘器，加强工艺过程除尘设施建设。20 蒸吨（含）以上的燃煤锅炉要安装高效除尘器，鼓励其他中小型燃煤工业锅炉使用低灰分煤或清洁能源。加强施工工地、渣土运输及道路等扬尘控制。

加强挥发性有机污染物和有毒废气控制。加强石化行业生产、输送和存储过程挥发性有机污染物排放控制。鼓励使用水性、低毒或低挥发性的有机溶剂，推进精细化工行业有机废气污染治理，加强有机废气回收利用。实施加油站、油库和油罐车的油气回收综合治理工程。开展挥发性有机污染物和有毒废气监测，完善重点行业污染物排放标准。严格污染源监管，减少含汞、铅和二噁英等有毒有害废气排放。

推进城市大气污染防治。在大气污染联防联控重点区域，建立区域空气环境质量评价体系，开展多种污染物协同控制，实施区域大气污染物特别排放限值，对火电、钢铁、有色、石化、建材、化工等行业进行重点防控。在京津冀、长三角和珠三角等区域开展臭氧、细颗粒物（$PM_{2.5}$）等污染物监测，开展区域联合执法检查，到 2015 年，上述区域复合型大气污染得到控制，所有城市空气环境质量达到或好于国家二级标准，酸雨、灰霾和光化学烟雾污染明显减少。实施城市清洁空气行动，加强乌鲁木齐等城市大气污染防治。实行城市空气质量分级管理，尚未达到标准的城市要制定并实施达标方案。加强餐饮油烟污染控制和恶臭污染治理。

加强城乡声环境质量管理。加大交通、施工、工业、社会生活等领域噪声污染防治力度。划定或调整声环境功能区，强化城市声环境达标管理，扩大达标功能区面积。做好重点噪声源控制，解决噪声扰民问题。强化噪声监管能力建设。

（三）加强土壤环境保护。

加强土壤环境保护制度建设。完善土壤环境质量标准，制定农产品产地土壤环境保护监督管理办法和技术规范。研究建立建设项目用地土壤环境质量评估与备案制度及污染土壤调查、评估和修复制度，明确治理、修复的责任主体和要求。

强化土壤环境监管。深化土壤环境调查，对粮食、蔬菜基地等敏感区和矿产资源开发影响区进行重点调查。开展农产品产地土壤污染评估与安全等级划分试点。加强城市和工矿企业污染场地环境监管，开展污染场地再利用的环境风险评估，将场地环境风险评估纳入建设项目环境影响评价，禁止未经评估和无害化治理的污染场地进行土地流转和开发利用。经评估认定对人体健康有严重影响的污染场地，应采取措施防止污染扩散，且不得用于住宅开发，对已有居民要实施搬迁。

推进重点地区污染场地和土壤修复。以大中城市周边、重污染工矿企业、集中治污设施周边、重金属污染防治重点区域、饮用水水源地周边、废弃物堆存场地等典型污染场地和受污染农田为重点，开展污染场地、土壤污染治理与修复试点示范。对责任主体灭失等历史遗留场地土壤污染要加大治理修复的投入力度。

（四）强化生态保护和监管。

强化生态功能区保护和建设。加强大小兴安岭森林、长白山森林等 25 个国家重点生态功能区的保护和管理，制定管理办法，完善管理机制。加强生态环境监测与评估体系建设，开展生态系统结构和功能的连续监测和定期评估。实施生态保护和修复工程。严格控制重点生态功能区污染物排放总量和产业准入环境标准。

提升自然保护区建设与监管水平。开展自然保护区基础调查与评估，统筹完善全国自然保护区发展规划。加强自然保护区建设和管理，严格控制自然保护区范围和功能分区的调整，严格限制涉及自然保护区的开发建设活动，规范自然保护区内土地和海域管理。加强国家级自然保护区规范化建设。优化自然保护区空间结构和布局，重点加强西南高山峡谷区、中南西部山地丘陵区、近岸海域等区域和河流水生生态系统自然保护区建设力度。抢救性保护中东部地区人类活动稠密区域残存的自然生境。到 2015 年，陆地自然保护区面积占国土面积的比重稳定在 15%。

加强生物多样性保护。继续实施《中国生物多样性保护战略与行动计划（2011—2030 年）》，加大生物多样性保护优先区域的保护力度，完成 8 至 10 个优先区域生物多样性本底调查与评估。开展生物多样性监测试点以及生物多样性保护示范区、恢复示范区等建设。推动重点地区和行业的种质资源库建设。加强生物物种资源出入境监管。研究建立生物遗传资源获取与惠益共享制度。研究制定防止外来物种入侵和加强转基因生物安全管理的法规。强化对转基因生物体环境释放和环境改善用途微生物利用的监管，开展外来有害物种防治。发布受威胁动植物和外来入侵物种名录。到 2015 年，90%的国家重点保护物种和典型生态系统得到保护。

推进资源开发生态环境监管。落实生态功能区划，规范资源开发利用活动。加强矿产、水电、旅游资源开发和交通基础设施建设中的生态监管，落实相关企业在生态保护与恢复中的责任。实施矿山环境治理和生态恢复保证金制度。

五、加强重点领域环境风险防控

（一）推进环境风险全过程管理。

开展环境风险调查与评估。以排放重金属、危险废物、持久性有机污染物和生产使用危险化学品的企业为重点，全面调查重点环境风险源和环境敏感点，建立环境风险源数据库。研究环境风险的产生、传播、防控机制。开展环境污染与健康损害调查，建立环境与健康风险评估体系。

完善环境风险管理措施。完善以预防为主的环境风险管理制度，落实企业主体责任。制定环境风险评估规范，完善相关技术政策、标准、工程建设规范。建设项目环境影响评价审批要对防范环境风险提出明确要求。建立企业突发环境事件报告与应急处理制度、特征污染物监测报告制度。对重点风险源、重要和敏感区域定期进行专项检查，对高风险企业要予以挂牌督办、限期整改或搬迁，对不具备整改条件的，应依法予以关停。建立环境应急救援网络，完善环境应急预案，定期开展环境事故应急演练。完善突发环境事件应急救援体系，构建政府引导、部门协调、分级负责、社会参与的环境应急救援机制，依法科学妥善处置突发环境事件。

建立环境事故处置和损害赔偿恢复机制。将有效防范和妥善应对重大突发环境事件作为地方人民政府的重要任务，纳入环境保护目标责任制。推进环境污染损害鉴定评估机构建设，建立鉴定评估工作机制，完善损害赔偿制度。建立损害评估、损害赔偿以及损害修复技术体系。健全环境污染责任保险制度，研究建立重金属排放等高环境风险企业强制保险制度。

（二）加强核与辐射安全管理。

提高核能与核技术利用安全水平。加强重大自然灾害对核设施影响的分析和预测预警。进一步提高核安全设备设计、制造、安装、运行的可靠性。加强研究堆和核燃料循环设施的安全整改，对不能满足安全要求的设施要限制运行或逐步关停。规范核技术利用行为，开展核技术利用单位综合安全检查，对安全隐患大的核技术利用项目实施强制退役。

加强核与辐射安全监管。完善核与辐射安全审评方法。加强运行核设施安全监管，强化对在建、拟建核设施的安全分析和评估，完善核安全许可证制度。完善早期核设施的安全管理。加强对核材料、放射性物品生产、运输、存储等环节的安全监管。加强核技术利用安全监管，完善核技术利用辐射安全管理信息系统。加强辐射环境质量监测和核设施流出物监督性监测。完善核与辐射安全监管国际合作机制，加强核安全宣传和科普教育。

加强放射性污染防治。推进早期核设施退役和放射性污染治理。开展民用辐射照射装置退役和废源回收工作。加快放射性废物贮存、处理和处置能力建设，基本消除历史遗留中低放废液的安全风险。加快铀矿、伴生放射性矿污染治理，关停不符合安全要求的铀矿冶设施，建立铀矿冶退役治理工程长期监护机制。

（三）遏制重金属污染事件高发态势。

加强重点行业和区域重金属污染防治。以有色金属矿（含伴生矿）采选业、有色金属冶炼业、铅蓄电池制造业、皮革及其制品业、化学原料及化学制品制造业等行业为重点，加大防控力度，加快重金属相关企业落后产能淘汰步伐。合理调整重金属相关企业布局，逐步提高行业准入门槛，严格落实卫生防护距离。坚持新增产能与淘汰产能等量置换或减量置换，禁止在重点区域新改扩建增加重金属污染物排放量的项目。鼓励各省（区、市）在其非重点区域内探索重金属排放量置换、交易试点。制定并实施重点区域、行业重金属污染物特别排放限值。加强湘江等流域、区域重金属污染综合治理。到 2015 年，重点区域内重点重金属污染物排放量比 2007 年降低 15%，非重点区域重点重金属污染物排放量不超过 2007 年水平。

实施重金属污染源综合防治。将重金属相关企业作为重点污染源进行管理，建立重金属污染物产生、排放台账，强化监督性监测和检查制度。对重点企业每两年进行一次强制清洁生产审核。推动重金属相关产业技术进步，鼓励企业开展深度处理。鼓励铅蓄电池制造业、有色金属冶炼业、皮革及其制品业、电镀等行业实施同类整合、园区化管理，强化园区的环境保护要求。健全重金属污染健康危害监测与诊疗体系。

（四）推进固体废物安全处理处置。

加强危险废物污染防治。落实危险废物全过程管理制度，确定重点监管的危险废物产生单位清单，加强危险废物产生单位和经营单位规范化管理，杜绝危险废物非法转移。对企业自建的利用处置设施进行排查、评估，促进危险废物利用和处置产业化、专业化和规模化发展。控制危险废物填埋量。取缔废弃铅酸蓄电池非法加工利用设施。规范实验室等非工业源危险废物管理。加快推进历史堆存铬渣的安全处置，确保新增铬渣得到无害化利用处置。加强医疗废物全过程管理和无害化处置设施建设，因地制宜推进农村、乡镇和偏远地区医疗废物无害化管理，到 2015 年，基本实现地级以上城市医疗废物得到无害化处置。

加大工业固体废物污染防治力度。完善鼓励工业固体废物利用和处置的优惠政策，强化工业固体废物综合利用和处置技术开发，加强煤矸石、粉煤灰、工业副产石膏、冶炼和化工废渣等大宗工业固体废物的污染防治，到 2015 年，工业固体废物综合利用率达到 72%。推行生产者责任延伸制度，规范废弃电器电子产品的回收处理活动，建设废旧物品回收体系和集中加工处理园区，推进资源综合利用。加强进口废物圈区管理。

提高生活垃圾处理水平。加快城镇生活垃圾处理设施建设，到 2015 年，全国城市生活垃圾无害化处理率达到 80%，所有县具有生活垃圾无害化处理能力。健全生活垃圾分类回收制度，完善分类回收、密闭运输、集中处理体系，加强设施运行监管。对垃圾简易处理或堆放设施和场所进行整治，对已封场的垃圾填埋场和旧垃圾场要进行生态修复、改造。鼓励垃圾厌氧制气、焚烧发电和供热、填埋气发电、餐厨废弃物资源化利用。推进垃圾渗滤液和垃圾焚烧飞灰处置工程建设。开展工业生产过程协同处理生活垃圾和污泥试点。

（五）健全化学品环境风险防控体系。

严格化学品环境监管。完善危险化学品环境管理登记及新化学物质环境管理登记制度。制定有毒有害化学品淘汰清单，依法淘汰高毒、难降解、高环境危害的化学品。制定重点环境管理化学品清单，限制生产和使用高环境风险化学品。完善相关行业准入标准、环境质量标准、排放标准和监测技术规范，推行排放、转移报告制度，开展强制清洁生产审核。健全化学品环境管理机构。建立化学品环境污染责任终身追究制和全过程行政问责制。

加强化学品风险防控。加强化工园区环境管理，严格新建化工园区的环境影响评价审批，加强现有化工企业集中区的升级改造。新建涉及危险化学品的项目应进入化工园区或化工聚集区，现有化工园区外的企业应逐步搬迁入园。制定化工园区环境保护设施建设标准，完善园区相关设施和环境应急体系建设。加强重点环境管理类危险化学品废弃物和污染场地的管理与处置。推进危险化学品企业废弃危险化学品暂存库建设和处理处置能力建设。以铁矿石烧结、电弧炉炼钢、再生有色金属生产、废弃物焚烧等行业为重点，加强二噁英污染防治，建立完善的二噁英污染防治体系和长效监管机制；到 2015 年，重点行业二噁英排放强度降低 10%。

六、完善环境保护基本公共服务体系

（一）推进环境保护基本公共服务均等化。

制定国家环境功能区划。根据不同地区主要环境功能差异，以维护环境健康、保育自然生态安全、保障食品产地环境安全等为目标，结合全国主体功能区规划，编制国家环境功能区划，在重点生态功能区、陆地和海洋生态环境敏感区、脆弱区等区域划定“生态红线”，制定不同区域的环境目标、政策和环境标准，实行分类指导、分区管理。

加大对优化开发和重点开发地区的环境治理力度，结合环境容量实施严格的污染物排放标准，大幅度削减污染物排放总量，加强环境风险防范，保护和扩大生态空间。加强对农产品主产区的环境监管，加强土壤侵蚀和养殖污染防治。对自然文化资源保护区依法实施强制性保护，维护自然生态和文化遗产的原真性、完整性，依法关闭或迁出污染企业，实现污染物“零排放”。严格能源基地和矿产资源基地等区域环境准入，引导自然资源合理有序开发。

实施区域环境保护战略。西部地区要坚持生态优先，加强水能、矿产等资源能源开发活动的环境监管，保护和提高其生态服务功能，构筑国家生态安全屏障。三江源地区要深入推进生态保护综合试验区建设。塔里木河流域要加强生态治理和荒漠化防治。呼包鄂榆、关中—天水、兰州—西宁、宁夏沿黄、天山北坡等区域要严格限制高耗水行业发展，提高水资源利用水平，控制采暖期煤烟型大气污染。成渝、黔中、滇中、藏中南等区域要强化酸雨污染防治，加强石漠化治理和高原湖泊保护。

东北地区要加强森林等生态系统保护，开展三江平原、松嫩平原湿地修复，强化黑土地水土流失和荒漠化综合治理，加强东北平原农产品产地土壤环境保护。辽中南、长吉图、哈大齐和牡绥等区域要加强采暖期城市大气污染治理，推进松花江、辽河流域和近岸海域污染防治，加强采煤沉陷区综合治理和矿山环境修复，强化对石油等资源开发活动的生态环境监管。

中部地区要有效维护区域资源环境承载能力，提高城乡环境基础设施建设水平，维持环境质量总体稳定。太原城市群、中原经济区要加强区域大气污染治理合作，严格限制高耗水行业发展，加强采煤沉陷区的生态恢复。武汉城市圈、环长株潭城市群、皖江城市带等区域要把区域资源承载力和生态环境容量作为承接产业转移的重要依据，严格资源节约和环保准入门槛，统筹城乡环境保护，加快推进资源节约型、环境友好型社会建设。加强鄱阳湖生态经济区生态环境保护。

东部地区要大幅度削减污染物排放总量，加快推进经济发展方式转变，化解资源环境“瓶颈”制约。京津冀、长三角、珠三角等区域要加快环境管理体制机制创新，有效控制区域性复合型大气污染。河北沿海、江苏沿海、浙江舟山群岛新区、海峡西岸、山东半岛等区域要进一步提高资源能源利用效率，保护海岸带和生物多样性。加快推进海南国际旅游岛环境基础设施建设。

推进区域环境保护基本公共服务均等化。合理确定环境保护基本公共服务的范围和标准，加强城乡和区域统筹，健全环境保护基本公共服务体系。中央财政通过一般性转移支付和生态补偿等措施，加大对西部地区、禁止开发区域和限制开发区域、特殊困难地区的支持力度，提高环境保护基本公共服务供给水平。地方各级人民政府要保障环境保护基本公共服务支出，加强基层环境监管能力建设。

（二）提高农村环境保护工作水平。

保障农村饮用水安全。开展农村饮用水水源地调查评估，推进农村饮用水水源保护区或保护范围的划定工作。强化饮用水水源环境综合整治。建立和完善农村饮用水水源地环境监管体系，加大执法检查力度。开展环境保护宣传教育，提高农村居民水源保护意识。在有条件的地区推行城乡供水一体化。

提高农村生活污水和垃圾处理水平。鼓励乡镇和规模较大村庄建设集中式污水处理设施，将城市周边村镇的污水纳入城市污水收集管网统一处理，居住分散的村庄要推进分散式、低成本、易维护的污水处理设施建设。加强农村生活垃圾的收集、转运、处置设施建设，统筹建设城市和县城周边的村镇无害化处理设施和收运系统；交通不便的地区要探索就地处理模式，引导农村生活垃圾实现源头分类、就地减量、资源化利用。

提高农村种植、养殖业污染防治水平。引导农民使用生物农药或高效、低毒、低残留农药，农药包装应进行无害化处理。大力推进测土配方施肥。推动生态农业和有机农业发展。加强废弃农膜、秸秆等农业生产废弃物资源化利用。开展水产养殖污染调查，减少太湖、巢湖、洪泽湖等湖泊的水产养殖面积和投饵数量。

改善重点区域农村环境质量。实行农村环境综合整治目标责任制，实施农村清洁工程，开发推广适用的综合整治模式与技术，着力解决环境污染问题突出的村庄和集镇，到 2015 年，完成 6 万个建制村的环境综合整治任务。优化农村地区工业发展布局，严格工业项目环境准入，防止城市和工业污染向农村转移。对农村地区化工、电镀等企业搬迁和关停后的遗留污染要进行综合治理。

（三）加强环境监管体系建设。

以基础、保障、人才等工程为重点，推进环境监管基本公共服务均等化建设，到 2015 年，基本形成污染源与总量减排监管体系、环境质量监测与评估考核体系、环境预警与应急体系，初步建成环境监管基本公共服务体系。

完善污染减排统计、监测、考核体系。加强污染源自动监控系统建设、监督管理和运行维护。加强农村和机动车减排监管能力建设。全面推进监测、监察、宣教、统计、信息等环境保护能力标准化建设，大幅提升市县环境基础监管能力。在京津冀、长三角、珠三角等经济发达地区和重污染地区，以及其他有条件的地区，将环境监察队伍向乡镇、街道延伸。以中西部地区县级和部分地市级监测监察机构为重点，推进基层环境监测执法业务用房建设。开展农业和农村环境统计。开展面源污染物排放总量控制研究，探索建立面源污染减排核证体系。

推进环境质量监测与评估考核体系建设。优化国家环境监测断面（点位），建设环境质量评价、考核与预警网络。在重点地区建设环境监测国家站点，提升国家监测网自动监测水平。提升区域特征污染物监测能力，开展重金属、挥发性有机物等典型环境问题特征污染因子排放源的监测，鼓励将特征污染物监测纳入地方日常监测范围。开展农村饮用水源地、村庄河流（水库）水质监测试点，推进典型农村地区空气背景站或区域站建设，加强流动监测能力建设，提高农村地区环境监测覆盖率，启动农村环境质量调查评估。开展生物监测。推进环境专用卫星建设及其应用，建立卫星遥感监测和地面监测相结合的国家生态环境监测网络，开展生态环境质量监测与评估。建设全国辐射环境监测网络。

加强环境预警与应急体系建设。加快国家、省、市三级自动监控系统建设，建立预警监测系统。提高环境信息的基础、统计和业务应用能力，建设环境信息资源中心。利用物联网和电子标识等手段，对危险化学品等存储、运输等环节实施全过程监控。强化环境应急能力标准化建设。加强重点流域、区域环境应急与监管机构建设。健全核与辐射环境监测体系，建立重要核设施的监督性监测系统和其他核设施的流出物实时在线监测系统，推动国家核与辐射安全监督技术研发基地、重点实验室、业务用房建设。加强核与辐射事故应急响应、反恐能力建设，完善应急决策、指挥调度系统及应急物资储备。

提高环境监管基本公共服务保障能力。建立经费保障渠道和机制，按照运行经费定额标准及更新机制，保障国家与地方环境监管网络运行、设备更新及业务用房维修改造。加强队伍建设，提升人员素质。研究建立核与辐射安全监管及核安全重要岗位人员技术资质管理制度。完善培训机制，加强市、县两级特别是中西部地区环境监管人员培训。培养引进高端人才。定期开展环境专业技能竞赛。

七、实施重大环保工程

为把“十二五”环境保护目标和任务落到实处，要积极实施各项环境保护工程（全社会环保投资需求约 3.4 万亿元），其中，优先实施 8 项环境保护重点工程，开展一批环境基础调查与试点示范，投资需求约 1.5 万亿元。要充分利用市场机制，形成多元化的投入格局，确保工程投资到位。工程投入以企业和地方各级人民政府为主，中央政府区别不同情况给予支持。要定期开展工程项目绩效评价，提高投资效益。

专栏 2："十二五"环境保护重点工程

主要污染物减排工程。包括城镇生活污水处理设施及配套管网、污泥处理处置、工业水污染防治、畜禽养殖污染防治等水污染物减排工程，电力行业脱硫脱硝、钢铁烧结机脱硫脱硝、其他非电力重点行业脱硫、水泥行业与工业锅炉脱硝等大气污染物减排工程。

改善民生环境保障工程。包括重点流域水污染防治及水生态修复、地下水污染防治、重点区域大气污染联防联控、受污染场地和土壤污染治理与修复等工程。

农村环保惠民工程。包括农村环境综合整治、农业面源污染防治等工程。

生态环境保护工程。包括重点生态功能区和自然保护区建设、生物多样性保护等工程。

重点领域环境风险防范工程。包括重金属污染防治、持久性有机污染物和危险化学品污染防治、危险废物和医疗废物无害化处置等工程。

核与辐射安全保障工程。包括核安全与放射性污染防治法规标准体系建设、核与辐射安全监管技术研发基地建设以及辐射环境监测、执法能力建设、人才培养等工程。

环境基础设施公共服务工程。包括城镇生活污染、危险废物处理处置设施建设，城乡饮用水水源地安全保障等工程。

环境监管能力基础保障及人才队伍建设工程。包括环境监测、监察、预警、应急和评估能力建设，污染源在线自动监控设施建设与运行，人才、宣教、信息、科技和基础调查等工程建设，建立健全省市县三级环境监管体系。

八、完善政策措施

（一）落实环境目标责任制。

制定生态文明建设指标体系，纳入地方各级人民政府政绩考核。实行环境保护一票否决制。继续推进主要污染物总量减排考核，探索开展环境质量监督考核。落实环境目标责任制，定期发布主要污染物减排、环境质量、重点流域污染防治规划实施情况等考核结果，对未完成环保目标任务或对发生重特大突发环境事件负有责任的地方政府要进行约谈，实施区域限批，并追究有关领导责任。

（二）完善综合决策机制。

完善政府负责、环保部门统一监督管理、有关部门协调配合、全社会共同参与的环境管理体系。充分发挥环境保护部际联席会议的作用，促进部门间协同联动与信息共享。把主要污染物总量控制要求、环境容量、环境功能区划和环境风险评估等作为区域和产业发展的决策依据。依法对重点流域、区域开发和行业发展规划以及建设项目开展环境影响评价。健全规划环境影响评价和建设项目环境影响评价的联动机制。完善建设项目环境保护验收制度。加强对环境影响评价审查的监督管理。对环境保护重点城市的城市总体规划进行环境影响评估，探索编制城市环境保护总体规划。

（三）加强法规体系建设。

加强环境保护法、大气污染防治法、清洁生产促进法、固体废物污染环境防治法、环境噪声污染防治法、环境影响评价法等法律修订的基础研究工作，研究拟订污染物总量控制、饮用水水源保护、土壤环境保护、排污许可证管理、畜禽养殖污染防治、机动车污染防治、有毒有害化学品管理、核安全与放射性污染防治、环境污染损害赔偿等法律法规。

统筹开展环境质量标准、污染物排放标准、核电标准、民用核安全设备标准、环境监测规范、环境基础标准制修订规范、管理规范类环境保护标准等制（修）订工作。完善大气、水、海洋、土壤等环境质量标准，完善污染物排放标准中常规污染物和有毒有害污染物排放控制要求，加强水污染物间接排放控制和企业周围环境质量监控要求。推进环境风险源识别、环境风险评估和突发环境事件应急环境保护标准建设。鼓励地方制订并实施地方污染物排放标准。

（四）完善环境经济政策。

落实燃煤电厂烟气脱硫电价政策，研究制定脱硝电价政策，对污水处理、污泥无害化处理设施、非电力行业脱硫脱硝和垃圾处理设施等企业实行政策优惠。对非居民用水要逐步实行超额累进加价制度，对高耗水行业实行差别水价政策。研究鼓励企业废水“零排放”的政策措施。健全排污权有偿取得和使用制度，发展排污权交易市场。

推进环境税费改革，完善排污收费制度。全面落实污染者付费原则，完善污水处理收费制度，收费标准要逐步满足污水处理设施稳定运行和污泥无害化处置需求。改革垃圾处理费征收方式，加大征收力度，适度提高垃圾处理收费标准和财政补贴水平。

建立企业环境行为信用评价制度，加大对符合环保要求和信贷原则企业和项目的信贷支持。建立银行绿色评级制度，将绿色信贷成效与银行工作人员履职评价、机构准入、业务发展相挂钩。推行政府绿色采购，逐步提高环保产品比重，研究推行环保服务政府采购。制定和完善环境保护综合名录。

探索建立国家生态补偿专项资金。研究制定实施生态补偿条例。建立流域、重点生态功能区等生态补偿机制。推行资源型企业可持续发展准备金制度。

（五）加强科技支撑。

提升环境科技基础研究和应用能力。夯实环境基准、标准制订的科学基础，完善环境调查评估、监测预警、风险防范等环境管理技术体系。推进国家环境保护重点实验室、工程技术中心、野外观测研究站等建设。组织实施好水体污染控制与治理等国家科技重大专项，大力研发污染控制、生态保护和环境风险防范的高新技术、关键技术、共性技术。研发氮氧化物、重金属、持久性有机污染物、危险化学品等控制技术和适合我国国情的土壤修复、农业面源污染治理等技术。大力推动脱硫脱硝一体化、除磷脱氮一体化以及脱除重金属等综合控制技术研发。强化先进技术示范与推广。

（六）发展环保产业。

围绕重点工程需求，强化政策驱动，大力推动以污水处理、垃圾处理、脱硫脱硝、土壤修复和环境监测为重点的装备制造业发展，研发和示范一批新型环保材料、药剂和环境友好型产品。推动跨行业、跨企业循环利用联合体建设。实行环保设施运营资质许可制度，推进烟气脱硫脱硝、城镇污水垃圾处理、危险废物处理处置等污染设施建设和运营的专业化、社会化、市场化进程，推行烟气脱硫设施特许经营。制定环保产业统计标准。研究制定提升工程投融资、设计和建设、设施运营和维护、技术咨询、清洁生产审核、产品认证和人才培训等环境服务业水平的政策措施。

（七）加大投入力度。

把环境保护列入各级财政年度预算并逐步增加投入。适时增加同级环境保护能力建设经费安排。加大对中西部地区环境保护的支持力度。围绕推进环境基本公共服务均等化和改善环境质量状况，完善一般性转移支付制度，加大对国家重点生态功能区、中西部地区和民族自治地方环境保护的转移支付力度。深化“以奖促防”、“以奖促治”、“以奖代补”等政策，强化各级财政资金的引导作用。

推进环境金融产品创新，完善市场化融资机制。探索排污权抵押融资模式。推动建立财政投入与银行贷款、社会资金的组合使用模式。鼓励符合条件的地方融资平台公司以直接、间接的融资方式拓宽环境保护投融资渠道。支持符合条件的环保企业发行债券或改制上市，鼓励符合条件的环保上市公司实施再融资。探索发展环保设备设施的融资租赁业务。鼓励多渠道建立环保产业发展基金。引导各类创业投资企业、股权投资企业、社会捐赠资金和国际援助资金增加对环境保护领域的投入。

（八）严格执法监管。

完善环境监察体制机制，明确执法责任和程序，提高执法效率。建立跨行政区环境执法合作机制和部门联动执法机制。深入开展整治违法排污企业保障群众健康环保专项行动，改进对环境违法行为的处罚方式，加大执法力度。持续开展环境安全监察，消除环境安全隐患。强化承接产业转移环境监管。深化流域、区域、行业限批和挂牌督办等督查制度。开展环境法律法规执行和环境问题整改情况后督察，健全重大环境事件和污染事故责任追究制度。鼓励设立环境保护法庭。

（九）发挥地方人民政府积极性。

进一步深化环境保护激励措施，充分发挥地方人民政府预防和治理环境污染的积极性。进一步完善领导干部政绩综合评价体系，引导地方各级人民政府把环境保护放在全局工作的突出位置，及时研究解决本地区环境保护重大问题。完善中央环境保护投入管理机制，带动地方人民政府加大投入力度。推进生态文明建设试点，鼓励开展环境保护模范城市、生态示范区等创建活动。

（十）部门协同推进环境保护。

环境保护部门要加强环境保护的指导、协调、监督和综合管理。发展改革、财政等综合部门要制定有利于环境保护的财税、产业、价格和投资政策。科技部门要加强对控制污染物排放、改善环境质量等关键技术的研发与示范支持。工业部门要加大企业技术改造力度，严格行业准入，完善落后产能退出机制，加强工业污染防治。国土资源部门要控制生态用地的开发，加强矿产资源开发的环境治理恢复，保障环境保护重点工程建设用地。住房城乡建设部门要加强城乡污水、垃圾处理设施的建设和运营管理。交通运输、铁道等部门要加强公路、铁路、港口、航道建设与运输中的生态环境保护。水利部门要优化水资源利用和调配，统筹协调生活、生产经营和生态环境用水，严格入河排污口管理，加强水资源管理和保护，强化水土流失治理。农业部门要加强对科学施用肥料、农药的指导和引导，加强畜禽养殖污染防治、农业节水、农业物种资源、水生生物资源、渔业水域和草地生态保护，加强外来物种管理。商务部门要严格宾馆、饭店污染控制，推动开展绿色贸易，应对贸易环境壁垒。卫生部门要积极推进环境与健康相关工作，加大重金属诊疗系统建设力度。海关部门要加强废物进出境监管，加大对走私废物等危害环境安全行为的查处力度，阻断危险废物非法跨境转移。林业部门要加强林业生态建设力度。旅游部门要合理开发旅游资源，加强旅游区的环境保护。能源部门要合理调控能源消费总量，实施能源结构战略调整，提高能源利用效率。气象部门要加强大气污染防治和水环境综合治理气象监测预警服务以及核安全与放射性污染气象应急响应服务。海洋部门要加强海洋生态保护，推进海洋保护区建设，强化对海洋工程、海洋倾废等的环境监管。

（十一）积极引导全民参与。

实施全民环境教育行动计划，动员全社会参与环境保护。推进绿色创建活动，倡导绿色生产、生活方式。完善新闻发布和重大环境信息披露制度。推进城镇环境质量、重点污染源、重点城市饮用水水质、企业环境和核电厂安全信息公开，建立涉及有毒有害物质排放企业的环境信息强制披露制度。引导企业进一步增强社会责任感。建立健全环境保护举报制度，畅通环境信访、12369 环保热线、网络邮箱等信访投诉渠道，鼓励实行有奖举报。支持环境公益诉讼。

（十二）加强国际环境合作。

加强与其他国家、国际组织的环境合作，积极引进国外先进的环境保护理念、管理模式、污染治理技术和资金，宣传我国环境保护政策和进展。大力推进国际环境公约、核安全和放射性废物管理安全等公约的履约工作，完善国内协调机制，加大中央财政对履约工作的投入力度，探索国际资源与其他渠道资金相结合的履约资金保障机制。

积极参与环境与贸易相关谈判和相关规则的制定，加强环境与贸易的协调，维护我国环境权益。研究调整"高污染、高环境风险"产品的进出口关税政策，遏制高耗能、高排放产品出口。全面加强进出口贸易环境监管，禁止不符合环境保护标准的产品、技术、设施等引进，大力推动绿色贸易。

九、加强组织领导和评估考核

地方人民政府是规划实施的责任主体，要把规划目标、任务、措施和重点工程纳入本地区国民经济和社会发展总体规划，把规划执行情况作为地方政府领导干部综合考核评价的重要内容。国务院各有关部门要各司其责，密切配合，完善体制机制，加大资金投入，推进规划实施。要在 2013 年年底和 2015 年年底，分别对规划执行情况进行中期评估和终期考核，评估和考核结果向国务院报告，向社会公布，并作为对地方人民政府政绩考核的重要内容。

关于火电企业脱硫设施旁路烟道挡板实施铅封的通知

环办[2010]91号

各省、自治区、直辖市环境保护厅（局），新疆生产建设兵团环境保护局，国家电网公司，华能、大唐、华电、国电、中电投集团公司：

为进一步落实国务院《节能减排综合性工作方案》及《节能减排统计监测及考核实施方案和办法》有关要求，切实加强对火电企业脱硫设施运行过程的监管，提高脱硫设施运行效率，我部决定对所有“火电企业脱硫设施旁路烟道挡板”（以下简称“旁路挡板”）实施铅封。现将有关事项通知如下：

一、各级环保部门和各电力集团公司要积极鼓励火电企业逐步拆除已建脱硫设施的旁路烟道，烟气排放连续监测系统采样点逐步统一安装在烟囱符合监测要求的高度位置。对暂时保留旁路烟道的，所有旁路挡板必须实行铅封。要求所有新建燃煤机组不得设置脱硫旁路烟道，烟气排放连续监测系统采样点一律安装在烟囱符合监测要求的高度位置。

二、各省级环保部门负责本辖区内火电企业旁路挡板的铅封工作。旁路挡板的封签由各省级环保部门统一设计制作，实行统一编号，专人管理，现场铅封和启封等具体工作可委托地市或县级环保部门开展。

（一）各省级环保部门或所在地环保部门要指定专人具体负责所辖区域内火电企业旁路挡板铅封工作，加强监督检查，按照规定及时铅封，并认真做好记录。

（二）各省级环保部门要组织对负责现场铅封的人员进行专业培训。现场铅封时，要配备必要的安全防护设施，安排专人进行安全监护，确保铅封人员人身和设备安全。

（三）旁路挡板的封签须安装在旁路挡板执行器拐臂和支架上，在适当位置焊接固定。在安装封签前，要确认旁路挡板门处于密封关闭状态。实施铅封的材料和方式不得影响旁路挡板门紧急情况下的开启。

三、旁路挡板铅封后，各火电企业不得擅自启封。

（一）下列情况确需开启旁路挡板门时，由火电企业书面提出申请，报当地环保部门审批，审批同意后，由当地环保部门派人现场启封：脱硫设施定期试验和定期维护检修；机组停运后进行旁路挡板门检修维护；脱硫系统及烟道系统短期缺陷处理。

（二）下列情况确需开启旁路挡板门时，火电企业可自行启封，但必须在24小时内向当地环保部门报告：发电机组、增压风机、热交换器（GGH）、浆液循环泵等设备突然跳闸；增压风机入口压力、脱硫塔入口烟温和流量等参数超出保护定值；锅炉紧急投油助燃；除尘装置突然断电；发生地震、火灾、电网故障等突发事件。

（三）维护检修工作结束或紧急情况消除后，火电企业应立即关闭旁路挡板门，并向当地环保部门提出申请重新进行铅封。当地环保部门要对旁路挡板每次开启和铅封过程进行如实记录。

四、各省级环保部门要高度重视旁路挡板铅封工作，精心组织，周密部署，确保该项工作顺利开展。各省级环保部门于 2010 年 7 月 1 日前制定完成本辖区火电企业旁路挡板铅封方案，8 月 15 日前完成封签制作、配发以及人员培训等工作，9 月 30 日前完成旁路挡板的铅封。对正在实施脱硫设施增容改造或设备缺陷维修的机组，可待改造维修工程完成后实施铅封。今年年底前，要全部完成对火电企业的铅封工作，并将工作完成情况报送我部。各级环保部门要切实加强检查，严肃处理弄虚作假、擅自开启、故意破坏封签等行为。

五、各电力集团公司要督促所属火电企业，充分认识和理解开展此项工作的重要性，主动配合和协助各级环保部门，做好旁路挡板铅封工作，并做好铅封装置的日常维护，发现异常情况及时报告当地环保部门。

六、各环保督查中心要通过重点抽查和现场核查相结合的方式，对辖区内火电企业旁路挡板铅封情况进行督查检查，重点检查弄虚作假、故意破坏封签、不按规定铅封等情况，检查结果及时报送我部。

我部将把旁路挡板铅封作为二氧化硫减排设施监管的重要手段，铅封的操作记录作为核定燃煤机组脱硫设施投运率、脱硫效率和减排量核算的重要依据。对限期未能实施铅封或违反铅封规定的，将予以通报批评、扣减减排量等处罚措施，并列入该地区和企业集团减排年度考核。

二〇一〇年六月十七日

关于印发《燃煤发电机组环保电价及环保设施运行监管办法》的通知

发改价格[2014]536 号

各省、自治区、直辖市发展改革委、物价局、环保厅（局）、电力公司，国家电网公司，南方电网公司，华能、大唐、华电、国电、中电投集团公司，国家开发投资公司，神华集团公司：

鉴于加强环保电价和环保设施运行监管是促进燃煤发电机组减少污染物排放、改善大气质量的重要措施，国家发展改革委和环境保护部特制定了《燃煤发电机组环保电价及环保设施运行监管办法》，现印发给你们，请按照执行。

附件：《燃煤发电机组环保电价及环保设施运行监管办法》

国家发展改革委 环境保护部

2014 年 3 月 28 日

附件：

燃煤发电机组环保电价及环保设施运行监管办法

第一条 为发挥价格杠杆的激励和约束作用，促进燃煤发电企业建设和运行环保设施，减少二氧化硫、氮氧化物、烟粉尘排放，切实改善大气环境质量，根据《中华人民共和国价格法》、《中华人民共和国环境保护法》、《中华人民共和国大气污染防治法》、《国务院关于印发大气污染防治行动计划的通知》（国发[2013]37 号）等有关规定，制定本办法。

第二条 本办法适用于符合国家建设管理规定的燃煤发电机组（含循环流化床燃煤发电机组，不含以生物质、垃圾、煤气等燃料为主掺烧部分煤炭的发电机组）脱硫、脱硝、除尘电价（以下简称“环保电价”）及脱硫、脱硝、除尘设施（以下简称“环保设施”）运行管理。

第三条 对燃煤发电机组新建或改造环保设施实行环保电价加价政策。环保电价加价标准由国家发展改革委制定和调整。

第四条 安装环保设施的燃煤发电企业，环保设施验收合格后，由省级环境保护主管部门函告省级价格主管部门，省级价格主管部门通知电网企业自验收合格之日起执行相应的环保电价加价。

新建燃煤发电机组同步建设环保设施的，执行国家发展改革委公布的包含环保电价的燃煤发电机组标杆上网电价。

第五条 新建燃煤发电机组应按环保规定同步建设环保设施，不得设置烟气旁路通道。新建燃煤发电机组的环保设施由审批环境影响报告书的环境保护主管部门进行先期单项验收。先期单项验收结果纳入工程竣工环保总体验收。

现有燃煤发电机组应按照国家和地方政府确定的时间进度完成环保设施建设改造，由发电企业向负责审批的环境保护主管部门申请环保验收。市级环境保护主管部门验收的，验收结果报省级环境保护主管部门。

第六条 环境保护主管部门应在受理发电企业环保设施验收申请材料之日起 30 个工作日内，对验收合格的环保设施出具验收合格文件。

第七条 燃煤发电机组排放污染物应符合《火电厂大气污染物排放标准》(GB 13223—2011）规定的限值要求。其中，大气污染防治重点控制区按照相关要求执行特别排放限值；地方有更严格排放标准要求的，执行地方排放标准。火电厂大气污染物排放标准调整时，执行环保电价应满足的排放限值相应调整。

第八条 燃煤发电企业应按照国家有关规定安装运行烟气排放连续监测系统（以下简称“CEMS”），并与省级环境保护主管部门和省级电网企业联网，实时传输数据。CEMS 发生故障不能正常运行时，发电企业应在 12 小时内向所在地市级及省级环境保护主管部门报告，限期恢复正常。

第九条 燃煤发电企业应按环境保护主管部门有关要求，自行或委托有资质的机构在全面测试烟气流速、污染物浓度分布基础上确定最具代表性点位；对所有 CEMS 监测仪表进行日常巡检和维护保养，并确保其正常运行。

第十条 燃煤发电企业应把环保设施作为主体设备纳入企业发电主设备管理系统统一管理，建立相应的管理制度。

第十一条 燃煤发电企业因检修维护、更新改造需暂停环保设施运行的，应在计划停运 5 个工作日前报省级环境保护主管部门批准并报告省级电网企业；环保设施因事故停运的，应在 24 小时内向所在地环境保护主管部门报告。

第十二条 燃煤发电企业应建立机组生产运行、环保设施运行台账，按日记录设施运行和维护情况、CEMS 数据、燃料分析报表（硫分、干燥无灰基挥发分、灰分等）、脱硫剂用量、脱硝还原剂消耗量、喷氨系统开关时间、电场电流电压、除尘压差、旁路挡板门启停时间、环保设施运行事故及处理情况等，运行台账应逐月归档管理。

第十三条 燃煤发电企业应按要求于每季度初 5 个工作日内将上一季度的环保分布式控制系统（以下简称“DCS”）历史数据报送省级环境保护主管部门和环境保护部区域环保督查中心。发电企业必须存储保留完整的 DCS 历史数据一年以上。脱硫脱硝除尘 DCS 主要参数应逐步设置于同一集控室内。

第十四条 省级电网企业应建立辖区内发电企业的监控平台，实时监控发电企业的环保设施 DCS 和 CEMS 主要参数，分析污染物排放情况，并将相关数据提供给省级环境保护主管部门等作为确定各企业污染物排放达标情况的参考依据。

第十五条 燃煤发电机组二氧化硫、氮氧化物、烟尘排放浓度小时均值超过限值要求仍执行环保电价的，由政府价格主管部门没收超限值时段的环保电价款。超过限值 1 倍及以上的，并处超限值时段环保电价款 5 倍以下罚款。

因发电机组启机导致脱硫除尘设施退出、机组负荷低导致脱硝设施退出并致污染物浓度超过限值，CEMS 因故障不能及时采集和传输数据，以及其他不可抗拒的客观原因导致环保设施不正常运行等情况，应没收该时段环保电价款，但可免于罚款。

第十六条 燃煤发电企业通过改装 CEMS 或 DCS 软、硬件设备，修改 CEMS 或 DCS 主要参数，篡改 CEMS 或 DCS 历史监测数据或故意损坏丢失数据库等手段，以及其他原因人为导致数据失实的，经环境保护主管部门核实，由政府价格主管部门没收相应时段环保电价款，并从重处以罚款。无法判断燃煤发电企业人为致使监测数据失真起始时间的，自检查发现之日起前一季度时间起计算电量。

第十七条 环保电价按照污染物种类分项考核。单项污染物超过执行标准的，对相应单项环保电价款予以没收和罚款。

污染物排放浓度小时均值以与环境保护主管部门联网的 CEMS 数据为准。超限值时段根据环保设施 DCS 历史数据库数据核定。

第十八条 省级环境保护主管部门根据日常检查结果、CEMS 自动监测数据有效性审核情况和发电企业上报的 DCS 关键参数，每季度核实辖区内各燃煤发电机组环保设施运行情况，确定发电机组分项污染物的小时浓度均值不同超标倍数的时间段、因客观原因致环保设施不正常运行时间累加值以及认定人为数据作假的事实等，于下季度初 20 个工作日内函告省级价格主管部门。省级环境保护主管部门定期向社会公告所辖地区各燃煤发电机组污染物排放情况。

第十九条 省级价格主管部门负责环保电价款的核算、没收和罚款。省级价格主管部门根据省级环境保护主管部门提供的上季度各燃煤发电机组环保设施运行情况，以及电网企业提供的燃煤发电机组电量核算环保电价款，及时下发没收环保电价款和罚款决定，并抄送省级环境保护主管部门。省级价格主管部门应对上年度本省（自治区、直辖市）燃煤发电企业涉及环保电价的典型价格违法案件进行公告。

第二十条 电网企业应严格执行价格主管部门确定的环保电价，以燃煤发电企业实际上网电量按月支付环保电价款，并及时向省级价格和环保主管部门提供燃煤发电机组污染物排放浓度小时均值超限值时段所对应的日均电量。

第二十一条 国务院环保部门会同其他监管部门依法定期组织对燃煤发电企业环保设施运行情况进行核查，并向社会公告核查中存在问题的发电企业。政府价格主管部门根据国家核查结果对没有达到污染物排放要求的发电企业没收相应环保电价款并处相应罚款。

第二十二条 对燃煤发电企业没收的环保电价款及罚款上缴当地省级财政主管部门，专项用于电力企业环保设施运行奖励、在线监控及联网系统建设维护、环境污染防治、补贴环保电价缺口等减排工作。

第二十三条 燃煤发电企业未按规定安装环保设施及 CEMS，或环保设施及 CEMS 没有达到国家规定要求的，由省级环境保护主管部门按照《环境保护法》、《大气污染防治法》、《污染源自动监控管理办法》等规定予以处罚。

第二十四条 燃煤发电企业擅自拆除、闲置或者无故停运环保设施及 CEMS，未按国家环保规定排放污染物的，由环境保护主管部门按照《环境保护法》、《大气污染防治法》、《污染源自动监控管理办法》有关规定予以处罚，并根据《刑法》、《最高人民法院、最高人民检察院关于办理环境污染刑事案件适用法律若干问题的解释》、《环境保护违法违纪行为处分暂行规定》等有关规定，追究有关责任人的责任。

第二十五条 电网企业拒报或谎报燃煤发电机组超限值排放时段所对应的电量，以及拒绝执行或未能及时执行或不按实际上网电量足额执行环保电价的，按照《价格法》、《环境保护法》、《大气污染防治法》和《价格违法行为行政处罚规定》等有关规定，由省级及以上价格主管部门会同环境保护主管部门予以处罚。

第二十六条 省级环境保护主管部门未如实或未在规定时间向价格主管部门函告燃煤发电机组环保设施运行情况，由环境保护部通报批评、责令改正，并按照《环境保护法》和《环境保护违法违纪行为处分暂行规定》等有关规定追究有关责任人责任。

第二十七条 省级价格主管部门未按时下发符合条件的燃煤发电企业执行环保电价通知、

未足额没收前述应当没收的环保电价款并处相应罚款的，由国家发展改革委通报批评、责令改正，并按照《价格法》、《价格违法行为行政处罚规定》等有关规定追究有关责任人责任。

第二十八条　各省（区、市）价格主管部门、环境保护主管部门要会同国家能源局派出机构加强对燃煤发电企业环保设施运行情况及环保电价执行情况的跟踪检查。鼓励群众向各级环境保护主管部门举报燃煤发电企业非正常停运环保设施的行为，经查属实的，环境保护主管部门会同价格主管部门给予适当奖励。支持、鼓励新闻舆论对燃煤发电机组环保设施运行情况进行监督。燃煤发电企业应按照《国家重点监控企业自行监测及信息公开办法（试行）》（环发[2013]81 号）要求，在省级环境保护主管部门组织的平台上及时发布自行监测信息。

第二十九条　省级价格主管部门可会同环境保护主管部门依据本办法制定实施细则。

第三十条　本办法由国家发展改革委会同环境保护部负责解释。

第三十一条　本办法自 2014 年 5 月 1 日起实施。《燃煤发电机组脱硫电价及脱硫设施运行管理办法（试行）》（发改价格[2007]1176 号）同时废止。

第二章　结构调整

国家发展改革委关于修改《产业结构调整指导目录（2011年本）》有关条款的决定

一、鼓励类“四、电力”第3项“采用30万千瓦及以上集中供热机组的热电联产，以及热、电、冷多联产”修改为“采用背压（抽背）型热电联产、热电冷多联产、30万千瓦及以上热电联产机组”。

二、鼓励类“五、新能源”增加“海上风电机组技术开发与设备制造”作为第11项。

三、鼓励类“五、新能源”增加“海上风电场建设与设备制造”作为第12项。

四、鼓励类“六、核能”增加“核电站应急抢险技术和设备”作为第12项。

五、鼓励类“十九、轻工”第15项“二色及二色以上金属板印刷机及配套光固化（UV）设备；高速食品饮料罐制造生产线及配套设备；高速金属薄板覆膜设备及覆膜铁食品饮料罐加工设备”修改为“二色及二色以上金属板印刷、配套光固化（UV）、薄板覆膜和高速食品饮料罐加工及配套设备制造”。

六、鼓励类“二十、纺织”第1项“差别化、功能性聚酯（PET）的连续共聚改性[阳离子染料可染聚酯（CDP、ECDP）、碱溶性聚酯（COPET）、高收缩聚酯（HSPET）、阻燃聚酯、低熔点聚酯等]；熔体直纺在线添加等连续化工艺生产差别化、功能性纤维（抗静电、抗紫外、有色纤维等）；智能化、超仿真等差别化、功能性聚酯（PET）及纤维生产；腈纶、锦纶、氨纶、粘胶纤维等其他化学纤维品种的差别化、功能性改性纤维生产”修改为“差别化、功能性聚酯（PET）的连续共聚改性[阳离子染料可染聚酯（CDP、ECDP）、碱溶性聚酯（COPET）、高收缩聚酯（HSPET）、阻燃聚酯、低熔点聚酯等]；熔体直纺在线添加等连续化工艺生产差别化、功能性纤维（抗静电、抗紫外、有色纤维等）；智能化、超仿真等差别化、功能性聚酯（PET）及纤维生产（东部地区限于技术改造）腈纶、锦纶、氨纶、黏胶纤维等其他化学纤维品种的差别化、功能性改性纤维生产”。

七、鼓励类“二十、纺织”第6项“采用紧密纺、低扭矩纺、赛络纺、嵌入式纺纱等高速、新型纺纱技术生产多品种纤维混纺纱线及采用自动络筒、细络联、集体落纱等自动化设备生产高品质纱线”修改为“采用紧密纺、低扭矩纺、赛络纺、嵌入式纺纱等高速、新型纺纱技术生产多品种纤维混纺纱线及采用自动络筒、细络联、集体落纱等自动化设备生产高品质纱线（东部地区限于技术改造，新建和扩建除外）”。

八、鼓励类“三十二、商务服务业”第2项“经济、管理、信息、会计、税务、审计、法律、节能、环保等咨询与服务”修改为“经济、管理、信息、会计、税务、鉴证（含审计服务）、法律、节能、环保等咨询与服务”。

九、鼓励类“三十九、公共安全与应急产品”第19项“大型公共建筑、高层建筑、森林、水上和地下设施消防灭火救援技术与产品”修改为“大型公共建筑、高层建筑、石油化工设施、森林、山岳、水域和地下设施消防灭火救援技术与产品”。

十、鼓励类“三十九、公共安全与应急产品”第22项“破拆、切割、疏堵、提升、投送等高效救援产品”修改为“侦检、破拆、救生、照明、排烟、堵漏、输转、洗消、提升、投送等高效救援产品”。

十一、鼓励类“三十九、公共安全与应急产品”增加“登高平台消防车、举高喷射消防车、机场消防车、森林消防车、城市轨道交通专用消防车”作为第44项。

十二、鼓励类“三十九、公共安全与应急产品”增加“具有灭火、侦查、排烟、救助等功能的消防机器人”作为第45项。

十三、鼓励类“三十九、公共安全与应急产品”增加“公称直径≥150mm的消防水带、人工合成橡胶衬里消防水带”作为第46项。

十四、鼓励类“三十九、公共安全与应急产品”增加“水性钢结构防火涂料、预制组合式钢结构防火构件”作为第47项。

十五、鼓励类“三十九、公共安全与应急产品”增加“不燃外保温材料、阻燃制品”作为第48项。

十六、鼓励类“三十九、公共安全与应急产品”增加“用于哈龙替代的合成类气体灭火剂、泡沫灭火剂氟表面活性剂替代物、建筑外保温材料高效灭火剂、无磷类阻燃剂、塑胶及合成类纺织品高效灭火剂、金属火灾专用灭火剂”作为第49项。

十七、鼓励类“三十九、公共安全与应急产品”增加“洁净气体灭火系统、探火管灭火装置、风力发电装置专用灭火系统”作为第50项。

十八、鼓励类“三十九、公共安全与应急产品”增加“使用节能环保新型光源的消防应急照明和疏散指示产品”作为第51项。

十九、限制类“三、电力”第3项“直接向江河排放冷却水的火电机组”删除。

二十、限制类“十一、机械”第15项“电线、电缆制造项目（用于新能源、信息产业、航天航空、轨道交通、海洋工程等领域的特种电线电缆除外）”修改为“6千伏及以上（陆上用）干法交联电力电缆制造项目”。

二十一、限制类“十一、机械”第25项“220千伏及以下高、中、低压开关柜制造项目（使用环保型中压气体的绝缘开关柜除外）”修改为“220千伏及以下高、中、低压开关柜制造项目（使用环保型中压气体的绝缘开关柜以及用于爆炸性环境的防爆型开关柜除外）”。

二十二、限制类“十三、纺织”第1项“单线产能小于10万吨/年的常规聚酯（PET）连续聚合生产装置”修改为“单线产能小于20万吨/年的常规聚酯（PET）连续聚合生产装置”。

二十三、限制类“十五、消防”第1项“火灾自动报警设备”修改为“火灾报警控制器（包括联动型、独立型、区域型、集中型、集中区域兼容型）、消防联动控制器、点型感烟/温火灾探测器（独立式除外）、点型红外/紫外火焰探测器（独立式除外）、手动火灾报警按钮”。

二十四、限制类“十五、消防”第2项“灭火器项目”修改为“干粉灭火器、二氧化碳灭火器”。

二十五、限制类“十五、消防”第3项“碳酸氢钠干粉（BC）和环保型水系灭火剂”修改为“碳酸氢钠干粉灭火剂（BC）、磷酸铵盐干粉灭火剂（ABC）”。

二十六、限制类“十五、消防”第4项“防火门项目”修改为“防火阀门（包括防火阀、排烟阀、排烟防火阀）、木质防火门、采用酸洗磷化生产工艺的钢质和钢木质防火门、新建初始规模小于6万平方米/年的防火卷帘项目”。

二十七、限制类“十五、消防”第5项“消防水带项目”修改为“天然橡胶有衬里消防水带、无衬里消防水带、消防软管卷盘、消防湿水带、PVC衬里消防水带”。

二十八、限制类“十五、消防”第6项“消防栓（室内、外）项目”修改为“室内消火栓、室外消火栓、消防水泵接合器的翻砂生产、加工、装配工艺”。

二十九、限制类“十五、消防”第7项“普通消防车（罐类、专项类）项目”修改为“水罐消防车、泡沫消防车、供水消防车、供液消防车、泵浦类消防车”。

三十、限制类“十五、消防”增加“防火封堵材料、溶剂型钢结构防火涂料、饰面型防火涂料、电缆防火涂料”作为第8项。

三十一、淘汰类“一、落后生产工艺装备”“（三）电力”第3项“以发电为主的燃油锅炉及发电机组（5万千瓦及以下）”修改为“以发电为主的燃油锅炉及发电机组”。

三十二、淘汰类“一、落后生产工艺装备”“（四）石化”第10项“氯氟烃（CFCs）、含氢氯氟烃（HCFCs）、用于清洗的1,1,1-三氯乙烷（甲基氯仿）、主产四氯化碳（CTC）、以四氯化碳（CTC）为加工助剂的所有产品、以PFOA为加工助剂的含氟聚合物、含滴滴涕的油漆、采用滴滴涕为原料非封闭生产三氯杀螨醇生产装置（根据国家履行国际公约总体计划要求进行淘汰）”修改为“氯氟烃（CFCs）、含氢氯氟烃（HCFCs）、用于清洗的1,1,1-三氯乙烷（甲基氯仿）、主产四氯化碳（CTC）、以四氯化碳（CTC）为加工助剂的所有产品、以PFOA为加工助剂的含氟聚合物、含滴滴涕的涂料、采用滴滴涕为原料非封闭生产三氯杀螨醇生产装置（根据国家履行国际公约总体计划要求进行淘汰）”。

三十三、淘汰类“一、落后生产工艺装备”“（五）钢铁”第24项“冷轧带肋钢筋生产装备”修改为“单机产能1万吨及以下的冷轧带肋钢筋生产装备（2012年，高延性冷轧带肋钢筋生产装备除外）”。

三十四、淘汰类“一、落后生产工艺装备”“（十二）轻工”第5项“直接接触饮料和食品的聚氯乙烯（PVC）包装制品”删除。

三十五、淘汰类“一、落后生产工艺装备”“（十七）其他”第1项“含氰电镀工艺（电镀金、银、铜基合金及予镀铜打底工艺，暂缓淘汰）”修改为“含有毒有害氰化物电镀工艺[氰化金钾电镀金及氰化亚金钾镀金（2014年）；银、铜基合金及予镀铜打底工艺（暂缓淘汰）]”。

三十六、淘汰类“二、落后产品”“（九）轻工”第6项“一次性发泡塑料餐具”删除。

产业结构调整指导目录（2011 年本）（节选）

第一类 鼓励类

四、电力

1．水力发电

2．单机 60 万千瓦及以上超临界、超超临界机组电站建设

3．采用 30 万千瓦及以上集中供热机组的热电联产，以及热电、冷多联产

4．缺水地区单机 60 万千瓦及以上大型空冷机组电站建设

5．重要用电负荷中心且天然气充足地区天然气调峰发电项目

6．30 万千瓦及以上循环流化床、增压流化床、整体煤气化联合循环发电等洁净煤发电

7．单机 30 万千瓦及以上采用流化床锅炉并利用煤矸石、中煤、煤泥等发电

8．500 千伏及以上交、直流输变电

9．在役发电机组脱硫、脱硝改造

10．电网改造与建设

11．继电保护技术、电网运行安全监控信息技术开发与应用

12．大型电站及大电网变电站集约化设计和自动化技术开发与应用

13．跨区电网互联工程技术开发与应用

14．输变电节能、环保技术推广应用

15．降低输、变、配电损耗技术开发与应用

16．分布式供电及并网技术推广应用

17．燃煤发电机组脱硫、脱硝及复合污染物治理

18．火力发电脱硝催化剂开发生产

19．水力发电中低温水恢复措施工程、过鱼措施工程技术开发与应用

20．大容量电能储存技术开发与应用

21．电动汽车充电设施

22．乏风瓦斯发电技术及开发利用

23．垃圾焚烧发电成套设备

24．分布式电源

第二类 限制类

三、电力

1．小电网外，单机容量 30 万千瓦及以下的常规燃煤火电机组

2．小电网外，发电煤耗高于 300 克标准煤/千瓦时的湿冷发电机组，发电煤耗高于 305 克标准煤/千瓦时的空冷发电机组

3．直接向江河排放冷却水的火电机组

4．无下泄生态流量的引水式水力发电

《当前国家鼓励发展的环保产业设备（产品）目录》（2010年版）

序号	产品名称型号	主要性能指标	主要应用领域
一、水污染治理设备			
1	膜生物反应器	单元组器处理水量：325～1 000t/d； 平板膜运行寿命时间：≥8年，中空纤维膜运行寿命时间：≥5年；吨水能耗指标：≤0.5kWh/t； 处理出水水质达到和超过《城镇污水处理厂污染物排放标准》（GB 18918）一级A标准；再生水达到《城市污水再生利用城市杂用水水质》（GB/T 18920）	市政污水深度处理或再生水生产、高浓度有机废水处理
2	上流式多级厌氧反应器	污水停留时间：3～10h； 容积负荷：15～35kgCOD/（m^3·d）； 进水水质BOD_5/COD：≥0.3； BOD_5、COD去除率：≥80%； 反应水温：30～40℃	高浓度有机废水处理
3	超旋磁氧曝气污水处理装置	出水指标达到《城镇污水处理厂污染物排放标准》（GB 18918）的一级B标准； 运行电耗：0.18kWh/t水； 动力效率：4.75kgO_2/kWh； 运行温度：40～－30℃	住宅小区、旅游景点、部队营房等污水处理站
4	碳系载体生物滤池	处理能力：1～10 000m^3/d； 载体比表面积：100m^2/g； 总孔体积：0.28mL/g； 松散密度：335g/L； 石墨态密度：2 250g/L； 动力效率：4.8kg/kWh； 曝气量设计：0.1m^3/（m^2·min）； 处理吨水产污泥量：0.000 16m^3； 进水：COD：≤500mg/L，BOD_5：≤300mg/L，TN：≤60mg/L，TP：≤6mg/L，SS：≤400mg/L； 出水：COD：≤50mg/L，BOD_5：≤10mg/L，TN：≤15mg/L，TP：≤0.5mg/L，SS：≤10mg/L	生活污水处理，湖泊水体修复，河流水质净化，可生化工业废水处理
5	活性污泥生物膜复合式一体化处理设备	处理能力：50～200t/d；进水：COD：≤500mg/L，BOD_5：≤300mg/L，TN：≤60mg/L，TP：≤4mg/L，SS：≤200mg/L；出水：COD：≤50mg/L，BOD_5：≤20mg/L，TN：≤15mg/L，TP：≤1mg/L，SS：≤8mg/L，浊度：≤1NTU；吨水电耗：024kWh/m^3	城市生活小区、宾馆、医院、学校、旅游景点、海岛以及乡镇污水处理。也适用于零下30℃寒冷地区
6	六维三相生物反应器	容积负荷：2.0～5.5kgBOD/（m^3·d）； 出水水质：COD_{Cr}：≤15mg/L；BOD_5：≤10mg/L；SS：≤12mg/L；NH_3-N去除率：≥98%	小区、小城镇生活污水处理及回用，尤其是对氮、磷有特殊要求的生活污水处理
7	含盐高浓度有机废水处理设备	耐盐度：30 000mg/L；耐盐度变化：5 000mg/L；COD去除率：≥96%；BOD去除率：≥96%；SS去除率：≥96%	高含盐类有机废水处理

序号	产品名称型号	主要性能指标	主要应用领域
8	曝气生物滤池专用滤料	采用天然火山灰制成； 视密度：0.8～0.9g/cm^3；抗压强度：＞1.7MPa；孔隙率：＞48%；磨损率：＜3%； 粒径：3～5mm；4～6mm	用于曝气生物滤池
9	中空纤维超（微）滤膜组件	纤维内外径：1.0/1.6mm； 膜孔径：0.001～0.3um； 纯水通量：60～1 500L/m^2·h·0.1MPa； 进水浊度：≤50NTU； 进水压力：≤0.3MPa； 产品水浊度：＜0.1NTU； 滤芯使用寿命：≥3 年	海水淡化和苦咸水预处理、工业废水处理、中水回用、工业纯水制备
10	聚酰胺复合反渗透膜	工业通用膜元件：脱盐率≥99.0%，回收率 15%； 海水淡化膜元件：脱盐率≥99.7%，回收率 8%，膜使用寿命≥3 年；抗污染膜元件：脱盐率≥99.5%，回收率 15%；抗氧化膜元件：脱盐率≥99.2%，回收率 15%； 家用型膜元件：脱盐率≥97.5%，回收率 15%，膜使用寿命≥1 年	废水处理与回用，海水淡化，工业与饮用纯水制备
11	陶瓷滤膜组件	以氧化铝、氧化钛、氧化锆等经高温烧结而成的具有多孔结构的精密陶瓷过滤材料； 抗折强度：≥4 000N； 孔隙率：≥30%；分离精度达纳米级过滤； 耐强酸强碱（pH 范围 0～12）和有机溶剂； 耐温：350℃； 使用寿命：≥5 年	工业废水处理与回用，工业纯水制备
12	纳滤膜元件	单支膜元件有效膜面积：7.5m^2；产水量：1.5t/h 水； 回收率：15%；膜片采用聚酰胺材质： NF-40：对氯化钠的脱除率 35%～45%；NF-70：对氯化钠的脱除率 65%～75%；NF-90：对氯化钠的脱除率 85%～95%	工业废水脱色与除盐处理，微污染水处理，垃圾渗滤液处理
13	电驱动膜分离器	电流效率：≥80%； 单级脱盐率：≥12%；单级进出口压降：≤40kPa； 单级单段（100 对膜，400×1 600）膜通量：5t/h； 使用寿命（苦咸水）：≥2 年	化工、冶金、食品、生物、医药工业污水处理等
14	净水器	产品结构安全性达到 0～1.05MPa 压力 15 万次疲劳测试，耐压测试可达 2.55MPa，耐压 15 分钟。设备使用寿命≥10 年； 出水水质达到《生活饮用水水质卫生规范》、《饮用净水水质标准》（CJ 94）、《欧盟饮用水标准》和《美国国家标准》；水质色度：≤5 度； 浊度：≤0.50NTU；细菌总数＝0cfu/ml； 铅：≤0.01mg/L； 汞：≤0.001mg/L；镉：≤0.005mg/L；铬（六价）：≤0.05mg/L；砷：≤0.01mg/L；三氯甲烷：≤5.0 μg/L；四氯化碳：≤0.5μg/L	家庭生活用水、饮用水的处理，学校、政府机关及企事业单位安全饮水处理

序号	产品名称型号	主要性能指标	主要应用领域
15	移动式组合净水设备	设备过滤速度：10～12m^3/h；工作压力：0.3～0.6MPa； 适用水质：源水符合《地表水环境质量标准》（GB 3838）及《地下水质量标准》（GB/T 14848）； 出水指标：浑浊度：≤3NTU；色度：≤15 度；pH：6.5～8.5；铁：≤0.3mg/L；锰：≤0.1mg/L；细菌总数：≤100cfu/ml；总大肠菌群：水中不得检出	地震灾区、湖泊、水库等浑浊水处理，特别适用于灾区
16	陶瓷真空精密过滤机	真空度：0.09～0.098MPa； 滤液含固量：≤50ppm； 陶瓷过滤材料孔隙：2μm；过滤板开孔率：92%；功率消耗：真空过滤机的 1/4；使用寿命：≥3 年；耐压值：≥15bar	化工、冶金污水处理，金属尾矿脱水
17	纤维滤池	过滤速度：20～30m/h； 截污容量：5～10kg/m^3；自用水耗：周期制水量的 1%； 悬浮物去除率：接近 100%； 出水浊度：＜1FTU	工业用水和生活用水及其废水处理
18	含油污水真空分离净化机	含油污水真空分离净化后水质达到： 含油量：≤1mg/L；COD_{Cr}：≤50mg/L；SS：≤20mg/L； 机械杂质粒径：≤20μm	钢铁、电力、造纸、石油石化工业污水处理
19	造纸黑液碱回收成套设备	黑液提取率：草浆 88%～90%，木浆 98%；碱回收率：≥85%（草浆）；白泥下料干度：草浆 60%，木浆 75%； 洗后白泥残碱：草浆 0.8%，木浆 0.5%	制浆造纸黑液提取及碱回收利用
20	蒸气管回转式干燥机	进料温度：≥70℃； 进料湿度：≤35%；转速：2～8r/min； 电耗：260kWh/t；蒸发强度：6～7kgH_2O/（m^2·h）； 蒸汽耗量：1.1～1.3t/t 水	发酵行业高浓度有机废水糟粕的干燥
21	污泥干燥焚烧装置	污泥焚烧渣减量：≥90%； 含水率偏差：≤5%；干化污泥颗粒粒径：30～500μm 之间；系统粉尘排放浓度：≤50mg/m^3； 干燥系统氧气含量：≤4%	城市污水处理厂污泥处置
22	太阳能水源热泵污泥干化装置	混合造粒系统造粒能力：50～100t/d； 适应含水率范围：35%～80%。 污泥含水率：干燥前 80%；干燥后 15%； 粒径：φ4mm；均匀布料宽度：1 200mm； 太阳能集热器：热转换效率≥65%，每平方米产生热风量 120m^3； 热泵：COP 值为 4～5；温度 90～100℃	城市污水处理厂污泥处置
二、空气污染治理设备			
23	海水烟气脱硫设备	包括烟气系统、SO_2 吸收系统、海水输送系统、脱硫海水水质恢复系统、排放监测系统以及电气与仪表控系统等； 脱硫效率：≥95%；除尘效率：≥50%； 脱硫排放海水 pH 值：≥6.8； 脱硫后的海水通过曝气方式进行水质恢复，达到海水排放指标	沿海燃煤电厂

序号	产品名称型号	主要性能指标	主要应用领域
24	循环流化床干法烟气脱硫装置	脱硫效率：≥90%；出口烟尘浓度：≤50mg/m^3；Ca/S：≤1.22mol/mol；脱硫除尘岛压降：≤2 600Pa；设备噪声：≤85dB（A）； 系统可用率：≥98%；脱硫除尘岛漏风率：≤4%	电力、冶金、建材、化工工业烟气中 SO_2、SO_3、HF、HCl 有害气体治理
25	过滤镁法除尘脱硫设备	除尘效率：≥99.5%；脱硫效率：≥95%；烟尘限值：≤10mg/m^3；二氧化硫限值：≤20mg/m^3	燃煤工业锅炉、大中型工业炉窑的烟气除尘脱硫
26	多相反应器	液气比：6～8L/m^3；系统阻力：≤1 500Pa； 脱硫率：＞95%；系统运行率：≥98%； 使用寿命：＞15 年	燃煤（油、气）工业锅炉、工业炉窑烟气脱硫
27	高压细水雾脱硫除尘降温成套设备	处理烟气量：1 万～200 万 m^3/h；烟尘排放浓度：＜50mg/m^3；除尘效率：99.9%；SO_2 排放浓度：＜200mg/m^3；脱硫效率：≥98%；林格曼黑度：＜1 级；热态阻力：800～1 200Pa	燃煤工业锅炉、工业炉窑烟气和冶炼尾气处理
28	循环喷动式半干式烟气处理 系统	烟气处理量：配 150～600t/d 垃圾焚烧炉，负荷适应能力 60%～110%； 排放指标达到并优于《生活垃圾焚烧污染控制标准》（GB 18485）的排放要求，其中：HCl：≤30mg/m^3； SO_2：≤80mg/m^3； 粉尘：≤30mg/m^3； 中和剂利用率：≥85%	垃圾焚烧炉、煤粉炉烟气处理
29	半干法烧结机烟气脱硫除尘净化系统	Ca/S：≤1.3； 反应塔出口 SO_2：≤200mg/m^3； 脱硫系统出口烟尘浓度：≤50mg/m^3； 出口烟气温度：≥70℃； 脱硫副产品 100%利用	钢铁烧结机烟气脱硫
30	烟气脱硝设备	脱硝效率：50%～90%；氨逃逸率：≤3ppm；SO_2/SO_3 转化率：≤1%	燃煤电厂烟气脱硝
31	电袋复合式除尘器	烟尘排放浓度：＜50mg/m^3； 具有自动控制、检测、故障和安全保障系统； 设备阻力：≤1 200Pa；漏风率：≤3%； 在同等条件和同等效果时，比常规电除尘器占地面积小 20%，投资成本节约 20%； 滤袋寿命：≥3 年	电力、冶金、建材等行业在用电除尘器的提效改造
32	烧结机机尾烟气长袋低压脉冲除尘器	入口含尘浓度：5～7g/m^3； 出口含尘浓度：10～15mg/m^3； 设备阻力：≤1 100Pa； 岗位粉尘浓度：2～9.6mg/m^3；漏风率：≤3%	烧结机机尾烟气除尘
33	电除尘高频高压整流设备	变换器形式：全桥串并联混合谐振； 谐振频率：30～40kHz； 变换器效率：＞0.92； 功率因数：＞0.9；运行方式：纯直流供电、间歇供电； 控制系统：采用 16 位单片机控制，具有与上位机通讯功能、远程控制功能；具有高低压一体化控制功能，包括振打控制和断电振打控制；具有反电晕检测控制	电力、冶金、建材、化工等行业的电除尘器配套

序号	产品名称型号	主要性能指标	主要应用领域
34	工业炉窑袋式除尘装置	系统除尘效率：≥99.5%； 烟气排放浓度：≤30mg/m^3； 林格曼：Ⅰ级； 设备阻力：≤1 200Pa； 漏风率：≤3%； 耐压强度：＞5kPa； 滤袋寿命≥3 年	铸造工业炉窑烟尘治理
35	脉冲袋式除尘器	系统除尘效率：≥99.5%； 烟气排放浓度：≤30mg/m^3；设备阻力：≤1 200Pa； 漏风率：≤3%； 滤袋使用寿命：≥3 年	建材、电力、冶金工业燃煤锅炉和炉窑烟气治理
36	转炉煤气湿法电除尘器	除尘器入口含尘浓度：≤150mg/m^3；除尘器出口含尘浓度：≤2mg/m^3	转炉煤气除尘
37	等离子体废气净化机	输出脉冲频率：4～20kHz； 输出脉冲电压：≥40kV；控制箱接地电阻：≤2Ω；电极间绝缘电阻：≥50MΩ；废气去除率：≥95%； 噪声：≤50dB（A）	工业有机废气和恶臭异味的处理
38	燃煤烟气 CO_2 捕集和精制成套设备	CO_2 捕集系统捕集到的 CO_2 纯度 99.5%；精制产出液体 CO_2 纯度 99.997%，达到国家食品级标准； 蒸汽消耗：3.5GJ/tCO_2；电耗：200kW/tCO_2；溶液消耗：≤1.5kg/tCO_2	燃煤电站烟气 CO_2 回收利用
39	碳氢溶剂型真空清洗机	每批次处理重量：200～1 000kg；溶剂再生回收率：≥99%；再生溶剂纯度：≥99%；每批清洗周期时间：≤35min	零部件热处理、电镀、涂层等清洗，替代各类 ODS 和有害溶剂清洗
40	煤气净化成套设备	净化前煤气中杂质含量： 杂质成分 NH_3≥6g/m^3；H_2S≥6g/m^3；HCN≥1.5g/m^3；苯≥34g/m^3；净化后煤气中杂质含量： 杂质成分焦油≤0.05g/m^3；NH_3≤0.05g/m^3；H_2S≤0.2g/m^3；HCN≤0.3g/m^3；苯≤4g/m^3；萘≤0.3g/m^3； 设备为钛及钛合金材料，耐腐蚀性能优良	煤化工、焦化和城市煤制气净化
41	沼气净化器	脱硫性能：脱硫器首次使用脱硫率≥98%；累计硫容：≥30%；耐压密封：10kPa；外部承压：300kPa	沼气脱硫净化
42	空气消毒净化机（器）	处理风量：800～6 000m/h； 甲苯、甲醛、丙酮、三氯乙烯、硫化氢、氨气等有害物质净化效率：≥50%； 细菌杀灭率：≥99.9%（消毒），≥99%（净化）； 噪声：≤55dB（A）	人居环境空气消毒净化
43	空调风管清洗机器人	最大移动速度：20m/min； 单方向行走距离 35m； 越障高度：4cm；爬坡能力：40°； 清洗效果：残留积尘量＜0.1g/m^2；细菌总数：＜100cfu/cm^2；真菌总数：＜100cfu/cm^2； 风管适应性：高度 200～500mm； 具备前进后退和转弯功能	空调风管清洗

序号	产品名称型号	主要性能指标	主要应用领域
44	空调系统污染物捕集装置	处理风量：≥4000m^3/h；0.3μm 过滤效率：≥95%；PM_{10} 排放浓度：≤0.15mg/m^3；噪声：≤82dB（A）	空调风管清洗
三、固体废物处理设备			
45	医疗废物高温蒸汽灭菌设备	单台设备处理能力：≥150kg/h，系统包括进料单元、蒸汽灭菌单元、破碎单元、压缩单元、蒸汽供给单元、自动控制单元、废气与废液处理单元及其他辅助单元；灭菌室真空度：≥0.095MPa；空气抽除率：≥93%；灭菌温度：≥134℃；灭菌室内压力：≥220kPa；灭菌时间：≥45min；杀菌率：≥99.999%	医疗废物无害化处理
46	化学废弃物等离子体处理装置	焚烧温度：≥1 350℃；烟气停留时间：≥2s；处理能力：≥1t/d；有机物分解效率：≥99.5%，无二次污染；烟道气冷却时间：0.5s 内由 800～900℃降至 80℃以下	有机氟残液、化学毒剂、医疗垃圾等废弃物处理
47	工业固体废物处置设备	工业固体废物和危险物通过用水泥法、石灰法和药剂法进行搅拌，充分进行化学反应变成惰性物质，之后打包制成砌块；搅拌机装干料容量：1.6m^3；搅拌机出料容量：1.0m^3；搅拌站最大生产效率：15t/h；搅拌废物最大粒径（卵石/碎石）：80/60mm；水泥筒仓容重：50t×2；粉尘排放应符合《一般工业固体废物贮存、处置场污染控制标准》（GB 18599）	工业酸碱性废渣、固态有机物、重金属盐等废物处理
48	路面洗扫车	采用高压力、低流量水流冲洗，并结合扫刷刷洗路面、吸嘴收集，实现了一次作业完成清扫、高压清洗并能回收清洗后污水；作业宽度：3.1m；速度：3～15km/h；最高水压力：10MPa；污水回收率≥90%；清洗洁净率≥95%	道路洗扫
49	清洗车	清洗速度：0～15km/h；最高清洗水压力：10MPa；清洗水流量：70L/min；低压冲洗宽度：24m；路面清洗宽度：70m；污水回收率：90%；清洗效率：90%	城市道路清洗
50	铁路站段固定式真空卸污设备	系统最大真空度：－80kPa；可通过固体的直径：60mm；机组功率：2×22kW/台；卸污能力：卸污时间为每列车卸污作业小于 20 分钟，可四口同时作业；抽吸能力：160m^3/h；系统真空度：－40～－60kPa	铁路客站、大型客轮卸污作业
51	建筑垃圾破碎设备	处理能力：100～150t/h；钢筋取出尺寸：ϕ30×600mm；最大进料粒度：600mm；粉尘排放应符合《一般工业固体废物贮存、处置场污染控制标准》（GB 18599）；噪声应符合有关标准	建筑垃圾破碎、筛分处理

序号	产品名称型号	主要性能指标	主要应用领域
52	商用食物垃圾处理器	电机功率：750～3 750W；粉碎后的颗粒直径：≤2mm；脱水压缩减量比：10%～12%；油水分离率：92%；使用寿命：≥10 年	食堂、酒店、餐饮业餐厨垃圾处理，实现食物残渣、油、水即时分离
53	有机垃圾生化处理机	餐厨垃圾利用率（扣除水分）：≥95%； 单台单班额定投放量：80～2 500kg； 产出物单台单班产量：48～1 500kg； 产出物吨耗能（标煤）：0.09～0.172t； 饲料型的再生产品符合《饲料卫生标准》（GB 13078）； 菌肥产品符合《农用微生物菌剂》（GB 20287）； 设备废气排放执行《恶臭污染物排放标准》（GB 14554）规定的恶臭排放指标；设备废水排放执行《污水排入下水道水质标准》（CJ3082）规定指标	大、中型餐厨垃圾集中处理站、酒店酒楼、机关学校街道社区等
54	废钢破碎生产线	转子直径：1 500～2 200mm； 进料宽度：2 000～2 600mm；驱动功率：≥750kW； 生产能力：15～45t/h	废钢铁、废汽车回收
55	大型废钢剪断机	剪切力：12 500kN；压料力：3 500kN； 送料力：800kN；剪切次数：3～5 次/min；系统工作压力：31.5MPa；剪切范围（σ_b ≤441N/mm^2）：圆钢：ϕ 210mm；方钢：185mm×185mm；钢板：130mm×900mm	废钢铁、废汽车回收
56	废电线粉碎分选设备	经过粉碎机、分级筛，以及精选机，使铜和电线外皮彻底分离； 处理能力：2～2.5t/d； 处理废线直径 0.3～1mm； 分离后的铜米纯度：99%	废旧电线、电缆回收
57	有色金属分选机	处理能力：6～12m^3/h； 带宽：650～1 200mm；分离粒度：≥25mm； 分选效率：≥95%	固体垃圾中有色金属分离
58	残膜回收与茎秆粉碎联合作业机	配套动力：47.8kW 以上轮式拖拉机； 工作幅宽：1 600mm；工作深度：30～50mm；作业速度：4～6km/h；作业小时生产率：≥0.6hm^2/h 残膜回收率：≥88%； 茎秆粉碎长度：≤100mm	农田残膜污染治理
59	收膜联合作业机	配套动力：88kW 以上轮式拖拉机；工作幅宽：3 000mm；工作深度：50～100mm；作业速度：4～6km/h；纯作业小时生产率：≥1.2hm^2/h；残膜回收率：≥70%；碎土率：≥85%	农田残膜污染治理
四、噪声控制设备			
60	声屏障	平均隔声量：≥30dB（A）；平均吸声系数：≥0.8。	道路交通噪声、工业设备噪声治理
61	内燃机电站噪声控制设备	适配发电机功率：12～2 000kW； 进气消声系统消声量：20～30dB（A）； 排气消声系统消声量：20～30dB（A）； 排烟消声器消声量：30～40dB（A）； 距离降噪设备 1 m 处噪声：60～75dB（A）	内燃机发电设备噪声控制

序号	产品名称型号	主要性能指标	主要应用领域
五、环境监测仪器			
62	氨氮自动监测仪	测量范围：0.015～2.0mg/L，2.0～1 000mg/L； 间断测量间隔时间：1～12h； 示值误差限：±10%；重复性：相对标准偏差≤3%； 稳定性：≤10%/4h；响应时间（T90）：≤5min； 输出信号：隔离（4～20）mA（最大负载 750Ω）； 平均无故障连续运行时间：不小于 360h/次	工业废水、城市污水监测，地表水水质监测，近岸海域海水中氨氮的监测
63	化学需氧量水质在线监测仪	分段测量覆盖范围：0～20 000mg/L；具有数据远程传输功能；精度：±2%；分辨率：1mg/L；误差：＜5%；最短测量周期：5min	工业废水、城市污水监测，地表水水质监测，近岸海域海水水质的监测
64	紫外（UV）吸收水质自动在线监测仪	COD：10～1 000mg/L（可扩展至 10 000mg/L）； SAC：0.01～50m^{-1}、0.1～500m^{-1}、0～1 000m^{-1} 可选； 准确度：5%F.S；重现性：2%F.S；零点漂移：≤2%F.S； 量程漂移：≤2%F.S；每次测量耗时：1～2s； 数据存储：可存储 12 个月的 COD 有效数据； 功率：小于 100W； 工作条件：环境温度：0～50℃； 水样温度：0～60℃	自来水和地表水水质监测，近岸海域海水水质的监测
65	紫外差分烟气排放连续监测系统	SO_2 测量范围：0～300～5 000ppm；NO_x 测量范围：0～300～5 000ppm； 测量精度：±1%，线性误差≤±1%F.S.； 零点漂移和量程漂移：≤±1%F.S./周； 响应时间：≤30s； 含尘量分析： 测量范围：0～1000～1 3000mg/m^3；分辨率：≤±0.5%，线性误差≤±1%；光程：0.5～15m； 零点漂移：≤±1%F.S./24h；量程漂移：≤±2%F.S./24h； 响应时间：1～600s（可设）	燃煤烟气排放监测
66	激光过程气体分析系统	HCl：最小量程 0～10ppm、最大量程 0～100%； HF：最小量程 0～1ppm、最大量程 0～100%； NH_3：最小量程 0～10ppm、最大量程 0～100%； 线性误差：≤±1%F.S.； 量程漂移：≤±1%F.S./半年； 重复性误差：≤±1%F.S.； 防爆等级：ExpxmdⅡCT5	工业炉窑、垃圾焚烧炉烟气监测
六、节能与可再生能源利用设备			
67	水泥窑纯低温余热锅炉	蒸发量：≤65t/h； 蒸汽压力：0.6～2.45MPa； 蒸汽温度：250～400℃或饱和； AQC 余热锅炉平均余热利用率：≥70%；SP 余热锅炉平均余热利用率：≥36%；ASH 余热过热器平均余热利用率：≥28%； 余热锅炉运行噪声：＜85dB（A）； 余热锅炉不能对外排放任何污染物	水泥窑余热回收

序号	产品名称型号	主要性能指标	主要应用领域
68	生物质型煤锅炉	使用低热值（≤16748kJ/kg）生物质混合燃料的燃烧设备，不需要除尘装置和脱硫系统； 烟尘排尘浓度：≤10mg/m^3； SO_2浓度：＜30mg/m^3； NO_x浓度：＜100mg/m^3；热效率：≥80%； 燃烧效率：≥94%； 炉渣含碳量：≤4%； 排烟温度：＜100℃； 排渣温度：≤60℃。	采暖、洗浴、饮用水、制冷，特别适合排放标准严格的地区
69	秸秆发电锅炉	锅炉额定蒸发量：75t/h； 锅炉额定蒸汽压力：3.82MPa； 锅炉额定蒸汽温度：450℃；锅炉给水温度：150℃； 锅炉排烟温度：140℃； 锅炉效率：≥85%； 燃料：农作物秸秆	生物质发电
70	高低差速循环流化床油页岩锅炉	采用高低差速床工作原理，高效率燃烧与综合利用低值油页岩（＜5 800kJ/kg）； 锅炉热效率：≥84%；飞灰与冷渣含碳量：≤1%； SO2与NOx排放均达到相关标准	油页岩发电站和热电联产
71	蓄热稳燃高炉煤气锅炉	额定蒸发量：20～465t/h； 燃料为纯高炉煤气，消耗气量：1 000m^3/h/蒸吨。 额定工作压力：1.25～13.7MPa； 饱和蒸汽温度：450～550℃； 锅炉效率：≥91%	钢铁低热值煤气回收利用
72	燃气轮机余热锅炉	额定蒸发量：30～350t/h； 蒸汽压力：2.45～9.81MPa；蒸汽温度：250～540℃； 容量：25～350MW	燃气联合循环发电
73	生物质循环流化床锅炉	额定负荷：75t/h；额定蒸汽压力：5.29MPa； 额定蒸汽温度：485℃； 锅炉热效率：90.5%	生物质电厂发电或热电联产
74	煤泥循环流化床锅炉	锅炉蒸发量：75t/h； 煤泥水分：25%～30%； 煤泥含灰量：30%～50%； 煤泥燃料比例：100%； 过热蒸汽压力：3.82～5.29MPa； 过热蒸汽温度：450～485℃； 锅炉热效率：≥86%	煤矿和焦化洗煤泥燃烧发电
75	H型省煤器	压力：20MPa； 温度：330℃； 流量：2 000t/h； 效率指标：与同等重量光管省煤器相比换热能力可以提高20%～25%； 再用锅炉改造可提高锅炉热效率1.5%	电站锅炉、船用锅炉、生物发电锅炉及余热回收锅炉节能改造

序号	产品名称型号	主要性能指标	主要应用领域
76	生物质发电燃料输送系统	料仓堆料能力：400m^3/h；料仓取料能力：200m^3/h；系统给料能力：0～400m^3/h	秸秆发电物料输送
77	秸秆燃料压块机	生产每吨生物质块状燃料耗电 25～35kWh，主轴转速 160r/min； 产品尺寸：32mm×32mm×80mm；产品密度：0.6～1.1g/cm^3；产品含水率：＜14%； 产品热值：3 700～4 200kcal/kg	秸秆燃料压制成型
78	等离子点火系统	等离子燃烧器型式：直流等离子燃烧器旋流等离子燃烧器两种； 等离子燃烧器出力：3～12t/h；等离子发生器功率：50～150kW；阴极寿命：100h；阳极寿命：500h	燃煤发电煤粉锅炉无油点火
79	钢厂余热热管式回收设备	设备容量：6～20t/h；工作压力：1.4MPa；过热蒸汽出口温度：310℃；空气出口温度：150℃	钢厂余热回收
80	中低热值燃气轮机	40MW 机组在燃料 LHV=5 577kJ/Nm^3（1 332kcal/m^3）的高炉及焦炉混合煤气，在 15℃、96.7kPa、60%湿度条件下参数如下： 功率：43 660kW；热耗率：10 340kJ/kWh； 排气流量：594.8t/h； 排气温度：528.6℃； 进气损失：101.6mmH$_2$O	钢铁及煤化工余热利用
81	高炉余压透平发电装置	设备规格：3 000～30 000kW； 高精度的顶压控制：正常调节顶压波动值±2kPa， 紧急切换顶压波动值±4kPa； 机组振动值：20～30μ；机组年运行时间：≥8 000h	高炉炉顶煤气余压发电
82	钢坯步进蓄热式加热炉	燃料：高炉与转炉混合煤气； 单位能耗：1.12GJ/t 吨钢坯； 钢坯氧化烧损：0.8%； 空、燃混合气加热温度：≥1 050℃； 蓄热材料为氧化铝蜂窝陶瓷蓄热体，燃烧方式：高温空气贫氧燃烧（HTAC）； 蓄换热比：100∶75；燃料热效率：≥70%； 氮氧化物排放浓度：≤96ppm	热轧钢坯加热
83	水源热泵机组	执行《水源热泵机组》（GB/T 19409），在名义制冷工况条件下，冷热水型水源热泵机组能效比 EER 达到下列数值： 水环式水源热泵机组： 制冷量＜50 时，≥4.55W/W；50≤制冷量＜230 时，≥4.75W/W；制冷量≥230 时，≥4.95W/W；地下水式水源热泵机组： 制冷量＜50 时，≥5.25W/W；50≤制冷量＜230 时，≥5.55W/W；制冷量≥230 时，≥5.85W/W； 地下环路式水源热泵机组： 制冷量＜50 时，≥5.10W/W；50≤制冷量＜230 时，≥5.30W/W；制冷量≥230 时，≥5.60W/W	污水、海水、湖水等为热源的区域供冷与供热

序号	产品名称型号	主要性能指标	主要应用领域
84	空气源热泵热水机组	执行《商业或工业用及类似用途的热泵热水机》（GB/T 21362）。在名义工况条件下，COP 达到下列数值： 一次加热式：≥4.4W/W；循环加热式：不提供水泵时≥4.4W/W；提供水泵时≥4.3W/W	用于提供生活用水和工业热水
85	低温水-直燃单双效溴化锂吸收式冷温水机	参考执行《直燃型溴化锂吸收式冷（温）水机组》（GB/T 18362）。在名义工况条件下，即冷水进出口温度 7～12℃、冷却水进出口温度 32～37.5℃时，COP 值： 太阳能温水：≥0.7； 直燃制冷：≥1.30； 热泵制热：≥1.90	利用太阳能、工艺废热水（汽）、地下水、河水或海水制冷采暖
86	蒸汽、热水型溴化锂吸收式冷水机组	执行标准《蒸汽和热水型溴化锂吸收式冷水机组》（GB/T 18431），在名义工况条件下，即冷水进出口温度 7～12℃、冷却水进出口温度 32～38℃时，单位热水消耗率达到下列数值： 1．蒸汽型吸收式制冷机： 蒸汽压力 0.4MPa 时，热源单耗≥1.31kg/kWh； 蒸汽压力 0.6MPa 时，热源单耗≥1.22kg/kWh； 蒸汽压力 0.8MPa 时，热源单耗≥1.18kg/kWh； 2．热水型吸收式制冷机： 热水进出口 98～88℃时：COP≥0.75	回收工艺废水（废蒸汽）、余（废）热，用于空调制冷
87	双工况太阳能热泵空调机组	制冷量： 风冷工况 127.0kW，能效比 2.58；水冷工况 153.5kW，能效比 5.1； 制热量：风冷工况 147.5kW，性能系数 3.1； 太阳能工况 227.9kW，性能系数 5.06	利用工业领域废热制冷、采暖
88	加油站、油库油气回收设备	加油站油气回收系统： 油气回收系统的气液比：1.0～1.2； 装置排放浓度：≤25g/m³；油库油气回收系统： 油气排放浓度：≤25g/m³；油气处理效率：≥95%； 设备通过防爆防火认证，PLC 程序自动控制。满足《储油库大气污染物排放标准》（GB 20950）、《加油站大气污染物排放标准》（GB 20952）要求	加油站、油库油气回收
89	热法磷酸生产热能利用装置	热能回收率：≥65%；减少循环冷却水：≥60%； 减少酸量：≥50%	热法磷酸行业余热回收
90	硫酸生产余热回收装置	焚硫炉高温烟气产汽系统的给水预热，产生可达 200 ℃以上、5.5MPa 的蒸汽，用于发电，从而降低后续排烟温度	硫酸生产余热回收
91	涡轮式蒸汽压缩机	传输介质：饱和蒸汽； 质量流量：25t/h； 进口温度：58℃；进口最大温度：80℃； 饱和出口温度：63.5℃； 出口过热温度：82.5℃	化工、生化、环保行业蒸发溶液、浓缩物料及废液回收

序号	产品名称型号	主要性能指标	主要应用领域
92	油水井工况采集分析优化系统装置	油田机械集采系统效率提高3%； 油井计量误差：≤±10%； 工作环境：−25～55℃野外环境	油田输注管线泄漏预警及定位，防止原油及污水泄漏；控制抽油机井平衡率；远程实时监测等领域
93	制冷系统负荷节能仪	电源：Ac380V/50Hz； 温度测量范围：−50～100℃； 压力测量范围：0～1.6MPa； 温差控制范围：2～15℃； 节电率：≥20%以上	制冷系统节能
94	中、低压变频装置	额定电压：≤690V； 额定频率：50Hz； 额定功率：0.5～630kW； 额定输出频率：0～500Hz， 频率分辨率：0.01Hz； 输出频率精度：−0.01%～+0.01%， 输入功率因数：≥0.9；效率：≥0.96； 过载能力：120% 2min、150% 1min、200%立即； 限流保护：10%～150%； 加减速时间：5～1 600s； 工作环境温度：−5～+45℃； 谐波含量：≤5%	用于风机、泵类、纺织机、挤出机、机床、压缩机、搅拌机、提升机等设备
95	高压变频调速器装置	额定电压2.3～10kV； 额定频率：50Hz； 额定功率：≥200kW； 输出频率：0～50Hz； 输出频率稳定精度：−0.1%～+0.1%；频率分辨率：0.01Hz；输入功率因数：≥0.95；效率：≥0.96； 过载能力：120%2分钟、150%1分钟、200%立即； 限流保护：10%～150%； 加减速时间：5～1 600s； 工作环境温度：−5～+45℃； 谐波含量：≤5%	石油化工、城镇供水、水处理、引水工程、冶金、建材、热力、电力、矿山的各类泵、风机、起重机、压缩机等
96	高压电网动态无功补偿装置（SVC）	额定电压：Ac6～66kV； 额定功率：6～300MVar； 晶闸管冷却方式：热管风冷或水冷；控制系统：全数字控制系统；控制方式：无功功率、电压、电流；无功调节方式：−100%～+100%；调节方式：分相调节； 调节系统响应时间：小于10ms； 功率因数：96%	适用电弧炉、轧机、电力机车供电、风力发电机、城市二级变电站、城市局域电网、远距离电力传输、提升机等其他重工业负载
97	干式半芯电抗器	额定电压：Ac6～500kV； 额定容量：20～40 000kVar； 额定电流：50～1 000A；额定频率：50Hz； 额定电抗率：1%、4.5%、5%、6%、12%、13%； 额定损耗：0.54～280kW	高压输变电系统、钢铁冶炼、石油、化工、铁路电气化等行业

序号	产品名称型号	主要性能指标	主要应用领域
98	油浸式变压器	额定容量：50～240 000kVa； 额定频率：50Hz；额定电压：6～220kV； 空载损耗低于国家标准 20%，负载损耗低于国家标准 15%，噪声达到国家标准要求	城乡电网、城市公共建筑、工矿企业
99	干式电力变压器	额定电压 6～12kV/0.4kV；额定频率 50Hz； 额定容量 30～3 150kVa；空载电流：2.9%～1.1%； 空载损耗低于国家标准 20%；负载损耗低于国家标准 15%；噪声低于国家标准 10～20dB（A）	电网输配电系统
100	三维立体卷铁心干式变压器	容量：2 000kVa； 额定电压：Ac10kV/0.4kV； 额定频率：50Hz；短路阻抗：8%；空载电流：0.16%； 空载损耗：2.8kW； 负载损耗（145℃）：16.2kW； 噪声：47dB（A）	电网输配电系统
101	非晶合金变压器	额定电压：Ac6/0.4kV、10/0.4kV； 额定功率：30～1 600kVa； 短路阻抗：4%；空载损耗：0.16kW；负载损耗：600～14 500W； 噪声：≤50dB（A）； 联结组标号：Dyn11	城乡电网、城市公共建筑、工矿企业
102	壳式电炉变压器	额定容量：15 000kVa； 额定电压：35kV/0.314V；额定电流：247.4/27 572A； 总损耗：108.8kW；载损耗：83.42kW；空载电流：0.83%； 短路阻抗：4.941%；噪音：58dB（A）	各种冶炼电炉炉前变压器
103	电机软启动器	额定电压：AC380V；额定频率：50Hz；额定电流：45～630A；软启动时间：2～75s； 启动电流限制：1.5～4.0 倍额定电流；软停时间：0～75s；启动初始电压：20%～80%的电源电压；过流保护：8In；保护时间：45（1±0.05）s； 三相电流不平衡保护：任意两相电流相差≥25%；谐波含量：达到国家标准要求； 工作环境温度：−20～+40℃	电动机启动与运行的控制
104	三相异步电动机	额定效率：达到《中小型三相异步电动机能效限定值及能效等级》（GB 18613）2 级以上能效等级； 防护等级：IP55；冷却方式：IC411；额定电压：380V； 额定频率：50Hz；额定功率：0.55～500kW； 起动转矩倍数：1.8～2.3 倍；堵转电流：6 倍	用于工业设备配套
105	永磁同步电机	功率：7.5～55kW； 输入电压：380V/660V、660V/1140V； 频率：50Hz； 功率因数：0.98；堵转转矩倍数：大于 3.5； 堵转电流倍数：小于 8.5； 绝缘等级：F 级； 效率：≥94%	用于工业设备配套

序号	产品名称型号	主要性能指标	主要应用领域
106	变极启动无滑环绕线转子感应电动机	额定电压：Ac380V；输出功率：90～5 000kW； 启动转矩倍数：Tst＞1.6 倍；启动电流倍数：Ist＜4.5； 最大转矩倍数：km＞3.2； 额定功率因数：＞0.9； 额定效率：＞0.94；系统节电率：3%～10%	建材、矿山、冶金、石化、煤炭、化工、发电等大中型机械设备
107	电力节能器	额定电压：380V； 额定容量：50～3 150VA； 空载损耗：100～1795W；负载损耗：170～4 180W； 噪声：45～55dB（A）； 功率因数提高：5%； 节电率：≥10%	用于电网系统中的配电变压器低压侧的供电回路节能
七、资源综合利用与清洁生产设备			
108	蚀刻液回收装置	蚀刻废液处理量：≥2 500L/d； 洗板废水处理量：≥1 000L/d；金属铜回收：≥350kg/d，回收铜纯度 99.95%；废液处理率：100%，蚀刻液循环使用； 废水排放达到《污水综合排放标准》（GB 8978）	印制电路工艺废蚀刻液再生、金属铜回收和废水处理
109	废弃热固性塑料的再生利用设备	设备处理能力：1 000～1 200kg/h； 装机容量：130kW； 改性 VT 粉质量技术指标：平均密度：1.5；堆积密度：1.0；颜色：灰褐色、灰绿色；热分解温度：180℃； 粒径分布：＜600 目； 吸油值：40，分散性好	热固性废塑胶材料再生利用
110	木塑复合材料挤出成型机	单螺杆：直径：45～120mm；长径比 L/D：≥25； 双螺杆：（小径/大径）45～92mm/90～188mm； 生产量：A.单螺杆：30～300kg/h； B.双螺杆：60～500kg/h； 功率：A.单螺杆：11～75kW；B.双螺杆：15～110kW； 转速：A.单螺杆：≤50r/min； B.双螺杆：≤40r/min； 加工温度：145～165℃； 原料混配比例：木粉/塑料＝（40%～70%）/（60%～30%）	利用木屑、秸秆、废塑料生产木塑制品
111	有机废气净化装置	有机废气净化率：≥95%；有机溶剂回收率：≥90%；含水率：≤0.1%	工业有机废气净化回收
112	废有机溶剂蒸馏回收系统	可处理沸点小于 200℃（常压、负压）的废有机溶剂；回收率：≥90%；含水率：≤0.1%	通过蒸馏、吸附、渗透汽化膜方法，提纯回收各种废有机溶剂
113	移动式橡胶沥青生产设备	产量≥15t/h；达到 20s 沥青升温 20℃；预拌系统达到零结块，橡胶颗粒分布均匀，连续式自动上料系统计量精度±5‰，采用 plc 控制系统；橡胶沥青性能： 黏度（177℃）：1.5～4.0Pa.s；针入度（25℃，100g，5s）：≥25（0.1mm）；软化点：≥54℃；弹性恢复（25℃）：≥60%	利用废旧轮胎胶粉制备改性沥青

序号	产品名称型号	主要性能指标	主要应用领域
114	废旧轮胎胶粉改性沥青设备	处理能力：8～25t/h； 投料粒度：20～30 目； 出料指标：粒度：80～100 目； 针入度（25℃，100g，5s）：40～60（0.1mm）；延度（5cm/min，5℃）：≥10cm； 软化点（环球法）：≥55℃； 离析，软化点差：≤2.5℃	利用废旧轮胎胶粉制备改性沥青
115	废旧轮胎常温法制取精细胶粉成套生产线	年产 5 000t 生产线，整线装机功率不大于 436kW，占地面积小于 350m²，噪声小于 75dB（A），精细胶粉粒度：40～120 目，全线有自动化监测系统	废旧轮胎再生利用
116	沥青混凝土再生设备	额定生产率：3～120t/h； 再生料出料温度稳定性：±10℃； 燃油消耗率：≤6.5kg/t；烟气黑度：≤I 级；烟尘排放浓度：≤100mg/m³； 混合料达到《公路沥青路面施工技术规范》（JT GF40）规定的各项指标	利用废旧沥青混凝土进行路面修复作业
117	磁场筛选机	磁场筛选机能按磁铁矿物的品质差异分选，对给矿浓度、流量、粒度等波动适应性强，比同类磁聚机设备用省水 50%以上，可提高精矿品位 2～5 个百分点，提高生产能力 5%～15%	铁矿石分选
118	烧结空心砖真空挤出机	利用 100%煤矸石或掺兑量大于 50%粉煤灰等废渣生产的建材产品，其质量达到相应产品国家标准，并应符合《建筑材料放射性核素限量》（GB 6566）中对放射性指标的要求； 生产能力（折普通砖）：10 000～30 000 块/h； 真空值：≤0.092MPa； 许用挤出压力：4.0MPa	利用煤矸石、粉煤灰生产墙体材料
119	自动液压墙体砖压砖机	工业废弃物综合利用率：平均≥80%； 生产能力（折标砖）：≥3 千万块/年； 粉煤灰等固体废弃物掺加比例：90%；双向加压，单位压强：240kg/cm²；压制数量：≥24 块； 压制周期：13～16s；公称压力：≥6 000kN	采用多种工业废弃物生产墙体材料
120	人造板成套设备	设计生产能力：15 000m³/a；板的计算密度：670kg/m³； 成品板板厚：6～25mm；成品板尺寸：1 220mm×2 440mm；毛板尺寸：1 270×7 380mm； 板材基本厚度：19mm； 人造板达到《中密度纤维板》（GB/T 11718）要求	利用农业秸秆生产人造板
121	增强空心条板挤出装备	自动化生产线年产轻质隔墙板 300 000m²/套； 生产速度：1.5～2.2m/min； 产品尺寸（mm）：（2000～3000）×600×（75～120）； 产品隔声量：≥40dB（A）； 干燥收缩值：≤0.6mm/m； 防火性能：不燃 A 级； 抗弯破坏载荷：板自重 2.1 倍	利用农业秸秆生产增强空心条板

序号	产品名称型号	主要性能指标	主要应用领域
122	废酸回收成套装置	利用钛白粉生产中转窑尾气的热量与废硫酸进行传质，使 20%以下硫酸提高到 30%～34%，然后通过一效、二效、三效蒸汽真空浓缩使硫酸含量提高到 68%以上	工业废酸回收利用
123	蓄电池活化仪	在 10%浓度活化液和秒脉冲活化仪的作用下，$PbSO_4$ 钝化结晶体的复原率：平均≥85%；活化液热稳定性：≤5%（－10～＋45℃）； 残留物质：≤15ppm	铅酸蓄电池维护及复原再生
124	封闭式圆形料场机械系统	包括悬臂式堆料机、刮板取料机、振动式给料机、全自动工作操作控制系统； 堆场直径：70～120m；单座堆场堆存能力可达：30 000～240 000t	工业散装物料密闭存储、清洁输送
125	管状带式输送机	在物料输送过程中处于输送带卷成的管状封闭空间内，没有扬尘； 管径：150～500mm； 输送能力：50～5 000t/h； 输送距离：80～5 000m	工业散状物料的密闭清洁输送
126	干湿耦合式冷却塔	冷却水量：3 000～5 000m^3/h； 水温差：10℃；年平均蒸发水损失：≤1.6%； 空气室安装管翅式空气冷却器	石油、石化、化工、纺织、钢铁等行业
127	一步法气流分筛式回转煅烧窑	副产磷石膏脱硫石膏处理能力：5 万～30 万 t/a； 煅烧系统热效率：≥80%； β半水石膏性能指标达到国标优等品标准； 尾气烟尘排放浓度：≤50mg/m^3	利用磷肥厂磷石膏、电站脱硫石膏替代β型半水建筑石膏粉生产建材
128	散煤运输封尘剂及喷洒设备	封尘剂喷洒于煤料表面后可在 60～90 分钟形成具有耐温性的有效固化层，该固化层在-20～-40℃无变化，性能稳定，有显著节煤效果； 封尘剂为水溶剂，外观为黄色半透明溶液，无毒无味；对煤的灰分、发热量、灰熔融性等各项煤质指标无任何影响； 封尘剂的用量：每平方米煤料表面 1.5～1.8L； 封尘剂的密度：1.08～1.30kg/m^3； 封尘剂的黏度：10～80MPa・s	用于散煤运输，防止煤尘损失及扬尘污染
129	扬尘覆盖剂	产品为无味不易燃溶液； 黏度（25℃）：≥30MPa・s； pH 值（原液）：6～8； 固含量：＜5%； 煤炭高位发热量的减少量：≤0.1%，低位发热量的减少量：≤0.1%； 灰分增量：＜4%； 小鼠急性经口毒性：MTD＞60.0mL/cm^2.h1，皮肤刺激度＜2.0，总汞≤0.05mg/L； 总镉≤0.1mg/L，总铅≤1.0mg/L，总铬≤1.5mg/L，总砷≤0.5mg/L，甲醛≤150mg/L	用于散煤料场、建筑工地

序号	产品名称型号	主要性能指标	主要应用领域
八、环保材料与药剂			
130	脱硫剂制备成套装置	硫剂最大硝化量规格（kg/h）：1 000～5 000； 可预置浆液浓度：5%～20%；给料精度误差：±3%； 浆液浓度误差：±5%；可硝化脱硫剂种类：钙基和镁基两种； 最大除渣率：15%	燃煤锅炉脱硫
131	脱硝催化剂	脱硝效率：≥90%； SO_2转化率：≤1%；氨逃逸量：≤3ppm； 催化剂寿命设计值：≥16 000h	燃煤电厂脱硝
132	燃煤催化乳液	节省燃煤：4.2%； 锅炉热效率：提高3%； SO_2含量：减少30%～40%；烟雾黑度：下降； 炉渣中可燃物含量：减少2%～3%	燃煤锅炉提效
133	玻璃纤维覆膜滤料（FILTEX）	质量：400 g/m^2、700g/m^2； 透气率：2～6cm/s；耐温：260℃； 经向拉伸断裂强力：≥1 300、1 600N/25mm；纬向拉伸断裂强力：≥1 100、1 800N/25mm；过滤效率（1μm）：≥99%；出口烟尘排放浓度：≤30mg/m^3； 使用寿命：≥3年	用于高温袋式除尘装置
134	聚苯硫醚除尘滤布	克重：500g/m^2；透气量：130L/（m^2·min）； 横向断裂强度：1 000N/5cm； 纵向断裂强度：800N/5cm；过滤效率：99.99%； 排放浓度：≤30mg/m^3； 使用温度：≤160℃； 使用寿命：≥3年	用于袋式除尘器
135	生物净化剂	外观：白色粉末、无杂质； pH值（1%水溶液）：5.5～7.5；甲醛吸收率：≥90.0%； 黏度（10%水溶液，25℃，涂-4杯）：12～15	用于室内空气污染治理
136	纳米光催化净化组件	甲醛、乙酸、氨气的去除率：≥90%；大肠杆菌、金黄色葡萄球菌的杀菌效率：≥99.5%	用于室内空气污染治理
137	生物杀菌过滤器	过滤效率：≥99.9%；杀菌效率：对金黄色葡萄球菌、大肠杆菌、肺炎克雷伯氏菌、黑曲霉菌、枯草芽孢杆菌的杀菌率≥99%	医药、电子、精密制造等环境洁净要求较严格场所的抑菌、滤尘等
138	光触媒组件	二氧化钛粒度：5～15nm； 比表面积：≥140m^2/g；干燥后硬度：≥5H。 净化效果：甲苯浓度降低80%，氨降解率≥80%， 甲醛降解率≥80%，硫化氢≥90%，杀菌率≥98%	室内空气污染治理、污水处理
139	层状结晶二硅酸钠	钙交换能力：≥300； 镁交换能力：≥370； 白度：≥85%； pH值：≤12.0； 灼烧失量：≤1； 化学组成：Na_2O+SiO_2之和≥95%； Na_2O与SiO_2摩尔比：2.0±0.1	用于洗衣粉行业

序号	产品名称型号	主要性能指标	主要应用领域
140	微生物除臭剂	氨的降解率：≥90%； 对硫化氢使用后10分钟的降解率：89.0%； 对垃圾中的臭气浓度使用后10分钟降解率：90%； 平均抑菌率：97.0%；对人体无毒，对皮肤和黏膜无刺激性，对环境微生物无诱变作用	垃圾处理厂站、污水处理厂除臭，公共场所除臭、消毒
141	生物复合菌剂	外观：粉状、松散； 有效活菌数（cfu）：≥0.50亿/g； 水分：≤30.0%； 纤维素酶活：≥30.0U/g；pH：5.5～8.5； 有效期：≥12个月； 产品无害化指标：大肠菌值≤1 000 个/g（mL）；蛔虫卵死亡率≥95%；致病菌（沙门氏菌等肠道致病菌）不得检出	城市有机生活垃圾、农作物秸秆、禽畜粪便、园林落叶等的厌氧分解
142	纳米微晶复合滤料	比表面积：200m²/g；阳离子可交换量：150mqul/100g； TP静态吸附量：120mg/g； TN静态吸附量：80mg/g	各种污水净化处理工程生物挂膜材料、中水回用系统过滤吸附材料、饮用水高级净水吸附过滤
143	聚乙烯土工膜	拉伸强度：≥20MPa；断裂伸长率：≥700%； 直角撕裂强度：≥150N/mm； 水蒸气渗透：≤1.0×10^{-13}g•cm/（cm²•s•Pa）； 耐环境应力开裂F20：≥1 500h； 200℃时氧化诱导时间：≥20min	垃圾填埋场、危险废物填埋场防渗层
144	多金属硫化矿捕收剂	含量：≥87%； 比重（25℃）：0.99g/cm³；闪点：47℃应避火源； LD_{50}：对老鼠≥780mg/kg、对兔子≥2 000mg/kg； 沸点：225～226℃；凝固点：≤-25.5℃	多金属硫化矿的浮选、分离与回收
145	汽、柴油清净助燃剂	汽油平均节油率：5%以上； 柴油平均节油率：2%以上；尾气排放污染物中：碳氧化合物下降20%，一氧化碳下降10%，氮氧化合物下降4%，颗粒物下降25%，黑烟下降50%	用于各类内燃机
146	轻质瓷填料	产品为三角形组合型归整式（六棱环、六棱环多筋环、六棱一筋环），以粉煤灰掺量＞50%、滑石黏土用量＞40%的配比，用湿法连续挤出成形，在1 050℃以上、8h以内低温快烧制出含莫来石晶体的耐腐蚀规整陶瓷填料；开孔率：≥70%；比表面积：≥120m²/m³； 产品抗压强度：≥11Mpa；耐酸度：≥99%；耐碱度：≥90%；吸水率：10%～35%；抗热震性：220～20℃一次不裂；体积密度：＜1.8g/cm³	煤炭焦化气化、钢铁冶金、煤气化工化肥煤气净化处理，石化、化工、化肥、制药、钢铁行业水处理
147	聚丙烯酸酯系水性木器涂料	以水为分散稀释剂，不含可挥发性有机物，使用中无有机物排放； 硬度：2H；室温耐水性：96h； 耐100℃水：≥15min；耐酸、碱、盐性能好；耐人工老化：≥500h。色差降：≤2	室内木器、家具的涂装

第三章　淘汰落后

国务院批转发展改革委、能源办关于加快关停小火电机组若干意见的通知

国发[2007]2 号

各省、自治区、直辖市人民政府，国务院各部委、各直属机构：

国务院同意发展改革委、能源办《关于加快关停小火电机组的若干意见》，现转发给你们，请认真贯彻执行。

“十一五”规划纲要明确提出，到 2010 年单位国内生产总值能源消耗和主要污染物排放总量分别比 2005 年降低 20%左右和 10%。这是贯彻落实科学发展观、构建社会主义和谐社会战略思想的重大举措，也是加快建设资源节约型、环境友好型社会的迫切需要。电力工业是节能降耗和污染减排的重点领域。近年来，电力工业快速发展，但电力结构不合理，特别是能耗高、污染重的小火电机组比重过高，成为制约电力工业节能减排和健康发展的重要因素。抓住当前经济社会发展较快、电力供求矛盾缓解的有利时机，加快关停小火电机组，推进电力工业结构调整，对于促进电力工业健康发展，实现“十一五”时期能源消耗降低和主要污染物排放减少的目标至关重要。

各地区、各有关部门和单位要从全局和战略的高度，充分认识关停小火电机组的重要性和紧迫性，把关停小火电机组作为一项重要工作抓紧抓好。要认真贯彻《国务院关于加强节能工作的决定》（国发[2006]28 号）和《国务院关于落实科学发展观加强环境保护的决定》（国发[2005]39 号）精神，按照统筹规划、分类实施、明确标准、落实责任、政策配套、积极稳妥的原则，充分发挥市场机制的作用，综合运用经济、法律和行政手段，严格执行电力工业产业政策，加大结构调整力度，确保如期实现“十一五”小火电机组的关停目标，完成电力工业能源消耗降低和污染减排的各项任务。

国家将继续按照电力工业产业政策和发展规划，加大高效、清洁机组的建设力度，保持电力工业持续健康发展，为加快推进小火电机组关停工作创造宽松的市场环境。要大力推进“上大压小”工作，在新建电源项目安排上，考虑小火电机组关停的因素，对关停工作成效显著的省份和电力企业优先给予支持。要严格控制新建小火电机组，大电网覆盖范围内不得建设小火电机组，各类投资主体建设燃煤电站及煤矸石等综合利用电站，均应报国务院投资主管部门核准后方可建设。

发展改革委牵头负责全国小火电机组关停工作，电力监管、国有资产管理、环境保护、国土、水利、财政和税收等部门及电网企业要积极配合，制定相应的政策措施，共同推进小火电

机组关停工作。发展改革委要依照电力工业产业政策，结合电力工业发展规划和各地实际情况，尽快将全国小火电机组关停目标分解到各省（区、市），并与各省级人民政府和国有大型电力集团公司签署小火电机组关停目标责任书。各省级人民政府和有关电力企业负责本地区、本企业小火电机组关停工作，将关停小火电机组纳入工作日程，主管领导亲自抓，建立相应的协调机制，制订具体实施方案，明确相关部门的责任和分工，确保责任到位、措施到位、落实到位。在关停小火电机组过程中，各省级人民政府要妥善解决关停机组涉及的人员安置、债务等问题，协调处理好各种关系，确保社会稳定。

各省级人民政府和有关电力企业要在 2007 年 3 月 31 日前，将本地区、本企业小火电机组关停具体实施方案报发展改革委并抄送有关部门。发展改革委要会同有关部门加强对小火电机组关停工作的指导协调和监督检查，重大情况及时向国务院报告。

国务院

二〇〇七年一月二十日

关于加快关停小火电机组的若干意见

发展改革委　能源办

为实现“十一五”规划纲要提出的单位国内生产总值能源消耗降低和主要污染物排放总量减少目标，推进电力工业结构调整，根据《国务院关于加强节能工作的决定》（国发[2006]28号）、《国务院关于落实科学发展观加强环境保护的决定》（国发[2005]39 号）、《国务院关于发布实施〈促进产业结构调整暂行规定〉的决定》（国发[2005]40 号）和《产业结构调整指导目录（2005 年本）》，现就加快关停小火电机组工作提出以下意见：

一、“十一五”期间，在大电网覆盖范围内逐步关停以下燃煤（油）机组（含企业自备电厂机组和趸售电网机组）：单机容量 5 万千瓦以下的常规火电机组；运行满 20 年、单机 10 万千瓦级以下的常规火电机组；按照设计寿命服役期满、单机 20 万千瓦以下的各类机组；供电标准煤耗高出 2005 年本省（区、市）平均水平 10%或全国平均水平 15%的各类燃煤机组；未达到环保排放标准的各类机组；按照有关法律、法规应予关停或国务院有关部门明确要求关停的机组。

二、对在役的热电联产和资源综合利用机组，要实施在线监测，由省级人民政府组织对其开展认定和定期复核工作。不符合国家规定的，责令其限期整改；逾期不改或整改后仍达不到要求的，予以关停。

三、热电联产机组供电标准煤耗高出第一条中煤耗要求的，要结合热电联产规划，以“上大压小”或在役机组供热改造，按“先建设后关停”或“先改造后关停”的原则予以关停。在大中型城市优先安排建设大中型热电联产机组，在中小型城镇鼓励建设背压型热电机组或生物质能热电机组。鼓励运行未满 15 年的在役大中型发电机组改造为热电联产机组。新建机组或在役机组改造要与原供热机组的关停做好衔接。

热电联产机组原则上要执行“以热定电”，非供热期供电煤耗高出上年本省（区、市）火电机组平均水平 10%或全国火电机组平均水平 15%的热电联产机组，在非供热期应停止运行或限制发电。

四、属于上述关停范围，但承担当地主要供热任务且其所在地 10 公里以内没有其他热源点或其性能优于该范围内其他热源点的热电联产机组，处于电网末端或独立电网内、承担当地主要供电任务或对当地电网安全具有支撑作用的机组，以及《国务院办公厅转发国家经贸委关于关停小火电机组有关问题意见的通知》（国办发[1999]44 号）下发前依法批准且合同约定中外合作或合资期限未满的机组，企业可提出申请，由省级人民政府有关部门委托发展改革委认可的中介机构进行评估，情况属实的，可暂缓关停，但须每年评估一次。

五、支持按照生物质能开发利用规划和城镇集中供热规划，已落实生物质能来源、同步建设热网并落实热负荷的地区，将运行未满 15 年、具备改造条件的应关停机组改造为符合国家有关规定要求的生物质能发电或热电联产机组。

拟实施改造的应关停机组，由省级人民政府有关部门委托发展改革委认可的中介机构进行评估，符合条件的，按照有关规定办理核准手续。

六、到期应实施关停的机组，电力监管机构要及时撤销其电力业务许可证，电网企业及相关单位应将其解网，不得再收购其发电，电力调度机构不得调度其发电，银行等金融机构要停止对其发放贷款；机组关停后应就地报废，不得转供电或解列运行，不得易地建设。

七、鼓励各地区和企业关停小机组，集中建设大机组，实施“上大压小”。鼓励通过兼并、重组或收购小火电机组，并将其关停后实施“上大压小”建设大型电源项目。

发展改革委根据各省（区、市）关停机组的容量，相应增加该省（区、市）的电源建设规模。跨省（区、市）进行“上大压小”的，关停小机组容量可保留在当地，并相应调减新项目建设地区的电源建设规模。

八、新建电源项目替代的关停机组容量作为衡量其可否纳入规划的重要指标。替代关停机组容量较多并能够妥善安置关停电厂职工的电源建设项目，优先纳入国家电力发展规划。

企业建设单机 30 万千瓦、替代关停机组的容量达到自身容量 80%的项目，单机 60 万千瓦、替代关停机组的容量达到自身容量 70%的项目，单机 100 万千瓦、替代关停机组的容量达到自身容量 60%的项目，可直接纳入国家电力发展规划，优先安排建设。

企业建设单机 20 万千瓦以上的热电联产项目，替代关停机组的容量达到自身容量 50%，并按所替代关停机组和关停拆除的供热锅炉蒸发量计算可减少当地燃煤总量的，可直接纳入国家电力规划，优先安排建设。“上大压小”建设的大中型火电项目，扩建项目可建设单台机组，新建项目原则上按两台机组以上考虑。

实施“上大压小”的新建机组，原则上应在所替代的关停机组拆除后实施建设。

九、加强发电调度监督管理，积极推进发电机组统一调度工作，大电网覆盖范围内的所有火电厂，其调度都要逐步纳入省级以上电力调度机构统一管理。

改进发电调度方式，按照节能、环保、经济的原则，优先调度可再生能源和高效、清洁的机组发电，限制能耗高、污染重的机组发电。节能发电调度办法另行制定。

未实施节能发电调度的地区要实行差别电量计划，鼓励可再生能源和高效、清洁大机组多发电，并逐年减少未关停小火电机组的发电量。

十、电网企业要加快配套电网建设，扩大供电范围，提高供电可靠性和服务水平，并制订科学的供电预案，保证小火电机组关停后的电力供应。地方各级人民政府和有关部门要配合做好相关工作，切实保证电网工程建设的顺利实施。关停机组涉及的输配线路、变电站等资产，可在平等协商的基础上，有偿移交所在地的电网企业。

十一、推进电价和趸售体制改革，逐步实现同网同价。各省（区、市）人民政府要加强小火电机组上网电价管理，尽快将所有燃煤（油）小火电机组上网电价降低到不高于本地区标杆上网电价，并不得实行价外补贴；价格低于本地区标杆上网电价的小火电，仍执行现行电价。

十二、各级环保部门要严格执行国家环保政策，加强对电厂污染物排放的监督检查，对排放不达标的依法予以处理。新建燃煤机组必须同步建设高效脱硫除尘设施，关停范围以外现役单机 13.5 万千瓦以上燃煤机组要尽快完成脱硫设施改造。要提高排污收费标准，促进电厂进行脱硫改造。安装脱硫设施但未达标排放的燃煤机组不得执行脱硫机组电价。

十三、改进并加强对企业自备电厂的管理，对自备电厂自发自用电量征收国家规定的三峡工程建设基金、农网还贷资金、城市公用事业附加费、可再生能源附加、大中型水库移民后期扶持资金等，并按规定收取备用容量费。禁止公用电厂转为企业自备电厂。具体办法由发展改革委另行制定。

十四、纳入各省“十一五”小火电关停规划并按期关停的机组在一定期限内（最多不超过 3 年）可享受发电量指标，并通过转让给大机组代发获得一定经济补偿，发电量指标及享受期限随关停延后的时间而逐年递减。具体办法由各省（区、市）人民政府制定，报发展改革委备案。

十五、自备电厂或趸售电网的机组按期关停后，电网企业可对趸售电网和符合国家产业政策并关停自备电厂的企业给予适当的电价优惠。鼓励关停自备电厂的企业或原趸售电网直接向发电企业购电，电网企业按照有关规定收取合理的过网费。

十六、有条件的地区可开展污染物排放指标、取水指标交易，按期关停的机组可按照国家有关规定，有偿转让其污染物排放指标、取水指标[取水指标限本省（区、市）内]。具体办法由各省（区、市）人民政府制定，报发展改革委、环保总局和水利部备案。

十七、要根据国家有关规定，制订职工安置方案，妥善安置关停机组人员。关停部分机组的企业，要妥善处理职工的劳动关系，原则上应在本企业内部安置；关停全部机组的企业，要按照有关规定妥善处理好经济补偿、社会保险等相关问题。改造项目和新建、扩建电厂应优先招用关停机组分流人员。地方人民政府要切实做好分流人员安置工作。

十八、各省（区、市）人民政府要根据土地利用总体规划、城镇规划和产业政策，因地制宜开发利用关停机组的土地资源。涉及土地使用权转让和改变土地用途的，应按照土地管理法律法规和政策，积极帮助企业办理相关手续。因电厂关停带来的变电站和供电线路改造等征地问题，结合关停电厂现有土地处置一并考虑。

十九、电力监管机构要加强小火电机组监督管理，建立监管信息系统，对不符合设计要求和有关规定的，不予颁发电力业务许可证。

二十、对应关停而拒不关停的小火电机组，省级以上人民政府有关部门和单位可责令其立即关停，并暂停该企业新建电力项目的资格，直至完成关停任务；对弄虚作假逃避关停或关停后易地建设的机组，一经查实，应责令其立即关停并予以拆除，同时追究相关人员的责任。

二十一、各地区和企业要严格按照国家电力工业产业政策和发展规划开展电源项目前期工作，严格执行国家电力项目核准制度，坚决制止违规和无序建设电站的行为。在大电网覆盖范围内，原则上不得建设单机容量 30 万千瓦以下纯凝汽式燃煤机组。电网企业不得为违规建设的发电机组提供并网服务。对违反国家电力项目核准规定、越权核准小火电项目建设的部门领导及当事人，省级以上人民政府部门应追究其责任，并撤回项目核准文件。

二十二、省（区、市）人民政府对本地区小火电机组关停工作负总责，要根据发展改革委确定的关停目标，负责制订本地区小火电机组关停方案和年度关停计划，向社会公布并组织实施。关停方案应包括责任分工和机组关停后的职工安置、资产处置和债务处理等内容，年度关停计划应明确关停机组名单和关停时限。要加强领导，精心组织，明确责任，落实任务，确保按期完成小火电机组关停任务。

二十三、发电企业是小火电机组关停工作的直接责任人，应按照各省（区、市）人民政府制定的小火电机组关停方案和年度关停计划，对本企业所属机组实施关停，并妥善处理善后事宜。

二十四、各省（区、市）人民政府要将本地区小火电机组关停情况定期向发展改革委和电监会报告。

国家发展改革委办公厅关于编制小火电机组关停实施方案有关要求的通知

发改办能源[2007]490 号

各省、自治区、直辖市发展改革委、经贸委（经委），国家电网公司、中国南方电网有限责任公司、中国华能集团公司、中国大唐集团公司、中国华电集团公司、中国国电集团公司、中国电力投资集团公司、神华集团、国家开发投资公司、华润总公司：

根据《国务院批转发展改革委、能源办关于加快关停小火电机组若干意见的通知》（国发[2007]2 号，以下简称 2 号文件）的要求，各省级人民政府和有关电力企业要在 2007 年 3 月 31 日前，将关停小火电机组具体实施方案报送我委及有关部门。经研究，现将编制实施方案的有关要求通知如下：

一、实施方案要认真贯彻落实 2 号文件和全国“上大压小”节能减排工作会议及曾培炎副总理讲话的精神和我委陈德铭副主任的工作部署，按照 2 号文件要求和会议明确的有关工作，结合本地区、本企业实际情况，研究提出具体落实意见，制定相应的政策措施。

二、按照签订的关停责任书，细化小火电机组关停方案，明确年度关停计划，并争取尽可能提前、超额完成关停任务。各地区和电力企业也可提出替代建设大机组的方案建议。

三、明确关停小火电机组工作的主管领导及相关部门的责任和分工，建立相应的协调机制，并将关停计划逐级分解，落实责任。制定由拟关停机组企业法人与地市级政府、省级发展改革委（经贸委、经委）、省级电网企业等有关单位共同签署具有法律效力关停协议的工作方案，并在 2007 年底前组织实施。

四、各地区要细化关停小火电机组的政策措施，做好节能发电调度的准备工作，制定实施差别电量计划、建立在线监测和动态监控体系、加强发电调度监督管理、提出调整小火电机组上网电价的方案、改进企业自备电厂管理、规范电力项目建设程序等工作方案及对小火电机组关停情况实施验收检查与监督管理的办法和措施。差别电量计划作为过渡方案，在全面实行节能发电调度前实施，未关停小火电机组的电量指标应随时间明显递减。

五、研究建立小火电机组的退出保障机制，提出开展关停机组电量指标补偿，污染物排放指标、取水指标交易工作，自备电厂和趸售电网购售电体制改革等工作方案，并尽快制定具体办法，报我委及有关部门。

六、根据关停机组企业的不同情况，并结合新建、扩建大机组项目的实施，拟定关停机组涉及的职工、资产、债务、土地等善后事宜处理方案。发电企业要拟定本企业所属机组关停善后事宜处理的具体方案。电网企业要根据各地区和发电企业小火电机组关停进度，制定保障供电的措施和配套电网建设方案。

七、制定电力工业“上大压小”节能减排的宣传方案，充分发挥新闻媒体的作用，积极宣传 2 号文件和电力产业发展政策，提高全社会及企业对于关停小火电机组重要性和紧迫性的认识，营造有利于节能减排的社会舆论环境，以推动关停小火电机组工作顺利开展。

请各地区、各企业抓紧开展工作，按照 2 号文件规定的期限，将实施方案上报我委及财政部、国土资源部、水利部、劳动保障部、国家环保总局、国家税务总局、银监会、电监会等有关部门。

特此通知。

国家发展和改革委员会办公厅

二〇〇七年三月二日

第四章　准入条件

关于落实大气污染防治行动计划严格环境影响评价准入的通知

环办[2014]30号

各省（区、市）环境保护厅（局），新疆生产建设兵团环境保护局：

为贯彻落实《大气污染防治行动计划》，严格环境影响评价准入，促进环境空气质量改善，现将有关工作要求通知如下：

一、发挥规划环境影响评价的调控、引领和约束作用，做好与相关战略环境评价的衔接。以促进大气污染物减排，改善环境空气质量为重点，充分考虑大气环境承载力，进一步优化石化、火电、煤炭、钢铁、有色、水泥等重点产业、产业园区和城市总体规划的规模、布局、结构。依法科学开展规划环境影响评价，全面分析评估规划实施后对重点区域环境空气质量的影响，对环境影响评价结论达不到区域环境质量标准要求的规划，应当对规划内容提出优化调整建议，并采取有效的环境影响减缓控制措施。

严格落实规划与建设项目环境影响评价的联动机制。凡未开展或未完成规划环境影响评价的，各级环境保护行政主管部门不得受理规划所含建设项目的环境影响评价报批申请。规划环境影响评价结论应当作为审批建设项目环境影响评价文件的依据。

二、实行重点区域、重点产业规划环境影响评价会商机制。京津冀及周边地区、长三角地区编制的以石化、化工、有色、钢铁、建材等为主导的国家级产业园区规划，山西省、内蒙古自治区编制的煤电基地规划，其规划环境影响报告书应当进行区域内省际会商；珠三角地区重点产业和产业园区规划的环境影响报告书应当进行省内会商。

规划编制机关在向环境保护行政主管部门报送环境影响报告书前，应当以书面形式征求相关地方政府或有关部门的意见，并根据会商参与各方提出的意见，对规划及规划环境影响报告书内容进行修改完善。环境保护行政主管部门在召集审查规划环境影响报告书时，应当邀请参与会商的地方政府或有关部门代表参加审查小组，会商意见及采纳情况作为审查的重要依据。省级重点产业和产业园区规划的环境影响报告书参照上述方式进行会商。

三、严格把好建设项目环境影响评价审批准入关口

（一）严格控制“两高”行业新增产能，不得受理钢铁、水泥、电解铝、平板玻璃、船舶等产能严重过剩行业新增产能的项目。产能严重过剩行业建设项目和城市主城区钢铁、石化、化工、有色、水泥、平板玻璃等重污染企业环保搬迁项目须实行产能的等量或减量置换。

（二）不得受理城市建成区、地级及以上城市规划区、京津冀、长三角、珠三角地区除热

电联产以外的燃煤发电项目，重点控制区除“上大压小”、热电联产以外的燃煤发电项目和京津冀、长三角、珠三角地区的自备燃煤发电项目；现有多台燃煤机组装机容量合计达到 30 万千瓦以上的，可按照煤炭等量替代的原则建设为大容量燃煤机组。

（三）不得受理地级及以上城市建成区每小时 20 蒸吨以下及其他地区每小时 10 蒸吨以下的燃煤锅炉项目。

（四）实行煤炭总量控制地区的燃煤项目，必须有明确的煤炭减量替代方案。新改扩建煤矿项目，必须配套煤炭洗选设施。

（五）排放二氧化硫、氮氧化物、烟粉尘和挥发性有机污染物的项目，必须落实相关污染物总量减排方案，上一年度环境空气质量相关污染物年平均浓度不达标的城市，应进行倍量削减替代。

四、强化建设项目大气污染源头控制和治理措施

（一）火电、钢铁、水泥、有色、石化、化工和燃煤锅炉项目，必须采用清洁生产工艺，配套建设高效脱硫、脱硝、除尘设施。

（二）重点控制区新建火电、钢铁、石化、水泥、有色、化工以及燃煤锅炉项目，必须执行大气污染物特别排放限值。

（三）石化、有机化工、表面涂装、包装印刷、原油成品油码头、储油库、加油站项目，必须采取严格的挥发性有机物排放控制措施。

（四）改扩建项目应当对现有工程实施清洁生产和污染防治升级改造。加快落后产能、工艺和设备淘汰，集中供热项目必须同步淘汰供热范围内的全部燃煤小锅炉。

（五）对涉及铅、汞、镉、苯并（*a*）芘、二噁英等有毒污染物排放的项目和执行《环境空气质量标准》（GB 3095—2012）的区域排放细颗粒物及其主要前体物的项目，应对相应污染物进行评价，并提出污染减排控制措施。

各级环境保护行政主管部门应当按照《环境影响评价政府信息公开工作指南（试行）》要求公开建设项目环境影响评价信息，加大公众参与力度，切实维护公众环境权益，发挥环境影响评价源头预防和控制作用，推动《大气污染防治行动计划》确定的目标任务得到落实。

环境保护部办公厅

2014 年 3 月 25 日

关于加快电力工业结构调整促进健康有序发展有关工作的通知

发改能源[2006]661 号

各有关单位：

2002 年 6 月以来，我国出现了新一轮电力供应紧张局面，为尽快缓解电力供需矛盾，国家采取了一系列措施，加快电力建设，全国电力开工和投产规模快速增加，电力供应能力明显提高，供需矛盾初步得到缓解。但是，在加快电力建设的同时，电站建设无序、电源结构不合理、电力建设质量下降、安全事故增多、电网建设滞后等问题突出，发电设备生产与供应也极不均衡。为贯彻落实《关于加快推进产能过剩行业结构调整的通知》（国发[2006]11 号）文件精神，保持电力工业健康有序发展，针对当前出现的新情况、新问题，需要采取必要措施，加快电力结构调整步伐。经研究，现将有关情况和具体要求通知如下：

一、电力建设快速发展，供需矛盾缓解

（一）电力供应能力保持较高水平。2004 年年底，全国发电装机 4.42 亿千瓦，比上年增长 5 100 万千瓦，2005 年发电装机突破 5 亿千瓦。2005 年全国发电量 24 747 亿千瓦时，同比增长 12.3%。截至目前，全国已连续 40 多个月平均发电量增长速度超过两位数，“十五”期间平均电力弹性系数达 1.5，电力增长速度高于 GDP 的增长。

随着发电装机的快速增长，发电设备平均利用小时有所下降，2005 年为 5 411 小时，同比下降 29 小时。由于 2005 年全国各主要河流来水好于往年，水电机组利用小时同比增长 189 小时；水电增发以后，火电增幅较去年同期有所回落，发电小时同比下降 109 小时。与此同时，全国“西电东送”等跨区跨省送电成效显著，累计交换电量 2 500 亿千瓦时，同比增长 20.9%。

（二）用电需求快速增长，高耗能用电增速趋缓。2005 年全社会用电量 24 689 亿千瓦时，同比增长 13.45%。用电结构仍以工业为主，且比重略有增加，达 73.1%，增幅虽比上年回落 3.9 个百分点，但仍高达 13.37%。城乡居民生活用电量增幅最快，达 2 838 亿千瓦时，同比增长 16.2%，比去年同期提高了 7.2 个百分点。在电价上调和控制高耗能产品措施实施后，高耗能产业盲目发展势头受到遏制，高耗能产业比较集中地区的用电负荷增速趋缓。

（三）电力建设继续得到加强。2005 年全国新投产发电装机 6 602 万千瓦，其中水电 1 128 万千瓦，占 17.1%，火电 5 465 万千瓦，占 82.8%，风电 8 万千瓦，占 0.12%。新增 220 千伏及以上输电线路 24 000 公里，变电容量 13 000 万千伏安。灵宝背靠背直流输电工程、西北 750 千伏示范工程和贵广交流输电工程等一批重点电网工程陆续投产，全国六大电网已实现联网，电网输电能力进一步增强，网架结构进一步优化。

2005 年国家核准电站项目 139 个，总规模 11 800 万千瓦（水电 2 705 万千瓦，火电 8 715 万千瓦，核电 330 万千瓦，风电 50 万千瓦），其中 11 410 万千瓦已开工建设。

（四）电力供应紧张形势有所缓解。当前全国电力供需紧张形势有较大改善，但部分地区季节性、时段性拉闸限电现象依然存在，主要集中在华北、南方和华中的部分地区，华东紧张局势明显缓解，东北、西北地区电力供需基本可以平衡。2005 年全国总体呈现“前紧后松”的状态，第一季度共有 26 个省（区、市）反映有拉闸限电现象，第二季度减少到 18 个，年底减为 5 个。

预计 2006 年将是我国电力供需状况的转折点，电力供需矛盾可基本缓解，但季节性电力供需不平衡的矛盾仍将存在。2007 年以后，全国电力装机不足的局面将得到根本扭转，除少数地区用电高峰时段外，全国大部分地区可实现电力供需平衡，并略有盈余。

二、存在的主要问题

（一）电站无序建设。按照国务院的统一部署，国家有关部门采取了加强规划、优先安排合规项目、通知或公告停工违规项目等一系列措施，并引入专家集中评议的方式，开展违规项目清理工作。截至目前，已消化（核准）违规项目 4 283 万千瓦；另有 4 600 万千瓦暂按缓建处理，纳入 2006 年、2007 年建设规划；剩余 3 400 万千瓦按停建处理。总体上看，电力行业无序建设、盲目布点的势头得到了一定遏制，违规电站清理工作取得了阶段性成果。

虽然违规建设电站的势头得到遏制，但是部分地区的违规项目仍未按要求缓建或停建。有些地区和企业对国家清理违规电站项目工作不能正确认识，有抵触情绪。一些地方和企业仍在继续建设违规项目。

（二）电源结构不合理。由于电力供应紧张，促使各地燃煤机组大量建设，小机组关停步伐明显放缓，企业自建燃油机组现象增多，造成部分地区燃煤和燃油小机组比重增高，煤电比重进一步增加。另外，还有不少电力项目以供热或综合利用的名义，建设小火电机组。2004 年年底，全国 0.6 万～5 万千瓦火电机组有 3 796 台，共计 4 666 万千瓦，另有不上网的单机 0.6 万千瓦以下小火电机组近 1 500 万千瓦，还有燃油机组约 2 500 万千瓦，均呈上升趋势。

这种状况恶化了电源结构，增加今后结构调整的工作难度，而且也不利于提高能源利用效率，不利于保护生态环境。

（三）电网建设相对滞后。电力供需快速增长，加之违规电源项目盲目建设，电源电网建设不协调的问题再次显现。部分电网网架结构不够坚强，出现了“窝电”和缺电并存的现象。京津唐的冀北地区、辽宁的营口地区、浙江的台州、温州地区、河南的豫北地区、四川的川西地区等均出现了因网架结构原因、输电断面受限而拉限电的情况。配电网问题也十分突出，北京、广州、杭州和苏州等大城市，两年前实施的城网改造工程已不能满足用电需求增长的需要，线路、变压器超负荷运行时有发生。中西部地区农村电网建设与改造滞后，尚不能满足社会主义新农村建设的需要。

（四）电力设备生产增长过快，设备订货过于集中。按基本立足国内组织生产计算，当前国内 29 家大中型发电设备制造企业生产能力为 5 000 万千瓦左右，其中：水电 1 000 万千瓦左右，火电 4 000 万千瓦左右。通过扩大电站设备生产外包比例，2005 年完成发电主机设备约 8 700 万千瓦，比去年同期增长 30.4%，全国发电设备制造企业已超负荷运转，大部分电站设备锻件靠进口解决。

据统计，2006 年合同订货的发电设备多达 1.41 亿千瓦，2007 年为 6 700 万千瓦。由于合同订货过于集中，按现有的国内设备制造能力，大量发电设备的铸锻件和配套件仍将靠进口解决。一些违规项目仍在向厂家催交设备，影响了规划内项目的正常交货。随着电站建设高峰过去，很可能出现国内发电设备制造企业制造能力放空、大起大落的问题。

（五）电力建设质量和安全隐患不容忽视。近来电站建设规模很大，项目赶工期、片面追求速度的现象比较普遍。电站设计、建设施工和设备制造企业均超负荷运转，带来的各种隐患不容忽视。2005 年电力建设工程发生死亡 3 人以上的安全事故达 12 起。特别是一些违规项目为造成既成事实，脱离客观条件压缩工期，不顾国家三令五申，违反质量和安全规程规范，引发了重大安全事故，暴露出不同程度的质量和安全问题。

这些质量和安全隐患形成一批“问题”电站。在现阶段集中反映在工程施工和设备质量等方面，投产后会引发电力设备运行不稳定和可靠性差的问题。加上违规项目布局和结构上的不合理，势必影响电力系统的整体安全稳定水平，引发大面积停电事故的风险增加。

三、采取有力措施，促进电力工业健康发展

按照党的十六届五中全会确定的2010年人均GDP比2000年翻一番的奋斗目标，以及2010年单位国内生产总值能源消耗比“十五”期末下降 20%的具体要求，“十一五”期间电力工业在保持稳定有序发展，为经济社会发展提供可靠电力保障的同时，还要把工作重点转到加快电力结构调整步伐，降低能耗水平，保护生态环境，努力提高机组健康状况和安全水平，促进经济社会全面、协调、可持续发展上来。因此，要重点做好以下几方面的工作：

（一）完善电力规划，实现有序发展。结合“十五”后两年电力工业实际和清理违规项目的情况，国家发展改革委将进一步完善“十一五”各区域电力规划，引导电站项目有序发展。2006 年和 2007 年电站项目要按照国家发展改革委明确的规划（备选方案）安排建设，各地发展改革部门要按照规划有序安排项目前期工作，并做好项目申报和项目管理等工作。2008 年及以后的具体建设项目将根据规划以及市场发展实际情况进一步研究确定。

随着发电装机的不断增加，要高度重视电网建设，保持电源与电网、输电与配电的协调同步发展。加强区域网架、跨区输电线路和西电东送输电通道的建设，继续推进西电东送、南北互济，努力实现更大范围的资源优化配置，促进区域间协调发展。加强城乡配网建设，抓紧解决大中型城市电网配电能力不足的问题，不断提高供电的可靠性。各电网企业要按照国家发展改革委关于近期电网建设项目前期工作的要求，抓紧开展相关工作，各有关部门要给予必要的支持和配合。各地政府相关部门要组织当地电网企业和主要用户，结合本地区国民经济和社会的发展，提出本地区电网，重点是城乡配电网的发展规划与近期的建设方案。

为提高输电资产利用效率，降低输电成本，针对电网运行中存在的实际情况，电网企业要加强管理，通过采用先进输电技术，努力提高现有输电设施的输电能力，力争在“十一五”期间将现有各电压等级输电能力的平均水平提高 15%～20%。

（二）继续做好清理工作，规范建设秩序。为保持电力工业的有序健康发展，最大限度地消除违规项目带来的危害，各地区及有关部门要严格按照《国务院批转发展改革委关于坚决制止电站项目无序建设意见的紧急通知》（国发[2004]32 号）及《国务院办公厅关于电站项目清理及近期建设安排有关工作的通知》（国办发[2005]8 号）有关要求，各司其职，严格把关，加大执法监督力度，采取有力措施，做好违规电站清理的后续工作，促使违规项目按照清理意见停建、缓建，维护正常电力建设秩序。各地国土、环保、交通和水利有关职能部门及综合经济管理部门，对未纳入规划和不在规划期内的违规项目，不予办理相关手续；电网企业不得为违规项目接入系统；银行及金融机构要停止对其发放贷款；银监会各级派出机构要严格按照国务院的有关要求，继续认真督促银行金融机构认真执行《商业银行授信工作尽职指引》，把国家产业政策以及对电力项目贷款审批和发放的政策切实落实到位，并进一步加强检查力度，做好清理的后续工作。

为保持电力设备生产和供应的稳定，避免出现设备制造企业生产运行的大起大落。电力设备厂家要进一步强化法制观念和提高风险防范意识，按照国家法律法规和有关规定，妥善处理与违规项目签订的无效合同，并按照国家的规划安排生产。

各地政府有关职能部门及相关电力企业要研究具体措施，做好电站清理的善后工作，妥善处理违规电站建设的遗留问题。

（三）加大关停力度，着力结构调整。按照国家电力发展规划，要重点实施高效、清洁发电工程，加大工期较长的水电、核电等清洁电力的开发力度，提高水电等清洁能源在电力结构中的比重，积极推进火电机组“上大压小、上煤压油”等工程。

各地要结合本地区电源情况，逐步关停拆除能耗高的火电机组，在逐一落实关停机组的基础上，制订可行的关停实施方案，切实做好小机组关停后的有关工作，加快凝汽式小火电及燃油机组的关停步伐。力争“十一五”期间关停 5 万千瓦及以下凝汽式燃煤小机组 1 500 万千瓦，关停老小燃油机组 700 万千瓦的目标。各地发展改革委、国土、环保和水利部门要积极配合，采取必要的措施，推进小机组关停工作的顺利实施，促进电力结构调整。对于已到关停期限的小机组，电网企业及相关单位不得再收购其发电量。

（四）调整发电调度规则，实施节能、环保、经济调度。为贯彻落实十六届五中全会提出的“必须加快转变经济增长方式，要把节约能源作为基本国策，努力建设资源节约型、环境友好型社会”的要求，实现“十一五”期间节能降耗的目标，促进电力工业结构调整，需要对电力市场交易模式和现行电力调度规则进行必要的调整。要改变对各类机组平均分配利用小时数的旧调度模式，优先安排可再生、高效、污染排放低的机组发电，限制能耗高、污染大、违反国家政策和有关规定的机组发电。重点对火电机组进行优化调度，鼓励煤耗低、排放少、节水型机组发电；已到关停期限或违反国家有关规定的机组，不得进入电力市场交易，电网调度机构不得调度其发电；大电网覆盖范围内，以“以热定电”名义建设的 13.5 万千瓦及以下热电联产机组不带热负荷时，原则上不得调度发电。

依法贯彻落实《可再生能源法》中有关可再生能源发电电价、电量、上网等政策，加大对可再生能源的扶植力度，实现水电全额上网，同网同价。

当前，要根据上述原则抓紧修订体现节能、环保、经济的调度规则和电力市场交易规则，并尽快实施。电力监管机构要按照《电力监管条例》的有关规定，依照《跨地区电能交易指导意见》、《跨区跨省优化调度规则》和本通知的有关要求，监督指导各级电力调度机构执行国家有关规定。

（五）落实责任，加强电力建设工程质量和安全管理。电力安全涉及千家万户，事关经济发展、社会稳定和国家安全。为此，各级政府、监管机构和企业，要按照国家发展改革委、建设部、国家安监总局和电监会联合下发的《关于切实加强电力建设工程质量安全监督管理的紧急通知》（发改能源[2005]1690 号）要求，通力协作，认真落实各项安全措施，完善安全责任体系，积极排查质量与安全隐患，确保电力建设工程质量。各地有关部门要在国家的统一部署下，抓紧开展检查各地电力工程质量和安全工作的落实情况，强化电力安全管理，确保安全可靠的电力供应。

特此通知。

国家发展改革委　国土资源部　铁道部
交通部　水利部　国家环保总局
银监会　电监会
二〇〇六年四月十八日

国务院办公厅关于印发促进生物产业加快发展若干政策的通知

国办发[2009]45号

各省、自治区、直辖市人民政府，国务院各部委、各直属机构：

《促进生物产业加快发展的若干政策》已经国务院同意，现印发给你们，请认真贯彻执行。

国务院办公厅

二〇〇九年六月二日

促进生物产业加快发展的若干政策

加快培育生物产业，是我国在新世纪把握新科技革命战略机遇、全面建设创新型国家的重大举措。为贯彻落实《国家中长期科学和技术发展规划纲要（2006—2020年）》和《生物产业发展“十一五”规划》，加快把生物产业培育成为高技术领域的支柱产业和国家的战略性新兴产业，特制定本政策。

一、政策目标

（一）引导技术、人才、资金等资源向生物产业集聚，促进生物技术创新与产业化，加速生物产业规模化、集聚化和国际化发展。

（二）建立以企业为主体、市场为导向、产学研相结合的产业技术创新体系，造就高素质人才队伍，增强自主创新能力，掌握一批拥有自主知识产权的重要生物技术、产品和标准。

（三）培育若干个跨国经营的大型生物企业和一大批拥有自主知识产权的创新型中小生物企业，形成若干个产业集聚度高、核心竞争力强、专业化分工特色显著的生物产业基地。

（四）加强生物技术专利保护和物种种质资源保护，提高种质资源开发、利用水平，保障生物安全。

二、现代生物产业发展重点领域

（五）生物医药领域。重点发展预防和诊断严重威胁我国人民群众生命健康的重大传染病的新型疫苗和诊断试剂。积极研发对治疗常见病和重大疾病具有显著疗效的生物技术药物、小分子药物和现代中药。加快发展生物医学材料、组织工程和人工器官、临床诊断治疗康复设备。推进生物医药研发外包。

（六）生物农业领域。重点发展优质、高产、高效、多抗的农业、林业新品种和野生动植物繁育种源。大力发展生物农药、生物饲料及饲料添加剂、生物肥料、植物生长调节剂、动物疫苗、诊断试剂、现代兽用中药、生物兽药、生物渔药、微生物全降解农用薄膜等绿色农用生物制品，推进动植物生物反应器的产业化开发，促进高效绿色农业的发展。开发具有抗病和促进生长功能的微生物药品及其他生物制剂，保护和改善水域生态环境，发展健康养殖。

（七）生物能源领域。加快培育速生、高含油、高热值、高产专用能源植物品种，合理利用荒山荒地，推进规模化、基地化种植；积极开展以甜高粱、薯类、小桐子、黄连木、光皮树、文冠果以及植物纤维等非粮食作物为原料的液体燃料生产试点，推动生物柴油、集中式生物燃气、生物质发电、生物质致密成型燃料等生物能源的发展。

（八）生物制造领域。加快推进生物基高分子新材料、生物基绿色化学品、糖工程产品规模化发展。支持农产品精深加工和食品生物制造技术、装备、工艺流程的研发及规模化生产。开发新型酶制剂，发展生物漂白、生物制浆、生物制革和生物脱硫等清洁生产工艺，加快生物制造技术推广应用，降低物耗、能耗和污染。

（九）生物环保领域。重点发展高性能水处理絮凝剂、混凝剂、杀菌剂及生物填料等生物技术产品，鼓励废水处理、垃圾处理、生态修复生物技术产品的研究和产业化。支持荒漠化防治、盐碱地治理、水域生态修复、抗重金属污染、超富集植物等新产品的生产和使用。

三、发展壮大生物企业

（十）培育具有较强创新能力和国际竞争力的龙头企业。鼓励龙头企业加强研发能力建设，积极开展技术引进、跨国经营等活动。推动生物企业间、生物企业与科研机构间的合作与重组，扩大企业规模，增强企业实力。

（十一）鼓励和促进中小生物企业发展。对新创办的生物企业，在人员聘任、借贷融资、土地等方面给予优先支持。支持建立一批生物企业孵化器和留学生创业服务中心。加大科技型中小企业技术创新基金对符合条件的中小生物企业的支持力度。

（十二）大力推进生物产业基地发展。鼓励与生物产业相关的企业、人才、资金等向生物产业基地集聚，促进生物产业基地向专业化、特色化、集群化方向发展，形成比较完善的产业链。在基础条件好、创业环境优良的区域，逐步建立若干个国家级生物产业基地。国家在创新能力基础设施、公共服务平台建设以及实施科技计划、高技术产业计划等方面按规定给予重点支持。

（十三）积极推进国际合作。鼓励外国企业和个人来华投资生产、设立研发机构和开展委托研究。鼓励和支持具有自主知识产权的生物企业“走出去”，开展产品的国际注册和营销，到境外设立研发机构和投资兴办企业。支持国内机构参与有关国际标准的制（修）订工作，开展生物产业认证认可国际交流。

四、大力促进自主创新

（十四）充分发挥企业技术创新主体的作用。鼓励企业加大研发投入，国家通过建立健全产学研结合机制等方式，加大对企业技术创新的支持。加强企业技术中心建设，支持企业设立海外研发中心。支持以产学研联合的方式，吸引社会资金投入，组建若干个具有国际先进水平的生物技术研发机构，提高系统集成和工程化能力。鼓励企业、高校和科研机构共建工程实验室、工程（技术）研究中心、实习实训基地等工程化平台。

（十五）加强创新能力基础设施建设。支持各类研究机构、检测机构的科研基础设施建设，在充分整合和利用现有科研基础设施的基础上，形成若干个具有国际先进水平的生物科学研究基地，加强生物科学基础研究和应用技术开发。支持生物技术工程中心、工程实验室、孵化器、产品质检中心等建设。大力推进生物科研基础设施的开放和共享。

（十六）切实做好生物技术成果转移服务等工作。加快生物技术知识产权的审查，强化生物技术科研成果的登记和转移工作，完善生物技术成果的评价体系和转让机制。建立健全生物产品认证认可体系，规范生物产业第三方认证等中介机构的发展。

（十七）加速自主创新成果的产业化。组织实施生物技术产业化专项，大力推进拥有自主知识产权的重大生物技术成果转化，加速规模化生产和应用。积极开展生物产品相关标准的研究制（修）订与实施工作，加强生物标样的研制和产业化。

五、培养高素质人才队伍

（十八）加强生物科技人才培养。加大高校生物类学科专业建设力度，加强硕士、博士等高级专门人才的培养。在大型企业设立博士后科研工作站，鼓励科研机构、企业与高校联合建立生物技术人才培养基地，加强创新型人才和高级实用型人才培养。鼓励各类职业院校加快培养生物产业发展急需的技能型人才。

（十九）积极引进优秀生物科技人才。鼓励海外优秀人才回国（来华）创办企业、从事科研教学工作。结合实施国家自主创新战略和科技重大专项，鼓励海外回国（来华）优秀人才按规定申请和承担政府科技计划、基金项目和产业化项目。鼓励国有生物科研机构公开向海内外招聘技术负责人。加大向关键岗位和优秀人才的收入分配倾斜力度，完善技术参股、入股等产权激励机制。

六、加大财税政策支持力度

（二十）加大对生物技术研发与产业化的投入。各级政府根据财力增长情况，加大对生物技术研发及其产业化的投入，特别要加大对重要生物技术产品研发、产业化示范项目的支持。对完全可降解生物材料和经批准生产的非粮燃料乙醇、生物柴油、生物质热电等重要生物能源产品，国家给予适当支持。鼓励企业、科研机构、高校和个人申请植物新品种、专利、商标等知识产权。

（二十一）建立财政性资金优先采购自主创新生物产品制度。各级国家机关、事业单位和团体组织使用财政性资金采购生物产品的，应优先购买列入政府采购自主创新产品目录中的生物产品。

（二十二）实施税收优惠政策。生物企业为开发新技术、新工艺、新产品发生的研发费用，未形成无形资产计入当期损益的，在按照规定据实扣除的基础上，再按照研发费用的 50%加计扣除；形成无形资产的，按照无形资产成本的 150%摊销。对被认定为高新技术企业的生物企业，按照税法规定减按 15%的税率征收企业所得税。对国家需要重点扶持和鼓励发展的生物农业、生物医药、生物能源、生物基材料等生产企业，进一步完善相关税收政策。

七、积极拓宽融资渠道

（二十三）引导社会资金投向生物产业。鼓励设立、发展生物技术创业投资机构和产业投资基金，鼓励、引导金融机构支持生物产业发展，支持信用担保机构对生物企业提供贷款担保。支持金融机构创新信贷品种，改进金融服务，对符合条件的生物产业发展项目、生物产业基地基础设施提供信贷支持。积极探索利用贴息、小额贷款等方式，加大有效信贷投入。

（二十四）支持生物企业利用资本市场融资。积极支持符合条件的中小生物企业在中小企业板和创业板上市，鼓励符合条件的生物企业在境内外上市筹资。开展生物产业基地内具备条件的生物企业进入证券公司代办系统进行股份转让试点，推进未上市生物企业股权的流通，拓宽创业投资退出渠道。支持符合条件的生物企业发行企业债券、公司债券、短期融资券和中期票据等，开展生物产业基地内企业联合发行企业债券试点。

八、创造良好市场环境

（二十五）培育生物产品市场。扩大医疗保险覆盖范围，规范药品政府采购方式，发展商业健康保险，积极拓展生物医药应用范围。对拥有自主知识产权的生物药品，按照国家有关程序进行评审，符合条件的纳入医疗保险目录。鼓励推广使用农林业良种、生物农药、生物肥料、生物饲料及饲料添加剂、完全可降解生物薄膜等。稳步推进非粮燃料乙醇应用试点，有序开展生物柴油应用试点。规范生物产品市场秩序，依法查处制假售假、商业欺诈等行为。督促指导生物企业加强环境保护，确保污染物排放达标。

（二十六）完善生物产品市场准入政策。按照生物安全审查、评价、认证认可和监管要求，积极推进转基因农产品技术研发与产业化。对生物能源生产、销售依法实行市场准入制度，由国务院有关部门制定完善相关准入条件。进一步加强生物检测实验室的资质认定工作，切实提高实验室检测能力和管理水平。依法完善生物药品审批制度。对涉及国家安全、人体健康安全、动植物安全、环境保护的生物产品和技术，由国务院有关部门依法实施市场准入制度。制定生物产品进出口管理办法，规范生物产品进出口秩序。

（二十七）加强知识产权的保护。完善生物技术知识产权保护机制，加强生物技术知识产权执法队伍建设，加大对知识产权侵权的惩处力度，依法保障知识产权所有者的权益。

九、强化生物遗传资源保护和生物安全监管

（二十八）加强生物遗传资源保护。建立健全生物遗传资源保护法律法规体系，建立和完善生物遗传资源获取与惠益分享制度。建立生物遗传资源信息系统，开展生物遗传资源调查、评价。加强人类遗传资源库和物种种质资源库（圃）及保护场（区）、原生境保护点、试验基地、管理体系建设。组织实施野生动植物种质资源保护工程，收集和保护濒危稀缺等重要生物资源。建立健全生物遗传资源出入境查验体系，加强对生物遗传资源出入境的监管。

（二十九）加强生物安全管理。认真履行生物安全有关国际公约，依据有关法律法规健全生物安全特别是转基因生物安全技术标准、安全评价、检测监测和监督管理体系，提高安全监管能力。加强防范外来有害生物入侵的防御体系建设，完善进境生物安全防范体系，防范转基因生物、微生物菌剂非法越境转移和无意越境转移。依法限制或禁止影响国家安全或公共利益的生物技术和产品进出口。建立健全生物安全风险分析和信息交换机制，强化风险预警和应急反应机制，提高防范与应对外来有害生物入侵、生物恐怖袭击的能力。加强实验室生物安全监督管理，健全实验室生物安全体系，保护实验室工作人员和公众安全。

（三十）加强生命科学、生物技术知识和有关法律法规的宣传普及工作。引导社会公众树立正确的生物安全意识，营造发展生物产业的良好社会环境。

（三十一）加强生物研究伦理审查。积极开展生物伦理研究，遵循国际通行的生物伦理规范，建立健全医学、农业等领域生命科学研究伦理审查、监督制度。

十、加强组织领导

（三十二）建立健全工作机制。建立国家促进生物产业发展部际协调机制，统筹协调生物

产业发展的重大问题。成立国家生物产业发展专家咨询委员会，对产业发展重大问题开展咨询研究。积极发挥行业协会桥梁和纽带作用，推动国际交流与合作，强化行业自律。

（三十三）本政策自发布之日起实施。国务院有关部门要依据本政策制定配套政策措施，各省、自治区、直辖市人民政府要结合本地实际，制订具体方案并抓好落实。

国家计委、科技部
《关于进一步支持可再生能源发展有关问题的通知》

计基础[1999]44 号

各省，自治区，直辖市及计划单列市人民政府，计委（计经委），科委，物价局（委员会），电力局：

为了进一步支持可再生能源发展，加速可再生能源发电设备国产化进程，经报国务院批准，现将有关问题通知如下：

一、可再生能源主要包括：风力发电，太阳能光伏发电，生物质能发电，地热发电，海洋能发电等。国家计委和科技部在安排财政性资金建设项目和国家科技攻关项目时，将积极支持可再生能源发电项目。

二、可再生能源发电项目可由银行优先安排基本建设贷款。贷款以国家开发银行为主，也鼓励商业银行积极参与。其中由国家审批建设规模达 3 000 千瓦以上的大中型可再生能源发电项目，国家计委将协助业主落实银行贷款。对于银行安排基本建设贷款的可再生能源发电项目给予 2%财政贴息，中央项目由财政部贴息，申请条件为：

申请银行贷款的可再生能源项目在项目建议书阶段应取得银行贷款意向书，在可行性研究阶段应获得有关银行的贷款承诺函。

可再生能源项目资本金应占项目总投资的 35%及以上。贴息一律实行“先付后贴”的办法，即先向银行付息，然后申请财政贴息。贴息实行逐年报批。报批程序为：由项目业主填制贴息申请表（一式两份），并附利息计息清单和借款合同，经贷款经办行签署审查意见后，分别报送国家计委、财政部和有关银行。国家计委会同财政部、有关银行审核汇总后，由财政部按国家有关规定下达批准项目贴息资金计划。

地方项目由地方财政贴息，具体办法由地方按国家有关规定制定。

三、对利用国产化可再生能源发电设备的建设项目，国家计委、有关银行将优先安排贴息贷款，还贷期限经银行同意可适当宽限。

四、对利用可再生能源进行并网发电的建设项目，在电网容量允许的情况下，电网管理部门必须允许就近上网，并收购全部上网电量，项目法人应取得与电网管理部门的并网及售电协议。项目建议书阶段应出具并网意向书，可行性研究阶段应出具并网承诺函。

五、对可再生能源并网发电项目在还款期内实行“还本付息＋合理利润”的定价原则，高出电网平均电价的部门由电网分摊。利用国外发电设备的可再生能源并网发电项目在还款期内的投资利润率以不超过“当时相应贷款期贷款利率＋3%”为原则。国家鼓励可再生能源发电项目利用国产化设备，利用国产化设备的可再生能源并网发电项目在还款期内的投资利润率，以不低于“当时相应贷款期贷款利率＋5%”为原则。其发电价格应实行同网同价，即与采用进口设备的项目享有同等的电价。

六、可再生能源并网发电项目在项目建议书阶段应出具当地物价部门对电价的意向函，可行性研究阶段由当地物价部门审批电价（包括电价构成），并报国家计委备案。经当地物价部门批准和国家计委备案的可再生能源并网发电项目电价从项目投产之日起实行。还本付息期结束以后的电价按电网平均电价确定。

七、对于独立供电的可再生能源发电系统，国家鼓励采用租赁、分期付款方式推广应用，具体办法由各地政府根据具体情况研究制定，并报国家计委备案。

八、本通知国家计委负责解释。

1999 年 1 月 12 日

第五章　节能减排

国务院关于印发“十二五”节能减排综合性工作方案的通知

国发[2011]26号

各省、自治区、直辖市人民政府，国务院各部委、各直属机构：

现将《“十二五”节能减排综合性工作方案》印发给你们，请结合本地区、本部门实际，认真贯彻执行。

一、“十一五”时期，各地区、各部门认真贯彻落实党中央、国务院的决策部署，把节能减排作为调整经济结构、转变经济发展方式、推动科学发展的重要抓手和突破口，取得了显著成效。全国单位国内生产总值能耗降低19.1%，二氧化硫、化学需氧量排放总量分别下降14.29%和12.45%，基本实现了“十一五”规划纲要确定的约束性目标，扭转了“十五”后期单位国内生产总值能耗和主要污染物排放总量大幅上升的趋势，为保持经济平稳较快发展提供了有力支撑，为应对全球气候变化作出了重要贡献，也为实现“十二五”节能减排目标奠定了坚实基础。

二、充分认识做好“十二五”节能减排工作的重要性、紧迫性和艰巨性。“十二五”时期，我国发展仍处于可以大有作为的重要战略机遇期。随着工业化、城镇化进程加快和消费结构持续升级，我国能源需求呈刚性增长，受国内资源保障能力和环境容量制约以及全球性能源安全和应对气候变化影响，资源环境约束日趋强化，“十二五”时期节能减排形势仍然十分严峻，任务十分艰巨。特别是我国节能减排工作还存在责任落实不到位、推进难度增大、激励约束机制不健全、基础工作薄弱、能力建设滞后、监管不力等问题。这种状况如不及时改变，不但“十二五”节能减排目标难以实现，还将严重影响经济结构调整和经济发展方式转变。

各地区、各部门要真正把思想和行动统一到中央的决策部署上来，切实增强全局意识、危机意识和责任意识，树立绿色、低碳发展理念，进一步把节能减排作为落实科学发展观、加快转变经济发展方式的重要抓手，作为检验经济是否实现又好又快发展的重要标准，下更大决心，用更大气力，采取更加有力的政策措施，大力推进节能减排，加快形成资源节约、环境友好的生产方式和消费模式，增强可持续发展能力。

三、严格落实节能减排目标责任，进一步形成政府为主导、企业为主体、市场有效驱动、全社会共同参与的推进节能减排工作格局。要切实发挥政府主导作用，综合运用经济、法律、技术和必要的行政手段，加强节能减排统计、监测和考核体系建设，着力健全激励和约束机制，进一步落实地方各级人民政府对本行政区域节能减排负总责、政府主要领导是第一责任人的工作要求。要进一步明确企业的节能减排主体责任，严格执行节能环保法律法规和标准，细化和完善管理措施，落实目标任务。要进一步发挥市场机制作用，加大节能减排市场化机制推广力度，真正把节能减排转化为企业和各类社会主体的内在要求。要进一步增强全体公民的资源节约和环境保护意识，深入推进节能减排全民行动，形成全社会共同参与、共同促进节能减排的良好氛围。

四、要全面加强对节能减排工作的组织领导，狠抓监督检查，严格考核问责。发展改革委负责承担国务院节能减排工作领导小组的具体工作，切实加强节能减排工作的综合协调，组织推动节能降耗工作；环境保护部为主承担污染减排方面的工作；统计局负责加强能源统计和监测工作；其他各有关部门要切实履行职责，密切协调配合。各省级人民政府要立即部署本地区“十二五”节能减排工作，进一步明确相关部门责任、分工和进度要求。

各地区、各部门和中央企业要按照本通知的要求，结合实际抓紧制定具体实施方案，明确目标责任，狠抓贯彻落实，坚决防止出现节能减排工作前松后紧的问题，确保实现“十二五”节能减排目标。

国务院

二〇一一年八月三十一日

“十二五”节能减排综合性工作方案

一、节能减排总体要求和主要目标

（一）总体要求。以邓小平理论和“三个代表”重要思想为指导，深入贯彻落实科学发展观，坚持降低能源消耗强度、减少主要污染物排放总量、合理控制能源消费总量相结合，形成加快转变经济发展方式的倒逼机制；坚持强化责任、健全法制、完善政策、加强监管相结合，建立健全激励和约束机制；坚持优化产业结构、推动技术进步、强化工程措施、加强管理引导相结合，大幅度提高能源利用效率，显著减少污染物排放；进一步形成政府为主导、企业为主体、市场有效驱动、全社会共同参与的推进节能减排工作格局，确保实现“十二五”节能减排约束性目标，加快建设资源节约型、环境友好型社会。

（二）主要目标。到 2015 年，全国万元国内生产总值能耗下降到 0.869 吨标准煤（按 2005 年价格计算），比 2010 年的 1.034 吨标准煤下降 16%，比 2005 年的 1.276 吨标准煤下降 32%；“十二五”期间，实现节约能源 6.7 亿吨标准煤。2015 年，全国化学需氧量和二氧化硫排放总量分别控制在 2 347.6 万吨、2 086.4 万吨，比 2010 年的 2 551.7 万吨、2 267.8 万吨分别下降 8%；全国氨氮和氮氧化物排放总量分别控制在 238.0 万吨、2 046.2 万吨，比 2010 年的 264.4 万吨、2 273.6 万吨分别下降 10%。

二、强化节能减排目标责任

（三）合理分解节能减排指标。综合考虑经济发展水平、产业结构、节能潜力、环境容量及国家产业布局等因素，将全国节能减排目标合理分解到各地区、各行业。各地区要将国家下达的节能减排指标层层分解落实，明确下一级政府、有关部门、重点用能单位和重点排污单位的责任。

（四）健全节能减排统计、监测和考核体系。加强能源生产、流通、消费统计，建立和完善建筑、交通运输、公共机构能耗统计制度以及分地区单位国内生产总值能耗指标季度统计制度，完善统计核算与监测方法，提高能源统计的准确性和及时性。修订完善减排统计监测和核查核算办法，统一标准和分析方法，实现监测数据共享。加强氨氮、氮氧化物排放统计监测，建立农业源和机动车排放统计监测指标体系。完善节能减排考核办法，继续做好全国和各地区单位国内生产总值能耗、主要污染物排放指标公报工作。

（五）加强目标责任评价考核。把地区目标考核与行业目标评价相结合，把落实五年目标与完成年度目标相结合，把年度目标考核与进度跟踪相结合。省级人民政府每年要向国务院报告节能减排目标完成情况。有关部门每年要向国务院报告节能减排措施落实情况。国务院每年组织开展省级人民政府节能减排目标责任评价考核，考核结果向社会公告。强化考核结果运用，将节能减排目标完成情况和政策措施落实情况作为领导班子和领导干部综合考核评价的重要内容，纳入政府绩效和国有企业业绩管理，实行问责制和“一票否决”制，并对成绩突出的地区、单位和个人给予表彰奖励。

三、调整优化产业结构

（六）抑制高耗能、高排放行业过快增长。严格控制高耗能、高排放和产能过剩行业新上项目，进一步提高行业准入门槛，强化节能、环保、土地、安全等指标约束，依法严格节能评估审查、环境影响评价、建设用地审查，严格贷款审批。建立健全项目审批、核准、备案责任制，严肃查处越权审批、分拆审批、未批先建、边批边建等行为，依法追究有关人员责任。严格控制高耗能、高排放产品出口。中西部地区承接产业转移必须坚持高标准，严禁污染产业和落后生产能力转入。

（七）加快淘汰落后产能。抓紧制定重点行业“十二五”淘汰落后产能实施方案，将任务按年度分解落实到各地区。完善落后产能退出机制，指导、督促淘汰落后产能企业做好职工安置工作。地方各级人民政府要积极安排资金，支持淘汰落后产能工作。中央财政统筹支持各地区淘汰落后产能工作，对经济欠发达地区通过增加转移支付加大支持和奖励力度。完善淘汰落后产能公告制度，对未按期完成淘汰任务的地区，严格控制国家安排的投资项目，暂停对该地区重点行业建设项目办理核准、审批和备案手续；对未按期淘汰的企业，依法吊销排污许可证、生产许可证和安全生产许可证；对虚假淘汰行为，依法追究企业负责人和地方政府有关人员的责任。

（八）推动传统产业改造升级。严格落实《产业结构调整指导目录》。加快运用高新技术和先进适用技术改造提升传统产业，促进信息化和工业化深度融合，重点支持对产业升级带动作用大的重点项目和重污染企业搬迁改造。调整《加工贸易禁止类商品目录》，提高加工贸易准入门槛，促进加工贸易转型升级。合理引导企业兼并重组，提高产业集中度。

（九）调整能源结构。在做好生态保护和移民安置的基础上发展水电，在确保安全的基础上发展核电，加快发展天然气，因地制宜大力发展风能、太阳能、生物质能、地热能等可再生能源。到 2015 年，非化石能源占一次能源消费总量比重达到 11.4%。

（十）提高服务业和战略性新兴产业在国民经济中的比重。到 2015 年，服务业增加值和战略性新兴产业增加值占国内生产总值比重分别达到 47%和 8%左右。

四、实施节能减排重点工程

（十一）实施节能重点工程。实施锅炉窑炉改造、电机系统节能、能量系统优化、余热余压利用、节约替代石油、建筑节能、绿色照明等节能改造工程，以及节能技术产业化示范工程、节能产品惠民工程、合同能源管理推广工程和节能能力建设工程。到 2015 年，工业锅炉、窑炉平均运行效率比 2010 年分别提高 5 个和 2 个百分点，电机系统运行效率提高 2～3 个百分点，新增余热余压发电能力 2 000 万千瓦，北方采暖地区既有居住建筑供热计量和节能改造 4 亿平方米以上，夏热冬冷地区既有居住建筑节能改造 5 000 万平方米，公共建筑节能改造 6 000 万平方米，高效节能产品市场份额大幅度提高。“十二五”时期，形成 3 亿吨标准煤的节能能力。

（十二）实施污染物减排重点工程。推进城镇污水处理设施及配套管网建设，改造提升现有设施，强化脱氮除磷，大力推进污泥处理处置，加强重点流域区域污染综合治理。到 2015 年，基本实现所有县和重点建制镇具备污水处理能力，全国新增污水日处理能力 4 200 万吨，新建配套管网约 16 万公里，城市污水处理率达到 85%，形成化学需氧量和氨氮削减能力 280 万吨、30 万吨。实施规模化畜禽养殖场污染治理工程，形成化学需氧量和氨氮削减能力 140 万吨、10 万吨。实施脱硫脱硝工程，推动燃煤电厂、钢铁行业烧结机脱硫，形成二氧化硫削减能力 277 万吨；推动燃煤电厂、水泥等行业脱硝，形成氮氧化物削减能力 358 万吨。

（十三）实施循环经济重点工程。实施资源综合利用、废旧商品回收体系、“城市矿产”示范基地、再制造产业化、餐厨废弃物资源化、产业园区循环化改造、资源循环利用技术示范推广等循环经济重点工程，建设 100 个资源综合利用示范基地、80 个废旧商品回收体系示范城市、50 个“城市矿产”示范基地、5 个再制造产业集聚区、100 个城市餐厨废弃物资源化利用和无害化处理示范工程。

（十四）多渠道筹措节能减排资金。节能减排重点工程所需资金主要由项目实施主体通过自有资金、金融机构贷款、社会资金解决，各级人民政府应安排一定的资金予以支持和引导。地方各级人民政府要切实承担城镇污水处理设施和配套管网建设的主体责任，严格城镇污水处理费征收和管理，国家对重点建设项目给予适当支持。

五、加强节能减排管理

（十五）合理控制能源消费总量。建立能源消费总量控制目标分解落实机制，制订实施方案，把总量控制目标分解落实到地方政府，实行目标责任管理，加大考核和监督力度。将固定资产投资项目节能评估审查作为控制地区能源消费增量和总量的重要措施。建立能源消费总量预测预警机制，跟踪监测各地区能源消费总量和高耗能行业用电量等指标，对能源消费总量增长过快的地区及时预警调控。在工业、建筑、交通运输、公共机构以及城乡建设和消费领域全面加强用能管理，切实改变敞开口子供应能源、无节制使用能源的现象。在大气联防联控重点区域开展煤炭消费总量控制试点。

（十六）强化重点用能单位节能管理。依法加强年耗能万吨标准煤以上用能单位节能管理，开展万家企业节能低碳行动，实现节能 2.5 亿吨标准煤。落实目标责任，实行能源审计制度，开展能效水平对标活动，建立健全企业能源管理体系，扩大能源管理试点；实行能源利用状况报告制度，加快实施节能改造，提高能源管理水平。地方节能主管部门每年组织对进入万家企业节能低碳行动的企业节能目标完成情况进行考核，公告考核结果。对未完成年度节能任务的企业，强制进行能源审计，限期整改。中央企业要接受所在地区节能主管部门的监管，争当行业节能减排的排头兵。

（十七）加强工业节能减排。重点推进电力、煤炭、钢铁、有色金属、石油石化、化工、建材、造纸、纺织、印染、食品加工等行业节能减排，明确目标任务，加强行业指导，推动技术进步，强化监督管理。发展热电联产，推广分布式能源。开展智能电网试点。推广煤炭清洁利用，提高原煤入洗比例，加快煤层气开发利用。实施工业和信息产业能效提升计划。推动信息数据中心、通信机房和基站节能改造。实行电力、钢铁、造纸、印染等行业主要污染物排放总量控制。新建燃煤机组全部安装脱硫脱硝设施，现役燃煤机组必须安装脱硫设施，不能稳定达标排放的要进行更新改造，烟气脱硫设施要按照规定取消烟气旁路。单机容量 30 万千瓦及以上燃煤机组全部加装脱硝设施。钢铁行业全面实施烧结机烟气脱硫，新建烧结机配套安装脱硫脱硝设施。石油石化、有色金属、建材等重点行业实施脱硫改造。新型干法水泥窑实施低氮燃烧技术改造，配套建设脱硝设施。加强重点区域、重点行业和重点企业重金属污染防治，以湘江流域为重点开展重金属污染治理与修复试点示范。

（十八）推动建筑节能。制定并实施绿色建筑行动方案，从规划、法规、技术、标准、设计等方面全面推进建筑节能。新建建筑严格执行建筑节能标准，提高标准执行率。推进北方采暖地区既有建筑供热计量和节能改造，实施“节能暖房”工程，改造供热老旧管网，实行供热计量收费和能耗定额管理。做好夏热冬冷地区建筑节能改造。推动可再生能源与建筑一体化应用，推广使用新型节能建材和再生建材，继续推广散装水泥。加强公共建筑节能监管体系建设，完善能源审计、能效公示，推动节能改造与运行管理。研究建立建筑使用全寿命周期管理制度，严格建筑拆除管理。加强城市照明管理，严格防止和纠正过度装饰和亮化。

（十九）推进交通运输节能减排。加快构建综合交通运输体系，优化交通运输结构。积极发展城市公共交通，科学合理配置城市各种交通资源，有序推进城市轨道交通建设。提高铁路电气化比重。实施低碳交通运输体系建设城市试点，深入开展“车船路港”千家企业低碳交通运输专项行动，推广公路甩挂运输，全面推行不停车收费系统，实施内河船型标准化，优化航路航线，推进航空、远洋运输业节能减排。开展机场、码头、车站节能改造。加速淘汰老旧汽车、机车、船舶，基本淘汰 2005 年以前注册运营的“黄标车”，加快提升车用燃油品质。实施第四阶段机动车排放标准，在有条件的重点城市和地区逐步实施第五阶段排放标准。全面推行机动车环保标志管理，探索城市调控机动车保有总量，积极推广节能与新能源汽车。

（二十）促进农业和农村节能减排。加快淘汰老旧农用机具，推广农用节能机械、设备和渔船。推进节能型住宅建设，推动省柴节煤灶更新换代，开展农村水电增效扩容改造。发展户用沼气和大中型沼气，加强运行管理和维护服务。治理农业面源污染，加强农村环境综合整治，实施农村清洁工程，规模化养殖场和养殖小区配套建设废弃物处理设施的比例达到 50%以上，鼓励污染物统一收集、集中处理。因地制宜推进农村分布式、低成本、易维护的污水处理设施建设。推广测土配方施肥，鼓励使用高效、安全、低毒农药，推动有机农业发展。

（二十一）推动商业和民用节能。在零售业等商贸服务和旅游业开展节能减排行动，加快设施节能改造，严格用能管理，引导消费行为。宾馆、商厦、写字楼、机场、车站等要严格执行夏季、冬季空调温度设置标准。在居民中推广使用高效节能家电、照明产品，鼓励购买节能环保型汽车，支持乘用公共交通，提倡绿色出行。减少一次性用品使用，限制过度包装，抑制不合理消费。

（二十二）加强公共机构节能减排。公共机构新建建筑实行更加严格的建筑节能标准。加快公共机构办公区节能改造，完成办公建筑节能改造 6 000 万平方米。国家机关供热实行按热量收费。开展节约型公共机构示范单位创建活动，创建 2 000 家示范单位。推进公务用车制度改革，严格用车油耗定额管理，提高节能与新能源汽车比例。建立完善公共机构能源审计、能效公示和能耗定额管理制度，加强能耗监测平台和节能监管体系建设。支持军队重点用能设施设备节能改造。

六、大力发展循环经济

（二十三）加强对发展循环经济的宏观指导。研究提出进一步加快发展循环经济的意见。编制全国循环经济发展规划和重点领域专项规划，指导各地做好规划编制和实施工作。研究制定循环经济发展的指导目录。制定循环经济专项资金使用管理办法及实施方案。深化循环经济示范试点，推广循环经济典型模式。建立完善循环经济统计评价制度。

（二十四）全面推行清洁生产。编制清洁生产推行规划，制（修）订清洁生产评价指标体系，发布重点行业清洁生产推行方案。重点围绕主要污染物减排和重金属污染治理，全面推进农业、工业、建筑、商贸服务等领域清洁生产示范，从源头和全过程控制污染物产生和排放，降低资源消耗。发布清洁生产审核方案，公布清洁生产强制审核企业名单。实施清洁生产示范工程，推广应用清洁生产技术。

（二十五）推进资源综合利用。加强共伴生矿产资源及尾矿综合利用，建设绿色矿山。推动煤矸石、粉煤灰、工业副产石膏、冶炼和化工废渣、建筑和道路废弃物以及农作物秸秆综合利用、农林废物资源化利用，大力发展利废新型建筑材料。废弃物实现就地消化，减少转移。到 2015 年，工业固体废物综合利用率达到 72%以上。

（二十六）加快资源再生利用产业化。加快“城市矿产”示范基地建设，推进再生资源规模化利用。培育一批汽车零部件、工程机械、矿山机械、办公用品等再制造示范企业，发布再制造产品目录，完善再制造旧件回收体系和再制造产品标准体系，推动再制造的规模化、产业化发展。加快建设城市社区和乡村回收站点、分拣中心、集散市场“三位一体”的再生资源回收体系。

（二十七）促进垃圾资源化利用。健全城市生活垃圾分类回收制度，完善分类回收、密闭运输、集中处理体系。鼓励开展垃圾焚烧发电和供热、填埋气体发电、餐厨废弃物资源化利用。鼓励在工业生产过程中协同处理城市生活垃圾和污泥。

（二十八）推进节水型社会建设。确立用水效率控制红线，实施用水总量控制和定额管理，制定区域、行业和产品用水效率指标体系。推广普及高效节水灌溉技术。加快重点用水行业节水技术改造，提高工业用水循环利用率。加强城乡生活节水，推广应用节水器具。推进再生水、矿井水、海水等非传统水资源利用。建设海水淡化及综合利用示范工程，创建示范城市。到 2015 年，实现单位工业增加值用水量下降 30%。

七、加快节能减排技术开发和推广应用

（二十九）加快节能减排共性和关键技术研发。在国家、部门和地方相关科技计划和专项中，加大对节能减排科技研发的支持力度，完善技术创新体系。继续推进节能减排科技专项行动，组织高效节能、废物资源化以及小型分散污水处理、农业面源污染治理等共性、关键和前沿技术攻关。组建一批国家级节能减排工程实验室及专家队伍。推动组建节能减排技术与装备产业联盟，继续通过国家工程（技术）研究中心加大节能减排科技研发力度。加强资源环境高

技术领域创新团队和研发基地建设。

（三十）加大节能减排技术产业化示范。实施节能减排重大技术与装备产业化工程，重点支持稀土永磁无铁芯电机、半导体照明、低品位余热利用、地热和浅层地温能应用、生物脱氮除磷、烧结机烟气脱硫脱硝一体化、高浓度有机废水处理、污泥和垃圾渗滤液处理处置、废弃电器电子产品资源化、金属无害化处理等关键技术与设备产业化，加快产业化基地建设。

（三十一）加快节能减排技术推广应用。编制节能减排技术政策大纲。继续发布国家重点节能技术推广目录、国家鼓励发展的重大环保技术装备目录，建立节能减排技术遴选、评定及推广机制。重点推广能量梯级利用、低温余热发电、先进煤气化、高压变频调速、干熄焦、蓄热式加热炉、吸收式热泵供暖、冰蓄冷、高效换热器，以及干法和半干法烟气脱硫、膜生物反应器、选择性催化还原氮氧化物控制等节能减排技术。加强与有关国际组织、政府在节能环保领域的交流与合作，积极引进、消化、吸收国外先进节能环保技术，加大推广力度。

八、完善节能减排经济政策

（三十二）推进价格和环保收费改革。深化资源性产品价格改革，理顺煤、电、油、气、水、矿产等资源性产品价格关系。推行居民用电、用水阶梯价格。完善电力峰谷分时电价政策。深化供热体制改革，全面推行供热计量收费。对能源消耗超过国家和地区规定的单位产品能耗（电耗）限额标准的企业和产品，实行惩罚性电价。各地可在国家规定基础上，按程序加大差别电价、惩罚性电价实施力度。严格落实脱硫电价，研究制定燃煤电厂烟气脱硝电价政策。进一步完善污水处理费政策，研究将污泥处理费用逐步纳入污水处理成本问题。改革垃圾处理收费方式，加大征收力度，降低征收成本。

（三十三）完善财政激励政策。加大中央预算内投资和中央财政节能减排专项资金的投入力度，加快节能减排重点工程实施和能力建设。深化“以奖代补”、“以奖促治”以及采用财政补贴方式推广高效节能家用电器、照明产品、节能汽车、高效电机产品等支持机制，强化财政资金的引导作用。国有资本经营预算要继续支持企业实施节能减排项目。地方各级人民政府要加大对节能减排的投入。推行政府绿色采购，完善强制采购和优先采购制度，逐步提高节能环保产品比重，研究实行节能环保服务政府采购。

（三十四）健全税收支持政策。落实国家支持节能减排所得税、增值税等优惠政策。积极推进资源税费改革，将原油、天然气和煤炭资源税计征办法由从量征收改为从价征收并适当提高税负水平，依法清理取消涉及矿产资源的不合理收费基金项目。积极推进环境税费改革，选择防治任务重、技术标准成熟的税目开征环境保护税，逐步扩大征收范围。完善和落实资源综合利用和可再生能源发展的税收优惠政策。调整进出口税收政策，遏制高耗能、高排放产品出口。对用于制造大型环保及资源综合利用设备确有必要进口的关键零部件及原材料，抓紧研究制定税收优惠政策。

（三十五）强化金融支持力度。加大各类金融机构对节能减排项目的信贷支持力度，鼓励金融机构创新适合节能减排项目特点的信贷管理模式。引导各类创业投资企业、股权投资企业、社会捐赠资金和国际援助资金增加对节能减排领域的投入。提高高耗能、高排放行业贷款门槛，将企业环境违法信息纳入人民银行企业征信系统和银监会信息披露系统，与企业信用等级评定、贷款及证券融资联动。推行环境污染责任保险，重点区域涉重金属企业应当购买环境污染责任保险。建立银行绿色评级制度，将绿色信贷成效与银行机构高管人员履职评价、机构准入、业务发展相挂钩。

九、强化节能减排监督检查

（三十六）健全节能环保法律法规。推进环境保护法、大气污染防治法、清洁生产促进法、建设项目环境保护管理条例的修订工作，加快制定城镇排水与污水处理条例、排污许可证管理条例、畜禽养殖污染防治条例、机动车污染防治条例等行政法规。修订重点用能单位节能管理办法、能效标识管理办法、节能产品认证管理办法等部门规章。

（三十七）严格节能评估审查和环境影响评价制度。把污染物排放总量指标作为环评审批的前置条件，对年度减排目标未完成、重点减排项目未按目标责任书落实的地区和企业，实行阶段性环评限批。对未通过能评、环评审查的投资项目，有关部门不得审批、核准、批准开工建设，不得发放生产许可证、安全生产许可证、排污许可证，金融机构不得发放贷款，有关单位不得供水、供电。加强能评和环评审查的监督管理，严肃查处各种违规审批行为。能评费用由节能审查机关同级财政部门安排。

（三十八）加强重点污染源和治理设施运行监管。严格排污许可证管理。强化重点流域、重点地区、重点行业污染源监管，适时发布主要污染物超标严重的国家重点环境监控企业名单。列入国家重点环境监控范围的电力、钢铁、造纸、印染等重点行业的企业，要安装运行管理监控平台和污染物排放自动监控系统，定期报告运行情况及污染物排放信息，推动污染源自动监控数据联网共享。加强城市污水处理厂监控平台建设，提高污水收集率，做好运行和污染物削减评估考核，考核结果作为核拨污水处理费的重要依据。对城市污水处理设施建设严重滞后、收费政策不落实、污水处理厂建成后一年内实际处理水量达不到设计能力 60%，以及已建成污水处理设施但无故不运行的地区，暂缓审批该城市项目环评，暂缓下达有关项目的国家建设资金。

（三十九）加强节能减排执法监督。各级人民政府要组织开展节能减排专项检查，督促各项措施落实，严肃查处违法违规行为。加大对重点用能单位和重点污染源的执法检查力度，加大对高耗能特种设备节能标准和建筑施工阶段标准执行情况、国家机关办公建筑和大型公共建筑节能监管体系建设情况，以及节能环保产品质量和能效标识的监督检查力度。对严重违反节能环保法律法规，未按要求淘汰落后产能、违规使用明令淘汰用能设备、虚标产品能效标识、减排设施未按要求运行等行为，公开通报或挂牌督办，限期整改，对有关责任人进行严肃处理。实行节能减排执法责任制，对行政不作为、执法不严等行为，严肃追究有关主管部门和执法机构负责人的责任。

十、推广节能减排市场化机制

（四十）加大能效标识和节能环保产品认证实施力度。扩大终端用能产品能效标识实施范围，加强宣传和政策激励，引导消费者购买高效节能产品。继续推进节能产品、环境标志产品、环保装备认证，规范认证行为，扩展认证范围，建立有效的国际协调互认机制。加强标识、认证质量的监管。

（四十一）建立“领跑者”标准制度。研究确定高耗能产品和终端用能产品的能效先进水平，制定“领跑者”能效标准，明确实施时限。将“领跑者”能效标准与新上项目能评审查、节能产品推广应用相结合，推动企业技术进步，加快标准的更新换代，促进能效水平快速提升。

（四十二）加强节能发电调度和电力需求侧管理。改革发电调度方式，电网企业要按照节能、经济的原则，优先调度水电、风电、太阳能发电、核电以及余热余压、煤层气、填埋气、煤矸石和垃圾等发电上网，优先安排节能、环保、高效火电机组发电上网。研究推行发电权交易。电网企业要及时、真实、准确、完整地公布节能发电调度信息，电力监管部门要加强对节能发电调度工作的监督。落实电力需求侧管理办法，制定配套政策，规范有序用电。以建设技术支撑平台为基础，开展城市综合试点，推广能效电厂。

（四十三）加快推行合同能源管理。落实财政、税收和金融等扶持政策，引导专业化节能服务公司采用合同能源管理方式为用能单位实施节能改造，扶持壮大节能服务产业。研究建立合同能源管理项目节能量审核和交易制度，培育第三方审核评估机构。鼓励大型重点用能单位利用自身技术优势和管理经验，组建专业化节能服务公司。引导和支持各类融资担保机构提供风险分担服务。

（四十四）推进排污权和碳排放权交易试点。完善主要污染物排污权有偿使用和交易试点，建立健全排污权交易市场，研究制定排污权有偿使用和交易试点的指导意见。开展碳排放交易试点，建立自愿减排机制，推进碳排放权交易市场建设。

（四十五）推行污染治理设施建设运行特许经营。总结燃煤电厂烟气脱硫特许经营试点经验，完善相关政策措施。鼓励采用多种建设运营模式开展城镇污水垃圾处理、工业园区污染物集中治理，确保处理设施稳定高效运行。实行环保设施运营资质许可制度，推进环保设施的专业化、社会化运营服务。完善市场准入机制，规范市场行为，打破地方保护，为企业创造公平竞争的市场环境。

十一、加强节能减排基础工作和能力建设

（四十六）加快节能环保标准体系建设。加快制（修）订重点行业单位产品能耗限额、产品能效和污染物排放等强制性国家标准，以及建筑节能标准和设计规范，提高准入门槛。制定和完善环保产品及装备标准。完善机动车燃油消耗量限值标准、低速汽车排放标准。制（修）订轻型汽车第五阶段排放标准，颁布实施第四、第五阶段车用燃油国家标准。建立满足氨氮、氮氧化物控制目标要求的排放标准。鼓励地方依法制定更加严格的节能环保地方标准。

（四十七）强化节能减排管理能力建设。建立健全节能管理、监察、服务“三位一体”的节能管理体系，加强政府节能管理能力建设，完善机构，充实人员。加强节能监察机构能力建设，配备监测和检测设备，加强人员培训，提高执法能力，完善覆盖全国的省、市、县三级节能监察体系。继续推进能源统计能力建设。推动重点用能单位按要求配备计量器具，推行能源计量数据在线采集、实时监测。开展城市能源计量建设示范。加强减排监管能力建设，推进环境监管机构标准化，提高污染源监测、机动车污染监控、农业源污染检测和减排管理能力，建立健全国家、省、市三级减排监控体系，加强人员培训和队伍建设。

十二、动员全社会参与节能减排

（四十八）加强节能减排宣传教育。把节能减排纳入社会主义核心价值观宣传教育体系以及基础教育、高等教育、职业教育体系。组织好全国节能宣传周、世界环境日等主题宣传活动，加强日常性节能减排宣传教育。新闻媒体要积极宣传节能减排的重要性、紧迫性以及国家采取的政策措施和取得的成效，宣传先进典型，普及节能减排知识和方法，加强舆论监督和对外宣传，积极为节能减排营造良好的国内和国际环境。

（四十九）深入开展节能减排全民行动。抓好家庭社区、青少年、企业、学校、军营、农村、政府机构、科技、科普和媒体等十个节能减排专项行动，通过典型示范、专题活动、展览展示、岗位创建、合理化建议等多种形式，广泛动员全社会参与节能减排，发挥职工

节能减排义务监督员队伍作用，倡导文明、节约、绿色、低碳的生产方式、消费模式和生活习惯。

（五十）政府机关带头节能减排。各级人民政府机关要将节能减排作为机关工作的一项重要任务来抓，健全规章制度，落实岗位责任，细化管理措施，树立节约意识，践行节约行动，做节能减排的表率。

附件：1.“十二五”各地区节能目标
2.“十二五”各地区化学需氧量排放总量控制计划
3.“十二五”各地区氨氮排放总量控制计划
4.“十二五”各地区二氧化硫排放总量控制计划
5.“十二五”各地区氮氧化物排放总量控制计划

附件 1：

“十二五”各地区节能目标

地区	单位国内生产总值能耗降低率/%		
	“十一五”时期	“十二五”时期	2006—2015 年累计
全国	19.06	16	32.01
北京	26.59	17	39.07
天津	21	18	35.22
河北	20.11	17	33.69
山西	22.66	16	35.03
内蒙古	22.62	15	34.23
辽宁	20.01	17	33.61
吉林	22.04	16	34.51
黑龙江	20.79	16	33.46
上海	20	18	34.4
江苏	20.45	18	34.77
浙江	20.01	18	34.41
安徽	20.36	16	33.1
福建	16.45	16	29.82
江西	20.04	16	32.83
山东	22.09	17	35.33
河南	20.12	16	32.9
湖北	21.67	16	34.2
湖南	20.43	16	33.16
广东	16.42	18	31.46
广西	15.22	15	27.94
海南	12.14	10	20.93
重庆	20.95	16	33.6
四川	20.31	16	33.06
贵州	20.06	15	32.05
云南	17.41	15	29.8
西藏	12	10	20.8
陕西	20.25	16	33.01
甘肃	20.26	15	32.22
青海	17.04	10	25.34
宁夏	20.09	15	32.08
新疆	8.91	10	18.02

备注：“十一五”各地区单位国内生产总值能耗降低率除新疆外均为国家统计局最终公布数据，新疆为初步核实数据。

附件 2：

"十二五"各地区化学需氧量排放总量控制计划

单位：万吨

地区	2010 年		2015 年		2015 年比 2010 年/%	
	排放量	其中：工业和生活	控制量	其中：工业和生活	增加或减少	其中：工业和生活
北京	20	10.9	18.3	9.8	−8.7	−9.8
天津	23.8	12.3	21.8	11.2	−8.6	−9.2
河北	142.2	45.6	128.3	40.7	−9.8	−10.8
山西	50.7	31.2	45.8	27.9	−9.6	−10.6
内蒙古	92.1	27.5	85.9	25.4	−6.7	−7.5
辽宁	137.3	47	124.7	42.1	−9.2	−10.4
吉林	83.4	28.8	76.1	26.1	−8.8	−9.4
黑龙江	161.2	47.8	147.3	43.4	−8.6	−9.3
上海	26.6	22.5	23.9	20.1	−10	−10.5
江苏	128	86.3	112.8	75.3	−11.9	−12.8
浙江	84.2	61.4	74.6	53.7	−11.4	−12.5
安徽	97.3	55.6	90.3	52	−7.2	−6.5
福建	69.6	45.8	65.2	43.1	−6.3	−6
江西	77.7	51.9	73.2	48.3	−5.8	−7
山东	201.6	62.7	177.4	54.6	−12	−12.9
河南	148.2	62	133.5	55.8	−9.9	−10
湖北	112.4	62.1	104.1	59	−7.4	−5
湖南	134.1	71.8	124.4	66.8	−7.2	−7
广东	193.3	130.6	170.1	113.8	−12	−12.9
广西	80.7	58.1	74.6	53.6	−7.6	−7.8
海南	20.4	9.2	20.4	9.2	0	0
重庆	42.6	29.4	39.5	27.5	−7.2	−6.5
四川	132.4	75	123.1	71.3	−7	−5
贵州	34.8	28.1	32.7	26.4	−6	−6.1
云南	56.4	48	52.9	45	−6.2	−6.2
西藏	2.7	2.3	2.7	2.3	0	0
陕西	57	36.4	52.7	33.5	−7.6	−7.9
甘肃	40.2	25.5	37.6	23.7	−6.4	−6.9
青海	10.4	8.1	12.3	9.6	18	18
宁夏	24	13.3	22.6	12.5	−6	−6.3
新疆	56.9	26.2	56.9	26.2	0	0
新疆生产建设兵团	9.5	4.7	9.5	4.7	0	0
合计	2 551.7	1 328.1	2 335.2	1 214.6	−8.5	−8.5

备注：全国化学需氧量排放量削减 8%的总量控制目标为 2 347.6 万吨（其中工业和生活 1 221.9 万吨），实际分配给各地区 2 335.2 万吨（其中工业和生活 1 214.6 万吨），国家预留 12.4 万吨，用于化学需氧量排污权有偿分配和交易试点工作。

附件 3：

“十二五”各地区氨氮排放总量控制计划

单位：万吨

地区	2010 年		2015 年		2015 年比 2010 年/%	
	排放量	其中：工业和生活	控制量	其中：工业和生活	增加或减少	其中：工业和生活
北京	2.2	1.64	1.98	1.47	−10.1	−10.2
天津	2.79	2.18	2.5	1.95	−10.5	−10.4
河北	11.61	6.98	10.14	6.1	−12.7	−12.6
山西	5.93	4.66	5.21	4.08	−12.2	−12.4
内蒙古	5.45	4.19	4.92	3.79	−9.7	−9.5
辽宁	11.25	7.56	10.01	6.69	−11	−11.5
吉林	5.87	3.92	5.25	3.49	−10.5	−10.9
黑龙江	9.45	6.14	8.47	5.49	−10.4	−10.6
上海	5.21	4.83	4.54	4.21	−12.9	−12.9
江苏	16.12	11.98	14.04	10.4	−12.9	−13.2
浙江	11.84	8.96	10.36	7.84	−12.5	−12.5
安徽	11.2	7.07	10.09	6.38	−9.9	−9.8
福建	9.72	6.16	8.9	5.67	−8.4	−8
江西	9.45	6.18	8.52	5.57	−9.8	−9.8
山东	17.64	10.06	15.29	8.7	−13.3	−13.5
河南	15.57	8.8	13.61	7.66	−12.6	−12.9
湖北	13.29	8.25	12	7.43	−9.7	−9.9
湖南	16.95	10.15	15.29	9.16	−9.8	−9.8
广东	23.52	17.53	20.39	15.16	−13.3	−13.5
广西	8.45	5.63	7.71	5.13	−8.7	−8.9
海南	2.29	1.36	2.29	1.37	0	1
重庆	5.59	4.19	5.1	3.81	−8.8	−9
四川	14.56	8.5	13.31	7.78	−8.6	−8.5
贵州	4.03	3.19	3.72	2.94	−7.7	−7.8
云南	6	4.66	5.51	4.29	−8.1	−8
西藏	0.33	0.28	0.33	0.28	0	0
陕西	6.44	4.8	5.81	4.34	−9.8	−9.6
甘肃	4.33	3.7	3.94	3.38	−8.9	−8.7
青海	0.96	0.87	1.1	1	15	15
宁夏	1.82	1.6	1.67	1.47	−8	−8
新疆	4.06	3.08	4.06	3.08	0	0
新疆生产建设兵团	0.51	0.25	0.51	0.25	0	0
合计	264.4	179.4	236.6	160.4	−10.5	−10.6

备注：全国氨氮排放量削减 10%的总量控制目标为 238.0 万吨（其中工业和生活 161.5 万吨），实际分配给各地区 236.6 万吨（其中工业和生活 160.4 万吨），国家预留 1.4 万吨，用于氨氮排污权有偿分配和交易试点工作。

附件 4：

“十二五”各地区二氧化硫排放总量控制计划

单位：万吨

地区	2010 年排放量	2015 年控制量	2015 年比 2010 年/%
北京	10.4	9.0	−13.4
天津	23.8	21.6	−9.4
河北	143.8	125.5	−12.7
山西	143.8	127.6	−11.3
内蒙古	139.7	134.4	−3.8
辽宁	117.2	104.7	−10.7
吉林	41.7	40.6	−2.7
黑龙江	51.3	50.3	−2
上海	25.5	22	−13.7
江苏	108.6	92.5	−14.8
浙江	68.4	59.3	−13.3
安徽	53.8	50.5	−6.1
福建	39.3	36.5	−7
江西	59.4	54.9	−7.5
山东	188.1	160.1	−14.9
河南	144	126.9	−11.9
湖北	69.5	63.7	−8.3
湖南	71	65.1	−8.3
广东	83.9	71.5	−14.8
广西	57.2	52.7	−7.9
海南	3.1	4.2	34.9
重庆	60.9	56.6	−7.1
四川	92.7	84.4	−9
贵州	116.2	106.2	−8.6
云南	70.4	67.6	−4
西藏	0.4	0.4	0
陕西	94.8	87.3	−7.9
甘肃	62.2	63.4	2
青海	15.7	18.3	16.7
宁夏	38.3	36.9	−3.6
新疆	63.1	63.1	0
新疆生产建设兵团	9.6	9.6	0
合计	2 267.8	2 067.4	−8.8

备注：全国二氧化硫排放量削减 8%的总量控制目标为 2 086.4 万吨，实际分配给各地区 2 067.4 万吨，国家预留 19.0 万吨，用于二氧化硫排污权有偿分配和交易试点工作。

附件 5：

"十二五"各地区氮氧化物排放总量控制计划

单位：万吨

地区	2010 年排放量	2015 年控制量	2015 年比 2010 年/%
北京	19.8	17.4	−12.3
天津	34	28.8	−15.2
河北	171.3	147.5	−13.9
山西	124.1	106.9	−13.9
内蒙古	131.4	123.8	−5.8
辽宁	102	88	−13.7
吉林	58.2	54.2	−6.9
黑龙江	75.3	73	−3.1
上海	44.3	36.5	−17.5
江苏	147.2	121.4	−17.5
浙江	85.3	69.9	−18
安徽	90.9	82	−9.8
福建	44.8	40.9	−8.6
江西	58.2	54.2	−6.9
山东	174	146	−16.1
河南	159	135.6	−14.7
湖北	63.1	58.6	−7.2
湖南	60.4	55	−9
广东	132.3	109.9	−16.9
广西	45.1	41.1	−8.8
海南	8	9.8	22.3
重庆	38.2	35.6	−6.9
四川	62	57.7	−6.9
贵州	49.3	44.5	−9.8
云南	52	49	−5.8
西藏	3.8	3.8	0
陕西	76.6	69	−9.9
甘肃	42	40.7	−3.1
青海	11.6	13.4	15.3
宁夏	41.8	39.8	−4.9
新疆	58.8	58.8	0
新疆生产建设兵团	8.8	8.8	0
合计	2 273.6	2 021.6	−11.1

备注：全国氮氧化物排放量削减 10%的总量控制目标为 2 046.2 万吨，实际分配给各地区 2 021.6 万吨，国家预留 24.6 万吨，用于氮氧化物排污权有偿分配和交易试点工作。

关于加强燃煤脱硫设施二氧化硫减排核查核算工作的通知

环办[2009]8 号

各省、自治区、直辖市环境保护局（厅），新疆生产建设兵团环境保护局，各环境保护督查中心，国家电网公司、中国华能集团公司、中国大唐集团公司、中国华电集团公司、中国国电集团公司、中国电力投资集团公司：

为进一步落实国务院《节能减排综合性工作方案》及《节能减排统计监测及考核实施方案和办法》，提高燃煤脱硫设施的运行效率和管理水平，确保实现“十一五”二氧化硫总量减排目标，切实加强对燃煤脱硫设施运行过程的监管，现就有关要求通知如下：

一、各地要督促辖区内的燃煤电厂和使用燃煤锅炉的企事业单位切实加强脱硫设施的运行、维护和管理，确保脱硫设施的正常运行，严禁开启烟道旁路运行和严禁脱硫设施无故停运。脱硫设施已投入运行的燃煤电厂和企事业单位必须建立生产运行台账，记录脱硫设施主要设备运行和维护情况，并记录烟气连续监测数据、机组负荷（锅炉负荷）、燃料硫分和脱硫剂的用量、厂用电率、脱硫副产物产生量和处置情况、旁路挡板门启停时间、运行事故及处理情况等。运行台账必须妥善保管，以备环保部门的核查。

二、要严格按照国务院《主要污染物总量减排监测办法》和《关于进一步做好国控重点污染源自动监控能力建设项目实施工作的通知》（环发[2008]25 号）的要求，督促企事业单位按期完成烟气自动在线监控设备的安装和验收，并与环保部门联网运行。烟气经脱硫系统治理后，自动在线监控设备烟气采样装置必须按要求设置在旁路排放原烟气与净化烟气汇合后的混合烟道部分，确实因客观原因无法在混合烟道上安装或已安装但位置不符合规范要求的，应在旁路烟道加装烟气温度和流量采样装置。烟气自动在线监控设备按有关规定必须进行标定。

三、所有脱硫设施必须安装完成分布式控制系统（或集散控制系统，简称脱硫 DCS 系统），实时监控脱硫系统的运行情况。对湿法脱硫系统和烟气循环流化床脱硫系统，DCS 系统要记录发电负荷（或锅炉负荷）、烟气温度、烟气流量、增压风机电流和叶片开启度、氧化风机和密封风机电流、脱硫剂输送泵电流、烟气旁路开启度、脱硫岛 pH 值以及烟气进口和出口二氧化硫、烟尘、氮氧化物浓度等参数；对于循环流化床锅炉炉内脱硫系统和炉内喷钙炉外活化增湿脱硫系统，DCS 系统要记录自动添加脱硫剂系统输送风机电流以及烟气出口温度、流量、二氧化硫、烟尘、氮氧化物浓度等参数。在旁路烟道加装的烟气温度和流量等参数应记录入 DCS 系统。DCS 系统要确保能随机调阅上述运行参数及趋势曲线，相关数据至少保存六个月以上。

四、脱硫设施因改造、更新、维修或喷油助燃需暂停运行而开启旁路的，需按有关规定提前报当地环保部门备案；脱硫设施遇事故停运、在线监控系统或中控系统发生故障不能正常监测、采集、传输数据的，应在事故发生 24 小时内向当地市级以上环保部门报告。

五、各省级环保部门和各电力集团公司要按照上述要求，全面检查辖区内或所属企业的燃煤脱硫设施，逐一列出整改方案，督促企事业单位确保于 2009 年 3 月底前完成整改。限期达不到上述要求的，将按照《节能减排统计监测及考核实施方案和办法》的要求，不计算脱硫设施的二氧化硫减排量或按照监测系数法核减减排量，并列入该地区和企业集团减排年度考核。对脱硫设施全烟气脱硫效率、投运率达不到要求的，会同有关部门，按照《燃煤发电机组脱硫电价及脱硫设施运行管理办法（试行）》（发改价格[2007]1176号）要求，扣减脱硫电价款，足额征收二氧化硫排污费。

六、各级环保部门要把脱硫设施作为监督性监测、污染源建档和信息公开的重点，环境监察部门至少每月对脱硫设施进行一次现场执法检查，环境监测部门至少每季度开展一次监督性监测，同时做好对自动监测仪器的比对监测工作和自动监测数据的有效性审核工作。要及时记录及公布燃煤电厂和使用燃煤锅炉的企事业单位二氧化硫排放、监测、运行状况等相关情况，实行动态管理，发挥舆论监督作用，动员全社会的力量推动污染减排。

七、各环保督查中心要采取现场核查和重点抽查相结合的方式，加强燃煤脱硫设施的运行监管，并将上述要求落实整改情况及时报环境保护部。

二〇〇九年一月十九日

国务院关于印发节能减排综合性工作方案的通知

国发[2007]15 号

各省、自治区、直辖市人民政府，国务院各部委、各直属机构：

国务院同意发展改革委会同有关部门制定的《节能减排综合性工作方案》（以下简称《方案》），现印发给你们，请结合本地区、本部门实际，认真贯彻执行。

一、充分认识节能减排工作的重要性和紧迫性

《中华人民共和国国民经济和社会发展第十一个五年规划纲要》提出了“十一五”期间单位国内生产总值能耗降低 20%左右，主要污染物排放总量减少 10%的约束性指标。这是贯彻落实科学发展观，构建社会主义和谐社会的重大举措；是建设资源节约型、环境友好型社会的必然选择；是推进经济结构调整，转变增长方式的必由之路；是提高人民生活质量，维护中华民族长远利益的必然要求。

当前，实现节能减排目标面临的形势十分严峻。去年以来，全国上下加强了节能减排工作，国务院发布了加强节能工作的决定，制定了促进节能减排的一系列政策措施，各地区、各部门相继做出了工作部署，节能减排工作取得了积极进展。但是，去年全国没有实现年初确定的节能降耗和污染减排的目标，加大了“十一五”后四年节能减排工作的难度。更为严峻的是，今年一季度，工业特别是高耗能、高污染行业增长过快，占全国工业能耗和二氧化硫排放近 70%的电力、钢铁、有色、建材、石油加工、化工等六大行业增长 20.6%，同比加快 6.6 个百分点。与此同时，各方面工作仍存在认识不到位、责任不明确、措施不配套、政策不完善、投入不落实、协调不得力等问题。这种状况如不及时扭转，不仅今年节能减排工作难以取得明显进展，“十一五”节能减排的总体目标也将难以实现。

我国经济快速增长，各项建设取得巨大成就，但也付出了巨大的资源和环境代价，经济发展与资源环境的矛盾日趋尖锐，群众对环境污染问题反应强烈。这种状况与经济结构不合理、增长方式粗放直接相关。不加快调整经济结构、转变增长方式，资源支撑不住，环境容纳不下，社会承受不起，经济发展难以为继。只有坚持节约发展、清洁发展、安全发展，才能实现经济又好又快发展。同时，温室气体排放引起全球气候变暖，备受国际社会广泛关注。进一步加强节能减排工作，也是应对全球气候变化的迫切需要，是我们应该承担的责任。

各地区、各部门要充分认识节能减排的重要性和紧迫性，真正把思想和行动统一到中央关于节能减排的决策和部署上来。要把节能减排任务完成情况作为检验科学发展观是否落实的重要标准，作为检验经济发展是否“好”的重要标准，正确处理经济增长速度与节能减排的关系，真正把节能减排作为硬任务，使经济增长建立在节约能源资源和保护环境的基础上。要采取果断措施，集中力量，迎难而上，扎扎实实地开展工作，力争通过今明两年的努力，实现节能减排任务完成进度与“十一五”规划实施进度保持同步，为实现“十一五”节能减排目标打下坚实基础。

二、狠抓节能减排责任落实和执法监管

发挥政府主导作用。各级人民政府要充分认识到节能减排约束性指标是强化政府责任的指标，实现这个目标是政府对人民的庄严承诺，必须通过合理配置公共资源，有效运用经济、法律和行政手段，确保实现。当务之急，是要建立健全节能减排工作责任制和问责制，一级抓一级，层层抓落实，形成强有力的工作格局。地方各级人民政府对本行政区域节能减排负总责，政府主要领导是第一责任人。要在科学测算的基础上，把节能减排各项工作目标和任务逐级分解到各市（地）、县和重点企业。要强化政策措施的执行力，加强对节能减排工作进展情况的考核和监督，国务院有关部门定期公布各地节能减排指标完成情况，进行统一考核。要把节能减排作为当前宏观调控重点，作为调整经济结构，转变增长方式的突破口和重要抓手，坚决遏制高耗能、高污染产业过快增长，坚决压缩城市形象工程和党政机关办公楼等楼堂馆所建设规模，切实保证节能减排、保障民生等工作所需资金投入。要把节能减排指标完成情况纳入各地经济社会发展综合评价体系，作为政府领导干部综合考核评价和企业负责人业绩考核的重要内容，实行“一票否决”制。要加大执法和处罚力度，公开严肃查处一批严重违反国家节能管理和环境保护法律法规的典型案件，依法追究有关人员和领导者的责任，起到警醒教育作用，形成强大声势。省级人民政府每年要向国务院报告节能减排目标责任的履行情况。国务院每年向全国人民代表大会报告节能减排的进展情况，在“十一五”期末报告五年两个指标的总体完成情况。地方各级人民政府每年也要向同级人民代表大会报告节能减排工作，自觉接受监督。

强化企业主体责任。企业必须严格遵守节能和环保法律法规及标准，落实目标责任，强化管理措施，自觉节能减排。对重点用能单位加强经常监督，凡与政府有关部门签订节能减排目标责任书的企业，必须确保完成目标；对没有完成节能减排任务的企业，强制实行能源审计和清洁生产审核。坚持“谁污染、谁治理”，对未按规定建设和运行污染减排设施的企业和单位，公开通报，限期整改，对恶意排污的行为实行重罚，追究领导和直接责任人员的责任，构成犯罪的依法移送司法机关。同时，要加强机关单位、公民等各类社会主体的责任，促使公民自觉履行节能和环保义务，形成以政府为主导、企业为主体、全社会共同推进的节能减排工作格局。

三、建立强有力的节能减排领导协调机制

为加强对节能减排工作的组织领导，国务院成立节能减排工作领导小组。领导小组的主要任务是，部署节能减排工作，协调解决工作中的重大问题。领导小组办公室设在发展改革委，负责承担领导小组的日常工作，其中有关污染减排方面的工作由环保总局负责。地方各级人民政府也要切实加强对本地区节能减排工作的组织领导。

国务院有关部门要切实履行职责，密切协调配合，尽快制定相关配套政策措施和落实意见。各省级人民政府要立即部署本地区推进节能减排的工作，明确相关部门的责任、分工和进度要求。各地区、各部门和中央企业要在2007年6月30日前，提出本地区、本部门和本企业贯彻落实的具体方案报领导小组办公室汇总后报国务院。领导小组办公室要会同有关部门加强对节能减排工作的指导协调和监督检查，重大情况及时向国务院报告。

国务院

2007年5月23日

附件：

节能减排综合性工作方案

一、进一步明确实现节能减排的目标任务和总体要求

（一）主要目标。到2010年，万元国内生产总值能耗由2005年的1.22吨标准煤下降到1吨标准煤以下，降低20%左右；单位工业增加值用水量降低30%。“十一五”期间，主要污染物排放总量减少10%，到2010年，二氧化硫排放量由2005年的2 549万吨减少到2 295万吨，化学需氧量（COD）由1 414万吨减少到1 273万吨；全国设市城市污水处理率不低于70%，工业固体废物综合利用率达到60%以上。

（二）总体要求。以邓小平理论和“三个代表”重要思想为指导，全面贯彻落实科学发展观，加快建设资源节约型、环境友好型社会，把节能减排作为调整经济结构、转变增长方式的突破口和重要抓手，作为宏观调控的重要目标，综合运用经济、法律和必要的行政手段，控制增量、调整存量，依靠科技、加大投入，健全法制、完善政策，落实责任、强化监管，加强宣传、提高意识，突出重点、强力推进，动员全社会力量，扎实做好节能降耗和污染减排工作，确保实现节能减排约束性指标，推动经济社会又好又快发展。

二、控制增量，调整和优化结构

（三）控制高耗能、高污染行业过快增长。严格控制新建高耗能、高污染项目。严把土地、信贷两个闸门，提高节能环保市场准入门槛。抓紧建立新开工项目管理的部门联动机制和项目审批问责制，严格执行项目开工建设“六项必要条件”（必须符合产业政策和市场准入标准、项目审批核准或备案程序、用地预审、环境影响评价审批、节能评估审查以及信贷、安全和城市规划等规定和要求）。实行新开工项目报告和公开制度。建立高耗能、高污染行业新上项目与地方节能减排指标完成进度挂钩、与淘汰落后产能相结合的机制。落实限制高耗能、高污染产品出口的各项政策。继续运用调整出口退税、加征出口关税、削减出口配额、将部分产品列入加工贸易禁止类目录等措施，控制高耗能、高污染产品出口。加大差别电价实施力度，提高高耗能、高污染产品差别电价标准。组织对高耗能、高污染行业节能减排工作专项检查，清理和纠正各地在电价、地价、税费等方面对高耗能、高污染行业的优惠政策。

（四）加快淘汰落后生产能力。加大淘汰电力、钢铁、建材、电解铝、铁合金、电石、焦炭、煤炭、平板玻璃等行业落后产能的力度。“十一五”期间实现节能1.18亿吨标准煤，减排二氧化硫240万吨；今年实现节能3 150万吨标准煤，减排二氧化硫40万吨。加大造纸、酒精、味精、柠檬酸等行业落后生产能力淘汰力度，“十一五”期间实现减排化学需氧量（COD）138万吨，今年实现减排COD 62万吨（详见附表）。制订淘汰落后产能分地区、分年度的具体工作方案，并认真组织实施。对不按期淘汰的企业，地方各级人民政府要依法予以关停，有关部门依法吊销生产许可证和排污许可证并予以公布，电力供应企业依法停止供电。对没有完成淘汰落后产能任务的地区，严格控制国家安排投资的项目，实行项目“区域限批”。国务院有关部门每年向社会公告淘汰落后产能的企业名单和各地执行情况。建立落后产能退出机制，有条件的地方要安排资金支持淘汰落后产能，中央财政通过增加转移支付，对经济欠发达地区给予适当补助和奖励。

（五）完善促进产业结构调整的政策措施。进一步落实促进产业结构调整暂行规定。修订

《产业结构调整指导目录》，鼓励发展低能耗、低污染的先进生产能力。根据不同行业情况，适当提高建设项目在土地、环保、节能、技术、安全等方面的准入标准。尽快修订颁布《外商投资产业指导目录》，鼓励外商投资节能环保领域，严格限制高耗能、高污染外资项目，促进外商投资产业结构升级。调整《加工贸易禁止类商品目录》，提高加工贸易准入门槛，促进加工贸易转型升级。

（六）积极推进能源结构调整。大力发展可再生能源，抓紧制订出台可再生能源中长期规划，推进风能、太阳能、地热能、水电、沼气、生物质能利用以及可再生能源与建筑一体化的科研、开发和建设，加强资源调查评价。稳步发展替代能源，制订发展替代能源中长期规划，组织实施生物燃料乙醇及车用乙醇汽油发展专项规划，启动非粮生物燃料乙醇试点项目。实施生物化工、生物质能固体成型燃料等一批具有突破性带动作用的示范项目。抓紧开展生物柴油基础性研究和前期准备工作。推进煤炭直接和间接液化、煤基醇醚和烯烃代油大型台套示范工程和技术储备。大力推进煤炭洗选加工等清洁高效利用。

（七）促进服务业和高技术产业加快发展。落实《国务院关于加快发展服务业的若干意见》，抓紧制定实施配套政策措施，分解落实任务，完善组织协调机制。着力做强高技术产业，落实高技术产业发展“十一五”规划，完善促进高技术产业发展的政策措施。提高服务业和高技术产业在国民经济中的比重和水平。

三、加大投入，全面实施重点工程

（八）加快实施十大重点节能工程。着力抓好十大重点节能工程，“十一五”期间形成 2.4 亿吨标准煤的节能能力。今年形成 5 000 万吨标准煤节能能力，重点是：实施钢铁、有色、石油石化、化工、建材等重点耗能行业余热余压利用、节约和替代石油、电机系统节能、能量系统优化，以及工业锅炉（窑炉）改造项目共 745 个；加快核准建设和改造采暖供热为主的热电联产和工业热电联产机组 1 630 万千瓦；组织实施低能耗、绿色建筑示范项目 30 个，推动北方采暖区既有居住建筑供热计量及节能改造 1.5 亿平方米，开展大型公共建筑节能运行管理与改造示范，启动 200 个可再生能源在建筑中规模化应用示范推广项目；推广高效照明产品 5 000 万支，中央国家机关率先更换节能灯。

（九）加快水污染治理工程建设。“十一五”期间新增城市污水日处理能力 4 500 万吨、再生水日利用能力 680 万吨，形成 COD 削减能力 300 万吨；今年设市城市新增污水日处理能力 1 200 万吨，再生水日利用能力 100 万吨，形成 COD 削减能力 60 万吨。加大工业废水治理力度，“十一五”形成 COD 削减能力 140 万吨。加快城市污水处理配套管网建设和改造。严格饮用水水源保护，加大污染防治力度。

（十）推动燃煤电厂二氧化硫治理。“十一五”期间投运脱硫机组 3.55 亿千瓦。其中，新建燃煤电厂同步投运脱硫机组 1.88 亿千瓦；现有燃煤电厂投运脱硫机组 1.67 亿千瓦，形成削减二氧化硫能力 590 万吨。今年现有燃煤电厂投运脱硫设施 3 500 万千瓦，形成削减二氧化硫能力 123 万吨。

（十一）多渠道筹措节能减排资金。十大重点节能工程所需资金主要靠企业自筹、金融机构贷款和社会资金投入，各级人民政府安排必要的引导资金予以支持。城市污水处理设施和配套管网建设的责任主体是地方政府，在实行城市污水处理费最低收费标准的前提下，国家对重点建设项目给予必要的支持。按照“谁污染、谁治理，谁投资、谁受益”的原则，促使企业承担污染治理责任，各级人民政府对重点流域内的工业废水治理项目给予必要的支持。

四、创新模式，加快发展循环经济

（十二）深化循环经济试点。认真总结循环经济第一批试点经验，启动第二批试点，支持一批重点项目建设。深入推进浙江、青岛等地废旧家电回收处理试点。继续推进汽车零部件和机械设备再制造试点。推动重点矿山和矿业城市资源节约和循环利用。组织编制钢铁、有色、煤炭、电力、化工、建材、制糖等重点行业循环经济推进计划。加快制订循环经济评价指标体系。

（十三）实施水资源节约利用。加快实施重点行业节水改造及矿井水利用重点项目。“十一五”期间实现重点行业节水31亿立方米，新增海水淡化能力90万立方米/日，新增矿井水利用量26亿立方米；今年实现重点行业节水10亿立方米，新增海水淡化能力7万立方米/日，新增矿井水利用量5亿立方米。在城市强制推广使用节水器具。

（十四）推进资源综合利用。落实《“十一五”资源综合利用指导意见》，推进共伴生矿产资源综合开发利用和煤层气、煤矸石、大宗工业废弃物、秸秆等农业废弃物综合利用。“十一五”期间建设煤矸石综合利用电厂2 000万千瓦，今年开工建设500万千瓦。推进再生资源回收体系建设试点。加强资源综合利用认定。推动新型墙体材料和利废建材产业化示范。修订发布新型墙体材料目录和专项基金管理办法。推进第二批城市禁止使用实心黏土砖，确保2008年底前256个城市完成“禁实”目标。

（十五）促进垃圾资源化利用。县级以上城市（含县城）要建立健全垃圾收集系统，全面推进城市生活垃圾分类体系建设，充分回收垃圾中的废旧资源，鼓励垃圾焚烧发电和供热、填埋气体发电，积极推进城乡垃圾无害化处理，实现垃圾减量化、资源化和无害化。

（十六）全面推进清洁生产。组织编制《工业清洁生产审核指南编制通则》，制定和发布重点行业清洁生产标准和评价指标体系。加大实施清洁生产审核力度。合理使用农药、肥料，减少农村面源污染。

五、依靠科技，加快技术开发和推广

（十七）加快节能减排技术研发。在国家重点基础研究发展计划、国家科技支撑计划和国家高技术发展计划等科技专项计划中，安排一批节能减排重大技术项目，攻克一批节能减排关键和共性技术。加快节能减排技术支撑平台建设，组建一批国家工程实验室和国家重点实验室。优化节能减排技术创新与转化的政策环境，加强资源环境高技术领域创新团队和研发基地建设，推动建立以企业为主体、产学研相结合的节能减排技术创新与成果转化体系。

（十八）加快节能减排技术产业化示范和推广。实施一批节能减排重点行业共性、关键技术及重大技术装备产业化示范项目和循环经济高技术产业化重大专项。落实节能、节水技术政策大纲，在钢铁、有色、煤炭、电力、石油石化、化工、建材、纺织、造纸、建筑等重点行业，推广一批潜力大、应用面广的重大节能减排技术。加强节电、节油农业机械和农产品加工设备及农业节水、节肥、节药技术推广。鼓励企业加大节能减排技术改造和技术创新投入，增强自主创新能力。

（十九）加快建立节能技术服务体系。制订出台《关于加快发展节能服务产业的指导意见》，促进节能服务产业发展。培育节能服务市场，加快推行合同能源管理，重点支持专业化节能服务公司为企业以及党政机关办公楼、公共设施和学校实施节能改造提供诊断、设计、融资、改造、运行管理一条龙服务。

（二十）推进环保产业健康发展。制订出台《加快环保产业发展的意见》，积极推进环境服务产业发展，研究提出推进污染治理市场化的政策措施，鼓励排污单位委托专业化公司承担污染治理或设施运营。

（二十一）加强国际交流合作。广泛开展节能减排国际科技合作，与有关国际组织和国家建立节能环保合作机制，积极引进国外先进节能环保技术和管理经验，不断拓宽节能环保国际合作的领域和范围。

六、强化责任，加强节能减排管理

（二十二）建立政府节能减排工作问责制。将节能减排指标完成情况纳入各地经济社会发展综合评价体系，作为政府领导干部综合考核评价和企业负责人业绩考核的重要内容，实行问责制和“一票否决”制。有关部门要抓紧制订具体的评价考核实施办法。

（二十三）建立和完善节能减排指标体系、监测体系和考核体系。对全部耗能单位和污染源进行调查摸底。建立健全涵盖全社会的能源生产、流通、消费、区域间流入流出及利用效率的统计指标体系和调查体系，实施全国和地区单位 GDP 能耗指标季度核算制度。建立并完善年耗能万吨标准煤以上企业能耗统计数据网上直报系统。加强能源统计巡查，对能源统计数据进行监测。制订并实施主要污染物排放统计和监测办法，改进统计方法，完善统计和监测制度。建立并完善污染物排放数据网上直报系统和减排措施调度制度，对国家监控重点污染源实施联网在线自动监控，构建污染物排放三级立体监测体系，向社会公告重点监控企业年度污染物排放数据。继续做好单位 GDP 能耗、主要污染物排放量和工业增加值用水量指标公报工作。

（二十四）建立健全项目节能评估审查和环境影响评价制度。加快建立项目节能评估和审查制度，组织编制《固定资产投资项目节能评估和审查指南》，加强对地方开展“能评”工作的指导和监督。把总量指标作为环评审批的前置性条件。上收部分高耗能、高污染行业环评审批权限。对超过总量指标、重点项目未达到目标责任要求的地区，暂停环评审批新增污染物排放的建设项目。强化环评审批向上级备案制度和向社会公布制度。加强“三同时”管理，严把项目验收关。对建设项目未经验收擅自投运、久拖不验、超期试生产等违法行为，严格依法进行处罚。

（二十五）强化重点企业节能减排管理。“十一五”期间全国千家重点耗能企业实现节能 1 亿吨标准煤，今年实现节能 2 000 万吨标准煤。加强对重点企业节能减排工作的检查和指导，进一步落实目标责任，完善节能减排计量和统计，组织开展节能减排设备检测，编制节能减排规划。重点耗能企业建立能源管理师制度。实行重点耗能企业能源审计和能源利用状况报告及公告制度，对未完成节能目标责任任务的企业，强制实行能源审计。今年要启动重点企业与国际国内同行业能耗先进水平对标活动，推动企业加大结构调整和技术改造力度，提高节能管理水平。中央企业全面推进创建资源节约型企业活动，推广典型经验和做法。

（二十六）加强节能环保发电调度和电力需求侧管理。制定并尽快实施有利于节能减排的发电调度办法，优先安排清洁、高效机组和资源综合利用发电，限制能耗高、污染重的低效机组发电。今年上半年启动试点，取得成效后向全国推广，力争节能 2 000 万吨标准煤，“十一五”期间形成 6 000 万吨标准煤的节能能力。研究推行发电权交易，逐年削减小火电机组发电上网小时数，实行按边际成本上网竞价。抓紧制定电力需求侧管理办法，规范有序用电，开展能效电厂试点，研究制定配套政策，建立长效机制。

（二十七）严格建筑节能管理。大力推广节能省地环保型建筑。强化新建建筑执行能耗限额标准全过程监督管理，实施建筑能效专项测评，对达不到标准的建筑，不得办理开工和竣工验收备案手续，不准销售使用；从 2008 年起，所有新建商品房销售时在买卖合同等文件中要载明耗能量、节能措施等信息。建立并完善大型公共建筑节能运行监管体系。深化供热体制改革，实行供热计量收费。今年着力抓好新建建筑施工阶段执行能耗限额标准的监管工作，北方地区地级以上城市完成采暖费补贴“暗补”变“明补”改革，在 25 个示范省市建立大型公共建筑能耗统计、能源审计、能效公示、能耗定额制度，实现节能 1 250 万吨标准煤。

（二十八）强化交通运输节能减排管理。优先发展城市公共交通，加快城市快速公交和轨道交通建设。控制高耗油、高污染机动车发展，严格执行乘用车、轻型商用车燃料消耗量限值标准，建立汽车产品燃料消耗量申报和公示制度；严格实施国家第三阶段机动车污染物排放标准和船舶污染物排放标准，有条件的地方要适当提高排放标准，继续实行财政补贴政策，加快老旧汽车报废更新。公布实施新能源汽车生产准入管理规则，推进替代能源汽车产业化。运用先进科技手段提高运输组织管理水平，促进各种运输方式的协调和有效衔接。

（二十九）加大实施能效标识和节能节水产品认证管理力度。加快实施强制性能效标识制度，扩大能效标识应用范围，今年发布《实行能效标识产品目录（第三批）》。加强对能效标识的监督管理，强化社会监督、举报和投诉处理机制，开展专项市场监督检查和抽查，严厉查处违法违规行为。推动节能、节水和环境标志产品认证，规范认证行为，扩展认证范围，在家用电器、照明等产品领域建立有效的国际协调互认制度。

（三十）加强节能环保管理能力建设。建立健全节能监管监察体制，整合现有资源，加快建立地方各级节能监察中心，抓紧组建国家节能中心。建立健全国家监察、地方监管、单位负责的污染减排监管体制。积极研究完善环保管理体制机制问题。加快各级环境监测和监察机构标准化、信息化体系建设。扩大国家重点监控污染企业实行环境监督员制度试点。加强节能监察、节能技术服务中心及环境监测站、环保监察机构、城市排水监测站的条件建设，适时更新监测设备和仪器，开展人员培训。加强节能减排统计能力建设，充实统计力量，适当加大投入。充分发挥行业协会、学会在节能减排工作中的作用。

七、健全法制，加大监督检查执法力度

（三十一）健全法律法规。加快完善节能减排法律法规体系，提高处罚标准，切实解决“违法成本低、守法成本高”的问题。积极推动节约能源法、循环经济法、水污染防治法、大气污染防治法等法律的制定及修订工作。加快民用建筑节能、废旧家用电器回收处理管理、固定资产投资项目节能评估和审查管理、环保设施运营监督管理、排污许可、畜禽养殖污染防治、城市排水和污水管理、电网调度管理等方面行政法规的制定及修订工作。抓紧完成节能监察管理、重点用能单位节能管理、节约用电管理、二氧化硫排污交易管理等方面行政规章的制定及修订工作。积极开展节约用水、废旧轮胎回收利用、包装物回收利用和汽车零部件再制造等方面立法准备工作。

（三十二）完善节能和环保标准。研究制订高耗能产品能耗限额强制性国家标准，各地区抓紧研究制订本地区主要耗能产品和大型公共建筑能耗限额标准。今年要组织制订粗钢、水泥、烧碱、火电、铝等 22 项高耗能产品能耗限额强制性国家标准（包括高耗电产品电耗限额标准）以及轻型商用车等 5 项交通工具燃料消耗量限值标准，制（修）订 36 项节水、节材、废弃产品回收与再利用等标准。组织制（修）订电力变压器、静电复印机、变频空调、商用冰柜、家用电冰箱等终端用能产品（设备）能效标准。制订重点耗能企业节能标准体系编制通则，指导和规范企业节能工作。

（三十三）加强烟气脱硫设施运行监管。燃煤电厂必须安装在线自动监控装置，建立脱硫设施运行台账，加强设施日常运行监管。2007 年底前，所有燃煤脱硫机组要与省级电网公司完

成在线自动监控系统联网。对未按规定和要求运行脱硫设施的电厂要扣减脱硫电价，加大执法监管和处罚力度，并向社会公布。完善烟气脱硫技术规范，开展烟气脱硫工程后评估。组织开展烟气脱硫特许经营试点。

（三十四）强化城市污水处理厂和垃圾处理设施运行管理和监督。实行城市污水处理厂运行评估制度，将评估结果作为核拨污水处理费的重要依据。对列入国家重点环境监控的城市污水处理厂的运行情况及污染物排放信息实行向环保、建设和水行政主管部门季报制度，限期安装在线自动监控系统，并与环保和建设部门联网。对未按规定和要求运行污水处理厂和垃圾处理设施的城市公开通报，限期整改。对城市污水处理设施建设严重滞后、不落实收费政策、污水处理厂建成后一年内实际处理水量达不到设计能力60%的，以及已建成污水处理设施但无故不运行的地区，暂缓审批该地区项目环评，暂缓下达有关项目的国家建设资金。

（三十五）严格节能减排执法监督检查。国务院有关部门和地方人民政府每年都要组织开展节能减排专项检查和监察行动，严肃查处各类违法违规行为。加强对重点耗能企业和污染源的日常监督检查，对违反节能环保法律法规的单位公开曝光，依法查处，对重点案件挂牌督办。强化上市公司节能环保核查工作。开设节能环保违法行为和事件举报电话和网站，充分发挥社会公众监督作用。建立节能环保执法责任追究制度，对行政不作为、执法不力、徇私枉法、权钱交易等行为，依法追究有关主管部门和执法机构负责人的责任。

八、完善政策，形成激励和约束机制

（三十六）积极稳妥推进资源性产品价格改革。理顺煤炭价格成本构成机制。推进成品油、天然气价格改革。完善电力峰谷分时电价办法，降低小火电价格，实施有利于烟气脱硫的电价政策。鼓励可再生能源发电以及利用余热余压、煤矸石和城市垃圾发电，实行相应的电价政策。合理调整各类用水价格，加快推行阶梯式水价、超计划超定额用水加价制度，对国家产业政策明确的限制类、淘汰类高耗水企业实施惩罚性水价，制定支持再生水、海水淡化水、微咸水、矿井水、雨水开发利用的价格政策，加大水资源费征收力度。按照补偿治理成本原则，提高排污单位排污费征收标准，将二氧化硫排污费由目前的每公斤 0.63 元分三年提高到每公斤 1.26 元；各地根据实际情况提高 COD 排污费标准，国务院有关部门批准后实施。加强排污费征收管理，杜绝“协议收费”和“定额收费”。全面开征城市污水处理费并提高收费标准，吨水平均收费标准原则上不低于 0.8 元。提高垃圾处理收费标准，改进征收方式。

（三十七）完善促进节能减排的财政政策。各级人民政府在财政预算中安排一定资金，采用补助、奖励等方式，支持节能减排重点工程、高效节能产品和节能新机制推广、节能管理能力建设及污染减排监管体系建设等。进一步加大财政基本建设投资向节能环保项目的倾斜力度。健全矿产资源有偿使用制度，改进和完善资源开发生态补偿机制。开展跨流域生态补偿试点工作。继续加强和改进新型墙体材料专项基金和散装水泥专项资金征收管理。研究建立高能耗农业机械和渔船更新报废经济补偿制度。

（三十八）制定和完善鼓励节能减排的税收政策。抓紧制定节能、节水、资源综合利用和环保产品（设备、技术）目录及相应税收优惠政策。实行节能环保项目减免企业所得税及节能环保专用设备投资抵免企业所得税政策。对节能减排设备投资给予增值税进项税抵扣。完善对废旧物资、资源综合利用产品增值税优惠政策；对企业综合利用资源，生产符合国家产业政策规定的产品取得的收入，在计征企业所得税时实行减计收入的政策。实施鼓励节能环保型车船、节能省地环保型建筑和既有建筑节能改造的税收优惠政策。抓紧出台资源税改革方案，改进计征方式，提高税负水平。适时出台燃油税。研究开征环境税。研究促进新能源发展的税收政策。

实行鼓励先进节能环保技术设备进口的税收优惠政策。

（三十九）加强节能环保领域金融服务。鼓励和引导金融机构加大对循环经济、环境保护及节能减排技术改造项目的信贷支持，优先为符合条件的节能减排项目、循环经济项目提供直接融资服务。研究建立环境污染责任保险制度。在国际金融组织和外国政府优惠贷款安排中进一步突出对节能减排项目的支持。环保部门与金融部门建立环境信息通报制度，将企业环境违法信息纳入人民银行企业征信系统。

九、加强宣传，提高全民节约意识

（四十）将节能减排宣传纳入重大主题宣传活动。每年制订节能减排宣传方案，主要新闻媒体在重要版面、重要时段进行系列报道，刊播节能减排公益性广告，广泛宣传节能减排的重要性、紧迫性以及国家采取的政策措施，宣传节能减排取得的阶段性成效，大力弘扬“节约光荣，浪费可耻”的社会风尚，提高全社会的节约环保意识。加强对外宣传，让国际社会了解中国在节能降耗、污染减排和应对全球气候变化等方面采取的重大举措及取得的成效，营造良好的国际舆论氛围。

（四十一）广泛深入持久开展节能减排宣传。组织好每年一度的全国节能宣传周、全国城市节水宣传周及世界环境日、地球日、水日宣传活动。组织企事业单位、机关、学校、社区等开展经常性的节能环保宣传，广泛开展节能环保科普宣传活动，把节约资源和保护环境观念渗透在各级各类学校的教育教学中，从小培养儿童的节约和环保意识。选择若干节能先进企业、机关、商厦、社区等，作为节能宣传教育基地，面向全社会开放。

（四十二）表彰奖励一批节能减排先进单位和个人。各级人民政府对在节能降耗和污染减排工作中做出突出贡献的单位和个人予以表彰和奖励。组织媒体宣传节能先进典型，揭露和曝光浪费能源资源、严重污染环境的反面典型。

十、政府带头，发挥节能表率作用

（四十三）政府机构率先垂范。建设崇尚节约、厉行节约、合理消费的机关文化。建立科学的政府机构节能目标责任和评价考核制度，制订并实施政府机构能耗定额标准，积极推进能源计量和监测，实施能耗公布制度，实行节奖超罚。教育、科学、文化、卫生、体育等系统，制订和实施适应本系统特点的节约能源资源工作方案。

（四十四）抓好政府机构办公设施和设备节能。各级政府机构分期分批完成政府办公楼空调系统低成本改造；开展办公区和住宅区供热节能技术改造和供热计量改造；全面开展食堂燃气灶具改造，“十一五”时期实现食堂节气 20%；凡新建或改造的办公建筑必须采用节能材料及围护结构；及时淘汰高耗能设备，合理配置并高效利用办公设施、设备。在中央国家机关开展政府机构办公区和住宅区节能改造示范项目。推动公务车节油，推广实行一车一卡定点加油制度。

（四十五）加强政府机构节能和绿色采购。认真落实《节能产品政府采购实施意见》和《环境标志产品政府采购实施意见》，进一步完善政府采购节能和环境标志产品清单制度，不断扩大节能和环境标志产品政府采购范围。对空调机、计算机、打印机、显示器、复印机等办公设备和照明产品、用水器具，由同等优先采购改为强制采购高效节能、节水、环境标志产品。建立节能和环境标志产品政府采购评审体系和监督制度，保证节能和绿色采购工作落到实处。

附：“十一五”时期淘汰落后生产能力一览表。

附：

“十一五”时期淘汰落后生产能力一览表

行 业	内 容	单 位	“十一五”时期	2007 年
电 力	实施“上大压小”关停小火电机组	万千瓦	5 000	1 000
炼 铁	$300m^3$ 以下高炉	万吨	10 000	3 000
炼 钢	年产 20 万吨及以下的小转炉、小电炉	万吨	5 500	3 500
电解铝	小型预焙槽	万吨	65	10
铁合金	6 300 千伏安以下矿热炉	万吨	400	120
电 石	6 300 千伏安以下炉型电石产能	万吨	200	50
焦 炭	炭化室高度 4.3 米以下的小机焦	万吨	8 000	1 000
水 泥	等量替代机立窑水泥熟料	万吨	25 000	5 000
玻 璃	落后平板玻璃	万重量箱	3 000	600
造 纸	年产 3.4 万吨以下草浆生产装置、年产 1.7 万吨以下化学制浆生产线、排放不达标的年产 1 万吨以下以废纸为原料的纸厂	万吨	650	230
酒 精	落后酒精生产工艺及年产 3 万吨以下企业（废糖蜜制酒精除外）	万吨	160	40
味 精	年产 3 万吨以下味精生产企业	万吨	20	5
柠檬酸	环保不达标柠檬酸生产企业	万吨	8	2

第六章　污染防治

（一）大气污染

关于印发《重点区域大气污染防治“十二五”规划》的通知

环发[2012]130号

北京市、天津市、河北省、山西省、辽宁省、上海市、江苏省、浙江省、福建省、山东省、湖北省、湖南省、广东省、重庆市、四川省、陕西省、甘肃省、宁夏回族自治区、新疆维吾尔自治区人民政府，科学技术部、工业和信息化部、公安部、住房城乡建设部、交通运输部，国有资产监督管理委员会，国家质量监督检验检疫总局、国家电力监管委员会，国家能源局：

《重点区域大气污染防治“十二五”规划》（以下简称《规划》）已经国务院批复（国函[2012]146号），现印发给你们，请认真组织实施，确保实现《规划》目标。

附件：1. 国务院关于重点区域大气污染防治“十二五”规划的批复（国函[2012]146号）

2. 重点区域大气污染防治“十二五”规划

3. 重点区域大气污染防治“十二五”规划重点工程项目

环境保护部

发展改革委

财　政　部

2012年10月29日

附件 1：

国务院关于重点区域大气污染防治“十二五”规划的批复

国函[2012]146 号

环境保护部、发展改革委、财政部：

你们《关于请求批准〈重点区域大气污染防治“十二五”规划〉（报批稿）的请示》（环发[2012]112 号）收悉。现批复如下：

一、原则同意《重点区域大气污染防治“十二五”规划》（以下简称《规划》），由环境保护部会同有关部门和相关省（区、市）人民政府认真组织实施。

二、当前，我国大气环境形势依然严峻，区域性大气污染问题突出，直接影响经济社会可持续发展和人民群众身体健康。做好京津冀、长三角、珠三角等重点区域的大气污染防治工作要以解决二氧化硫、氮氧化物、细颗粒物（$PM_{2.5}$）等污染问题为重点，严格控制主要污染物排放总量，实施多污染物协同控制，强化多污染源综合管理，着力推进区域大气污染联防联控，切实改善大气环境质量。

三、通过实施《规划》，到 2015 年，重点区域二氧化硫、氮氧化物、工业烟粉尘排放总量分别下降 12%、13%、10%，可吸入颗粒物（PM_{10}）、二氧化硫、二氧化氮、细颗粒物（$PM_{2.5}$）年均浓度分别下降 10%、10%、7%、5%，京津冀、长三角、珠三角地区细颗粒物年均浓度下降 6%；挥发性有机物污染防治工作全面开展，臭氧污染得到初步控制，酸雨污染有所减轻；建立区域大气污染联防联控机制，区域大气环境管理能力明显提高。

四、重点区域各省（区、市）人民政府是《规划》实施的责任主体，要切实加强组织领导，将《规划》确定的目标、任务和治理项目分解落实到市、县级人民政府和相关企业，纳入年度工作计划，制订具体实施方案，落实工作责任，强化目标责任考核；要不断加大投入力度，充分发挥市场机制作用，逐步建立多元化的投入机制。中央财政采取“以奖代补”、“以奖促防”、“以奖促治”等方式对相关项目予以支持。

五、环境保护部要会同有关部门按照职责分工，加强对《规划》实施的指导、支持和监督；要不断完善工作机制和政策法规，加大环境执法力度，强化科技支撑，加强信息公开和宣传教育，引导公众参与和舆论监督；对《规划》实施情况进行年度考核，确保《规划》目标如期实现。

中华人民共和国国务院
2012 年 9 月 27 日

附件 2：

重点区域大气污染防治“十二五”规划

二〇一二年十月

前 言

当前我国大气环境形势十分严峻，在传统煤烟型污染尚未得到控制的情况下，以臭氧、细颗粒物（$PM_{2.5}$）和酸雨为特征的区域性复合型大气污染日益突出，区域内空气重污染现象大范围同时出现的频次日益增多，严重制约社会经济的可持续发展，威胁人民群众身体健康。区域性复合型的大气环境问题给现行环境管理模式带来了巨大的挑战，仅从行政区划的角度考虑单个城市大气污染防治的管理模式已经难以有效解决当前愈加严重的大气污染问题，亟待探索建立一套全新的区域大气污染防治管理体系。北京奥运会、上海世博会、广州亚运会空气质量保障工作以及国际上区域空气质量管理的成功经验证明，实施统一规划、统一监测、统一监管、统一评估、统一协调的区域大气污染联防联控工作机制，是改善区域空气质量的有效途径。

“十二五”时期，我国工业化和城市化仍将快速发展，资源能源消耗持续增长，大气环境将面临前所未有的压力。为实现 2020 年全面建设小康社会对大气环境质量的要求，应紧紧抓住“十二五”经济社会发展的转型期和解决重大环境问题的战略机遇期，在重点区域率先推进大气污染联防联控工作。从系统整体角度出发，制定并实施区域大气污染防治对策，以改善大气环境质量为目的，严格环境准入，推进能源清洁利用，加快淘汰落后产能，实施多污染物协同控制，大幅削减污染物排放量，形成环境优化经济发展的“倒逼传导机制”，促进经济发展方式转变，推动区域经济与环境的协调发展。

根据《中华人民共和国大气污染防治法》与《中华人民共和国国民经济和社会发展第十二个五年规划纲要》，制定《重点区域大气污染防治“十二五”规划》。规划范围为京津冀、长江三角洲（以下简称“长三角”）、珠江三角洲（以下简称“珠三角”）地区，以及辽宁中部、山东、武汉及其周边、长株潭、成渝、海峡西岸、山西中北部、陕西关中、甘宁、新疆乌鲁木齐城市群（具体范围详见附表），共涉及 19 个省、自治区、直辖市，面积约 132.56 万平方公里，占国土面积的 13.81%。

一、大气污染防治形势与挑战

（一）大气污染防治工作取得积极进展

1. 主要污染物减排成效显著

国民经济和社会发展“十一五”规划纲要将二氧化硫排放总量减少 10%作为约束性指标。为实现减排目标，国家采取了脱硫优惠电价、“上大压小”、限期淘汰、“区域限批”等一系列政策措施，加大环境保护投入，实施工程减排、结构减排、管理减排，取得显著成效。到 2010 年，全国共建成运行脱硫机组装机容量达 5.78 亿千瓦，火电机组脱硫比例由 2005 年的 14%提高到 2010 年的 86%；累计关停小火电装机容量 7 683 万千瓦，淘汰落后炼铁产能 1.2 亿吨、炼钢产能 0.72 亿吨、水泥产能 3.7 亿吨。在“十一五”期间国民经济年均增速高达 11.2%、煤炭消费总量增长超过 10 亿吨的情况下，二氧化硫排放总量较 2005 年下降了 14.29%，超额完成减排目标。

2. 城市大气环境综合整治不断深化

“十一五”期间，全国进一步深化城市大气环境综合整治。实行“退二进三”政策，搬迁改造了一大批重污染企业，优化城市产业布局；积极推动城市清洁能源改造，发展热电联产和集中供热，淘汰了一批燃煤小锅炉；京津冀、长三角、珠三角启动了加油站油气回收治理工作，北京、上海、广州、深圳等城市分别完成了 1 462 座、500 座、514 座、256 座加油站油气回收改造工程。全国实施了机动车污染物排放国Ⅲ标准，部分城市实施了国Ⅳ标准，机动车污染物平均排放强度下降了 40%以上。综合整治工作取得了积极成效，2010 年，全国地级及以上城市二氧化硫和可吸入颗粒物（PM_{10}）的年均浓度分别为 35 微克/立方米和 81 微克/立方米，比 2005 年分别下降了 24.0%和 14.8%，二氧化氮浓度基本稳定。

3. 积极探索区域大气污染联防联控机制

为保障北京奥运会、上海世博会和广州亚运会的空气质量，华北六省（区、市）、长三角三省（市）和珠三角地区打破行政界限，成立领导小组，签署环境保护合作协议，编制实施空气质量保障方案，实施省际联合、部门联动，齐抓共管、密切配合，全面开展二氧化硫、氮氧化物、颗粒物和挥发性有机物综合控制，统一环境执法监管，统一发布环境信息，形成强大的治污合力，取得积极成效。活动期间，主办城市环境空气质量优良，兑现了绿色奥运、绿色世博和绿色亚运的庄严承诺。同时，为我国进一步开展区域大气污染联防联控工作积累了有益经验。

（二）大气环境形势依然严峻

1. 大气污染物排放负荷巨大

我国主要大气污染物排放量巨大，2010 年二氧化硫、氮氧化物排放总量分别为 2 267.8 万吨、2 273.6 万吨，位居世界第一，烟粉尘排放量为 1 446.1 万吨，均远超出环境承载能力。京津冀、长三角、珠三角地区，以及辽宁中部、山东、武汉及其周边、长株潭、成渝、海峡西岸、山西中北部、陕西关中、甘宁、新疆乌鲁木齐城市群等 13 个重点区域，是我国经济活动水平和污染排放高度集中的区域，大气环境问题更加突出。重点区域占全国 14%的国土面积，集中了全国近 48%的人口，产生了 71%的经济总量，消费了 52%的煤炭，排放了 48%的二氧化硫、51%的氮氧化物、42%的烟粉尘和约 50%的挥发性有机物，单位面积污染物排放强度是全国平均水平的 2.9 倍至 3.6 倍，严重的大气污染已经成为制约区域社会经济发展的瓶颈。

表 1　2010 年重点区域主要污染物排放量　　单位：万吨

区域	省份	二氧化硫	氮氧化物	工业烟粉尘	重点行业挥发性有机物
京津冀	北京	10.4	19.8	3.96	11.6
	天津	23.8	34.0	7.99	15.6
	河北	143.78	171.29	95.89	15.4
长三角	上海	25.5	44.3	8.9	23.9
	江苏	108.55	147.19	96.18	51.3
	浙江	68.4	85.3	43.33	52.7
珠三角	广东	50.7	88.9	37.7	38.1
辽宁中部	辽宁	62.31	54.71	50.44	24.2
山东	山东	181.1	174	58.1	79.6

区域	省份	二氧化硫	氮氧化物	工业烟粉尘	重点行业挥发性有机物
武汉及其周边	湖北	39.27	36.97	24.17	20.7
长株潭	湖南	12.04	14.13	17.05	3.8
成渝	重庆	56.1	27.21	22.43	15.6
	四川	73.2	52.01	38.36	8.9
海峡西岸	福建	40.91	43.37	27.88	26.5
山西中北部	山西	53.94	46.37	32.43	2.6
陕西关中	陕西	61.34	49.8	21.56	10.2
甘宁	甘肃	25.69	18.21	7.4	8.6
	宁夏	6.68	9.3	3.04	3.95
新疆乌鲁木齐	新疆	18.3	19.87	7.22	4.0

2. 大气环境污染十分严重

2010 年，重点区域城市二氧化硫、可吸入颗粒物年均浓度分别为 40 微克/立方米、86 微克/立方米，为欧美发达国家的 2 至 4 倍；二氧化氮年均浓度为 33 微克/立方米，卫星数据显示，北京到上海之间的工业密集区为我国对流层二氧化氮污染最严重的区域。按照我国新修订的环境空气质量标准评价，重点区域 82%的城市不达标。严重的大气污染，威胁人民群众身体健康，增加呼吸系统、心脑血管疾病的死亡率及患病风险，腐蚀建筑材料，破坏生态环境，导致粮食减产、森林衰亡，造成巨大的经济损失。

表 2　2010 年重点区域主要空气污染物年均浓度　　单位：微克/立方米

区域	二氧化硫	二氧化氮	可吸入颗粒物
京津冀	45	33	82
长三角	33	38	89
珠三角	26	40	58
辽宁中部	46	33	84
山东	52	38	96
武汉及其周边	28	28	91
长株潭	51	40	86
成渝	43	35	76
海峡西岸	29	26	71
山西中北部	44	19	75
陕西关中	37	35	106
甘宁	46	32	111
新疆乌鲁木齐	43	36	96

3. 复合型大气污染日益突出

随着重化工业的快速发展、能源消费和机动车保有量的快速增长，排放的大量二氧化硫、氮氧化物与挥发性有机物导致细颗粒物、臭氧、酸雨等二次污染呈加剧态势。2010 年 7 个城市细颗粒物监测试点的年均值为 40 微克/立方米至 90 微克/立方米，超过新修订环境空气质量标准限值要求的 14%至 157%；臭氧监测试点表明，部分城市臭氧超过国家二级标准的天数达到 20%，有些地区多次出现臭氧最大小时浓度超过欧洲警报水平（240ppb）的重污染现象。复合型大气污染导致能见度大幅度下降，京津冀、长三角、珠三角等区域每年出现灰霾污染的天数达100天以上，个别城市甚至超过200天。

专栏：细颗粒物主要来源

研究表明，细颗粒物成因复杂，约50%来自燃煤、机动车、扬尘、生物质燃烧等直接排放的一次细颗粒物；约50%是空气中二氧化硫、氮氧化物、挥发性有机物、氨等气态污染物，经过复杂化学反应形成的二次细颗粒物。细颗粒物来源十分广泛，既有火电、钢铁、水泥、燃煤锅炉等工业源的排放，又有机动车、船舶、飞机、工程机械、农机等移动源的排放，还有餐饮油烟、装修装潢等量大面广的面源排放。因此控制细颗粒物污染，必须实施多污染物协同控制政策，强化多污染源综合管理，开展区域联防联控。

4. 城市间污染相互影响显著

随着城市规模的不断扩张，区域内城市连片发展，受大气环流及大气化学的双重作用，城市间大气污染相互影响明显，相邻城市间污染传输影响极为突出。在京津冀、长三角和珠三角等区域，部分城市二氧化硫浓度受外来源的贡献率达30%至40%，氮氧化物为12%至20%，可吸入颗粒物为16%至26%；区域内城市大气污染变化过程呈现明显的同步性，重污染天气一般在一天内先后出现。

5. 大气污染防治面临严峻挑战

未来五年，是我国全面建设小康社会的关键时期，工业化、城镇化将继续快速发展。据预测，到2015年重点区域GDP将增长50%以上，煤炭消费总量将增长30%以上，汽车（含低速汽车）保有量将增长50%。按照目前的污染控制力度，将新增二氧化硫、氮氧化物、工业烟粉尘、挥发性有机物排放量分别为160万吨、250万吨、100万吨和220万吨，占2010年排放量的15%、22%、17%和20%。随着二氧化硫减排工作的持续深入，工程减排的空间日益缩减；对细颗粒物贡献较大的挥发性有机物控制尚处于起步阶段，现有污染控制力度难以满足人民群众对改善环境空气质量的迫切要求。为切实改善大气环境质量，必须采取更加严格的污染控制措施，在消化巨大新增量的基础上，大幅削减污染物排放总量，污染防治任务十分艰巨。

（三）大气污染防治工作存在的主要问题

1. 大气环境管理模式滞后

现行环境管理方式难以适应区域大气污染防治要求。区域性大气环境问题需要统筹考虑、统一规划，建立地方之间的联动机制。按照我国现行的管理体系和法规，地方政府对当地环境质量负责，采取的措施以改善当地环境质量为目标，各个城市“各自为战”难以解决区域性大气环境问题。

2. 污染控制对象相对单一

长期以来，我国未建立围绕空气质量改善的多污染物综合控制体系。从污染控制因子来看，污染控制重点主要为二氧化硫和工业烟粉尘，对细颗粒物和臭氧影响较大的氮氧化物和挥发性有机物控制薄弱。从污染控制范围来看，工作重点主要集中在工业大点源，对扬尘等面源污染和低速汽车等移动源污染控制重视不够。

3. 环境监测、统计基础薄弱

环境空气质量监测指标不全，大多数城市没有开展臭氧、细颗粒物的监测，数据质量控制薄弱，无法全面反映当前大气污染状况。挥发性有机物、扬尘等未纳入环境统计管理体系，底数不清，难以满足环境管理的需要。

4. 法规标准体系不完善

现行的大气污染防治法律法规在区域大气污染防治、移动源污染控制等方面缺乏有效的措施要求，缺少挥发性有机物排放标准体系，城市扬尘综合管理制度不健全，车用燃油标准远滞后于机动车排放标准。

二、指导思想、原则和目标

（一）指导思想

以邓小平理论和“三个代表”重要思想为指导，深入贯彻落实科学发展观，以保护人民群众身体健康为根本出发点，着力促进经济发展方式转变，提高生态文明水平，增强区域大气污染防治能力，统筹区域环境资源，实施多污染物协同减排，努力解决细颗粒物、臭氧、酸雨等突出大气环境问题，切实改善区域大气环境质量，提高公众对大气环境质量满意率。

（二）基本原则

经济发展与环境保护相协调。采取污染物总量控制和煤炭消费总量控制等措施，用严格的环保手段倒逼传导机制，促进经济发展方式的转变，实现环境保护优化经济发展。通过调整产业结构和能源结构，加快淘汰落后生产能力和工艺，提高企业清洁生产水平，降低污染物排放强度，促进经济社会与资源环境的协调发展。

联防联控与属地管理相结合。建立健全区域大气污染联防联控管理机制，实现区域“统一规划、统一监测、统一监管、统一评估、统一协调”；根据区域内不同城市社会经济发展水平与环境污染状况，划分重点控制区与一般控制区，实施差异性管理，按照属地管理的原则，明确区域内污染减排的责任与主体。

总量减排与质量改善相统一。建立以空气质量改善为核心的控制、评估、考核体系。根据总量减排与质量改善之间的响应关系，构建基于质量改善的区域总量控制体系，实施二氧化硫、氮氧化物、颗粒物、挥发性有机物等多污染物的协同控制和均衡控制，有效解决当前突出的大气污染问题。

先行先试与全面推进相配合。从重点区域、重点行业和重点污染物抓起，以点带面，集中整治，着力解决危害群众身体健康、威胁地区环境安全、影响经济社会可持续发展的突出大气环境问题，为全国大气污染防治工作积累重要经验。

（三）规划目标

到 2015 年，重点区域二氧化硫、氮氧化物、工业烟粉尘排放量分别下降 12%、13%、10%，挥发性有机物污染防治工作全面展开；环境空气质量有所改善，可吸入颗粒物、二氧化硫、二氧化氮、细颗粒物年均浓度分别下降 10%、10%、7%、5%，臭氧污染得到初步控制，酸雨污染有所减轻；建立区域大气污染联防联控机制，区域大气环境管理能力明显提高。

京津冀、长三角、珠三角区域将细颗粒物纳入考核指标，细颗粒物年均浓度下降 6%；其他城市群将其作为预期性指标。

规划基准年为 2010 年。具体规划指标如下表所示。

表3 “十二五”重点区域大气污染防治各省市规划指标

单位：%

类别	序号	指标	北京	天津	河北	上海	江苏	浙江	珠三角	辽宁中部	山东	武汉及其周边	长株潭	成渝（重庆）	成渝（四川）	海峡两岸	山西中北部	陕西关中	甘宁（甘肃）	甘宁（宁夏）	新疆（乌鲁木齐）
环境质量指标	1	二氧化硫年均浓度下降比例	10	8	11	11	12	11	12	11	14	7	9	6	9	6	10	7	14	10	9
	2	二氧化氮年均浓度下降比例	7	9	7	9	10	10	9	9	10	4	5	4	5	5	7	5	8	7	9
	3	可吸入颗粒物年均浓度下降比例	15	12	12	10	14	10	8	12	14	10	10	12	10	8	12	14	14	10	12
	4	细颗粒物年均浓度下降比例	15	6	6	6	7	5	5	6	7	5	5	6	5	4	4	4	4	5	4
排放控制指标	5	工业烟粉尘减排比例	5	8	15	5	15	10	8	10	15	12	12	10	10	8	10	12	15	10	15
	6	重点行业现役源挥发性有机物排放削减比例	15	18	15	18	18	18	18	15	15	10	10	15	10	10	10	10	10	10	10

三、统筹区域环境资源，优化产业结构与布局

（一）明确区域控制重点，实施分区分类管理

1. 明确区域污染控制类型

京津冀、长三角、珠三角区域与山东城市群为复合型污染严重区，应重点针对细颗粒物和臭氧等大气环境问题进行控制，长三角、珠三角还要加强酸雨的控制，京津冀、江苏省和山东城市群还应加强可吸入颗粒物的控制。

辽宁中部、武汉及其周边、长株潭、成渝、海峡西岸城市群为复合型污染显现区，应重点控制可吸入颗粒物、二氧化硫、二氧化氮，同时注重细颗粒物、臭氧等复合污染的控制，此外，武汉及其周边、长株潭、成渝还应加强酸雨的控制，辽宁中部城市群应加强采暖季燃煤污染控制。

山西中北部、陕西关中、甘宁、新疆乌鲁木齐城市群，以传统煤烟型污染控制为主，重点控制可吸入颗粒物、二氧化硫污染，加强采暖季燃煤污染控制。

2. 划分重点控制区

依据地理特征、社会经济发展水平、大气污染程度、城市空间分布以及大气污染物在区域

内的输送规律，将规划区域划分为重点控制区和一般控制区，实施差异化的控制要求，制定有针对性的污染防治策略。对重点控制区，实施更严格的环境准入条件，执行重点行业污染物特别排放限值，采取更有力的污染治理措施。重点控制区共 47 个城市，除重庆为主城区外，其他城市为整个辖区。

京津冀地区重点控制区为北京、天津、石家庄、唐山、保定、廊坊 6 个城市；长三角地区重点控制区为上海、南京、无锡、常州、苏州、南通、扬州、镇江、泰州、杭州、宁波、嘉兴、湖州、绍兴 14 个城市；珠三角地区重点控制区为辖区内所有 9 个城市。

辽宁中部城市群重点控制区为沈阳市；山东城市群重点控制区为济南市、青岛市、淄博市、潍坊市、日照市；武汉及其周边城市群重点控制区为武汉市；长株潭城市群重点控制区为长沙市；成渝城市群重点控制区为重庆市主城区、成都市；海峡西岸城市群重点控制区为福州市、三明市；山西中北部城市群重点控制区为太原市；陕西关中城市群重点控制区为西安市、咸阳市；甘宁城市群重点控制区为兰州市、银川市；新疆乌鲁木齐城市群重点控制区为乌鲁木齐市。

（二）严格环境准入，强化源头管理

依据国家产业政策的准入要求，提高“两高一资”行业的环境准入门槛，严格控制新建高耗能、高污染项目，遏制盲目重复建设，严把新建项目准入关。

1. 严格控制高耗能、高污染项目建设

重点控制区禁止新、改、扩建除“上大压小”和热电联产以外的燃煤电厂，严格限制钢铁、水泥、石化、化工、有色等行业中的高污染项目。城市建成区、地级及以上城市市辖区禁止新建除热电联产以外的煤电、钢铁、建材、焦化、有色、石化、化工等行业中的高污染项目。城市建成区、工业园区禁止新建 20 蒸吨/小时以下的燃煤、重油、渣油锅炉及直接燃用生物质锅炉，其他地区禁止新建 10 蒸吨/小时以下的燃煤、重油、渣油锅炉及直接燃用生物质锅炉。严格控制高污染行业产能，北京、上海、珠三角严格控制石化产能，辽宁、河北、上海、天津、江苏、山东等实施钢铁产能总量控制，上海、江苏、浙江、山东、重庆、四川等严格控制水泥产能扩张，实施等量或减量置换落后产能。

2. 严格控制污染物新增排放量

把污染物排放总量作为环评审批的前置条件，以总量定项目。新建排放二氧化硫、氮氧化物、工业烟粉尘、挥发性有机物的项目，实行污染物排放减量替代，实现增产减污；对于重点控制区和大气环境质量超标城市，新建项目实行区域内现役源 2 倍削减量替代；一般控制区实行 1.5 倍削减量替代。对未通过环评审查的投资项目，有关部门不得审批、核准、批准开工建设，不得发放生产许可证、安全生产许可证、排污许可证，金融机构不得提供任何形式的新增授信支持，有关单位不得供水、供电。

3. 实施特别排放限值

新建项目必须配套建设先进的污染治理设施，火电、钢铁烧结机等项目应同步安装高效除尘、脱硫、脱硝设施，新建水泥生产线必须采取低氮燃烧工艺，安装袋式除尘器及烟气脱硝装置，新建燃煤锅炉必须安装高效除尘、脱硫设施，采用低氮燃烧或脱硝技术，满足排放标准要求。重点控制区内新建火电、钢铁、石化、水泥、有色、化工等重污染项目与工业锅炉必须满足大气污染物排放标准中特别排放限值要求，火电项目实施时间与规划发布时间同步，其他行业实施时间与排放标准发布时间同步。

4. 提高挥发性有机物排放类项目建设要求

把挥发性有机物污染控制作为建设项目环境影响评价的重要内容，采取严格的污染控制措施。限制石化行业新建 1 000 万吨/年以下常减压、150 万吨/年以下催化裂化、100 万吨/年以下连续重整（含芳烃抽提）、150 万吨/年以下加氢裂化生产装置等限制类项目。新建石化项目须将原油加工损失率控制在 4‰以内，并配备相应的有机废气治理设施。新、改、扩建项目排放挥发性有机物的车间有机废气的收集率应大于 90%，安装废气回收/净化装置。新建储油库、加油站和新配置的油罐车，必须同步配备油气回收装置。新建机动车制造涂装项目，水性涂料等低挥发性有机物含量涂料占总涂料使用量比例不低于 80%，小型乘用车单位涂装面积的挥发性有机物排放量不高于 35 克/平方米；电子、家具等行业新建涂装项目，水性涂料等低挥发性有机物含量涂料占总涂料使用量比例不低于 50%，建筑内外墙涂饰应全部使用水性涂料。新建包装印刷项目须使用具有环境标志的油墨。

（三）加大落后产能淘汰，优化工业布局

1. 加大落后产能淘汰力度

严格按照国家发布的工业行业淘汰落后生产工艺装备和产品指导目录及《产业结构调整指导目录（2011 年本）》，加快落后产能淘汰步伐。完善淘汰落后产能公告制度，对未按期完成淘汰任务的地区，严格控制国家环保投资项目，暂停对该地区火电、钢铁、有色、石化、水泥、化工等重点行业建设项目办理核准、审批和备案手续；对未按期淘汰的企业，依法吊销排污许可证、生产许可证等。

淘汰火电、钢铁、建材等重污染行业落后产能。淘汰大电网覆盖范围内单机容量 10 万千瓦以下的常规燃煤火电机组和设计寿命期满的单机容量 20 万千瓦以下的常规燃煤火电机组；淘汰单机容量 5 万千瓦及以下的常规小火电机组和以发电为主的燃油锅炉及发电机组（5 万千瓦及以下）。淘汰钢铁行业土烧结、90 平方米以下烧结机、化铁炼钢、400 立方米及以下炼铁高炉（铸造铁企业除外，但需提供有关证明材料）、30 吨及以下炼钢转炉（不含铁合金转炉）与电炉（不含机械铸造电炉），以及铸造冲天炉、单段煤气发生炉等污染严重的生产工艺和设备。淘汰全部水泥立窑、干法中空窑（生产高铝水泥、硫铝酸盐水泥等特种水泥除外）以及湿法窑水泥熟料生产线；淘汰砖瓦 24 门以下轮窑以及立窑、无顶轮窑、马蹄窑等土窑，淘汰 100 万平方米/年以下的建筑陶瓷砖、20 万件/年以下低档卫生陶瓷生产线，淘汰所有平拉工艺平板玻璃生产线（含格法）。淘汰土法炼焦（每炉产能 7.5 万吨/年以下的）、炭化室高度小于 4.3 米的焦炉（3.8 米及以上捣固焦炉除外）。

淘汰挥发性有机物排放类行业落后产能。淘汰 200 万吨/年及以下常减压装置，淘汰废旧橡胶和塑料土法炼油工艺。取缔汽车维修等修理行业的露天喷涂作业，淘汰无溶剂回收设施的干洗设备。禁止生产、销售、使用有害物质含量、挥发性有机物含量超过 200 克/升的室内装修装饰用涂料和超过 700 克/升的溶剂型木器家具涂料。淘汰 300 吨/年以下的传统油墨生产装置，取缔含苯类溶剂型油墨生产，淘汰所有无挥发性有机物收集、回收/净化设施的涂料、胶黏剂和油墨等生产装置。淘汰其他挥发性有机物污染严重、开展挥发性有机物削减和控制无经济可行性的工艺和产品。

2. 优化工业布局

统筹考虑区域环境承载能力、大气环流特征、资源禀赋，结合主体功能区划要求，加快产业布局调整。加强区域规划环境影响评价，依据区域资源环境承载能力，合理确定重点产业发展的布局、结构与规模。环境保护部要加强对京津冀、长三角、成渝等重点区域规划环境影响评价的指导，各省级环保部门要大力推动辖区内城市群规划的环境影响评价工作。

对环境敏感地区及市区内已建重污染企业要结合产业布局调整实施搬迁改造，明确重点污染企业搬迁改造时间表，加快城市钢铁厂环保搬迁进程，积极推进上海高桥石化基地等安全环保搬迁。继续推动工业项目向园区集中，利用集中供热推进小企业节能减排。提升现有各级各类工业园区的环境管理水平，提高企业准入的环境门槛。建立产业转移环境监管机制，加强产业转入地在承接产业转移过程中的环境监管，防止落后产能向经济欠发达地区转移。

四、加强能源清洁利用，控制区域煤炭消费总量

（一）优化能源结构，控制煤炭使用

1. 大力发展清洁能源

优化能源结构，加快发展天然气与可再生能源，实现清洁能源供应和消费多元化。结合“十二五”天然气管网重点项目、天然气区域管网项目、液化天然气接收站重点项目、储气库重点项目、天然气分布式能源项目等，加强重点区域天然气基础设施建设。按照“优先发展城市燃气，积极调整工业燃料结构，适度发展天然气发电”的原则，优化配置使用天然气，积极发展天然气分布式能源。

大力开发利用风能，有序推进东北、华北和西北地区陆上风电基地建设，积极推进中东部地区分散式接入风电，着力推进上海、江苏、浙江、河北、山东、广东、福建沿海地区海上风电发展。加快推广太阳能光热利用，积极推进太阳能发电产业发展。推动生物质成型燃料、液体燃料、发电、气化等多种形式的生物质能梯级综合利用。加快辽中半岛城市群、成渝地区、山西中北部城市群、陕西关中城市群煤层气、页岩气等新能源的资源调查、勘探规划和开发利用，改善能源结构。利用财税扶持与示范补贴政策，在辽宁中部、陕西关中、甘宁等城市群推广使用地热能。在做好生态保护和移民安置的前提下，积极发展水电。

2. 实施煤炭消费总量控制

综合考虑各地社会经济发展水平、能源消费特征、大气污染现状等因素，根据国家能源消费总量控制目标，研究制定煤炭消费总量中长期控制目标，严格控制区域煤炭消费总量。各地应制定煤炭消费总量实施方案，把总量控制目标分解落实到各地政府，实行目标责任管理，加大考核和监督力度。建立煤炭消费总量预测预警机制，对煤炭消费总量增长较快的地区及时预警调控。探索在京津冀、长三角、珠三角区域与山东城市群积极开展煤炭消费总量控制试点。

3. 扩大高污染燃料禁燃区

加强“高污染燃料禁燃区”划定工作，逐步扩大禁燃区范围。重点控制区高污染燃料禁燃区面积要达到城市建成区面积的80%以上，一般控制区达到城市建成区面积的60%以上。2013年底前重点控制区完成高污染燃料禁燃区划定工作；2014年底前一般控制区完成划定工作。已划定的高污染燃料禁燃区应根据城市建成区的发展不断调整划定范围。禁燃区内禁止燃烧原（散）煤、洗选煤、蜂窝煤、焦炭、木炭、煤矸石、煤泥、煤焦油、重油、渣油等燃料，禁止燃烧各种可燃废物和直接燃用生物质燃料，以及污染物含量超过国家规定限值的柴油、煤油、人工煤气等高污染燃料；已建成的使用高污染燃料的各类设施限期拆除或改造成使用管道天然气、液化石油气、管道煤气、电或其他清洁能源，对于超出规定期限继续燃用高污染燃料的设施，责令拆除或者没收。

（二）改进用煤方式，推进煤炭清洁化利用

1. 加大热电联供，淘汰分散燃煤小锅炉

积极推行“一区一热源”，建设和完善热网工程，积极发展“热—电—冷”三联供。对纯凝汽燃煤发电机组加大技术改造力度，最大限度地抽汽供应热网；按照统一规划、以热定电和适度规模的原则，发展热电联产和集中供热。新建工业园区要以热电联产企业为供热热源，不具备条件的，须根据园区规划面积配备完善的集中供热系统；现有各类工业园区与工业集中区应实施热电联产或集中供热改造，将工业企业纳入集中供热范围。城市建成区要结合大型发电

或热电企业，实行集中供热。核准审批新建热电联产项目要求关停的燃煤锅炉必须按期淘汰。

逐步淘汰小型燃煤锅炉。热网覆盖范围内的分散燃煤锅炉全部拆除，城市建成区、地级及以上城市市辖区逐步淘汰10蒸吨/时以下燃煤锅炉。到2015年，工业园区基本实现集中供热。逐步淘汰农村地区居民散烧供暖煤炉，鼓励使用清洁能源，有条件的地区应实行集中供热。

推进供热计量改革。加快推进北方采暖地区既有居住建筑供热计量和节能改造，加强对新建建筑供热计量工程的监管，全面实行供热计量收费，促进用户行为节能，推进供热节能减排。

2. 改善煤炭质量，推进煤炭洁净高效利用

限制高硫分高灰分煤炭的开采与使用，提高煤炭洗选比例，推进配煤中心建设，研究推广煤炭清洁、高效利用技术，实施煤炭的清洁化利用，降低大气污染物排放。重点控制区内没有配套高效脱硫、除尘设施的燃煤锅炉和工业窑炉，禁止燃用含硫量超过0.6%、灰分超过15%的煤炭；居民生活燃煤和其他小型燃煤设施优先使用低硫分、低灰分并添加固硫剂的型煤。

五、深化大气污染治理，实施多污染物协同控制

（一）深化二氧化硫污染治理，全面开展氮氧化物控制

1. 全面推进二氧化硫减排

深化火电行业二氧化硫治理。燃煤机组全部安装脱硫设施；对不能稳定达标的脱硫设施进行升级改造；烟气脱硫设施要按照规定取消烟气旁路，强化对脱硫设施的监督管理，确保燃煤电厂综合脱硫效率达到90%以上。

加强钢铁、石化等非电行业的烟气二氧化硫治理。所有烧结机和位于城市建成区的球团生产设备配套建设脱硫设施，综合脱硫效率达到70%以上。石油炼制行业催化裂化装置要配套建设烟气脱硫设施，硫磺回收率要达到99%以上。加快有色金属冶炼行业生产工艺设备更新改造，提高冶炼烟气中硫的回收利用率，对二氧化硫含量大于3.5%的烟气采取制酸或其他方式回收处理，低浓度烟气和排放超标的制酸尾气进行脱硫处理。实施炼焦炉煤气脱硫，硫化氢脱除效率达到95%以上。加强大中型燃煤锅炉烟气治理，规模在20蒸吨/时及以上的全部实施脱硫，脱硫效率达到70%以上。积极推进陶瓷、玻璃、砖瓦等建材行业二氧化硫控制。

2. 全面开展氮氧化物污染防治

大力推进火电行业氮氧化物控制。加快燃煤机组低氮燃烧技术改造及脱硝设施建设，单机容量20万千瓦及以上、投运年限20年内的现役燃煤机组全部配套脱硝设施，脱硝效率达到85%以上，综合脱硝效率达到70%以上；加强对已建脱硝设施的监督管理，确保脱硝设施高效稳定运行。

加强水泥行业氮氧化物治理。对新型干法水泥窑实施低氮燃烧技术改造，配套建设脱硝设施。新、改、扩建水泥生产线综合脱硝效率不低于60%。

积极开展燃煤工业锅炉、烧结机等烟气脱硝示范。在京津冀、长三角、珠三角地区选择烧结机单台面积180平方米以上的2～3家钢铁企业，开展烟气脱硝示范工程建设。推进燃煤工业锅炉低氮燃烧改造和脱硝示范。

（二）强化工业烟粉尘治理，大力削减颗粒物排放

1. 深化火电行业烟尘治理

燃煤机组必须配套高效除尘设施。一般控制区按照30毫克/立方米标准，重点控制区按照20毫克/立方米标准，对烟尘排放浓度不能稳定达标的燃煤机组进行高效除尘改造。

2. 强化水泥行业粉尘治理

水泥窑及窑磨一体机除尘设施应全部改造为袋式除尘器。水泥企业破碎机、磨机、包装机、

烘干机、烘干磨、煤磨机、冷却机、水泥仓及其他通风设备需采用高效除尘器，确保颗粒物排放稳定达标。加强水泥厂和粉磨站颗粒物排放综合治理，采取有效措施控制水泥行业颗粒物无组织排放，大力推广散装水泥生产，限制和减少袋装水泥生产，所有原材料、产品必须密闭贮存、输送，车船装、卸料采取有效措施防止起尘。

3. 深化钢铁行业颗粒物治理

现役烧结（球团）设备机头烟尘不能稳定达标排放的进行高效除尘技术改造，重点控制区应达到特别排放限值的要求。炼焦工序应配备地面站高效除尘系统，积极推广使用干熄焦技术；炼铁出铁口、撇渣器、铁水沟等位置设置密闭收尘罩，并配置袋式除尘器。

4. 全面推进燃煤工业锅炉烟尘治理

燃煤工业锅炉烟尘不能稳定达标排放的，应进行高效除尘改造，重点控制区应达到特别排放限值的要求。沸腾炉和煤粉炉必须安装袋式除尘装置。积极采用天然气等清洁能源替代燃煤；使用生物质成型燃料应符合相关技术规范，使用专用燃烧设备；对无清洁能源替代条件的，推广使用型煤。

5. 积极推进工业炉窑颗粒物治理

积极推广工业炉窑使用清洁能源，陶瓷、玻璃等工业炉窑可采用天然气、煤制气等替代燃煤，推广应用黏土砖生产内燃技术。加强工业炉窑除尘工作，安装高效除尘设备，确保达标排放。

（三）开展重点行业治理，完善挥发性有机物污染防治体系

1. 开展挥发性有机物摸底调查

针对石化、有机化工、合成材料、化学药品原药制造、塑料产品制造、装备制造涂装、通信设备计算机及其他电子设备制造、包装印刷等重点行业，开展挥发性有机物排放调查工作，制定分行业挥发性有机物排放系数，编制重点行业排放清单，摸清挥发性有机物行业和地区分布特征，筛选重点排放源，建立挥发性有机物重点监管企业名录。在复合型大气污染严重地区，开展大气环境挥发性有机物调查性监测，掌握大气环境中挥发性有机物浓度水平、季节变化、区域分布特征。

2. 完善重点行业挥发性有机物排放控制要求和政策体系

尽快制定相关行业挥发性有机物排放标准、清洁生产评价指标体系和环境工程技术规范；加快制定完善环境空气和固定污染源挥发性有机物测定方法标准、监测技术规范以及监测仪器标准；加强挥发性有机物面源污染控制，研究制定涂料、油墨、胶黏剂、建筑板材、家具、干洗等含有机溶剂产品的环境标志产品认证标准；建立含有机溶剂产品销售使用准入制度，实施挥发性有机化合物含量限值管理。建立有机溶剂使用申报制度。在挥发性有机物污染典型企业集中度较高的工业园区，开展挥发性有机物污染综合防治试点工作，探索挥发性有机物的监测、治理技术和监督管理机制。

3. 全面开展加油站、储油库和油罐车油气回收治理

加大加油站、储油库和油罐车油气回收治理改造力度，2013 年底前重点控制区全面完成油气回收治理工作，2014 年底前一般控制区完成油气回收治理工作。建设油气回收在线监控系统平台试点，实现对重点储油库和加油站油气回收远程集中监测、管理和控制。

4. 大力削减石化行业挥发性有机物排放

石化企业应全面推行 LDAR（泄漏检测与修复）技术，加强石化生产、输送和储存过程挥发性有机物泄漏的监测和监管，对泄漏率超过标准的要进行设备改造；严格控制储存、运输环节的呼吸损耗，原料、中间产品、成品储存设施应全部采用高效密封的浮顶罐，或安装顶空联

通置换油气回收装置。将原油加工损失率控制在6‰以内。炼油与石油化工生产工艺单元排放的有机工艺尾气，应回收利用，不能（或不能完全）回收利用的，应采用锅炉、工艺加热炉、焚烧炉、火炬予以焚烧，或采用吸收、吸附、冷凝等非焚烧方式予以处理；废水收集系统液面与环境空气之间应采取隔离措施，曝气池、气浮池等应加盖密闭，并收集废气净化处理。加强回收装置与有机废气治理设施的监管，确保挥发性有机物排放稳定达标，重点控制区执行特别排放限值。石化企业有组织废气排放逐步安装在线连续监测系统，厂界安装挥发性有机物环境监测设施。

5. 积极推进有机化工等行业挥发性有机物控制

提升有机化工（含有机化学原料、合成材料、日用化工、涂料、油墨、胶黏剂、染料、化学溶剂、试剂生产等）、医药化工、塑料制品企业装备水平，严格控制跑冒滴漏。原料、中间产品与成品应密闭储存，对于实际蒸汽压大于2.8千帕、容积大于100立方米的有机液体储罐，采用高效密封方式的浮顶罐或安装密闭排气系统进行净化处理。排放挥发性有机物的生产工序要在密闭空间或设备中实施，产生的含挥发性有机物废气需进行净化处理，净化效率应不低于90%。逐步开展排放有毒、恶臭等挥发性有机物的有机化工企业在线连续监测系统的建设，并与环境保护主管部门联网。

6. 加强表面涂装工艺挥发性有机物排放控制

积极推进汽车制造与维修、船舶制造、集装箱、电子产品、家用电器、家具制造、装备制造、电线电缆等行业表面涂装工艺挥发性有机物的污染控制。全面提高水性、高固分、粉末、紫外光固化涂料等低挥发性有机物含量涂料的使用比例，汽车制造企业达到50%以上，家具制造企业达到30%以上，电子产品、电器产品制造企业达到50%以上。推广汽车行业先进涂装工艺技术的使用，优化喷漆工艺与设备，小型乘用车单位涂装面积的挥发性有机物排放量控制在40克/平方米以下。使用溶剂型涂料的表面涂装工序必须密闭作业，配备有机废气收集系统，安装高效回收净化设施，有机废气净化率达到90%以上。

7. 推进溶剂使用工艺挥发性有机物治理

包装印刷业必须使用符合环保要求的油墨，烘干车间需安装活性炭等吸附设备回收有机溶剂，对车间有机废气进行净化处理，净化效率达到90%以上。在纺织印染、皮革加工、制鞋、人造板生产、日化等行业，积极推动使用低毒、低挥发性溶剂，食品加工行业必须使用低挥发性溶剂，制鞋行业胶粘剂应符合国家强制性标准《鞋和箱包胶粘剂》的要求；同时开展挥发性有机物收集与净化处理。

（四）加强有毒废气污染控制，切实履行国际公约

1. 加强有毒废气污染控制

编制发布国家有毒空气污染物优先控制名录，推进排放有毒废气企业的环境监管，对重点排放企业实施强制性清洁生产审核；把有毒空气污染物排放控制作为环境影响评价审批的重要内容，明确控制措施和应急对策。开展重点地区铅、汞、镉、苯并（a）芘、二噁英等有毒空气污染物调查性监测。完善有毒空气污染物的排放标准与防治技术规范。

2. 积极推进大气汞污染控制工作

深入开展燃煤电厂大气汞排放控制试点工作，积极推进汞排放协同控制；实施有色金属行业烟气除汞技术示范工程；开发水泥生产和废物焚烧等行业大气汞排放控制技术；编制燃煤、有色金属、水泥、废物焚烧、钢铁、石油天然气工业、汞矿开采等重点行业大气汞排放清单，研究制定控制对策。

3. 积极开展消耗臭氧层物质淘汰工作

完善消耗臭氧层物质生产、使用和进出口的审批、监管制度。按照《蒙特利尔议定书》的要求，完成含氢氯氟烃、医用气雾剂全氯氟烃、甲基溴等约束性指标的淘汰任务，严格控制含氢氯氟烃、甲烷氯化物生产装置能力的过快增长，加强相关行业替代品和替代技术的开发和应用，强化国家、地方及行业履约能力建设。

（五）强化机动车污染防治，有效控制移动源排放

1. 促进交通可持续发展

大力发展城市公交系统和城际间轨道交通系统，城市交通发展实施公交优先战略，改善居民步行、自行车出行条件，鼓励选择绿色出行方式；加大和优化城区路网结构建设力度，通过错峰上下班、调整停车费等手段，提高机动车通行效率；推广城市智能交通管理和节能驾驶技术；鼓励选用节能环保车型，推广使用天然气汽车和新能源汽车，并逐步完善相关基础配套设施；积极推广电动公交车和出租车。开展城市机动车保有量（重点是出行量）调控政策研究，探索调控特大型或大型城市机动车保有总量。

2. 推动油品配套升级

加快车用燃油低硫化步伐，颁布实施第四、第五阶段车用燃油国家标准。2013 年底前，全面供应国Ⅳ车用汽油（硫含量不大于 50ppm），2014 年底前全面供应国Ⅳ车用柴油，京津冀、长三角、珠三角区域优先实施；2013 年 7 月 1 日前，将普通柴油硫含量降低至 350ppm 以下；逐步将远洋船舶用燃料硫含量降低至 2 000ppm 以下。

加强油品质量的监督检查，严厉打击非法生产、销售不符合国家和地方标准要求车用油品的行为，建立健全炼化企业油品质量控制制度，全面保障油品质量。高速公路及城市市区加油站销售的车用燃油必须达到《车用汽油》、《车用柴油》标准。推进配套尿素加注站建设，2015 年底前全面建成尿素加注网络，确保柴油车 SCR 装置正常运转。

3. 加快新车排放标准实施进程

实施国家第Ⅳ阶段机动车排放标准，适时颁布实施国家第Ⅴ阶段机动车排放标准，鼓励有条件地区提前实施下一阶段机动车排放标准。2015 年起低速汽车（三轮汽车、低速货车）执行与轻型载货车同等的节能与排放标准。完善机动车环保型式核准和强制认证制度，不断扩大环保监督检查覆盖范围，确保企业批量生产的车辆达到排放标准要求。未达到国家机动车排放标准的车辆不得生产、销售。严格外地转入车辆环境监管。

4. 加强车辆环保管理

全面推进机动车环保标志核发工作，到 2015 年，汽车环保标志发放率达到 85%以上。开展环保标志电子化、智能化管理。全面推进机动车环保检验委托工作，加快环保检验在线监控设备安装进程，加强检测设备的质量管理，提高环保检测机构监测数据的质量控制水平，强化检测技术监管与数据审核，推进环保检验机构规范化运营。加快推行简易工况尾气检测法。完善机动车环保检验与维修（I/M）制度。

5. 加速黄标车淘汰

严格执行老旧机动车强制报废制度，强化营运车辆强制报废的有效管理和监控。通过制定完善地方性法规规章，推行黄标车限行措施，加速黄标车淘汰进程。2013 年底前实现重点控制区地级及以上城市主城区黄标车禁行，2015 年底前实现其他地级及以上城市主城区黄标车禁行。大力推进城市公交车、出租车、客运车、运输车（含低速车）集中治理或更新淘汰，杜绝车辆“冒黑烟”现象。力争到 2015 年，淘汰 2005 年底前注册运营的黄标车，京津冀、长三角、珠三角基本淘汰辖区内黄标车。

6. 开展非道路移动源污染防治

开展非道路移动源排放调查，掌握工程机械、火车机车、船舶、农业机械、工业机械和飞机等非道路移动源的污染状况，建立移动源大气污染控制管理台账。推进非道路移动机械和船舶的排放控制。2013 年，实施国家第Ⅲ阶段非道路移动机械排放标准和国家第Ⅰ阶段船用发动机排放标准。积极开展施工机械环保治理，推进安装大气污染物后处理装置。加快天津、上海、南京、宁波、广州、青岛等地区的“绿色港口”建设。在重点港口建设码头岸电设施示范工程，加快港口内拖车、装卸设备等“油改气”或“油改电”进程，降低污染物排放。

（六）加强扬尘控制，深化面源污染管理

1. 加强城市扬尘污染综合管理

各地应将扬尘控制作为城市环境综合整治的重要内容，建立由住房城乡建设、环保、市政、园林、城管等部门组成的协调机构，开展城市扬尘综合整治，加强监督管理。积极创建扬尘污染控制区，控制施工扬尘和渣土遗撒，开展裸露地面治理，提高绿化覆盖率，加强道路清扫保洁，不断扩大扬尘污染控制区面积。到 2015 年，重点控制区内城市建成区降尘强度在 2010 年基础上下降 15%以上，一般控制区内城市建成区降尘强度下降 10%以上。

2. 强化施工扬尘监管

加强施工扬尘环境监理和执法检查。在项目开工前，建设单位与施工单位应向建设、环保等部门分别提交扬尘污染防治方案与具体实施方案，并将扬尘污染防治纳入工程监理范围，扬尘污染防治费用纳入工程预算。将施工企业扬尘污染控制情况纳入建筑企业信用管理系统，定期公布，作为招投标的重要依据。加强现场执法检查，强化土方作业时段监督管理，增加检查频次，加大处罚力度。

推进建筑工地绿色施工。建设工程施工现场必须全封闭设置围挡墙，严禁敞开式作业；施工现场道路、作业区、生活区必须进行地面硬化；积极推广使用散装水泥，市区施工工地全部使用预拌混凝土和预拌砂浆，杜绝现场搅拌混凝土和砂浆；对因堆放、装卸、运输、搅拌等易产生扬尘的污染源，应采取遮盖、洒水、封闭等控制措施；施工现场的垃圾、渣土、沙石等要及时清运，建筑施工场地出口设置冲洗平台。建设城市扬尘视频监控平台，在城市市区内，主要施工工地出口、起重机、料堆等易起尘的位置安装视频监控设施，新增建筑工地在开工建设前要安装视频监控设施，实现施工工地重点环节和部位的精细化管理。

3. 控制道路扬尘污染

积极推行城市道路机械化清扫，提高机械化清扫率，到 2015 年一般控制区城市建成区主要车行道机扫率达到 70%以上，重点控制区达到 90%以上。增加城市道路冲洗保洁频次，切实降低道路积尘负荷。减少道路开挖面积，缩短裸露时间，开挖道路应分段封闭施工，及时修复破损道路路面。加强道路两侧绿化，减少裸露地面。加强渣土运输车辆监督管理，所有城市渣土运输车辆实施密闭运输，实施资质管理与备案制度，安装 GPS 定位系统，对重点地区、重点路段的渣土运输车辆实施全面监控。

4. 推进堆场扬尘综合治理

强化煤堆、料堆的监督管理。大型煤堆、料堆场应建立密闭料仓与传送装置，露天堆放的应加以覆盖或建设自动喷淋装置。电厂、港口的大型煤堆、料堆应安装视频监控设施，并与城市扬尘视频监控平台联网。对长期堆放的废弃物，应采取覆绿、铺装、硬化、定期喷洒抑尘剂或稳定剂等措施。积极推进粉煤灰、炉渣、矿渣的综合利用，减少堆放量。

5. 加强城市绿化建设

结合城市发展和工业布局，加强城市绿化建设，努力提高城市绿化水平，增强环境自净能力。打造绿色生态保护屏障，构建防风固沙体系。实施生态修复，加强对各类废弃矿区的治理，恢复生态植被和景观，抑制扬尘产生。

6. 加强秸秆焚烧环境监管

禁止农作物秸秆、城市清扫废物、园林废物、建筑废弃物等生物质的违规露天焚烧。全面推广秸秆还田、秸秆制肥、秸秆饲料化、秸秆能源化利用等综合利用措施，制定实施秸秆综合利用实施方案，建立秸秆综合利用示范工程，促进秸秆资源化利用，加强秸秆焚烧监管。进一步加强重点区域秸秆焚烧和火点监测信息发布工作，建立和完善市、县（区）、镇、村四级秸秆焚烧责任体系，完善目标责任追究制度。

7. 推进餐饮业油烟污染治理

严格新建饮食服务经营场所的环保审批；推广使用管道煤气、天然气、电等清洁能源；饮食服务经营场所要安装高效油烟净化设施，并强化运行监管；强化无油烟净化设施露天烧烤的环境监管。

六、创新区域管理机制，提升联防联控管理能力

（一）建立区域大气污染联防联控机制

1. 建立统一协调的区域联防联控工作机制

在全国环境保护部联席会议制度下，定期召开区域大气污染联防联控联席会议，统筹协调区域内大气污染防治工作。京津冀、长三角、成渝、甘宁等跨省区域，成立由环境保护部牵头、相关部门与区域内各省级政府参加的大气污染联防联控工作领导小组；其他城市群成立由主管省级领导为组长的领导小组。区域内各地区轮值召开年度联席工作会议，通报上年区域大气污染联防联控工作进展，交流和总结工作经验，研究制定下一阶段工作目标、工作重点与主要任务。

2. 建立区域大气环境联合执法监管机制

加强区域环境执法监管，确定并公布区域重点企业名单，开展区域大气环境联合执法检查，集中整治违法排污企业。经过限期治理仍达不到排放要求的重污染企业予以关停。切实发挥国家各区域环境督查派出机构的职能，加强对区域和重点城市大气污染防治工作的监督检查和考核，定期开展重点行业、企业大气污染专项检查，组织查处重大大气环境污染案件，协调处理跨省区域重大污染纠纷，打击行政区边界大气污染违法行为。强化区域内工业项目搬迁的环境监管，搬迁项目要严格执行国家和区域对新建项目的环境保护要求。

3. 建立重大项目环境影响评价会商机制

对区域大气环境有重大影响的火电、石化、钢铁、水泥、有色、化工等项目，要以区域规划环境影响评价、区域重点产业环境影响评价为依据，综合评价其对区域大气环境质量的影响，评价结果向社会公开，并征求项目影响范围内公众和相关城市环保部门意见，作为环评审批的重要依据。

4. 建立环境信息共享机制

围绕区域大气环境管理要求，依托已有网站设施，促进区域环境信息共享，集成区域内各地环境空气质量监测、重点源大气污染排放、重点建设项目、机动车环保标志等信息，建立区域环境信息共享机制，促进区域内各地市之间的环境信息交流。

5. 建立区域大气污染预警应急机制

加强极端不利气象条件下大气污染预警体系建设，加强区域大气环境质量预报，实现风险信息研判和预警。建立区域重污染天气应急预案，构建区域、省、市联动一体的应急响应体系，将保障任务层层分解。当出现极端不利气象条件时，所在区域及时启动应急预案，实行重点大

气污染物排放源限产、建筑工地停止土方作业、机动车限行等紧急控制措施。

（二）创新环境管理政策措施

1. 完善财税补贴激励政策

加大落后产能淘汰的财政支持力度，加快火电、钢铁、水泥等落后产能及小锅炉、挥发性有机物排放类行业落后工艺的淘汰步伐，对符合奖励条件的项目，积极给予支持。加大大气污染防治技术示范工程资金支持力度。实施老旧汽车报废更新补贴政策，采取经济激励政策加速黄标车淘汰。对生产符合下一阶段标准车用燃油的企业，在消费税政策上予以优惠。认真落实鼓励秸秆等综合利用的税收优惠政策。推行政府绿色采购，完善强制采购和优先采购制度，逐步提高节能环保产品比重。

2. 深入推进价格与金融贸易政策

全面落实脱硫电价政策，继续执行差别电价和惩罚性电价政策，分步推进火电厂烟气脱硝加价政策。对高耗能、高污染产业，金融机构实施更为严格的贷款发放标准。将企业环境违法信息纳入人民银行企业征信系统和银监会信息披露系统，与企业信用等级评定、贷款及证券融资联动。将大气污染排放强度大的重污染产品列入国家“高污染、高环境风险”产品名录，调整进出口税收政策，限制高耗能、高排放产品出口。开展高环境风险企业环境污染强制责任保险试点。

3. 完善挥发性有机物等排污收费政策

建立完善挥发性有机物排放当量核算方法，研究征收挥发性有机物排污费。研究制定扬尘排污收费政策。

4. 全面推行排污许可证制度

全面推行大气排污许可证制度，排放二氧化硫、氮氧化物、工业烟粉尘、挥发性有机物的重点企业，应在 2014 年底前向环保部门申领排污许可证。排污许可证应明确允许排放污染物的名称、种类、数量、排放方式、治理措施及监测要求，作为总量控制、排污收费、环境执法的重要依据。未取得排污许可证的企业，不得排放污染物。继续推动排污权交易试点，针对电力、钢铁、石化、建材、有色等重点行业，探索建立区域主要大气污染物排放指标有偿使用和交易制度。

5. 实施重点行业环保核查制度

对火电、钢铁、有色、水泥、石化、化工等污染物排放量大的行业实施环保核查制度。对核查中发现的环保违法企业，实施限期改正、挂牌督办、限期治理、停产整治或关停。对未提交核查申请、未通过核查以及弄虚作假的企业，暂停审批其新、改、扩建项目环境影响评价文件，不予提供各类环保专项资金支持，不予出具任何方面的环保合格、达标或守法证明文件。环境保护部门向社会公告企业通过环保核查的情况，作为企业信贷、产品生产、进出口审批的重要依据。

6. 推行污染治理设施建设运行特许经营

完善火电厂脱硫设施特许经营制度，探索在脱硝、除尘、挥发性有机物治理等方面开展治理设施社会化运营，提高治污设施的建设质量与运行效果。实行环保设施运营资质许可制度，推进环保设施的专业化、社会化运营服务。完善大气污染治理及机动车检测的市场准入机制，规范市场行为，打破地方保护，为企业创造公平竞争的市场环境。

7. 实施环境信息公开制度

各地要实时发布城市环境空气质量信息，定期开展空气质量评估，并向社会公开。对新建项目要公示环境影响评价情况并广泛征求公众意见，重点企业要公开污染物排放状况、治理设施运行情况等环境信息，定期发布大气污染物排放监测结果，接受社会监督。建立重污染行业企业、涉及有毒废气排放企业环境信息强制披露制度。广泛动员全社会参与大气环境保护，通过采取有奖举报等措施，鼓励公众监督车辆“冒黑烟”、渣土运输车辆遗撒、秸秆露天焚烧等环保违法行为。

8. 推进城市环境空气质量达标管理

根据《大气污染防治法》第十七条规定，环境空气质量未达标城市人民政府应制定限期达标规划，按照国务院或者环境保护部划定的期限，分别在5年、10年、15年、20年内限期达标。直辖市的限期达标规划，报国务院批准；其他国家环境保护重点城市的限期达标规划经城市所在地省级人民政府审查同意后，经国务院授权由环境保护部批准；其他城市的限期达标规划由省级人民政府批准，并报环境保护部备案。所有城市的限期达标规划要向社会公开。国家和省级环保部门对限期达标规划执行情况进行检查和考核，并将考核结果向社会公布。

（三）全面加强联防联控的能力建设

1. 建立统一的区域空气质量监测体系

强化区域环境空气质量监测体系建设，各省（区、市）按照“十二五”国家空气监测网设置方案的要求逐步开展城市空气质量监测点位的能力建设，同时在位于城市建成区以外地区或区域输送通道上均匀布设一定数量的区域站。所有城市监测点位新增细颗粒物、臭氧、一氧化碳等监测因子和数字环境摄影记录系统，开展全指标监测；区域站还应增加能见度、气象五参数等监测能力。京津冀、长三角和珠三角在2012年底前完成区域环境空气质量监测体系建设，其他城市群在2015年底前完成区域环境空气质量监测体系建设。加强大气环境超级站建设。开展移动源对路边环境影响的监测。

全面加强监测数据质量控制，强化监测技术监管与数据审核。区域内所有监测点位与中国环境监测总站进行直联，实现环境空气质量数据实时传输。省级环境监测管理部门负责对城市空气质量监测点质控工作进行督查，环境保护部组织开展不定期检查、飞行检查及交叉质控。重点区域中所有631个市区监测点位和61个区域站均作为本规划空气质量目标监督、考核、评估的重要依据。

表4　“十二五”重点区域城市点位数量及空气质量目标考核依据

区域	省份	城市	“十二五”城市点位数量	2010年城市点位数量	2010年城市二氧化硫年均浓度/（微克/米^3）	2010年城市二氧化氮年均浓度/（微克/米^3）	2010年城市可吸入颗粒物年均浓度/（微克/米^3）
京津冀	北京	北京	12	12	32	57	121
	天津	天津	15	13	54	45	96
	河北	石家庄	8	7	54	41	98
		唐山	6	6	57	29	85
		秦皇岛	5	5	41	25	64
		邯郸	4	4	44	29	90
		保定	6	6	41	31	84
		承德	5	5	46	39	53
		沧州	3	3	33	24	78
		衡水	3	4	40	26	79
		邢台	4	4	44	24	82
		张家口	5	5	51	23	60
		廊坊	4	3	43	30	78

区域	省份	城市	“十二五”城市点位数量	2010年城市点位数量	2010年城市二氧化硫年均浓度/（微克/米³）	2010年城市二氧化氮年均浓度/（微克/米³）	2010 年城市可吸入颗粒物年均浓度/（微克/米³）
长三角	上海	上海	10	10	29	50	79
	江苏	南京	9	6	36	46	114
		无锡	8	7	47	46	88
		徐州	7	6	44	26	88
		常州	6	4	34	28	97
		苏州	8	8	33	54	90
		南通	5	5	33	29	97
		连云港	4	4	38	25	90
		淮安	5	3	31	33	95
		盐城	4	3	39	23	122
		扬州	4	4	33	23	96
		镇江	4	4	24	36	97
		泰州	4	3	39	32	87
		宿迁	4	3	31	22	99
	浙江	杭州	11	10	34	56	98
		宁波	8	5	31	53	96
		温州	4	4	28	58	85
		嘉兴	3	3	42	45	93
		湖州	3	3	18	46	86
		绍兴	3	2	55	42	95
		金华	3	3	36	48	67
		衢州	3	3	20	28	65
		舟山	3	2	15	24	61
		台州	3	3	29	38	80
		丽水	3	3	22	28	71
珠三角	广东	广州	11	11	33	53	69
		深圳	11	8	11	45	57
		珠海	4	4	15	33	49
		佛山	8	8	37	51	64
		江门	4	4	27	24	57
		肇庆	4	4	36	41	58
		惠州	5	5	18	25	51
		东莞	5	5	30	47	63
		中山	4	4	27	40	51
辽宁中部	辽宁	沈阳	11	11	58	35	101
		鞍山	7	7	46	39	105
		抚顺	6	5	38	36	94
		本溪	6	6	57	34	69
		营口	4	4	30	26	73
		辽阳	4	4	53	35	66
		铁岭	4	3	41	23	78

区域	省份	城市	“十二五”城市点位数量	2010年城市点位数量	2010年城市二氧化硫年均浓度/（微克/米³）	2010年城市二氧化氮年均浓度/（微克/米³）	2010 年城市可吸入颗粒物年均浓度/（微克/米³）
山东	山东	济南	8	8	45	27	117
		青岛	9	8	52	48	99
		淄博	6	6	89	33	110
		枣庄	5	5	57	33	99
		东营	4	4	56	40	89
		烟台	6	6	41	39	81
		潍坊	5	5	58	42	99
		济宁	3	3	64	44	116
		泰安	3	3	49	42	97
		威海	3	3	24	33	67
		日照	3	3	39	44	89
		莱芜	3	3	54	32	107
		临沂	4	4	56	40	97
		德州	3	3	47	36	89
		聊城	3	3	53	30	93
		滨州	3	3	55	49	97
		菏泽	3	3	50	27	93
武汉及其周边	湖北	武汉	10	10	41	57	108
		黄石	5	5	38	23	91
		鄂州	3	2	33	22	83
		孝感	2	1	21	28	101
		黄冈	2	1	9	14	71
		咸宁	4	2	27	23	94
长株潭	湖南	长沙	10	9	40	46	83
		株洲	7	6	58	33	81
		湘潭	7	5	55	40	95
成渝	重庆	重庆	17	20	48	39	102
	四川	成都	8	8	31	51	104
		自贡	4	4	63	40	81
		绵阳	4	4	35	29	82
		宜宾	6	6	55	35	78
		泸州	4	4	51	49	86
		德阳	4	4	46	36	65
		南充	6	6	42	30	61
		遂宁	4	4	29	25	71
		内江	4	4	51	37	52
		乐山	4	4	27	28	79
		眉山	4	4	41	44	83
		广安	5	5	46	29	59
		达州	5	5	27	23	69
		资阳	5	5	46	33	62

区域	省份	城市	"十二五"城市点位数量	2010年城市点位数量	2010年城市二氧化硫年均浓度/（微克/米 ^{3}）	2010年城市二氧化氮年均浓度/（微克/米 ^{3}）	2010 年城市可吸入颗粒物年均浓度/（微克/米 ^{3}）
海峡西岸	福建	福州	6	4	9	32	73
		厦门	4	4	21	46	65
		泉州	4	4	19	21	68
		莆田	5	4	28	13	64
		三明	4	4	54	14	91
		漳州	3	3	23	44	72
		南平	4	3	55	29	72
		龙岩	4	4	38	16	83
		宁德	3	3	18	18	53
山西中北部	山西	太原	9	9	68	20	89
		大同	6	6	36	28	75
		朔州	5	5	36	11	75
		忻州	3	3	35	17	61
陕西关中	陕西	西安	13	11	43	45	126
		咸阳	4	3	32	24	94
		铜川	4	3	48	38	99
		宝鸡	8	6	24	27	98
		渭南	4	4	39	41	112
甘宁	甘肃	兰州	5	5	57	48	155
		白银	2	2	46	29	99
	宁夏	银川	5	5	39	26	94
新疆乌鲁木齐	新疆	乌鲁木齐	7	6	89	67	133
		昌吉	3	2	25	29	82
		五家渠	1	1	14	13	73

注：城市监测点位中的对照点不参与城市空气质量评价。

2. 加强重点污染源监控能力建设

全面加强国控、省控重点污染源二氧化硫、氮氧化物、颗粒物在线监测能力建设，2014年底前重点污染源全部建成在线监控装置，并与环保部门联网，积极推进挥发性有机物在线监测工作。加强各地监测站对挥发性有机物、汞监督性监测能力建设。进一步加强市级大气污染源监控能力建设，依托已有网络设施，完善国家、省、市三级自动监控体系，提升大气污染源数据的收集处理、分析评估与应用能力。全面推进重点污染源自动监测系统数据有效性审核，将自动监控设施的稳定运行情况及其监测数据的有效性水平，纳入企业环保信用等级。

3. 推进机动车排污监控能力建设

加快机动车污染监控机构标准化建设进程，推进省级和市级机动车排污监控机构建设，省级与重点控制区2013年底前建成，一般控制区2014年底前建成。提高机动车污染监控能力，促进新车、在用车环保信息共享，提高机动车污染监控水平。

4. 强化污染排放统计与环境质量管理能力建设

逐步将挥发性有机物与移动源排放纳入环境统计体系。制定分行业挥发性有机物排放系数，建立挥发性有机物排放统计方法，开展摸底调查。组织开展非道路移动源排放状况调查，摸清非道路移动源排放系数及活动水平。研究开展颗粒物无组织排放调查。细颗粒物污染严重城市要进行源解析工作。针对危害群众健康和影响空气质量改善的区域性特征污染物，定期开展空气质量调查性监测。建设基于环境质量的区域大气环境管理平台，编制多尺度、高分辨率大气排放清单，提高跨界污染来源识别、成因分析、控制方案定量化评估的综合能力。

七、重点工程项目与投资效益评估

（一）重点工程项目

重点工程项目分为二氧化硫治理、氮氧化物治理、工业烟粉尘治理、工业挥发性有机物治理、油气回收、黄标车淘汰、扬尘综合整治、能力建设八类。其中能力建设重点包括区域空气质量监测能力建设、企业污染排放监控能力建设、机动车排污监控能力建设、污染排放与环境质量调查等项目。重点项目投资需求约 3 500 亿元，其中二氧化硫治理项目投资需求约 730 亿元，氮氧化物治理项目投资需求约 530 亿元，工业烟粉尘治理项目投资需求约 470 亿元，工业挥发性有机物治理项目投资需求约 400 亿元，油气回收项目投资需求约 215 亿元，黄标车淘汰项目投资需求约 940 亿元，扬尘综合整治项目投资需求约 100 亿元，能力建设项目投资需求约 115 亿元。

（二）效益分析

重点工程项目的实施将新增二氧化硫减排能力约 228 万吨/年、氮氧化物减排能力约 359 万吨/年、颗粒物减排能力约 148 万吨/年、挥发性有机物减排能力约 152.5 万吨/年，环境空气质量有所改善，光化学烟雾、灰霾、酸雨污染有所减轻，共计减少社会经济损失约 20 000 亿元。

八、保障措施

（一）加强组织领导

地方人民政府是重点区域大气污染防治规划实施的责任主体，要切实加强组织领导，按照规划要求，制订本地区大气污染防治实施方案，并将规划目标和各项任务分解落实到城市和企业，制订年度工作计划，动态更新重点工程项目，明确年度工作任务和部门职责分工，确保任务到位、项目到位、资金到位、责任到位。各有关部门应加强协调配合，按照职责分工开展相应工作，制定相关配套措施，保证规划任务的落实。

（二）严格考核评估

环境保护部会同国务院有关部门制定考核办法，每年对重点区域大气污染防治规划实施情况进行评估考核；在规划期末，组织开展规划终期评估。规划年度考核与终期评估结果向国务院报告，作为地方各级人民政府领导班子和领导干部综合考核评价的重要依据，实行问责制，并向社会公开。对规划完成情况好、大气环境质量改善明显的省（区、市），环境保护部会同财政、发展改革等部门加大对该地区污染治理和环保能力建设的支持力度，并予以表彰；对考核结果未通过的省（区、市）进行通报；对项目进展缓慢、大气环境污染严重的城市，实施阶段性建设项目环评限批，取消国家授予该地区的环境保护方面的荣誉称号。

（三）加大资金投入

建立政府、企业、社会多元化投资机制，拓宽融资渠道。污染治理资金以企业自筹为主，政府投入资金优先支持列入规划的污染治理项目。中央财政加大大气污染防治资金投入，重点用于工业污染治理、交通污染治理、面源污染治理，以及区域大气污染防治能力建设，采取“以奖代补”、“以奖促防”、“以奖促治”等方式，加快地方各级政府与企业大气污染防治的进程。地方人民政府根据规划确定的大气污染控制任务，将治污经费列入财政预算，加大资金投入力度。

（四）完善法规标准

加快环境保护法、大气污染防治法等法律法规的修订工作，研究制定机动车污染防治条例。加快制（修）订石油炼制与石油化工、化学原料及化学品制造、装备制造涂装、电子工业、包装印刷以及钢铁、水泥、燃煤工业锅炉等重点行业大气污染物排放标准。加快重点行业污染防治技术政策与挥发性有机物、有毒废气、饮食业油烟净化工程技术规范的制定。环境空气质量超标的地区，应实施污染物特别排放限值或制定严于国家标准的地方大气污染物排放标准。

（五）强化科技支撑

在国家、地方相关科技计划（专项）中，加大对区域大气污染防治科技研发的支持力度。加快推进大气污染综合防治重大科技专项，开展光化学烟雾、灰霾的污染机理与控制对策研究，开展区域大气复合污染控制对策体系和氨的大气环境影响研究。加快工业挥发性有机物污染防治技术、燃煤工业锅炉高效脱硫脱硝除尘技术、水泥行业脱硝技术、燃煤电厂除汞技术等的研发与示范，积极推广先进实用技术。开展重点行业多污染物协同控制技术研究。

（六）加强宣传教育

开展广泛的环境宣传教育活动，充分利用世界环境日、地球日等重大环境纪念日宣传平台，普及大气环境保护知识，全面提升全民环境意识，不断增强公众参与环境保护的能力；加强人员培训，提高各级领导干部对大气污染防治工作重要性的认识，提升环保人员业务能力水平；充分发挥新闻媒体在大气环境保护中的作用，积极宣传区域大气污染联防联控的重要性、紧迫性及采取的政策措施和取得的成效，宣传先进典型，加强舆论监督，为改善大气环境质量营造良好的氛围。

附表

规划范围

区 域	省 份	城 市	面积/万 km^2
京津冀	北京市、天津市、河北省	北京市、天津市、石家庄市、唐山市、秦皇岛市、邯郸市、邢台市、保定市、张家口市、承德市、沧州市、廊坊市、衡水市，共 13 个地级及以上城市	21.9
长三角	上海市、江苏省、浙江省	上海市、南京市、无锡市、徐州市、常州市、苏州市、南通市、连云港市、淮安市、盐城市、扬州市、镇江市、泰州市、宿迁市、杭州市、宁波市、温州市、嘉兴市、湖州市、绍兴市、金华市、衢州市、舟山市、台州市、丽水市，共 25 个地级及以上城市	21.07
珠三角	广东省	广州市、深圳市、珠海市、佛山市、江门市、肇庆市、惠州市、东莞市、中山市，共 9 个地级及以上城市	5.47
辽宁中部城市群	辽宁省	沈阳市、鞍山市、抚顺市、本溪市、营口市、辽阳市、铁岭市，共 7 个地级及以上城市	6.5
山东城市群	山东省	济南市、青岛市、淄博市、枣庄市、东营市、烟台市、潍坊市、济宁市、泰安市、威海市、日照市、莱芜市、临沂市、德州市、聊城市、滨州市、菏泽市，共 17 个地级及以上城市	15.67
武汉及其周边城市群	湖北省	武汉市、黄石市、鄂州市、孝感市、黄冈市、咸宁市、仙桃市、潜江市、天门市，共 6 个地级及以上城市、3 个县级城市	5.94

区　域	省　份	城　市	面积/万 km^2
长株潭城市群	湖南省	长沙市、株洲市、湘潭市，共 3 个地级城市	2.8
成渝城市群	四川省、重庆市	重庆市、成都市、自贡市、泸州市、德阳市、绵阳市、遂宁市、内江市、乐山市、南充市、眉山市、宜宾市、广安市、达州市、资阳市，共 15 个地级及以上城市	22.14
海峡西岸城市群	福建省	福州市、厦门市、莆田市、三明市、泉州市、漳州市、南平市、龙岩市、宁德市、平潭综合实验区，共 9 个地级及以上城市、1 个正厅级实验区	12.4
山西中北部城市群	山西省	太原市、大同市、朔州市、忻州市，共 4 个地级城市	5.69
陕西关中城市群	陕西省	西安市、铜川市、宝鸡市、咸阳市、渭南市、杨凌国家农业高新技术产业示范区，共 5 个地级及以上城市、1 个副省级开发区	5.5
甘宁城市群	甘肃省、宁夏回族自治区	兰州市、白银市、银川市，共 3 个地级城市	4.33
新疆乌鲁木齐城市群	新疆维吾尔自治区	乌鲁木齐市、昌吉市、阜康市、五家渠市，共 1 个地级城市、3 个县级城市	3.15

关于执行大气污染物特别排放限值的公告

环境保护部公告　公告 2013 年第 14 号

为进一步加强大气污染防治工作，根据国务院批复实施的《重点区域大气污染防治“十二五”规划》（以下简称《规划》）的相关规定，在重点控制区的火电、钢铁、石化、水泥、有色、化工等六大行业以及燃煤锅炉项目执行大气污染物特别排放限值。现将有关事项公告如下：

一、执行地区

执行大气污染物特别排放限值的地区为纳入《规划》的重点控制区，共涉及京津冀、长三角、珠三角等“三区十群”19 个省（区、市）47 个地级及以上城市（详见附件）。

二、执行时间

（一）新建项目

位于重点控制区的六大行业以及燃煤锅炉新建项目执行大气污染物特别排放限值，具体要求如下：

1. 对于排放标准中已有特别排放限值要求的火电、钢铁行业，自 2013 年 4 月 1 日起，新受理的火电、钢铁环评项目执行大气污染物特别排放限值；

2. 对于石化、化工、有色、水泥行业以及燃煤锅炉项目等目前没有特别排放限值的，待相应的排放标准修订完善并明确了特别排放限值后执行，执行时间与排放标准发布时间同步。

（二）现有企业

“十二五”期间，位于重点控制区 47 个城市主城区的火电、钢铁、石化行业现有企业以及燃煤锅炉项目执行大气污染物特别排放限值；“十三五”期间将特别排放限值的要求扩展到重点控制区的市域范围，具体要求如下：

1. 火电行业燃煤机组自 2014 年 7 月 1 日起执行烟尘特别排放限值；

2. 钢铁行业烧结（球团）设备机头自 2015 年 1 月 1 日起执行颗粒物特别排放限值；

3. 石化行业、燃煤锅炉项目待相应的排放标准修订完善并明确了特别排放限值，按照标准规定的现有企业过渡期满后，分别执行挥发性有机物、烟尘特别排放限值，执行时间与新修订排放标准的现有企业同步。

三、有关要求

（一）重点控制区内各级环保部门要严格按照大气污染物特别排放限值要求，审批所有新建项目，按照“三同时”制度进行管理，确保满足特别排放限值要求。

（二）现有火电、钢铁企业不能达到大气污染物特别排放限值要求的，应根据超标情况制订限期治理措施，确保在规定时间内达到特别排放限值要求。限期治理后仍不能达标的，应限产限排或关停，并按相关规定进行处罚。

附件：重点控制区范围

环境保护部

2013年2月27日

附件：

重点控制区范围

区域名称	省 份	重 点 控 制 区
京津冀	北京市	北京市
	天津市	天津市
	河北省	石家庄市、唐山市、保定市、廊坊市
长三角	上海市	上海市
	江苏省	南京市、无锡市、常州市、苏州市、南通市、扬州市、镇江市、泰州市
	浙江省	杭州市、宁波市、嘉兴市、湖州市、绍兴市
珠三角	广东省	广州市、深圳市、珠海市、佛山市、江门市、肇庆市、惠州市、东莞市、中山市
辽宁中部城市群	辽宁省	沈阳市
山东城市群	山东省	济南市、青岛市、淄博市、潍坊市、日照市
武汉及其周边城市群	湖北省	武汉市
长株潭城市群	湖南省	长沙市
成渝城市群	重庆市	重庆市主城区
	四川省	成都市
海峡西岸城市群	福建省	福州市、三明市
山西中北部城市群	山西省	太原市
陕西关中城市群	陕西省	西安市、咸阳市
甘宁城市群	甘肃省	兰州市
	宁夏回族自治区	银川市
新疆乌鲁木齐城市群	新疆维吾尔自治区	乌鲁木齐市

国务院关于印发大气污染防治行动计划的通知

国发[2013]37号

各省、自治区、直辖市人民政府，国务院各部委、各直属机构：

现将《大气污染防治行动计划》印发给你们，请认真贯彻执行。

国务院

2013年9月10日

大气污染防治行动计划

大气环境保护事关人民群众根本利益，事关经济持续健康发展，事关全面建成小康社会，事关实现中华民族伟大复兴中国梦。当前，我国大气污染形势严峻，以可吸入颗粒物（PM_{10}）、细颗粒物（$PM_{2.5}$）为特征污染物的区域性大气环境问题日益突出，损害人民群众身体健康，影响社会和谐稳定。随着我国工业化、城镇化的深入推进，能源资源消耗持续增加，大气污染防治压力继续加大。为切实改善空气质量，制定本行动计划。

总体要求：以邓小平理论、“三个代表”重要思想、科学发展观为指导，以保障人民群众身体健康为出发点，大力推进生态文明建设，坚持政府调控与市场调节相结合、全面推进与重点突破相配合、区域协作与属地管理相协调、总量减排与质量改善相同步，形成政府统领、企业施治、市场驱动、公众参与的大气污染防治新机制，实施分区域、分阶段治理，推动产业结构优化、科技创新能力增强、经济增长质量提高，实现环境效益、经济效益与社会效益多赢，为建设美丽中国而奋斗。

奋斗目标：经过五年努力，全国空气质量总体改善，重污染天气较大幅度减少；京津冀、长三角、珠三角等区域空气质量明显好转。力争再用五年或更长时间，逐步消除重污染天气，全国空气质量明显改善。

具体指标：到2017年，全国地级及以上城市可吸入颗粒物浓度比2012年下降10%以上，优良天数逐年提高；京津冀、长三角、珠三角等区域细颗粒物浓度分别下降25%、20%、15%左右，其中北京市细颗粒物年均浓度控制在60微克/米^{3}左右。

一、加大综合治理力度，减少多污染物排放

（一）加强工业企业大气污染综合治理。全面整治燃煤小锅炉。加快推进集中供热、“煤改气”、“煤改电”工程建设，到2017年，除必要保留的以外，地级及以上城市建成区基本淘汰每小时10蒸吨及以下的燃煤锅炉，禁止新建每小时20蒸吨以下的燃煤锅炉；其他地区原则上不再新建每小时10蒸吨以下的燃煤锅炉。在供热供气管网不能覆盖的地区，改用电、新能源或洁净煤，推广应用高效节能环保型锅炉。在化工、造纸、印染、制革、制药等产业集聚区，通过集中建设热电联产机组逐步淘汰分散燃煤锅炉。

加快重点行业脱硫、脱硝、除尘改造工程建设。所有燃煤电厂、钢铁企业的烧结机和球团生产设备、石油炼制企业的催化裂化装置、有色金属冶炼企业都要安装脱硫设施，每小时 20 蒸吨及以上的燃煤锅炉要实施脱硫。除循环流化床锅炉以外的燃煤机组均应安装脱硝设施，新型干法水泥窑要实施低氮燃烧技术改造并安装脱硝设施。燃煤锅炉和工业窑炉现有除尘设施要实施升级改造。

推进挥发性有机物污染治理。在石化、有机化工、表面涂装、包装印刷等行业实施挥发性有机物综合整治，在石化行业开展“泄漏检测与修复”技术改造。限时完成加油站、储油库、油罐车的油气回收治理，在原油成品油码头积极开展油气回收治理。完善涂料、胶粘剂等产品挥发性有机物限值标准，推广使用水性涂料，鼓励生产、销售和使用低毒、低挥发性有机溶剂。

京津冀、长三角、珠三角等区域要于 2015 年底前基本完成燃煤电厂、燃煤锅炉和工业窑炉的污染治理设施建设与改造，完成石化企业有机废气综合治理。

（二）深化面源污染治理。综合整治城市扬尘。加强施工扬尘监管，积极推进绿色施工，建设工程施工现场应全封闭设置围挡墙，严禁敞开式作业，施工现场道路应进行地面硬化。渣土运输车辆应采取密闭措施，并逐步安装卫星定位系统。推行道路机械化清扫等低尘作业方式。大型煤堆、料堆要实现封闭储存或建设防风抑尘设施。推进城市及周边绿化和防风防沙林建设，扩大城市建成区绿地规模。

开展餐饮油烟污染治理。城区餐饮服务经营场所应安装高效油烟净化设施，推广使用高效净化型家用吸油烟机。

（三）强化移动源污染防治。加强城市交通管理。优化城市功能和布局规划，推广智能交通管理，缓解城市交通拥堵。实施公交优先战略，提高公共交通出行比例，加强步行、自行车交通系统建设。根据城市发展规划，合理控制机动车保有量，北京、上海、广州等特大城市要严格限制机动车保有量。通过鼓励绿色出行、增加使用成本等措施，降低机动车使用强度。

提升燃油品质。加快石油炼制企业升级改造，力争在 2013 年底前，全国供应符合国家第四阶段标准的车用汽油，在 2014 年底前，全国供应符合国家第四阶段标准的车用柴油，在 2015 年底前，京津冀、长三角、珠三角等区域内重点城市全面供应符合国家第五阶段标准的车用汽、柴油，在 2017 年底前，全国供应符合国家第五阶段标准的车用汽、柴油。加强油品质量监督检查，严厉打击非法生产、销售不合格油品行为。

加快淘汰黄标车和老旧车辆。采取划定禁行区域、经济补偿等方式，逐步淘汰黄标车和老旧车辆。到 2015 年，淘汰 2005 年底前注册营运的黄标车，基本淘汰京津冀、长三角、珠三角等区域内的 500 万辆黄标车。到 2017 年，基本淘汰全国范围的黄标车。

加强机动车环保管理。环保、工业和信息化、质检、工商等部门联合加强新生产车辆环保监管，严厉打击生产、销售环保不达标车辆的违法行为；加强在用机动车年度检验，对不达标车辆不得发放环保合格标志，不得上路行驶。加快柴油车车用尿素供应体系建设。研究缩短公交车、出租车强制报废年限。鼓励出租车每年更换高效尾气净化装置。开展工程机械等非道路移动机械和船舶的污染控制。

加快推进低速汽车升级换代。不断提高低速汽车（三轮汽车、低速货车）节能环保要求，减少污染排放，促进相关产业和产品技术升级换代。自 2017 年起，新生产的低速货车执行与轻型载货车同等的节能与排放标准。

大力推广新能源汽车。公交、环卫等行业和政府机关要率先使用新能源汽车，采取直接上牌、财政补贴等措施鼓励个人购买。北京、上海、广州等城市每年新增或更新的公交车中新能源和清洁燃料车的比例达到60%以上。

二、调整优化产业结构，推动产业转型升级

（四）严控“两高”行业新增产能。修订高耗能、高污染和资源性行业准入条件，明确资源能源节约和污染物排放等指标。有条件的地区要制定符合当地功能定位、严于国家要求的产业准入目录。严格控制“两高”行业新增产能，新、改、扩建项目要实行产能等量或减量置换。

（五）加快淘汰落后产能。结合产业发展实际和环境质量状况，进一步提高环保、能耗、安全、质量等标准，分区域明确落后产能淘汰任务，倒逼产业转型升级。

按照《部分工业行业淘汰落后生产工艺装备和产品指导目录（2010年本）》、《产业结构调整指导目录（2011年本）（修正）》的要求，采取经济、技术、法律和必要的行政手段，提前一年完成钢铁、水泥、电解铝、平板玻璃等21个重点行业的“十二五”落后产能淘汰任务。2015年再淘汰炼铁1 500万吨、炼钢1 500万吨、水泥（熟料及粉磨能力）1亿吨、平板玻璃2 000万重量箱。对未按期完成淘汰任务的地区，严格控制国家安排的投资项目，暂停对该地区重点行业建设项目办理审批、核准和备案手续。2016年、2017年，各地区要制定范围更宽、标准更高的落后产能淘汰政策，再淘汰一批落后产能。

对布局分散、装备水平低、环保设施差的小型工业企业进行全面排查，制定综合整改方案，实施分类治理。

（六）压缩过剩产能。加大环保、能耗、安全执法处罚力度，建立以节能环保标准促进“两高”行业过剩产能退出的机制。制定财政、土地、金融等扶持政策，支持产能过剩“两高”行业企业退出、转型发展。发挥优强企业对行业发展的主导作用，通过跨地区、跨所有制企业兼并重组，推动过剩产能压缩。严禁核准产能严重过剩行业新增产能项目。

（七）坚决停建产能严重过剩行业违规在建项目。认真清理产能严重过剩行业违规在建项目，对未批先建、边批边建、越权核准的违规项目，尚未开工建设的，不准开工；正在建设的，要停止建设。地方人民政府要加强组织领导和监督检查，坚决遏制产能严重过剩行业盲目扩张。

三、加快企业技术改造，提高科技创新能力

（八）强化科技研发和推广。加强灰霾、臭氧的形成机理、来源解析、迁移规律和监测预警等研究，为污染治理提供科学支撑。加强大气污染与人群健康关系的研究。支持企业技术中心、国家重点实验室、国家工程实验室建设，推进大型大气光化学模拟仓、大型气溶胶模拟仓等科技基础设施建设。

加强脱硫、脱硝、高效除尘、挥发性有机物控制、柴油机（车）排放净化、环境监测，以及新能源汽车、智能电网等方面的技术研发，推进技术成果转化应用。加强大气污染治理先进技术、管理经验等方面的国际交流与合作。

（九）全面推行清洁生产。对钢铁、水泥、化工、石化、有色金属冶炼等重点行业进行清洁生产审核，针对节能减排关键领域和薄弱环节，采用先进适用的技术、工艺和装备，实施清洁生产技术改造；到2017年，重点行业排污强度比2012年下降30%以上。推进非有机溶剂型涂料和农药等产品创新，减少生产和使用过程中挥发性有机物排放。积极开发缓释肥料新品种，减少化肥施用过程中氨的排放。

（十）大力发展循环经济。鼓励产业集聚发展，实施园区循环化改造，推进能源梯级利用、水资源循环利用、废物交换利用、土地节约集约利用，促进企业循环式生产、园区循环式发展、

产业循环式组合，构建循环型工业体系。推动水泥、钢铁等工业窑炉、高炉实施废物协同处置。大力发展机电产品再制造，推进资源再生利用产业发展。到 2017 年，单位工业增加值能耗比 2012 年降低 20%左右，在 50%以上的各类国家级园区和 30%以上的各类省级园区实施循环化改造，主要有色金属品种以及钢铁的循环再生比重达到 40%左右。

（十一）大力培育节能环保产业。着力把大气污染治理的政策要求有效转化为节能环保产业发展的市场需求，促进重大环保技术装备、产品的创新开发与产业化应用。扩大国内消费市场，积极支持新业态、新模式，培育一批具有国际竞争力的大型节能环保企业，大幅增加大气污染治理装备、产品、服务产业产值，有效推动节能环保、新能源等战略性新兴产业发展。鼓励外商投资节能环保产业。

四、加快调整能源结构，增加清洁能源供应

（十二）控制煤炭消费总量。制定国家煤炭消费总量中长期控制目标，实行目标责任管理。到 2017 年，煤炭占能源消费总量比重降低到 65%以下。京津冀、长三角、珠三角等区域力争实现煤炭消费总量负增长，通过逐步提高接受外输电比例、增加天然气供应、加大非化石能源利用强度等措施替代燃煤。

京津冀、长三角、珠三角等区域新建项目禁止配套建设自备燃煤电站。耗煤项目要实行煤炭减量替代。除热电联产外，禁止审批新建燃煤发电项目；现有多台燃煤机组装机容量合计达到 30 万千瓦以上的，可按照煤炭等量替代的原则建设为大容量燃煤机组。

（十三）加快清洁能源替代利用。加大天然气、煤制天然气、煤层气供应。到 2015 年，新增天然气干线管输能力 1 500 亿立方米以上，覆盖京津冀、长三角、珠三角等区域。优化天然气使用方式，新增天然气应优先保障居民生活或用于替代燃煤；鼓励发展天然气分布式能源等高效利用项目，限制发展天然气化工项目；有序发展天然气调峰电站，原则上不再新建天然气发电项目。

制定煤制天然气发展规划，在满足最严格的环保要求和保障水资源供应的前提下，加快煤制天然气产业化和规模化步伐。

积极有序发展水电，开发利用地热能、风能、太阳能、生物质能，安全高效发展核电。到 2017 年，运行核电机组装机容量达到 5 000 万千瓦，非化石能源消费比重提高到 13%。

京津冀区域城市建成区、长三角城市群、珠三角区域要加快现有工业企业燃煤设施天然气替代步伐；到 2017 年，基本完成燃煤锅炉、工业窑炉、自备燃煤电站的天然气替代改造任务。

（十四）推进煤炭清洁利用。提高煤炭洗选比例，新建煤矿应同步建设煤炭洗选设施，现有煤矿要加快建设与改造；到 2017 年，原煤入选率达到 70%以上。禁止进口高灰分、高硫分的劣质煤炭，研究出台煤炭质量管理办法。限制高硫石油焦的进口。

扩大城市高污染燃料禁燃区范围，逐步由城市建成区扩展到近郊。结合城中村、城乡结合部、棚户区改造，通过政策补偿和实施峰谷电价、季节性电价、阶梯电价、调峰电价等措施，逐步推行以天然气或电替代煤炭。鼓励北方农村地区建设洁净煤配送中心，推广使用洁净煤和型煤。

（十五）提高能源使用效率。严格落实节能评估审查制度。新建高耗能项目单位产品（产值）能耗要达到国内先进水平，用能设备达到一级能效标准。京津冀、长三角、珠三角等区域，新建高耗能项目单位产品（产值）能耗要达到国际先进水平。

积极发展绿色建筑，政府投资的公共建筑、保障性住房等要率先执行绿色建筑标准。新建

建筑要严格执行强制性节能标准，推广使用太阳能热水系统、地源热泵、空气源热泵、光伏建筑一体化、“热—电—冷”三联供等技术和装备。

推进供热计量改革，加快北方采暖地区既有居住建筑供热计量和节能改造；新建建筑和完成供热计量改造的既有建筑逐步实行供热计量收费。加快热力管网建设与改造。

五、严格节能环保准入，优化产业空间布局

（十六）调整产业布局。按照主体功能区规划要求，合理确定重点产业发展布局、结构和规模，重大项目原则上布局在优化开发区和重点开发区。所有新、改、扩建项目，必须全部进行环境影响评价；未通过环境影响评价审批的，一律不准开工建设；违规建设的，要依法进行处罚。加强产业政策在产业转移过程中的引导与约束作用，严格限制在生态脆弱或环境敏感地区建设“两高”行业项目。加强对各类产业发展规划的环境影响评价。

在东部、中部和西部地区实施差别化的产业政策，对京津冀、长三角、珠三角等区域提出更高的节能环保要求。强化环境监管，严禁落后产能转移。

（十七）强化节能环保指标约束。提高节能环保准入门槛，健全重点行业准入条件，公布符合准入条件的企业名单并实施动态管理。严格实施污染物排放总量控制，将二氧化硫、氮氧化物、烟粉尘和挥发性有机物排放是否符合总量控制要求作为建设项目环境影响评价审批的前置条件。

京津冀、长三角、珠三角区域以及辽宁中部、山东、武汉及其周边、长株潭、成渝、海峡西岸、山西中北部、陕西关中、甘宁、乌鲁木齐城市群等“三区十群”中的 47 个城市，新建火电、钢铁、石化、水泥、有色、化工等企业以及燃煤锅炉项目要执行大气污染物特别排放限值。各地区可根据环境质量改善的需要，扩大特别排放限值实施的范围。

对未通过能评、环评审查的项目，有关部门不得审批、核准、备案，不得提供土地，不得批准开工建设，不得发放生产许可证、安全生产许可证、排污许可证，金融机构不得提供任何形式的新增授信支持，有关单位不得供电、供水。

（十八）优化空间格局。科学制定并严格实施城市规划，强化城市空间管制要求和绿地控制要求，规范各类产业园区和城市新城、新区设立和布局，禁止随意调整和修改城市规划，形成有利于大气污染物扩散的城市和区域空间格局。研究开展城市环境总体规划试点工作。

结合化解过剩产能、节能减排和企业兼并重组，有序推进位于城市主城区的钢铁、石化、化工、有色金属冶炼、水泥、平板玻璃等重污染企业环保搬迁、改造，到 2017 年基本完成。

六、发挥市场机制作用，完善环境经济政策

（十九）发挥市场机制调节作用。本着“谁污染、谁负责，多排放、多负担，节能减排得收益、获补偿”的原则，积极推行激励与约束并举的节能减排新机制。

分行业、分地区对水、电等资源类产品制定企业消耗定额。建立企业“领跑者”制度，对能效、排污强度达到更高标准的先进企业给予鼓励。

全面落实“合同能源管理”的财税优惠政策，完善促进环境服务业发展的扶持政策，推行污染治理设施投资、建设、运行一体化特许经营。完善绿色信贷和绿色证券政策，将企业环境信息纳入征信系统。严格限制环境违法企业贷款和上市融资。推进排污权有偿使用和交易试点。

（二十）完善价格税收政策。根据脱硝成本，结合调整销售电价，完善脱硝电价政策。现有火电机组采用新技术进行除尘设施改造的，要给予价格政策支持。实行阶梯式电价。

推进天然气价格形成机制改革，理顺天然气与可替代能源的比价关系。

按照合理补偿成本、优质优价和污染者付费的原则合理确定成品油价格，完善对部分困难群体和公益性行业成品油价格改革补贴政策。

加大排污费征收力度，做到应收尽收。适时提高排污收费标准，将挥发性有机物纳入排污费征收范围。

研究将部分“两高”行业产品纳入消费税征收范围。完善“两高”行业产品出口退税政策和资源综合利用税收政策。积极推进煤炭等资源税从价计征改革。符合税收法律法规规定，使用专用设备或建设环境保护项目的企业以及高新技术企业，可以享受企业所得税优惠。

（二十一）拓宽投融资渠道。深化节能环保投融资体制改革，鼓励民间资本和社会资本进入大气污染防治领域。引导银行业金融机构加大对大气污染防治项目的信贷支持。探索排污权抵押融资模式，拓展节能环保设施融资、租赁业务。

地方人民政府要对涉及民生的“煤改气”项目、黄标车和老旧车辆淘汰、轻型载货车替代低速货车等加大政策支持力度，对重点行业清洁生产示范工程给予引导性资金支持。要将空气质量监测站点建设及其运行和监管经费纳入各级财政预算予以保障。

在环境执法到位、价格机制理顺的基础上，中央财政统筹整合主要污染物减排等专项，设立大气污染防治专项资金，对重点区域按治理成效实施“以奖代补”；中央基本建设投资也要加大对重点区域大气污染防治的支持力度。

七、健全法律法规体系，严格依法监督管理

（二十二）完善法律法规标准。加快大气污染防治法修订步伐，重点健全总量控制、排污许可、应急预警、法律责任等方面的制度，研究增加对恶意排污、造成重大污染危害的企业及其相关负责人追究刑事责任的内容，加大对违法行为的处罚力度。建立健全环境公益诉讼制度。研究起草环境税法草案，加快修改环境保护法，尽快出台机动车污染防治条例和排污许可证管理条例。各地区可结合实际，出台地方性大气污染防治法规、规章。

加快制（修）订重点行业排放标准以及汽车燃料消耗量标准、油品标准、供热计量标准等，完善行业污染防治技术政策和清洁生产评价指标体系。

（二十三）提高环境监管能力。完善国家监察、地方监管、单位负责的环境监管体制，加强对地方人民政府执行环境法律法规和政策的监督。加大环境监测、信息、应急、监察等能力建设力度，达到标准化建设要求。

建设城市站、背景站、区域站统一布局的国家空气质量监测网络，加强监测数据质量管理，客观反映空气质量状况。加强重点污染源在线监控体系建设，推进环境卫星应用。建设国家、省、市三级机动车排污监管平台。到 2015 年，地级及以上城市全部建成细颗粒物监测点和国家直管的监测点。

（二十四）加大环保执法力度。推进联合执法、区域执法、交叉执法等执法机制创新，明确重点，加大力度，严厉打击环境违法行为。对偷排偷放、屡查屡犯的违法企业，要依法停产关闭。对涉嫌环境犯罪的，要依法追究刑事责任。落实执法责任，对监督缺位、执法不力、徇私枉法等行为，监察机关要依法追究有关部门和人员的责任。

（二十五）实行环境信息公开。国家每月公布空气质量最差的 10 个城市和最好的 10 个城市的名单。各省（区、市）要公布本行政区域内地级及以上城市空气质量排名。地级及以上城市要在当地主要媒体及时发布空气质量监测信息。

各级环保部门和企业要主动公开新建项目环境影响评价、企业污染物排放、治污设施运行

情况等环境信息，接受社会监督。涉及群众利益的建设项目，应充分听取公众意见。建立重污染行业企业环境信息强制公开制度。

八、建立区域协作机制，统筹区域环境治理

（二十六）建立区域协作机制。建立京津冀、长三角区域大气污染防治协作机制，由区域内省级人民政府和国务院有关部门参加，协调解决区域突出环境问题，组织实施环评会商、联合执法、信息共享、预警应急等大气污染防治措施，通报区域大气污染防治工作进展，研究确定阶段性工作要求、工作重点和主要任务。

（二十七）分解目标任务。国务院与各省（区、市）人民政府签订大气污染防治目标责任书，将目标任务分解落实到地方人民政府和企业。将重点区域的细颗粒物指标、非重点地区的可吸入颗粒物指标作为经济社会发展的约束性指标，构建以环境质量改善为核心的目标责任考核体系。

国务院制定考核办法，每年初对各省（区、市）上年度治理任务完成情况进行考核；2015年进行中期评估，并依据评估情况调整治理任务；2017年对行动计划实施情况进行终期考核。考核和评估结果经国务院同意后，向社会公布，并交由干部主管部门，按照《关于建立促进科学发展的党政领导班子和领导干部考核评价机制的意见》、《地方党政领导班子和领导干部综合考核评价办法（试行）》、《关于开展政府绩效管理试点工作的意见》等规定，作为对领导班子和领导干部综合考核评价的重要依据。

（二十八）实行严格责任追究。对未通过年度考核的，由环保部门会同组织部门、监察机关等部门约谈省级人民政府及其相关部门有关负责人，提出整改意见，予以督促。

对因工作不力、履职缺位等导致未能有效应对重污染天气的，以及干预、伪造监测数据和没有完成年度目标任务的，监察机关要依法依纪追究有关单位和人员的责任，环保部门要对有关地区和企业实施建设项目环评限批，取消国家授予的环境保护荣誉称号。

九、建立监测预警应急体系，妥善应对重污染天气

（二十九）建立监测预警体系。环保部门要加强与气象部门的合作，建立重污染天气监测预警体系。到2014年，京津冀、长三角、珠三角区域要完成区域、省、市级重污染天气监测预警系统建设；其他省（区、市）、副省级市、省会城市于2015年底前完成。要做好重污染天气过程的趋势分析，完善会商研判机制，提高监测预警的准确度，及时发布监测预警信息。

（三十）制定完善应急预案。空气质量未达到规定标准的城市应制定和完善重污染天气应急预案并向社会公布；要落实责任主体，明确应急组织机构及其职责、预警预报及响应程序、应急处置及保障措施等内容，按不同污染等级确定企业限产停产、机动车和扬尘管控、中小学校停课以及可行的气象干预等应对措施。开展重污染天气应急演练。

京津冀、长三角、珠三角等区域要建立健全区域、省、市联动的重污染天气应急响应体系。区域内各省（区、市）的应急预案，应于2013年底前报环境保护部备案。

（三十一）及时采取应急措施。将重污染天气应急响应纳入地方人民政府突发事件应急管理体系，实行政府主要负责人负责制。要依据重污染天气的预警等级，迅速启动应急预案，引导公众做好卫生防护。

十、明确政府企业和社会的责任，动员全民参与环境保护

（三十二）明确地方政府统领责任。地方各级人民政府对本行政区域内的大气环境质量负

总责，要根据国家的总体部署及控制目标，制定本地区的实施细则，确定工作重点任务和年度控制指标，完善政策措施，并向社会公开；要不断加大监管力度，确保任务明确、项目清晰、资金保障。

（三十三）加强部门协调联动。各有关部门要密切配合、协调力量、统一行动，形成大气污染防治的强大合力。环境保护部要加强指导、协调和监督，有关部门要制定有利于大气污染防治的投资、财政、税收、金融、价格、贸易、科技等政策，依法做好各自领域的相关工作。

（三十四）强化企业施治。企业是大气污染治理的责任主体，要按照环保规范要求，加强内部管理，增加资金投入，采用先进的生产工艺和治理技术，确保达标排放，甚至达到“零排放”；要自觉履行环境保护的社会责任，接受社会监督。

（三十五）广泛动员社会参与。环境治理，人人有责。要积极开展多种形式的宣传教育，普及大气污染防治的科学知识。加强大气环境管理专业人才培养。倡导文明、节约、绿色的消费方式和生活习惯，引导公众从自身做起、从点滴做起、从身边的小事做起，在全社会树立起“同呼吸、共奋斗”的行为准则，共同改善空气质量。

我国仍然处于社会主义初级阶段，大气污染防治任务繁重艰巨，要坚定信心、综合治理，突出重点、逐步推进，重在落实、务求实效。各地区、各有关部门和企业要按照本行动计划的要求，紧密结合实际，狠抓贯彻落实，确保空气质量改善目标如期实现。

关于认真学习领会贯彻落实《大气污染防治行动计划》的通知

环发[2013]103 号

各省、自治区、直辖市环境保护厅（局），副省级城市环境保护局，解放军环境保护局，新疆生产建设兵团环境保护局，辽河保护区管理局，部机关各部门，各派出机构、直属单位：

党中央、国务院高度重视大气污染防治。针对 2013 年 1 月份以来我国出现的长时间大范围重污染雾霾天气，习近平总书记作出重要批示，要求务必高度重视，加强领导，下定决心，坚决治理，出台有力举措，为实现美丽中国的发展目标作出应有贡献。李克强总理明确要求，下更大的决心，以更大的作为，扎实推进大气污染治理工作。张高丽副总理要求采取稳、准、狠的措施坚决治理大气污染。近日，国务院出台《关于印发大气污染防治行动计划的通知》（国发[2013]37 号，以下简称《大气十条》），提出大气污染防治的总体要求、奋斗目标和政策举措。全国环保系统必须认真学习领会，深入贯彻落实，扎实推进空气质量逐步改善。现将有关要求通知如下：

一、充分认识贯彻落实《大气十条》的重大意义

大气污染防治关系人民群众身体健康，关系经济持续健康发展，关系各级政府的形象和公信力，出台《大气十条》意义重大。

（一）《大气十条》是推进生态文明建设的重要举措。蓝天白云是广大人民群众对生态文明最质朴的理解。天空没有蓝天白云，全面建成小康社会、建设生态文明的美丽中国、实现中华民族复兴的中国梦就无从谈起。必须通过大气污染综合治理这个突破口，大力推进生态文明建设。

（二）《大气十条》是解决民生环境问题的必然要求。不损害群众健康的、优美宜居的环境质量是各级政府必须提供的公共产品和基本服务。扎实推进大气污染综合防治，大幅减少重污染天气，逐步改善空气质量，让人们看到希望，才能取信于民。

（三）《大气十条》是打造中国经济升级版的有力抓手。我国高投入、高消耗、高污染、低效益的粗放型发展方式尚未得到根本转变，这是造成大气污染严重的根本原因。深化大气污染防治，是转变发展方式和调整经济结构的内在要求，是提高经济增长质量和效益的重要举措。

（四）《大气十条》是树立负责任国家形象的有效途径。深化大气污染综合治理，可以协同控制和减少多污染物的排放量，更好地彰显负责任的大国形象，也有利于我国在处理国际事务中占据主动。

二、全面把握《大气十条》的主要内容

《大气十条》立足推进科学发展、建设生态文明的战略高度，注重改革创新，坚持污染治旧与控新、能源减煤与增气、政策激励与约束并举，着眼于建立健全政府统领、企业施治、市

场驱动、公众参与的环境保护新机制，从生产、流通、分配和消费的再生产全过程入手，综合运用经济、科技、法律和必要的行政手段，提出了十条35项具体措施，涉及减少污染物排放、推进产业结构优化升级、加快企业技术改造、调整能源结构、严格节能环保准入、完善环境经济政策、健全环境法律法规体系、建立区域协作机制、妥善应对重污染天气、明确政府企业和社会责任等诸多方面。

《大气十条》目标积极稳妥，任务明确具体，措施严密可行，既能回应人民群众改善大气环境质量的期待，又能让各级政府接受和认可。要深入理解、全面把握、精心实施。我们既要立即行动，有所作为，打好攻坚战，逐步改善空气质量，让人民群众看到希望；又要清醒地认识到大气污染治理的长期性、艰巨性和复杂性，从长计议，清醒应对，打好持久战，实现空气质量根本性好转。

三、狠抓《大气十条》贯彻落实的几点要求

全国环保系统要认真抓好《大气十条》的贯彻落实，用空气质量改善的实际成效，为推进生态文明、建设美丽中国作出应有贡献。

一是在分解目标任务上抓落实。地方各级环保部门要主动当好同级党委和政府的参谋助手，按照国务院授权环境保护部与各省（区、市）人民政府签订的大气污染防治目标责任书要求，层层签订责任书，把目标任务分解落实到地方各级人民政府、各有关部门和企业，构建纵向到底、横向到边的目标任务和责任考核体系。

二是在促进经济转型升级上抓落实。各地要把调整产业结构、增强科技创新能力、提高经济增长质量、保障改善民生紧密结合起来，优化产业空间布局，加快企业技术改造，加快调整能源结构，加快淘汰落后产能。充分利用环境保护的倒逼机制，推进存量结构调整。同时，抓好增量结构调整。严格环境准入，坚决控制高耗能、高污染行业新增产能，认真清理产能严重过剩行业违规在建项目，尚未开工的，一律不准开工建设；正在建设的，一律停止建设。

三是在完成重点工作上抓落实。《大气十条》强调分区施策、分阶段治理的差别化目标任务，确定的重点治理地区是京津冀、长三角、珠三角三大重点区域，控制的主要污染物是细颗粒物（$PM_{2.5}$），其他地区控制的主要污染物是可吸入颗粒物（PM_{10}）。其中，京津冀及周边地区（北京、天津、河北、山西、内蒙古、辽宁、山东）是重中之重，环境目标更高、治理措施更严。地方各级环保部门要结合本地实际，抓紧制定《大气十条》的实施细则，明确重点治理地区和重点任务，以壮士断腕的精神坚决推进，确保治理任务圆满完成。

四是在妥善应对重污染天气上抓落实。加快建设国家空气质量监测网络，到2013年底，环保重点城市和国家环保模范城市全部建成$PM_{2.5}$监测点，到2015年覆盖所有地级以上城市。建立重污染天气监测预警体系，及时发布监测预警信息，做好重污染天气应急处置工作。各地要抓紧制定和完善应急预案并向社会公布。根据预警等级，迅速启动应急预案，采取应对措施，切实保障人民群众身体健康。

五是在强化环境信息公开上抓落实。向社会全文公开大气污染防治目标责任书以及各地大气污染治理的目标、措施，接受监督。以新建项目环境影响评价审批、环境空气质量监测、企业污染物排放、突发环境事件处置为重点，加大环境信息公开力度。国家每月公布空气质量最差的10个城市和最好的10个城市的名单，地级及以上城市要在当地主要媒体及时发布空气质量监测信息。

六是在严格考核问责上抓落实。按照国务院制定的考核办法，每年初对各省（区、市）上

年度治理任务完成情况进行考核。考核和评估结果报国务院同意后，向社会公布。对未通过年度考核的，会同组织部门、监察机关等部门约谈相关负责人，督促整改。对工作不力、履职缺位等导致未能有效应对重污染天气，以及干预、伪造监测数据和没有完成年度目标任务的，严格追究有关人员责任。

环境保护部

2013 年 9 月 13 日

附件：

京津冀及周边地区落实大气污染防治行动计划实施细则

京津冀及周边地区（包括北京市、天津市、河北省、山西省、内蒙古自治区、山东省）是我国大气污染最严重的区域。为加快京津冀及周边地区大气污染综合治理，依据《大气污染防治行动计划》，制定本实施细则。

一、主要目标

经过五年努力，京津冀及周边地区空气质量明显好转，重污染天气较大幅度减少。力争再用五年或更长时间，逐步消除重污染天气，空气质量全面改善。

具体指标：到 2017 年，北京市、天津市、河北省细颗粒物（$PM_{2.5}$）浓度在 2012 年基础上下降 25%左右，山西省、山东省下降 20%，内蒙古自治区下降 10%。其中，北京市细颗粒物年均浓度控制在 60 微克/立方米左右。

二、重点任务

（一）实施综合治理，强化污染物协同减排

1. 全面淘汰燃煤小锅炉。加快热力和燃气管网建设，通过集中供热和清洁能源替代，加快淘汰供暖和工业燃煤小锅炉。

到 2015 年底，京津冀及周边地区地级及以上城市建成区，除必要保留的以外，全部淘汰每小时 10 蒸吨及以下燃煤锅炉、茶浴炉；北京市建成区取消所有燃煤锅炉，改由清洁能源替代。

到 2017 年底，北京市、天津市、河北省地级及以上城市建成区基本淘汰每小时 35 蒸吨及以下燃煤锅炉，城乡结合部地区和其他远郊区县的城镇地区基本淘汰每小时 10 蒸吨及以下燃煤锅炉。

到 2017 年底，北京市、天津市、河北省、山西省和山东省所有工业园区以及化工、造纸、印染、制革、制药等产业集聚的地区，逐步取消自备燃煤锅炉，改用天然气等清洁能源或由周边热电厂集中供热。

在供热供气管网覆盖不到的其他地区，改用电、新能源或洁净煤，推广应用高效节能环保型锅炉。北京市、天津市、河北省、山西省和山东省地级及以上城市建成区原则上不得新建燃煤锅炉。

2. 加快重点行业污染治理。京津冀及周边地区大幅度削减二氧化硫、氮氧化物、烟粉尘、挥发性有机物排放总量。

电力、钢铁、水泥、有色等企业以及燃煤锅炉，要加快污染治理设施建设与改造，确保按期达标排放。到2015年底，京津冀及周边地区新建和改造燃煤机组脱硫装机容量5 970万千瓦，新建和改造钢铁烧结机脱硫1.6万平方米；新建燃煤电厂脱硝装机容量1.1亿千瓦，新建或改造脱硝水泥熟料产能1.1亿吨；电力、水泥、钢铁等行业完成除尘升级改造的装机容量或产能规模分别不得低于2 574万千瓦、3 325万吨、6 358万吨。

到2017年底，钢铁、水泥、化工、石化、有色等行业完成清洁生产审核，推进企业清洁生产技术改造。

实施挥发性有机物污染综合治理工程。到2014年底，加油站、储油库、油罐车完成油气回收治理。到2015年底，石化企业全面推行“泄漏检测与修复”技术，完成有机废气综合治理。到2017年底，对有机化工、医药、表面涂装、塑料制品、包装印刷等重点行业的559家企业开展挥发性有机物综合治理。

3. 深化面源污染治理。强化施工工地扬尘环境监管，积极推进绿色施工，建设工程施工现场应全封闭设置围挡墙，严禁敞开式作业，施工现场道路应进行地面硬化。将施工扬尘污染控制情况纳入建筑企业信用管理系统，作为招投标的重要依据。

到2015年底，渣土运输车辆全部采取密闭措施，逐步安装卫星定位系统。各种煤堆、料堆实现封闭储存或建设防风抑尘设施。

加强城市环境管理，严格治理餐饮业排污，城区餐饮服务经营场所全部安装高效油烟净化设施，推广使用高效净化型家用吸油烟机。全面禁止秸秆焚烧。

推进城市及周边绿化和防风防沙林建设，扩大城市建成区绿地规模，继续推进道路绿化、居住区绿化、立体空间绿化。山西省、内蒙古自治区要强化生态保护和建设，积极治理水土流失，继续实施退耕还林、还草，压畜减载恢复草原植被，加强沙化土地治理。进一步加强京津冀风沙源治理和“三北”防护林建设。

（二）统筹城市交通管理，防治机动车污染

4. 加强城市交通管理。实施公交优先战略，加强步行、自行车交通系统建设，开展“无车日”活动，提高绿色交通出行比例。到2017年底，北京市、天津市公共交通占机动化出行比例达到60%以上。优化京津冀及周边地区城际综合交通体系，推进区域性公路网、铁路网建设，合理调配人流、物流及其运输方式；加快建设北京市绕城高速公路，减少重型载货车辆过境穿行主城区。

5. 控制城市机动车保有量。北京市要严格限制机动车保有量，天津、石家庄、太原、济南等城市要严格限制机动车保有量增长速度，通过采取鼓励绿色出行、增加使用成本等措施，降低机动车使用强度。

6. 提升燃油品质。天津市、河北省、山西省、内蒙古自治区和山东省2013年底前供应符合国家第四阶段标准的车用汽油，2014年底前供应符合国家第四阶段标准的车用柴油。北京市、天津市、河北省重点城市2015年底前供应符合国家第五阶段标准的车用汽、柴油，山西省、内蒙古自治区、山东省2017年底前供应符合国家第五阶段标准的车用汽油、柴油。

中石油、中石化、中海油等炼化企业要合理安排生产和改造计划，制定合格油品保障方案，确保按期供应合格油品。

加强油品质量监督检查，严厉打击非法生产、销售不合格油品行为，加油站不得销售不符合标准的车用汽、柴油。

7. 加快淘汰黄标车。到2015年底，北京市黄标车全部淘汰，天津市基本淘汰，河北省、山西省、内蒙古自治区和山东省淘汰2005年底前注册营运的黄标车。到2017年底，京津冀及周边地区黄标车全部淘汰。

到 2014 年底，北京市、天津市、河北省、山西省和山东省地级及以上城市建成区全面实施“黄标车”限行。

8. 加强机动车环保管理。到 2015 年，北京市、天津市、河北省全面实施国家第五阶段机动车排放标准，山西省、内蒙古自治区和山东省于 2017 年底前实施。

北京、天津、石家庄、太原、济南等城市实施补贴等激励政策，鼓励出租车每年更换高效尾气净化装置。

9. 大力推广新能源汽车。公交、环卫等行业和政府机关率先推广使用新能源汽车。北京、天津、石家庄、太原、济南等城市每年新增或更新的公交车中新能源和清洁燃料车的比例达到60%左右。采取直接上牌、财政补贴等综合措施鼓励个人购买新能源汽车。在农村地区积极推广电动低速汽车（三轮汽车、低速货车）。

（三）调整产业结构，优化区域经济布局

10. 严格产业和环境准入。京津冀及周边地区不得审批钢铁、水泥、电解铝、平板玻璃、船舶等产能严重过剩行业新增产能项目。北京市、天津市、河北省、山东省不再审批炼焦、有色、电石、铁合金等新增产能项目，山西省、内蒙古自治区（邻近京津冀的地区）不再审批炼焦、电石、铁合金等新增产能项目。北京市不再审批劳动密集型一般制造业新增产能项目，现有的逐步向外转移。

北京、天津、石家庄、唐山、保定、廊坊、太原、济南、青岛、淄博、潍坊、日照等 12 个城市建设火电、钢铁、石化、水泥、有色、化工等六大行业以及燃煤锅炉项目，要严格执行大气污染物特别排放限值。

11. 加快淘汰落后产能。京津冀及周边地区要提前一年完成国家下达的“十二五”落后产能淘汰任务，对未按期完成淘汰任务的地区，严格控制国家安排的投资项目，暂停对该地区重点行业建设项目办理核准、审批和备案手续。2015—2017 年，结合产业发展实际和环境质量状况，进一步提高环保、能耗、安全、质量等标准，加大执法处罚力度，将经整改整顿仍不达标企业列入年度淘汰计划，继续加大落后产能淘汰力度。

北京市，到 2017 年底，调整退出高污染企业 1 200 家。

天津市，到 2017 年底，行政辖区内钢铁产能、水泥（熟料）产能、燃煤机组装机容量分别控制在 2 000 万吨、500 万吨、1 400 万千瓦以内。

河北省，到 2017 年底，钢铁产能压缩淘汰 6 000 万吨以上，产能控制在国务院批复的《河北省钢铁产业结构调整方案》确定的目标以内；全部淘汰 10 万千瓦以下非热电联产燃煤机组，启动淘汰 20 万千瓦以下的非热电联产燃煤机组。“十二五”期间淘汰水泥（熟料及磨机）落后产能 6 100 万吨以上，淘汰平板玻璃产能 3 600 万重量箱。

山西省，到 2017 年底，淘汰钢铁落后产能 670 万吨，淘汰压缩焦炭产能 1 800 万吨。

内蒙古自治区，到 2017 年底，淘汰水泥落后产能 459 万吨。

山东省，到 2015 年底，淘汰炼铁产能 2 111 万吨，炼钢产能 2 257 万吨，钢铁产能压缩 1 000 万吨以上，控制在 5 000 万吨以内；到 2017 年底，焦炭产能控制在 4 000 万吨以内。

（四）控制煤炭消费总量，推动能源利用清洁化

12. 实行煤炭消费总量控制。按照国家要求，完成节能降耗目标。到 2017 年底，通过淘汰落后产能、清理违规产能、强化节能减排、实施天然气清洁能源替代、安全高效发展核电以及加强新能源利用等综合措施，北京市、天津市、河北省和山东省压减煤炭消费总量 8 300 万吨。

其中，北京市净削减原煤 1 300 万吨，天津市净削减 1 000 万吨，河北省净削减 4 000 万吨，山东省净削减 2 000 万吨。

13. 实施清洁能源替代。加大天然气、液化石油气、煤制天然气、太阳能等清洁能源的供应和推广力度，逐步提高城市清洁能源使用比重。

到 2017 年底，京津塘电网风电等可再生能源电力占电力消费总量比重提高到 15%，山东电网提高到 10%。北京市煤炭占能源消费比重下降到 10%以下，电力、天然气等优质能源占比提高到 90%以上。

北京市、天津市、河北省和山东省新增天然气优先用于居民用气、分布式能源高效利用项目，以及替代锅炉、工业窑炉及自备电站的燃煤。

到 2017 年底，北京市、天津市、河北省和山东省现有炼化企业的燃煤设施，全部改用天然气或由周边电厂供汽供电。

14. 全面推进煤炭清洁利用。天津市、河北省、山西省、内蒙古自治区和山东省要将煤炭更多地用于燃烧效率高且污染治理措施到位的燃煤电厂，鼓励工业窑炉和锅炉使用清洁能源。

加强煤炭质量管理，限制销售灰分高于 16%、硫分高于 1%的散煤。

削减农村炊事和采暖用煤，加大罐装液化气和可再生能源炊事采暖用能供应。推进绿色农房建设，大力推广农房太阳能热利用。到 2017 年底，北京市、天津市和河北省基本建立以县（区）为单位的全密闭配煤中心、覆盖所有乡镇村的洁净煤供应网络，洁净煤使用率达到 90%以上。

15. 扩大高污染燃料禁燃区范围。到 2013 年底，北京市、天津市、河北省、山西省和山东省完成“高污染燃料禁燃区”划定和调整工作，并向社会公开；各城市禁燃区面积不低于建成区面积的 80%。禁燃区内禁止原煤散烧。

16. 推动高效清洁化供热。京津冀及周边地区实行供热计量收费。到 2017 年底，京津冀及周边地区 80%的具备改造价值的既有建筑完成节能改造。

新建建筑推广使用太阳能热水系统，推动光伏建筑一体化应用。既有建筑“平改坡”时，鼓励同步安装太阳能光伏和太阳能热水器。

17. 优化空间格局。京津冀及周边地区要严格按照主体功能区规划要求，制定实施符合当地功能定位、更高节能环保要求的产业发展指导目录，优化区域产业布局。科学制定并严格实施城市规划，将资源环境条件、城市人口规模、人均城市道路面积、万人公共汽车保有量等纳入城市总体规划，严格城市控制性详细规划绿地率等审查，规范各类产业园区和城市新城、新区设立和布局，严禁随意调整和修改城市规划，形成有利于大气污染物扩散的城市和区域空间格局。

河北、山西、山东等省要大力推进位于城市主城区的钢铁、石化、化工、有色、水泥、平板玻璃等重污染企业搬迁、改造，到 2017 年底，基本完成搬迁、改造任务。加快石家庄钢铁、唐山丰南渤海钢铁集团、青岛钢铁厂等企业环保搬迁。

山西省、内蒙古自治区要高起点规划、高标准建设国家能源基地，加快火电、风电等电力外送通道建设。

（五）强化基础能力，健全监测预警和应急体系

18. 加强环境监测能力建设。到 2013 年底，北京市、天津市、河北省和山东省完成地级及以上城市细颗粒物监测能力全覆盖；到 2015 年底，北京市、天津市各建设 3 个国家直管监测点，石家庄、太原、呼和浩特、济南、青岛等城市各建设 2 个国家直管监测点，其他地级城市各建设 1 个国家直管监测点，逐步建成统一的国家空气质量监测网。

加强重点污染源在线监测体系建设，建成机动车排污监控平台。将监测能力建设及其运行和监管经费纳入各级财政预算予以保障。

19. 建立重污染天气监测预警体系。环保部门要加强与气象部门的合作，抓紧建立重污染天气监测预警体系。到 2013 年底，初步建成京津冀区域以及北京市、天津市、河北省省级重污染天气监测预警系统；到 2014 年底，完成山西省、内蒙古自治区、山东省省级和京津冀及周边地区地级及以上城市建设任务。

20. 组织编制应急预案。地方人民政府要制定和完善重污染天气应急预案，明确应急组织机构及其职责，按照预警等级，确定相应的应急措施，2013 年底前编制完成。应急预案报环境保护部备案并向社会公布。定期开展应急演练。

21. 构建区域性重污染天气应急响应机制。将重污染天气应急响应纳入各级人民政府突发事件应急管理体系，实行政府主要负责人负责制。2013 年底前，京津冀及周边地区建立健全区域、省、市联动的应急响应体系，实行联防联控。

22. 及时采取应急措施。在预警信息发布的同时，根据重污染天气的预警等级，迅速启动应急预案，实施重污染企业限产停产、建筑工地停止土方作业、机动车限行、中小学校停课以及可行的气象干预等应对措施，引导公众做好卫生防护。

（六）加强组织领导，强化监督考核

23. 建立健全区域协作机制。成立京津冀及周边地区大气污染防治协作机制，由区域内各省（区、市）人民政府和国务院有关部门参加，研究协调解决区域内突出环境问题，并组织实施环评会商、联合执法、信息共享、预警应急等大气污染防治措施。通报区域大气污染防治工作进展，研究确定阶段性工作要求、工作重点与主要任务。

24. 加强监督考核。国务院与京津冀及周边地区各省（区、市）人民政府签订大气污染防治目标责任书，将目标任务层层分解落实到各级人民政府和企业。

建立以政府考核为主、兼顾第三方评估的综合考核体系，提高考评结果的公正性和准确性。发挥行业协会、公众、专家学者和咨询机构的积极性，采用抽样调查、现场评价、满意度调查等方法，探索开展第三方评估。每年初对上年度任务完成情况进行考核。考核、评估结果向国务院报告，并向社会公告。

25. 广泛动员公众参与。通过典型示范、专题活动、展览展示、岗位创建、合理化建议等多种形式，动员公众践行低碳、绿色、文明的生活方式和消费模式，积极参与环境保护。企业要严格遵守环境保护法律法规和标准，积极治理污染，履行社会责任。

国务院关于酸雨控制区和二氧化硫污染控制区有关问题的批复

国函[1998]5号

国家环保局：

你局《关于呈报审批酸雨控制区和二氧化硫污染控制区划分方案的请示》（环发[1997]634号）收悉，现批复如下：

一、原则同意《酸雨控制区和二氧化硫污染控制区划分方案》，由你局发布。同意酸雨控制区和二氧化硫污染控制区（以下简称两控区）划定范围（具体范围附后）。

二、两控区控制目标为：到2000年，排放二氧化硫的工业污染源达标排放，并实行二氧化硫排放总量控制；有关直辖市、省会城市、经济特区城市、沿海开放城市及重点旅游城市环境空气二氧化硫浓度达到国家环境质量标准，酸雨控制区酸雨恶化的趋势得到缓解。到2010年，二氧化硫排放总量控制在2000年排放水平以内；城市环境空气二氧化硫浓度达到国家环境质量标准，酸雨控制区降水pH值小于4.5的面积比2000年有明显减少。

三、禁止新建煤层含硫分大于3%的矿井，建成的生产煤层含硫分大于3%的矿井，逐步实行限产或关停。新建、改造含硫分大于1.5%的煤矿，应当配套建设相应规模的煤炭洗选设施。现有煤矿应按照规划的要求分期分批补建煤炭洗选设施。城市燃用的煤炭和燃料重油的含硫量，必须符合当地城市人民政府的规定。

四、除以热定电的热电厂外，禁止在大中城市城区及近郊区新建燃煤火电厂。新建、改造燃煤含硫量大于1%的电厂，必须建设脱硫设施。现有燃煤含硫量大于1%的电厂，要在2000年前采取减排二氧化硫的措施，在2010年前分期分批建成脱硫设施或采取其他具有相应效果的减排二氧化硫的措施。化工、冶金、建材、有色等污染严重的企业，必须建设工艺废气处理设施或采取其他减排措施。

五、要结合产业和产品结构的调整，大力推行清洁生产，加强技术改造，促进资源节约和综合利用，切实降低二氧化硫排放水平。

六、要按照《国务院关于二氧化硫排污收费扩大试点工作有关问题的批复》（国函[1996]24号）要求，认真做好二氧化硫排污费的征收、管理和使用工作，其中用于重点排污单位专项治理二氧化硫污染的资金比例不得低于90%。

七、有关地方人民政府和电力、煤炭等有关部门要按照本批复的要求，制定有关规划及计划，采取有效措施，确保两控区目标和要求的落实。你局要认真做好两控区污染防治的指导工作，加强环境监测和监督检查。

附件：1．酸雨控制区范围

2．二氧化硫污染控制区范围（略）

附件 1：

酸雨控制区范围

省、自治区、直辖市	控制区范围（国家重点扶持的贫困县除外）
上海市	上海市
江苏省	南京市、扬州市、南通市、镇江市、常州市、无锡市、苏州市、泰州市
浙江省	杭州市、宁波市、温州市（市区及瑞安市、永嘉县、苍南县）、嘉兴市、湖州市、绍兴市、金华市、衢州市（市区及江山市、衢县、龙游县）、台州市
安徽省	芜湖市、铜陵市、马鞍山市、黄山市、巢湖地区、宣城地区
福建省	福州市、厦门市、三明市、泉州市、漳州市、龙岩市
江西省	南昌市、萍乡市、九江市、鹰潭市、抚州地区、吉安市、赣州市
湖北省	

中华人民共和国国家标准

火电厂大气污染物排放标准

Emission standard of air pollutants for thermal power plants

GB 13223—2011
代替 GB 13223—2003

2011-07-29 发布　　　　2012-01-01 实施

前　言

为贯彻《中华人民共和国环境保护法》、《中华人民共和国大气污染防治法》、《国务院关于落实科学发展观　加强环境保护的决定》等法律、法规，保护环境，改善环境质量，防治火电厂大气污染物排放造成的污染，促进火力发电行业的技术进步和可持续发展，制定本标准。

本标准规定了火电厂大气污染物排放浓度限值、监测和监控要求。

本标准中的污染物排放浓度均为质量浓度。

本标准首次发布于 1991 年，1996 年第一次修订，2003 年第二次修订。

本次修订的主要内容：

——调整了大气污染物排放浓度限值；

——规定了现有火电锅炉达到更加严格的排放浓度限值的时限；

——取消了全厂二氧化硫最高允许排放速率的规定；

——增设了燃气锅炉大气污染物排放浓度限值；

——增设了大气污染物特别排放限值。

火电厂排放的水污染物、恶臭污染物和环境噪声适用相应的国家污染物排放标准，产生固体废物的鉴别、处理和处置适用国家固体废物污染控制标准。

自本标准实施之日起，火电厂大气污染物排放控制按本标准的规定执行，不再执行国家污染物排放标准《火电厂大气污染物排放标准》（GB 13223—2003）中的相关规定。

地方省级人民政府对本标准未作规定的大气污染物项目，可以制定地方污染物排放标准；对本标准已作规定的大气污染物项目，可以制定严于本标准的地方污染物排放标准。

本标准由环境保护部科技标准司组织制订。

本标准起草单位：中国环境科学研究院、国电环境保护研究院。

本标准环境保护部 2011 年 7 月 18 日批准。

本标准自 2012 年 1 月 1 日起实施。

本标准由环境保护部解释。

1　适用范围

本标准规定了火电厂大气污染物排放浓度限值、监测和监控要求，以及标准的实施与监督等相关规定。

本标准适用于现有火电厂的大气污染物排放管理以及火电厂建设项目的环境影响评价、环境保护工程设计、竣工环境保护验收及其投产后的大气污染物排放管理。

本标准适用于使用单台出力 65 t/h 以上除层燃炉、抛煤机炉外的燃煤发电锅炉；各种容量的煤粉发电锅炉；单台出力 65 t/h 以上燃油、燃气发电锅炉；各种容量的燃气轮机组的火电厂；单台出力 65 t/h 以上采用煤矸石、生物质、油页岩、石油焦等燃料的发电锅炉，参照本标准中循环流化床火力发电锅炉的污染物排放控制要求执行。整体煤气化联合循环发电的燃气轮机组执行本标准中燃用天然气的燃气轮机组排放限值。

本标准不适用于各种容量的以生活垃圾、危险废物为燃料的火电厂。

本标准适用于法律允许的污染物排放行为。新设立污染源的选址和特殊保护区域内现有污染源的管理，按照《中华人民共和国大气污染防治法》、《中华人民共和国水污染防治法》、《中华人民共和国海洋环境保护法》、《中华人民共和国固体废物污染环境防治法》、《中华人民共和国环境影响评价法》等法律、法规和规章的相关规定执行。

2 规范性引用文件

本标准引用下列文件或其中的条款。凡是不注日期的引用文件，其最新版本适用于本标准。

GB/T 16157 固定污染源排气中颗粒物测定与气态污染物采样方法

HJ/T 42 固定污染源排气中氮氧化物的测定 紫外分光光度法

HJ/T 43 固定污染源排气中氮氧化物的测定 盐酸萘乙二胺分光光度法

HJ/T 56 固定污染源排气中二氧化硫的测定 碘量法

HJ/T 57 固定污染源排气中二氧化硫的测定 定电位电解法

HJ/T 75 固定污染源烟气排放连续监测技术规范（试行）

HJ/T 76 固定污染源烟气排放连续监测系统技术要求及检测方法（试行）

HJ/T 373 固定污染源监测质量保证与质量控制技术规范（试行）

HJ/T 397 固定源废气监测技术规范

HJ/T 398 固定污染源排放烟气黑度的测定 林格曼烟气黑度图法

HJ 543 固定污染源废气 汞的测定 冷原子吸收分光光度法（暂行）

HJ 629 固定污染源废气 二氧化硫的测定 非分散红外吸收法

《污染源自动监控管理办法》（国家环境保护总局令 第 28 号）

《环境监测管理办法》（国家环境保护总局令 第 39 号）

3 术语和定义

下列术语和定义适用于本标准。

3.1 火电厂 thermal power plant

燃烧固体、液体、气体燃料的发电厂。

3.2 标准状态 standard condition

烟气在温度为 273K，压力为 101 325Pa 时的状态，简称“标态”。本标准中所规定的大气污染物浓度均指标准状态下干烟气的数值。

3.3 氧含量 oxygen content

燃料燃烧时，烟气中含有的多余的自由氧，通常以干基容积百分数表示。

3.4 现有火力发电锅炉及燃气轮机组 existing plant

指本标准实施之日前，建成投产或环境影响评价文件已通过审批的火力发电锅炉及燃气轮机组。

3.5 新建火力发电锅炉及燃气轮机组 new plant

指本标准实施之日起，环境影响评价文件通过审批的新建、扩建和改建的火力发电锅炉及燃气轮机组。

3.6 W 形火焰炉膛 arch fired furnace

燃烧器置于炉膛前后墙拱顶，燃料和空气向下喷射，燃烧产物转折 180°后从前后拱中间向上排出而形成 W 形火焰的燃烧空间。

3.7 重点地区 key region

指根据环境保护工作的要求，在国土开发密度较高，环境承载能力开始减弱，或大气环境容量较小、生态环境脆弱，容易发生严重大气环境污染问题而需要严格控制大气污染物排放的地区。

3.8 大气污染物特别排放限值 special limitation for air pollutants

指为防治区域性大气污染、改善环境质量、进一步降低大气污染源的排放强度、更加严格地控制排污行为而制定并实施的大气污染物排放限值，该限值的排放控制水平达到国际先进或领先程度，适用于重点地区。

4 污染物排放控制要求

4.1 自 2014 年 7 月 1 日起，现有火力发电锅炉及燃气轮机组执行表 1 规定的烟尘、二氧化硫、氮氧化物和烟气黑度排放限值。

4.2 自 2012 年 1 月 1 日起，新建火力发电锅炉及燃气轮机组执行表 1 规定的烟尘、二氧化硫、氮氧化物和烟气黑度排放限值。

4.3 自 2015 年 1 月 1 日起，燃煤锅炉执行表 1 规定的汞及其化合物污染物排放限值。

表 1 火力发电锅炉及燃气轮机组大气污染物排放浓度限值

单位：mg/m^3（烟气黑度除外）

序号	燃料和热能转化设施类型	污染物项目	适用条件	限值	污染物排放监控位置
1	燃煤锅炉	烟尘	全部	30	烟囱或烟道
		二氧化硫	新建锅炉	100 200(1)	
			现有锅炉	200 400(1)	
		氮氧化物（以 NO_2 计）	全部	100 200(2)	
		汞及其化合物	全部	0.03	
2	以油为燃料的锅炉或燃气轮机组	烟尘	全部	30	
		二氧化硫	新建锅炉及燃气轮机组	100	
			现有锅炉及燃气轮机组	200	
		氮氧化物（以 NO_2 计）	新建锅炉	100	
			现有锅炉	200	
			燃气轮机组	120	

序号	燃料和热能转化设施类型	污染物项目	适用条件	限值	污染物排放监控位置
3	以气体为燃料的锅炉或燃气轮机组	烟尘	天然气锅炉及燃气轮机组	5	烟囱或烟道
			其他气体燃料锅炉及燃气轮机组	10	
		二氧化硫	天然气锅炉及燃气轮机组	35	
			其他气体燃料锅炉及燃气轮机组	100	
		氮氧化物（以 NO_2 计）	天然气锅炉	100	
			其他气体燃料锅炉	200	
			天然气燃气轮机组	50	
			其他气体燃料燃气轮机组	120	
4	燃煤锅炉，以油、气体为燃料的锅炉或燃气轮机组	烟气黑度（林格曼黑度）/级	全部	1	烟囱排放口

注：（1）位于广西壮族自治区、重庆市、四川省和贵州省的火力发电锅炉执行该限值。

（2）采用 W 形火焰炉膛的火力发电锅炉，现有循环流化床火力发电锅炉，以及 2003 年 12 月 31 日前建成投产或通过建设项目环境影响报告书审批的火力发电锅炉执行该限值。

4.4 重点地区的火力发电锅炉及燃气轮机组执行表 2 规定的大气污染物特别排放限值。

执行大气污染物特别排放限值的具体地域范围、实施时间，由国务院环境保护行政主管部门规定。

表 2 大气污染物特别排放限值

单位：mg/m^3（烟气黑度除外）

序号	燃料和热能转化设施类型	污染物项目	适用条件	限值	污染物排放监控位置
1	燃煤锅炉	烟尘	全部	20	烟囱或烟道
		二氧化硫	全部	50	
		氮氧化物（以 NO_2 计）	全部	100	
		汞及其化合物	全部	0.03	
2	以油为燃料的锅炉或燃气轮机组	烟尘	全部	20	
		二氧化硫	全部	50	
		氮氧化物（以 NO_2 计）	燃油锅炉	100	
			燃气轮机组	120	
3	以气体为燃料的锅炉或燃气轮机组	烟尘	全部	5	
		二氧化硫	全部	35	
		氮氧化物（以 NO_2 计）	燃气锅炉	100	
			燃气轮机组	50	
4	燃煤锅炉，以油、气体为燃料的锅炉或燃气轮机组	烟气黑度（林格曼黑度）/级	全部	1	烟囱排放口

4.5　在现有火力发电锅炉及燃气轮机组运行、建设项目竣工环保验收及其后的运行过程中，负责监管的环境保护行政主管部门，应对周围居住、教学、医疗等用途的敏感区域环境质量进行监测。建设项目的具体监控范围为环境影响评价确定的周围敏感区域；未进行过环境影响评价的现有火力发电企业，监控范围由负责监管的环境保护行政主管部门，根据企业排污的特点和规律及当地的自然、气象条件等因素，参照相关环境影响评价技术导则确定。地方政府应对本辖区环境质量负责，采取措施确保环境状况符合环境质量标准要求。

4.6　不同时段建设的锅炉，若采用混合方式排放烟气，且选择的监控位置只能监测混合烟气中的大气污染物浓度，则应执行各时段限值中最严格的排放限值。

5　污染物监测要求

5.1　污染物采样与监测要求

5.1.1　对企业排放废气的采样，应根据监测污染物的种类，在规定的污染物排放监控位置进行，有废气处理设施的，应在该设施后监控。在污染物排放监控位置须设置规范的永久性测试孔、采样平台和排污口标志。

5.1.2　新建和现有火力发电锅炉及燃气轮机组安装污染物排放自动监控设备的要求，应按有关法律和《污染源自动监控管理办法》的规定执行。

5.1.3　污染物排放自动监控设备通过验收并正常运行的，应按照 HJ/T 75 和 HJ/T 76 的要求，定期对自动监控设备进行监督考核。

5.1.4　对企业污染物排放情况进行监测的采样方法、采样频次、采样时间和运行负荷等要求，按 GB/T 16157 和 HJ/T 397 的规定执行。

5.1.5　火电厂大气污染物监测的质量保证与质量控制，应按照 HJ/T 373 的要求进行。

5.1.6　企业应按照有关法律和《环境监测管理办法》的规定，对排污状况进行监测，并保存原始监测记录。

5.1.7　对火电厂大气污染物排放浓度的测定采用表 3 所列的方法标准。

表 3　火电厂大气污染物浓度测定方法标准

序号	污染物项目	方法标准名称	方法标准编号
1	烟　尘	固定污染源排气中颗粒物测定与气态污染物采样方法	GB/T 16157
2	烟气黑度	固定污染源排放烟气黑度的测定　林格曼烟气黑度图法	HJ/T 398
3	二氧化硫	固定污染源排气中二氧化硫的测定　碘量法	HJ/T 56
		固定污染源排气中二氧化硫的测定　定电位电解法	HJ/T 57
		固定污染源废气　二氧化硫的测定　非分散红外吸收法	HJ 629
4	氮氧化物	固定污染源排气中氮氧化物的测定　紫外分光光度法	HJ/T 42
		固定污染源排气中氮氧化物的测定　盐酸萘乙二胺分光光度法	HJ/T 43
5	汞及其化合物	固定污染源废气　汞的测定　冷原子吸收分光光度法（暂行）	HJ 543

5.2　大气污染物基准氧含量排放浓度折算方法

实测的火电厂烟尘、二氧化硫、氮氧化物和汞及其化合物排放浓度，必须执行 GB/T 16157 的规定，按式（1）折算为基准氧含量排放浓度。各类热能转化设施的基准氧含量按表 4 的规定执行。

表 4　基准氧含量

序号	热能转化设施类型	基准氧含量（O_2）/%
1	燃煤锅炉	6
2	燃油锅炉及燃气锅炉	3
3	燃气轮机组	15

$$\rho = \rho' \times \frac{21-\varphi(O_2)}{21-\varphi'(O_2)} \tag{1}$$

式中：ρ——大气污染物基准氧含量排放浓度，mg/m^3；

ρ'——实测的大气污染物排放浓度，mg/m^3；

$\varphi'(O_2)$——实测的氧含量，%；

$\varphi(O_2)$——基准氧含量，%。

6　实施与监督

6.1　本标准由县级以上人民政府环境保护行政主管部门负责监督实施。

6.2　在任何情况下，火力发电企业均应遵守本标准的大气污染物排放控制要求，采取必要措施保证污染防治设施正常运行。各级环保部门在对企业进行监督性检查时，可以现场即时采样或监测结果，作为判定排污行为是否符合排放标准以及实施相关环境保护管理措施的依据。

（二）水污染

关于印发推进城市污水、垃圾处理产业化发展意见的通知

计投资[2002]1591号

各省、自治区、直辖市人民政府、国务院有关部门：

为加快城市环境保护基础设施建设，促进环境保护与经济建设协调发展，国家计委、建设部、国家环境保护总局等部门共同研究制定了《关于推进城市污水、垃圾处理产业化发展的意见》，经报请国务院同意，现印发你们。请根据本地区、本部门的情况，制定和实施符合实际的具体政策措施，努力做好城市污水、垃圾处理产业化的推进工作。

附：《国家计委、建设部、国家环保总局关于推进城市污水、垃圾处理产业化发展的意见》

中华人民共和国国家发展计划委员会
中华人民共和国建设部
国家环境保护总局
二〇〇二年九月十日

附：

国家计委、建设部、国家环保总局关于推进城市污水、垃圾处理产业化发展的意见

为贯彻落实《国民经济和社会发展第十个五年计划纲要》，提高我国城市污水、垃圾处理水平，改善城市环境质量，实现可持续发展，现就推进城市污水、垃圾处理产业化发展提出如下意见：

一、提高认识，明确目标，推进城市污水、垃圾处理产业化发展

（一）坚持可持续发展战略，充分认识城市污水、垃圾处理工作的重要性。长期以来，在我国城市建设快速发展的过程中，由于对环境保护基础设施建设重视不够、投入不足，大量垃圾在城市边缘露天堆放或简易填埋，污水直接排入城市水系及相关流域，造成江河湖泊水质恶化和地下水污染，城市环境污染问题日益突出。如不尽快解决，将严重威胁城乡居民的生存环境和经济社会的可持续发展。

为解决城市环境保护问题，“十五”期间，要将环境保护作为经济结构调整的重要方面，

使其成为扩大内需的投资重点。各级政府要统一认识、明确任务，加强以污水、垃圾处理为重点的城市环境综合治理工作，坚决纠正以牺牲环境为代价发展经济的行为，坚持经济建设和环境保护设施同步规划、同步建设、同步发展，着力保护和改善生态环境。力争“十五”期间，城市环境污染恶化的趋势总体上得到控制，使部分城市和区域的环境质量有较大改善。

（二）建立城市污水、垃圾处理产业化新机制。根据“十五”计划纲要和《“十五”城镇化发展重点专项规划》，“十五”期间要新增城市污水日处理能力 2 600 万立方米，垃圾无害化日处理能力 15 万吨，2005 年城市污水集中处理率达到 45%，50 万人口以上的城市达到 60%以上。实现上述目标，需要巨大的资金投入，仅靠各级政府财力远远不够。各地区要转变污水、垃圾处理设施只能由政府投资、国有单位负责运营管理的观念，解放思想，采取有利于加快建设、加快发展的措施，切实推进城市污水、垃圾处理项目建设、运营的市场化改革。推进城市污水、垃圾处理产业化的方向是，改革价格机制和管理体制，鼓励各类所有制经济积极参与投资和经营，逐步建立与社会主义市场经济体制相适应的投融资及运营管理体制，实现投资主体多元化、运营主体企业化、运行管理市场化，形成开放式、竞争性的建设运营格局。

二、改革体制，创新机制，为城市污水、垃圾处理产业化创造基础条件

（一）已建有污水、垃圾处理设施的城市都要立即开征污水和垃圾处理费，其他城市应在 2003 年底以前开征。要加快推进价格改革，逐步建立符合市场经济规律的污水、垃圾处理收费制度，为城市污水、垃圾处理的产业化发展创造必要的条件。征收的污水处理费要能够补偿城市污水处理厂运营成本和合理的投资回报，有条件的城市，可适当考虑污水管网的建设费用。全面实行城市垃圾处理收费制度，保证垃圾处理企业的运营费用和建设投资的回收，实现垃圾收运、处理和再生利用的市场化运作。

（二）污水和垃圾处理费的征收标准可按保本微利、逐步到位的原则核定。在城市范围内排放污水、产生垃圾的单位和个人（包括使用自备水源的），均应缴纳污水处理费和垃圾处理费。

（三）征收的城市污水和垃圾处理费应专项用于城市污水、垃圾集中处理设施的运营、维护和项目建设。尚未建设污水、垃圾集中处理设施的城市所征收的污水、垃圾处理费，可用于城市污水、垃圾处理工程的前期工作和相关配套项目的投入，但在三年内必须建成污水、垃圾集中处理设施，并投入运行。

（四）改革管理体制，逐步实行城市污水、垃圾处理设施的特许经营。现有从事城市污水、垃圾处理运营的事业单位，要在清产核资、明晰产权的基础上，按《公司法》改制成独立的企业法人。暂不具备改制条件的，可采取目标管理的方式，与政府部门签订委托经营合同，提供污水、垃圾处理的经营服务。鼓励企业通过招投标方式独资、合资或租赁承包现有城市污水、垃圾处理设施的运营管理。鼓励将现有污水、垃圾处理设施在资产评估的基础上，通过招标实现经营权转让、盘活存量资产。盘活的资金要用于城市污水管网和垃圾收运系统的建设。

各级政府要认真做好组织领导工作，研究制定相关配套政策，积极推进转企改制工作稳妥有序地进行。

（五）各级政府要继续加大投入力度，加快污水收集系统建设，扩展污水收集管网服务范围，确保管网配套。鼓励实行城市供水和排水一体化管理。

（六）在统筹规划的基础上，鼓励建设污水再生利用和垃圾资源化设施。要建立有利于鼓励使用再生水替代自然水源以及垃圾资源化的成本补偿与价格激励机制，推动城市污水的再生利用和垃圾的资源化。

（七）新建城市污水、垃圾处理设施应创造条件，积极推向市场，引入竞争机制，通过招标选择投资者。鼓励社会投资主体采用 BOT 等特许经营方式投资或与政府授权的企业合资建设城市污水、垃圾处理设施。

（八）要将城市垃圾处理经营权（包括垃圾的收集、分拣、储运、处理、利用和经营等）进行公开招标。鼓励符合条件的各类企业参与垃圾处理权的公平竞争。进一步推进垃圾分类收集，提高垃圾收集转运系统的配套程度。支持人口密集、相邻中小城市（城镇）联合建设污水、垃圾处理设施。

三、市场引导，政策扶持。加快城市污水、垃圾处理产业化进程

（一）对社会资本投资的城市污水；垃圾处理项目，当地政府或所委托的机构可参照同期银行长期贷款利率的标准，设定投资回报参考标准，并根据其他具体条件计算项目的运行成本，合理确定城市污水、垃圾处理的价格，以此作为对投资者招标的标底上限，通过招标选择最优化的方案及项目的投资、运营企业。政府或其指定代理人收取的污水、垃圾处理费，须按合同约定支付给通过招标取得投资和运营资格的企业。政府或其指定代理人与投资者之间的协议应体现“利益共享，风险共担”的原则，不得为投资者提供无风险的投资回报保证或者担保。

（二）投资城市污水、垃圾处理设施，项目资本金应不低于总投资的 20%，经营期限不超过 30 年。

（三）承担城市污水、垃圾处理设施特许经营的企业，必须具有相应的从业资质，拥有相应的管理和技术人员，其注册资本不低于承包设施年运行总成本的 50%，特许承包经营期限一般不超过 8 年，特许经营期或承包运营期满后重新进行招标。

（四）政府对城市污水、垃圾处理企业以及项目建设给予必要的配套政策扶持，包括：

城市污水、垃圾处理生产用电按优惠用电价格执行；

对新建城市污水、垃圾处理设施可采取行政划拨方式提供项目建设用地。投资、运营企业在合同期限内拥有划拨土地规定用途的使用权。

（五）鼓励城市政府用污水、垃圾处理费收费质押贷款，筹集部分城市污水管网和垃圾收运设施的建设、改造资金。积极尝试以各种方式拓宽污水、垃圾处理设施建设的融资渠道。

（六）各级政府要从征收的城市维护建设税、城市基础设施配套费、国有土地出让收益中安排一定比例的资金，用于城市污水收集系统、垃圾收运设施的建设，或用于污水、垃圾处理收费不到位时的运营成本补偿。

（七）实行产业化方式新建污水、垃圾处理设施时，各级政府应在明确政府投资权益的前提下，适当安排财政性建设资金用于支持其产业化发展。国家支持城市污水、垃圾处理工程的项目法人利用外资包括申请国外优惠贷款，并对产业化项目给予适当补助。今后，凡是未按产业化要求进行建设和经营的污水、垃圾处理设施，国家不再予以政策、资金上的扶持。

四、加强监管，保障城市污水、垃圾处理产业化健康有序地发展

（一）各级政府要切实加强对城市污水、垃圾处理产业化工作的领导，把城市污水、垃圾处理纳入国民经济和社会发展计划的重点发展领域，统筹安排，采取有力措施，协调解决实施产业化过程中的有关问题。要加快制定污水和垃圾处理设施建设、运营、拍卖、抵押、资产重组、资金补助、收费管理、市场准入制度等方面的配套政策，积极推进城市污水和垃圾处理产业化规范有序地发展。

（二）地方政府要切实抓紧进行城市污水、垃圾处理行业的事业单位转企业以及相关的改

制工作，在社会保障、转岗再就业等方面提供必要的政策扶持。

（三）要按照国家城市污水、垃圾处理产业化发展的要求，积极开展项目前期工作，做好项目储备。要根据城市总体规划，制定城市污水和垃圾处理设施专项规划和建设计划，处理设施布局要合理，规模要切合实际。清理行政性壁垒和地区分割障碍，为国内外投资者投资、经营污水和垃圾处理设施创造公开、公平、公正的市场竞争环境。

（四）要加强污水、垃圾处理费征收、使用的管理和监督，确保污水、垃圾处理费全额用于规定事项。减免污水、垃圾处理费，应由减免决策单位等额补偿。鼓励采取供水、污水和垃圾处理统一收费和代扣代缴等方式，确保污水和垃圾处理费的足额征收。

（五）城市污水、垃圾处理实行产业化后，各级政府要转变传统的管理模式，加强对市场秩序的监督和管理、依法行政；要制定明确的污水、垃圾处理操作规程和质量标准，明确运营企业的责任和权益。要加强对污水处理设施的出水水质和垃圾处理设施的处置质量的监督，确保达标排放，避免二次污染。

对城市污水和垃圾处理企业，当地政府应委派监督员，依法对企业运行过程进行监督。

五、其他

（一）本意见所指城市为经国务院批准的设市城市。

（二）经济发达、人口稠密的建制镇以及与重大江河、流域水环境关系密切的城镇应参照本意见实行污水、垃圾处理产业化。

建设部网站

2002 年 9 月 28 日

（三）固体废物和危险废物

一般工业固体废物贮存、处置场污染控制标准

Standard for pollution control on the storage and disposal site for general industrial solid wastes

GB 18599—2001

批准日期　2001-12-28　　　　实施日期　2002-07-01

前　言

为贯彻《中华人民共和国固体废物污染环境防治法》，防治一般工业固体废物贮存、处置场的二次污染，制定本标准。

本标准规定了一般工业固体废物贮存、处置场的选址、设计、运行管理、关闭与封场以及污染控制与监测等内容。

本标准为首次发布。

本标准由国家环保总局科技标准司提出。

本标准由原冶金部马鞍山矿山研究院负责起草。

本标准由国家环境保护总局负责解释。

1　主题内容与适用范围

1.1　主题内容

本标准规定了一般工业固体废物贮存、处置场的选址、设计、运行管理、关闭与封场以及污染控制与监测等要求。

1.2　适用范围

本标准适用于新建、扩建、改建及已经建成投产的一般工业固体废物贮存、处置场的建设、运行和监督管理；不适用于危险废物和生活垃圾填埋场。

2　引用标准

下列标准所包含的条文，在本标准中引用而构成本标准的条文。与本标准同效。

危险废物鉴别标准　GB 5085.1～5085.2—1996

污水综合排放标准　GB 8978—1996

大气污染物综合排放标准　GB 16297—1996

地下水质量标准　GB/T 14848—93

工业固体废物采样制样技术规范　HJ/T 20—1996

固体废物浸出毒性浸出方法　GB 5086.1～5086.2—1997

固体废物浸出毒性测定方法　GB/T 15555.1～15555.12—1995

生活饮用水标准检验方法 GB 5750—85

环境保护图形标志—固体废物贮存（处置）场 GB 15562.2—1995

当上述标准被修订时，应使用其最新版本。

3 定义

本标准采用下列定义：

3.1 一般工业固体废物

系指未被列入《国家危险废物名录》或者根据国家规定的 GB 5085 鉴别标准和 GB 5086 及 GB/T 15555 鉴别方法判定不具有危险特性的工业固体废物。

3.2 第Ⅰ类一般工业固体废物

按照 GB 5086 规定方法进行浸出试验而获得的浸出液中，任何一种污染物的浓度均未超过 GB 8978 最高允许排放浓度，且 pH 值在 6 至 9 范围之内的一般工业固体废物。

3.3 第Ⅱ类一般工业固体废物

按照 GB 5086 规定方法进行浸出试验而获得的浸出液中，有一种或一种以上的污染物浓度超过 GB 8978 最高允许排放浓度，或者是 pH 值在 6 至 9 范围之外的一般工业固体废物。

3.4 贮存场

将一般工业固体废物置于符合本标准规定的非永久性的集中堆放场所。

3.5 处置场

将一般工业固体废物置于符合本标准规定的永久性的集中堆放场所。

3.6 渗滤液

一般工业固废物在贮存、处置过程中渗流出的液体。

3.7 渗透系数

水力坡降为 1 时，水穿过土壤、岩石或其他防渗材料的渗透速度，以 cm/s 计。

3.8 防渗工程

用天然或人工防渗材料构筑阻止贮存、处置场内外液体渗透的工程。

4 贮存、处置场的类型

贮存、处置场划分为Ⅰ和Ⅱ两个类型。

堆放第Ⅰ类一般工业固体废物的贮存、处置场为第一类，简称Ⅰ类场。

堆放第Ⅱ类一般工业固体废物的贮存、处置场为第二类，简称Ⅱ类场。

5 场址选择的环境保护要求

5.1 Ⅰ类场和Ⅱ类场的共同要求。

5.1.1 所选场址应符合当地城乡建设总体规划要求。

5.1.2 应选在工业区和居民集中区主导风向下风侧，厂界距居民集中区 500m 以外。

5.1.3 应选在满足承载力要求的地基上，以避免地基下沉的影响，特别是不均匀或局部下沉的影响。

5.1.4 应避开断层、断层破碎带、溶洞区，以及天然滑坡或泥石流影响区。

5.1.5 禁止选在江河、湖泊、水库最高水位线以下的滩地和洪泛区。

5.1.6 禁止选在自然保护区、风景名胜区和其他需要特别保护的区域。

5.2 Ⅰ类场的其他要求

应优先选用废弃的采矿坑、塌陷区。

5.3　Ⅱ类场的其他要求

5.3.1　应避开地下水主要补给区和饮用水源含水层。

5.3.2　应选在防渗性能好的地基上。天然基础层地表距地下水位的距离不得小于 1.5m。

6　贮存、处置场设计的环境保护要求

6.1　Ⅰ类场和Ⅱ类场的共同要求

6.1.1　贮存、处置场的建设类型，必须与将要堆放的一般工业固体废物的类别相一致。

6.1.2　建设项目环境影响评价中应设置贮存、处置场专题评价；扩建、改建和超期服役的贮存、处置场，应重新履行环境影响评价手续。

6.1.3　贮存、处置场应采取防止粉尘污染的措施。

6.1.4　为防止雨水径流进入贮存、处置场内，避免渗滤液量增加和滑坡，贮存、处置场周边应设置导流渠。

6.1.5　应设计渗滤液集排水设施。

6.1.6　为防止一般工业固体废物和渗滤液的流失，应构筑堤、坝、挡土墙等设施。

6.1.7　为保障设施、设备正常运营，必要时应采取措施防止地基下沉，尤其是防止不均匀或局部下沉。

6.1.8　含硫量大于 1.5%的煤矸石，必须采取措施防止自燃。

6.1.9　为加强监督管理，贮存、处置场应按 GB 15562.2 设置环境保护图形标志。

6.2　Ⅱ类场的其他要求

6.2.1　当天然基础层的渗透系数大于 1.0×10^{-7}cm/s 时，应采用天然或人工材料构筑防渗层，防渗层的厚度应相当于渗透系数 1.0×10^{-7}cm/s 和厚度 1.5m 的黏土层的防渗性能。

6.2.2　必要时应设计渗滤液处理设施，对渗滤液进行处理。

6.2.3　为监控渗滤液对地下水污染，贮存、处置场周边至少应设置三口地下水质监控井。第一口沿地下水流向设在贮存、处置场上游，作为对照井；第二口沿地下水流向设在贮存、处置场下游，作为污染监视监测井；第三口设在最可能出现扩散影响的贮存、处置场周边，作为污染扩散监测井。

当地质和水文地质资料表明含水层埋藏较深，经论证认定地下水不会被污染时，可以不设置地下水质监控井。

7　贮存、处置场的运行管理环境保护要求

7.1　Ⅰ类场和Ⅱ类场的共同要求。

7.1.1　贮存、处置场的竣工，必须经原审批环境影响报告书（表）的环境保护行政主管部门验收合格后，方可投入生产或使用。

7.1.2　一般工业固体废物贮存、处置场，禁止危险废物和生活垃圾混入。

7.1.3　贮存、处置场的渗滤液达到 GB 8978 标准后方可排放，大气污染物排放应满足 GB 16297 无组织排放要求。

7.1.4　贮存、处置场使用单位，应建立检查维护制度。定期检查维护堤、坝、挡土墙、导流渠等设施，发现有损坏可能或异常，应及时采取必要措施，以保障正常运行。

7.1.5　贮存、处置场的使用单位，应建立档案制度。应将入场的一般工业固体废物的种类和数量以及下列资料，详细记录在案，长期保存，供随时查阅。

a）各种设施和设备的检查维护资料；

b）地基下沉、坍塌、滑坡等的观测和处置资料；

c）渗滤液及其处理后的水污染物排放和大气污染物排放等的监测资料。

7.1.6 贮存、处置场的环境保护图形标志，应按 GB 15562.2 规定进行检查和维护。

7.2 Ⅰ类场的其他要求

禁止Ⅱ类一般工业固体废物混入。

7.3 Ⅱ类场的其他要求

7.3.1 应定期检查维护防渗工程，定期监测地下水水质，发现防渗功能下降，应及时采取必要措施。地下水水质按 GB/T 14848 规定评定。

7.3.2 应定期检查维护渗滤液集排水设施和渗滤液处理设施，定期监测渗滤液及其处理后的排放水水质，发现集排水设施不通畅或处理后的水质超过 GB 8978 或地方的污染物排放标准，须及时采取必要措施。

8 关闭与封场的环境保护要求

8.1 Ⅰ类场和Ⅱ类场的共同要求

8.1.1 当贮存、处置场服务期满或因故不再承担新的贮存、处置任务时，应分别予以关闭或封场。关闭或封场前，必须编制关闭或封场计划，报请所在地县级以上环境保护行政主管部门核准，并采取污染防止措施。

8.1.2 关闭或封场时，表面坡度一般不超过33%。标高每升高 3～5m，须建造一个台阶。台阶应有不小于 1m 的宽度、2%～3%的坡度和能经受暴雨冲刷的强度。

8.1.3 关闭或封场后，仍需继续维护管理，直到稳定为止。以防止覆土层下沉、开裂，致使渗滤液量增加，防止一般工业固体废物堆体失稳而造成滑坡等事故。

8.1.4 关闭或封场后，应设置标志物，注明关闭或封场时间，以及使用该土地时应注意的事项。

8.2 Ⅰ类场的其他要求

为利于恢复植被，关闭时表面一般应覆一层天然土壤，其厚度视固体废物的颗粒度大小和拟种植物种类确定。

8.3 Ⅱ类场的其他要求

8.3.1 为防止固体废物直接暴露和雨水渗入堆体内，封场时表面应覆土二层，第一层为阻隔层，覆 20～45cm 厚的黏土，并压实，防止雨水渗入固体废物堆体内；第二层为覆盖层，覆天然土壤，以利植物生长，其厚度视栽种植物种类而定。

8.3.2 封场后，渗滤液及其处理后的排放水的监测系统应继续维持正常运转，直至水质稳定为止。地下水监测系统应继续维持正常运转。

9 污染物控制与监测

9.1 污染控制项目

9.1.1 渗滤液及其处理后的排放水

应选择一般工业固体废物的特征组分作为控制项目。

9.1.2 地下水

贮存、处置场投入使用前，以 GB/T 14848 规定的项目为控制项目；使用过程中和关闭或封场后的控制项目，可选择所贮存、处置的固体废物的特征组分。

9.1.3 大气

贮存、处置场以颗粒物为控制项目，其中属于自燃性煤矸石的贮存、处置场，以颗粒物和二氧化硫为控制项目。

9.2 监测

9.2.1 渗滤液及其处理后的排放水

a）采样点

采样点设在排放口。

b）采样频率

每月一次。

c）测定方法

按 GB 8978 选配方法进行。

9.2.2 地下水

a）采样点

采样点设在地下水质监控井。

b）采样频率

贮存、处置场投入使用前，至少应监测一次本底水平；在运行过程中和封场后，每年按枯、平、丰水期进行，每期一次。

关于发布《一般工业固体废物贮存、处置场污染控制标准》（GB 18599—2001）等 3 项国家污染物控制标准修改单的公告

为贯彻《中华人民共和国环境保护法》和《中华人民共和国固体废物污染环境防治法》，防治污染，保护和改善生态环境，保障人体健康，完善国家环保标准体系，我部决定对《一般工业固体废物贮存、处置场污染控制标准》（GB 18599—2001）、《危险废物贮存污染控制标准》（GB 18597—2001）和《危险废物填埋污染控制标准》（GB 18598—2001）等 3 项国家污染物控制标准进行修改完善，制定了上述 3 项标准修改单，并由我部与国家质量监督检验检疫总局联合发布。

该标准修改单自发布之日起实施。

该标准修改单由中国环境科学出版社出版，标准内容可在环境保护部网站（bz.mep.gov.cn）查询。

特此公告。

（此公告业经国家质量监督检验检疫总局陈钢会签）

环境保护部

2013 年 6 月 8 日

附件：

《一般工业固体废物贮存、处置场污染控制标准》（GB 18599—2001）等 3 项国家污染物控制标准修改单

为进一步完善国家污染物排放（控制）标准体系，我部决定修改《一般工业固体废物贮存、处置场污染控制标准》（GB 18599—2001）、《危险废物贮存污染控制标准》（GB 18597—2001）和《危险废物填埋污染控制标准》（GB 18598—2001）等 3 项国家污染物控制标准，修改内容如下：

一、《一般工业固体废物贮存、处置场污染控制标准》（GB 18599—2001）第 5.1.2 条修改为：

应依据环境影响评价结论确定场址的位置及其与周围人群的距离，并经具有审批权的环境保护行政主管部门批准，并可作为规划控制的依据。

在对一般工业固体废物贮存、处置场场址进行环境影响评价时，应重点考虑一般工业固体废物贮存、处置场产生的渗滤液以及粉尘等大气污染物等因素，根据其所在地区的环境功能区类别，综合评价其对周围环境、居住人群的身体健康、日常生活和生产活动的影响，确定其与常住居民居住场所、农用地、地表水体、高速公路、交通主干道（国道或省道）、铁路、飞机场、军事基地等敏感对象之间合理的位置关系。

二、《危险废物贮存污染控制标准》（GB 18597—2001）第 6.1.3 条修改为：

应依据环境影响评价结论确定危险废物集中贮存设施的位置及其与周围人群的距离，并经具有审批权的环境保护行政主管部门批准，并可作为规划控制的依据。

在对危险废物集中贮存设施场址进行环境影响评价时，应重点考虑危险废物集中贮存设施可能产生的有害物质泄漏、大气污染物（含恶臭物质）的产生与扩散以及可能的事故风险等因素，根据其所在地区的环境功能区类别，综合评价其对周围环境、居住人群的身体健康、日常生活和生产活动的影响，确定危险废物集中贮存设施与常住居民居住场所、农用地、地表水体以及其他敏感对象之间合理的位置关系。

三、《危险废物填埋污染控制标准》（GB 18598—2001）第 4.4 条、第 4.5 条、第 4.7 条合并为一条，内容修改为：

危险废物填埋场场址的位置及与周围人群的距离应依据环境影响评价结论确定，并经具有审批权的环境保护行政主管部门批准，并可作为规划控制的依据。

在对危险废物填埋场场址进行环境影响评价时，应重点考虑危险废物填埋场渗滤液可能产生的风险、填埋场结构及防渗层长期安全性及其由此造成的渗漏风险等因素，根据其所在地区的环境功能区类别，结合该地区的长期发展规划和填埋场的设计寿命，重点评价其对周围地下水环境、居住人群的身体健康、日常生活和生产活动的长期影响，确定其与常住居民居住场所、农用地、地表水体以及其他敏感对象之间合理的位置关系。

国家环境保护总局令

第27号

《废弃危险化学品污染环境防治办法》已于2005年8月18日由国家环境保护总局2005年第十四次局务会议通过，现予公布，自2005年10月1日起施行。

国家环境保护总局局长　解振华

2005年8月30日

废弃危险化学品污染环境防治办法

第一条　为了防治废弃危险化学品污染环境，根据《固体废物污染环境防治法》、《危险化学品安全管理条例》和有关法律、法规，制定本办法。

第二条　本办法所称废弃危险化学品，是指未经使用而被所有人抛弃或者放弃的危险化学品，淘汰、伪劣、过期、失效的危险化学品，由公安、海关、质检、工商、农业、安全监管、环保等主管部门在行政管理活动中依法收缴的危险化学品以及接收的公众上交的危险化学品。

废弃危险化学品属于危险废物，列入国家危险废物名录。

第三条　本办法适用于中华人民共和国境内废弃危险化学品的产生、收集、运输、贮存、利用、处置活动污染环境的防治。

实验室产生的废弃试剂、药品污染环境的防治，也适用本办法。

盛装废弃危险化学品的容器和受废弃危险化学品污染的包装物，按照危险废物进行管理。

本办法未作规定的，适用有关法律、行政法规的规定。

第四条　废弃危险化学品污染环境的防治，实行减少废弃危险化学品的产生量、安全合理利用废弃危险化学品和无害化处置废弃危险化学品的原则。

第五条　国家鼓励、支持采取有利于废弃危险化学品回收利用活动的经济、技术政策和措施，对废弃危险化学品实行充分回收和安全合理利用。

国家鼓励、支持集中处置废弃危险化学品，促进废弃危险化学品污染防治产业化发展。

第六条　国务院环境保护部门对全国废弃危险化学品污染环境的防治工作实施统一监督管理。

县级以上地方环境保护部门对本行政区域内废弃危险化学品污染环境的防治工作实施监督管理。

第七条　禁止任何单位或者个人随意弃置废弃危险化学品。

第八条　危险化学品生产者、进口者、销售者、使用者对废弃危险化学品承担污染防治责任。

危险化学品生产者应当合理安排生产项目和规模，遵守国家有关产业政策和环境政策，尽量减少废弃危险化学品的产生量。

危险化学品生产者负责自行或者委托有相应经营类别和经营规模的持有危险废物经营许可证的单位，对废弃危险化学品进行回收、利用、处置。

危险化学品进口者、销售者、使用者负责委托有相应经营类别和经营规模的持有危险废物经营许可证的单位，对废弃危险化学品进行回收、利用、处置。

危险化学品生产者、进口者、销售者负责向使用者和公众提供废弃危险化学品回收、利用、处置单位和回收、利用、处置方法的信息。

第九条　产生废弃危险化学品的单位，应当建立危险化学品报废管理制度，制定废弃危险化学品管理计划并依法报环境保护部门备案，建立废弃危险化学品的信息登记档案。

产生废弃危险化学品的单位应当依法向所在地县级以上地方环境保护部门申报废弃危险化学品的种类、品名、成分或组成、特性、产生量、流向、贮存、利用、处置情况、化学品安全技术说明书等信息。

前款事项发生重大改变的，应当及时进行变更申报。

第十条　省级环境保护部门应当建立废弃危险化学品信息交换平台，促进废弃危险化学品的回收和安全合理利用。

第十一条　从事收集、贮存、利用、处置废弃危险化学品经营活动的单位，应当按照国家有关规定向所在地省级以上环境保护部门申领危险废物经营许可证。

危险化学品生产单位回收利用、处置与其产品同种的废弃危险化学品的，应当向所在地省级以上环境保护部门申领危险废物经营许可证，并提供符合下列条件的证明材料：

（一）具备相应的生产能力和完善的管理制度；

（二）具备回收利用、处置该种危险化学品的设施、技术和工艺；

（三）具备国家或者地方环境保护标准和安全要求的配套污染防治设施和事故应急救援措施。

禁止无危险废物经营许可证或者不按照经营许可证规定从事废弃危险化学品收集、贮存、利用、处置的经营活动。

第十二条　回收、利用废弃危险化学品的单位，必须保证回收、利用废弃危险化学品的设施、设备和场所符合国家环境保护有关法律法规及标准的要求，防止产生二次污染；对不能利用的废弃危险化学品，应当按照国家有关规定进行无害化处置或者承担处置费用。

第十三条　产生废弃危险化学品的单位委托持有危险废物经营许可证的单位收集、贮存、利用、处置废弃危险化学品的，应当向其提供废弃危险化学品的品名、数量、成分或组成、特性、化学品安全技术说明书等技术资料。

接收单位应当对接收的废弃危险化学品进行核实；未经核实的，不得处置；经核实不符的，应当在确定其品种、成分、特性后再进行处置。

禁止将废弃危险化学品提供或者委托给无危险废物经营许可证的单位从事收集、贮存、利用、处置等经营活动。

第十四条　危险化学品的生产、储存、使用单位转产、停产、停业或者解散的，应当按照《危险化学品安全管理条例》有关规定对危险化学品的生产或者储存设备、库存产品及生产原料进行妥善处置，并按照国家有关环境保护标准和规范，对厂区的土壤和地下水进行检测，编制环境风险评估报告，报县级以上环境保护部门备案。

对场地造成污染的，应当将环境恢复方案报经县级以上环境保护部门同意后，在环境保护部门规定的期限内对污染场地进行环境恢复。对污染场地完成环境恢复后，应当委托环境保护检测机构对恢复后的场地进行检测，并将检测报告报县级以上环境保护部门备案。

第十五条 对废弃危险化学品的容器和包装物以及收集、贮存、运输、处置废弃危险化学品的设施、场所，必须设置危险废物识别标志。

第十六条 转移废弃危险化学品的，应当按照国家有关规定填报危险废物转移联单；跨设区的市级以上行政区域转移的，并应当依法报经移出地设区的市级以上环境保护部门批准后方可转移。

第十七条 公安、海关、质检、工商、农业、安全监管、环保等主管部门在行政管理活动中依法收缴或者接收的废弃危险化学品，应当委托有相应经营类别和经营规模的持有危险废物经营许可证的单位进行回收、利用、处置。

对收缴的废弃危险化学品有明确责任人的，处置费用由责任人承担，由收缴的行政管理部门负责追缴；对收缴的废弃危险化学品无明确责任人或者责任人无能力承担处置费用的，以及接收的公众上交的废弃危险化学品，由收缴的行政管理部门负责向本级财政申请处置费用。

第十八条 产生、收集、贮存、运输、利用、处置废弃危险化学品的单位，其主要负责人必须保证本单位废弃危险化学品的管理符合有关法律、法规、规章的规定和国家标准的要求，并对本单位废弃危险化学品的环境安全负责。

从事废弃危险化学品收集、贮存、运输、利用、处置活动的人员，必须接受有关环境保护法律法规、专业技术和应急救援等方面的培训，方可从事该项工作。

第十九条 产生、收集、贮存、运输、利用、处置废弃危险化学品的单位，应当制定废弃危险化学品突发环境事件应急预案报县级以上环境保护部门备案，建设或配备必要的环境应急设施和设备，并定期进行演练。

发生废弃危险化学品事故时，事故责任单位应当立即采取措施消除或者减轻对环境的污染危害，及时通报可能受到污染危害的单位和居民，并按照国家有关事故报告程序的规定，向所在地县级以上环境保护部门和有关部门报告，接受调查处理。

第二十条 县级以上环境保护部门有权对本行政区域内产生、收集、贮存、运输、利用、处置废弃危险化学品的单位进行监督检查，发现有违反本办法行为的，应当责令其限期整改。检查情况和处理结果应当予以记录，并由检查人员签字后归档。

被检查单位应当接受检查机关依法实施的监督检查，如实反映情况，提供必要的资料，不得拒绝、阻挠。

第二十一条 县级以上环境保护部门违反本办法规定，不依法履行监督管理职责的，由本级人民政府或者上一级环境保护部门依据《固体废物污染环境防治法》第六十七条规定，责令改正，对负有责任的主管人员和其他直接责任人员依法给予行政处分；构成犯罪的，依法追究刑事责任。

第二十二条 违反本办法规定，有下列行为之一的，由县级以上环境保护部门依据《固体废物污染环境防治法》第七十五条规定予以处罚：

（一）随意弃置废弃危险化学品的；

（二）不按规定申报登记废弃危险化学品，或者在申报登记时弄虚作假的；

（三）将废弃危险化学品提供或者委托给无危险废物经营许可证的单位从事收集、贮存、利用、处置经营活动的；

（四）不按照国家有关规定填写危险废物转移联单或未经批准擅自转移废弃危险化学品的；

（五）未设置危险废物识别标志的；

（六）未制定废弃危险化学品突发环境事件应急预案的。

第二十三条 违反本办法规定的，不处置其产生的废弃危险化学品或者不承担处置费用的，由县级以上环境保护部门依据《固体废物污染环境防治法》第七十六条规定予以处罚。

第二十四条 违反本办法规定，无危险废物经营许可证或者不按危险废物经营许可证从事废弃危险化学品收集、贮存、利用和处置经营活动的，由县级以上环境保护部门依据《固体废物污染环境防治法》第七十七条规定予以处罚。

第二十五条 危险化学品的生产、储存、使用单位在转产、停产、停业或者解散时，违反本办法规定，有下列行为之一的，由县级以上环境保护部门责令限期改正，处以一万元以上三万元以下罚款：

（一）未按照国家有关环境保护标准和规范对厂区的土壤和地下水进行检测的；

（二）未编制环境风险评估报告并报县级以上环境保护部门备案的；

（三）未将环境恢复方案报经县级以上环境保护部门同意进行环境恢复的；

（四）未将环境恢复后的检测报告报县级以上环境保护部门备案的。

第二十六条 违反本办法规定，造成废弃危险化学品严重污染环境的，由县级以上环境保护部门依据《固体废物污染环境防治法》第八十一条规定决定限期治理，逾期未完成治理任务的，由本级人民政府决定停业或者关闭。

造成环境污染事故的，依据《固体废物污染环境防治法》第八十二条规定予以处罚；构成犯罪的，依法追究刑事责任。

第二十七条 违反本办法规定，拒绝、阻挠环境保护部门现场检查的，由执行现场检查的部门责令限期改正；拒不改正或者在检查时弄虚作假的，由县级以上环境保护部门依据《固体废物污染环境防治法》第七十条规定予以处罚。

第二十八条 当事人逾期不履行行政处罚决定的，作出行政处罚决定的环境保护部门可以采取下列措施：

（一）到期不缴纳罚款的，每日按罚款数额的百分之三加处罚款；

（二）申请人民法院强制执行。

第二十九条 本办法自2005年10月1日起施行。

附件：

国家危险废物名录

废物类别	行业来源	废物代码	危险废物	危险特性
HW01 医疗废物	卫生	851-001-01	医疗废物	In
	非特定行业	900-001-01	为防治动物传染病而需要收集和处置的废物	In
HW02 医药废物	化学药品原药制造	271-001-02	化学药品原料药生产过程中的蒸馏及反应残渣	T
		271-002-02	化学药品原料药生产过程中的母液及反应基或培养基废物	T
		271-003-02	化学药品原料药生产过程中的脱色过滤（包括载体）物	T
		271-004-02	化学药品原料药生产过程中废弃的吸附剂、催化剂和溶剂	T
		271-005-02	化学药品原料药生产过程中的报废药品及过期原料	T

废物类别	行业来源	废物代码	危险废物	危险特性
HW02 医药废物	化学药品制剂制造	272-001-02	化学药品制剂生产过程中的蒸馏及反应残渣	T
		272-002-02	化学药品制剂生产过程中的母液及反应基或培养基废物	T
		272-003-02	化学药品制剂生产过程中的脱色过滤（包括载体）物	T
		272-004-02	化学药品制剂生产过程中废弃的吸附剂、催化剂和溶剂	T
		272-005-02	化学药品制剂生产过程中的报废药品及过期原料	T
	兽用药品制造	275-001-02	使用砷或有机砷化合物生产兽药过程中产生的废水处理污泥	T
		275-002-02	使用砷或有机砷化合物生产兽药过程中苯胺化合物蒸馏工艺产生的蒸馏残渣	T
HW17 表面处理废物	金属表面处理及热处理加工	346-099-17	其他工艺过程中产生的表面处理废物	T
HW18 焚烧处置残渣	环境治理	802-002-18	生活垃圾焚烧飞灰	T
		802-003-18	危险废物焚烧、热解等处置过程产生的底渣和飞灰（医疗废物焚烧处置产生的底渣除外）	T
		802-004-18	危险废物等离子体、高温熔融等处置后产生的非玻璃态物质及飞灰	T
		802-005-18	固体废物及液态废物焚烧过程中废气处理产生的废活性炭、滤饼	T
HW19 含金属羰基化合物废物	非特定行业	900-020-19	在金属羰基化合物生产以及使用过程中产生的含有羰基化合物成分的废物	T
HW20 含铍废物	基础化学原料制造	261-040-20	铍及其化合物生产过程中产生的熔渣、集（除）尘装置收集的粉尘和废水处理污泥	T
HW21 含铬废物	毛皮鞣制及制品加工	193-001-21*	使用铬鞣剂进行铬鞣、再鞣工艺产生的废水处理污泥	T
		193-002-21*	皮革切削工艺产生的含铬皮革碎料	T
	印刷	231-003-21*	使用含重铬酸盐的胶体有机溶剂、黏合剂进行漩流式抗蚀涂布（抗蚀及光敏抗蚀层等）产生的废渣及废水处理污泥	T
		231-004-21*	使用铬化合物进行抗蚀层化学硬化产生的废渣及废水处理污泥	T
		231-005-21*	使用铬酸镀铬产生的槽渣、槽液和废水处理污泥	T
	基础化学原料制造	261-041-21	有钙焙烧法生产铬盐产生的铬浸出渣（铬渣）	T
		261-042-21	有钙焙烧法生产铬盐过程中，中和去铝工艺产生的含铬氢氧化铝湿渣（铝泥）	T
		261-043-21	有钙焙烧法生产铬盐过程中，铬酐生产中产生的副产废渣（含铬硫酸氢钠）	T
		261-044-21*	有钙焙烧法生产铬盐过程中产生的废水处理污泥	T

危险废物转移联单管理办法

《危险废物转移联单管理办法》已于 1999 年 5 月 31 日经国家环境保护总局局务会议讨论通过，现予发布，1999 年 10 月 1 日起施行。

一九九九年六月二十二日

附件：

危险废物转移联单管理办法

第一条　为加强对危险废物转移的有效监督，实施危险废物转移联单制度，根据《中华人民共和国固体废物污染环境防治法》有关规定，制定本办法。

第二条　本办法适用于在中华人民共和国境内从事危险废物转移活动的单位。

第三条　国务院环境保护行政主管部门对全国危险废物转移联单（以下简称联单）实施统一监督管理。

各省、自治区人民政府环境保护行政主管部门对本行政区域内的联单实施监督管理。

省辖市级人民政府环境保护行政主管部门对本行政区域内联单具体实施监督管理；在直辖市行政区域和设有地区行政公署的行政区域，由直辖市人民政府和地区行政公署环境保护行政主管部门具体实施监督管理。

前款规定的省辖市级人民政府、直辖市人民政府和地区行政公署环境保护行政主管部门，本办法以下统一简称为“环境保护行政主管部门”。

第四条　危险废物产生单位在转移危险废物前，须按照国家有关规定报批危险废物转移计划；经批准后，产生单位应当向移出地环境保护行政主管部门申请领取联单。

产生单位应当在危险废物转移前三日内报告移出地环境保护行政主管部门，并同时将预期到达时间报告接受地环境保护行政主管部门。

第五条　危险废物产生单位每转移一车、船（次）同类危险废物，应当填写一份联单。每车、船（次）有多类危险废物的，应当按每一类危险废物填写一份联单。

第六条　危险废物产生单位应当如实填写联单中产生单位栏目，并加盖公章，经交付危险废物运输单位核实验收签字后，将联单第一联副联自留存档，将联单第二联交移出地环境保护行政主管部门，联单第一联正联及其余各联交付运输单位随危险废物转移运行。

第七条　危险废物运输单位应当如实填写联单的运输单位栏目，按照国家有关危险物品运输的规定，将危险废物安全运抵联单载明的接受地点，并将联单第一联、第二联副联、第三联、第四联、第五联随转移的危险废物交付危险废物接受单位。

第八条　危险废物接受单位应当按照联单填写的内容对危险废物核实验收，如实填写联单中接受单位栏目并加盖公章。

接受单位应当将联单第一联、第二联副联自接受危险废物之日起十日内交付产生单位，联单第一联由产生单位自留存档，联单第二联副联由产生单位在二日内报送移出地环境保护行政主管部门；接受单位将联单第三联交付运输单位存档；将联单第四联自留存档；将联单第五联自接受危险废物之日起二日内报送接受地环境保护行政主管部门。

第九条 危险废物接受单位验收发现危险废物的名称、数量、特性、形态、包装方式与联单填写内容不符的，应当及时向接受地环境保护行政主管部门报告，并通知产生单位。

第十条 联单保存期限为五年；贮存危险废物的，其联单保存期限与危险废物贮存期限相同。

环境保护行政主管部门认为有必要延长联单保存期限的，产生单位、运输单位和接受单位应当按照要求延期保存联单。

第十一条 省辖市级以上人民政府环境保护行政主管部门有权检查联单运行的情况，也可以委托县级人民政府环境保护行政主管部门检查联单运行的情况。

被检查单位应当接受检查，如实汇报情况。

第十二条 转移危险废物采用联运方式的，前一运输单位须将联单各联交付后一运输单位随危险废物转移运行，后一运输单位必须按照联单的要求核对联单产生单位栏目事项和前一运输单位填写的运输单位栏目事项，经核对无误后填写联单的运输单位栏目并签字。经后一运输单位签字的联单第三联的复印件由前一运输单位自留存档，经接受单位签字的联单第三联由最后一运输单位自留存档。

第十三条 违反本办法有下列行为之一的，由省辖市级以上地方人民政府环境保护行政主管部门责令限期改正，并处以罚款：

（一）未按规定申领、填写联单的；

（二）未按规定运行联单的；

（三）未按规定期限向环境保护行政主管部门报送联单的；

（四）未在规定的存档期限保管联单的；

（五）拒绝接受有管辖权的环境保护行政主管部门对联单运行情况进行检查的。

有前款第（一）项、第（三）项行为之一的，依据《中华人民共和国固体废物污染环境防治法》有关规定，处五万元以下罚款；有前款第（二）项、第（四）项行为之一的，处三万元以下罚款；有前款第（五）项行为的，依据《中华人民共和国固体废物污染环境防治法》有关规定，处一万元以下罚款。

第十四条 联单由国务院环境保护行政主管部门统一制定，由省、自治区、直辖市人民政府环境保护行政主管部门印制。

联单共分五联，颜色分别为：第一联，白色；第二联，红色；第三联，黄色；第四联，蓝色；第五联，绿色。

联单编号由十位阿拉伯数字组成。第一位、第二位数字为省级行政区划代码，第三位、第四位数字为省辖市级行政区划代码，第五位、第六位数字为危险废物类别代码，其余四位数字由发放空白联单的危险废物移出地省辖市级人民政府环境保护行政主管部门按照危险废物转移流水号依次编制。联单由直辖市人民政府环境保护行政主管部门发放的，其编号第三位、第四位数字为零。

第十五条 本办法由国务院环境保护行政主管部门负责解释。

第十六条 本办法自一九九九年十月一日起施行。

危险废物转移联单 编号＿＿＿＿＿＿

<table>
<tr><td>第一部分：废物产生单位填写
产生单位＿＿＿＿＿＿＿＿＿＿＿＿＿单位盖章 电话＿＿＿＿
通讯地址 ＿＿＿＿＿＿＿＿＿＿＿＿＿＿＿＿＿ 邮编＿＿＿＿
运输单位 ＿＿＿＿＿＿＿＿＿＿＿＿＿＿＿＿＿ 电话＿＿＿＿
通讯地址 ＿＿＿＿＿＿＿＿＿＿＿＿＿＿＿＿＿ 邮编＿＿＿＿
接受单位 ＿＿＿＿＿＿＿＿＿＿＿＿＿＿＿＿＿ 电话＿＿＿＿
通讯地址 ＿＿＿＿＿＿＿＿＿＿＿＿＿＿＿＿＿邮编＿＿＿＿
废物名称 ＿＿＿＿＿＿类别编号＿＿＿＿＿＿ 数量＿＿＿＿＿
废物特性 ＿＿＿＿＿ 形态 ＿＿＿＿＿ 包装方式＿＿＿＿＿＿＿
外运目的：中转贮存 利用 处理 处置
主要危险成分 ＿＿＿＿＿＿＿禁忌与应急措施 ＿＿＿＿＿＿＿
发运人 ＿＿＿＿ 运达地 ＿＿＿＿＿＿ 转移时间＿＿年＿ 月＿日
第二部分：废物运输单位填写
运输者须知：你必须核对以上栏目事项，当与实际情况不符时，有权拒绝接受。
第一承运人 ＿＿＿＿＿＿＿＿＿＿＿运输日期＿＿＿年＿月＿日
车（船）型 ＿＿＿＿ 牌号＿＿＿＿＿道路运输证号＿＿＿＿＿
运输起点＿＿＿经由地＿＿＿＿运输终点＿＿＿ 运输人签字＿＿＿
第二承运人 ＿＿＿＿＿＿＿＿＿＿＿运输日期＿＿＿年＿月＿日
车（船）型 ＿＿＿＿牌号＿＿＿＿＿＿道路运输证号＿＿＿＿＿
运输起点＿＿＿经由地＿＿＿＿运输终点＿＿＿ 运输人签字＿＿＿
第三部分：废物接受单位填写
接受者须知：你必须核实以上栏目内容，当与实际情况不符时，有权拒绝接受。
经营许可证号＿＿＿＿＿＿＿接收人 ＿＿＿＿ 接收日期 ＿＿＿＿
废物处置方式：利用 贮存 焚烧 安全填埋 其他
单位负责人签字＿＿＿＿＿ 单位盖章 日期＿＿＿＿＿＿</td><td>第五联 接受地环保局</td></tr>
</table>

危险废物转移联单 编号__________

第一部分：废物产生单位填写

产生单位_______________________单位盖章 电话________

通讯地址 __________________________________ 邮编________

运输单位 __________________________________ 电话________

通讯地址 __________________________________ 邮编________

接受单位 __________________________________ 电话________

通讯地址 __________________________________邮编________

废物名称 ___________类别编号___________ 数量__________

废物特性 __________ 形态 __________ 包装方式______________

外运目的：中转贮存 利用 处理 处置

主要危险成分 _______________禁忌与应急措施 _______________

发运人 _______ 运达地 _____________ 转移时间____年__ 月__日

第二部分：废物运输单位填写

运输者须知：你必须核对以上栏目事项，当与实际情况不符时，有权拒绝接受。

第一承运人 _______________________运输日期______年__月__日

车（船）型 ________ 牌号__________道路运输证号___________

运输起点______经由地_______运输终点_______ 运输人签字______

第二承运人 _______________________运输日期______年__月__日

车（船）型 ________牌号___________道路运输证号___________

运输起点______经由地_______运输终点_______ 运输人签字______

第三部分：废物接受单位填写

接受者须知：你必须核实以上栏目内容，当与实际情况不符时，有权拒绝接受。

经营许可证号_____________接收人 ________ 接收日期 ________

废物处置方式：利用 贮存 焚烧 安全填埋 其他

单位负责人签字_________ 单位盖章 日期____________

第二联 移出地环保局

危险废物转移联单 编号________

第一部分：废物产生单位填写 产生单位______________单位盖章 电话______ 通讯地址 ____________________ 邮编______ 运输单位 ____________________ 电话______ 通讯地址 ____________________ 邮编______ 接受单位 ____________________ 电话______ 通讯地址 ____________________邮编______ 废物名称 ________类别编号________ 数量________ 废物特性 ________ 形态 ________ 包装方式________ 外运目的：中转贮存 利用 处理 处置 主要危险成分 __________禁忌与应急措施 __________ 发运人 ______ 运达地 __________ 转移时间____年__ 月__日 第二部分：废物运输单位填写 运输者须知：你必须核对以上栏目事项，当与实际情况不符时，有权拒绝接受。 第一承运人 ______________运输日期_____年__月__日 车（船）型 ______ 牌号________道路运输证号________ 运输起点_____经由地______运输终点______ 运输人签字_____ 第二承运人 ______________运输日期_____年__月__日 车（船）型 ______牌号________道路运输证号________ 运输起点_____经由地______运输终点______ 运输人签字_____ 第三部分：废物接受单位填写 接受者须知：你必须核实以上栏目内容，当与实际情况不符时，有权拒绝接受。 经营许可证号__________接收人 ______ 接收日期 ______ 废物处置方式：利用 贮存 焚烧 安全填埋 其他 单位负责人签字______ 单位盖章 日期________	第一联 产生单位

危险废物转移联单 编号________

第一部分：废物产生单位填写 产生单位______________单位盖章 电话________ 通讯地址 ______________________ 邮编________ 运输单位 ______________________ 电话________ 通讯地址 ______________________ 邮编________ 接受单位 ______________________ 电话________ 通讯地址 ______________________ 邮编________ 废物名称 ________类别编号________ 数量________ 废物特性 ________ 形态 ________ 包装方式________ 外运目的：中转贮存 利用 处理 处置 主要危险成分 ________禁忌与应急措施 ________ 发运人 ______ 运达地 ________ 转移时间____年__月__日 第二部分：废物运输单位填写 运输者须知：你必须核对以上栏目事项，当与实际情况不符时，有权拒绝接受。 第一承运人 ______________运输日期_____年__月__日 车（船）型 ______ 牌号________道路运输证号________ 运输起点______经由地______运输终点______ 运输人签字______ 第二承运人 ______________运输日期_____年__月__日 车（船）型 ______牌号________道路运输证号________ 运输起点______经由地______运输终点______ 运输人签字______ 第三部分：废物接受单位填写 接受者须知：你必须核实以上栏目内容，当与实际情况不符时，有权拒绝接受。 经营许可证号________接收人 ______ 接收日期 ______ 废物处置方式：利用 贮存 焚烧 安全填埋 其他 单位负责人签字______ 单位盖章 日期________	第三联 运输单位

危险废物转移联单 编号__________

第一部分：废物产生单位填写

产生单位________________________单位盖章 电话________

通讯地址 __________________________________ 邮编________

运输单位 __________________________________ 电话________

通讯地址 __________________________________ 邮编________

接受单位 __________________________________ 电话________

通讯地址 __________________________________邮编________

废物名称 ____________类别编号____________ 数量____________

废物特性 __________ 形态 __________ 包装方式______________

外运目的：中转贮存 利用 处理 处置

主要危险成分 _______________禁忌与应急措施 _______________

发运人 _______ 运达地 _____________ 转移时间____年__ 月__日

第二部分：废物运输单位填写

运输者须知：你必须核对以上栏目事项，当与实际情况不符时，有权拒绝接受。

第一承运人 _______________________运输日期______年__月__日

车（船）型 ________ 牌号__________道路运输证号___________

运输起点______经由地_______运输终点_______ 运输人签字______

第二承运人 _______________________运输日期______年__月__日

车（船）型 ________牌号___________道路运输证号___________

运输起点______经由地_______运输终点_______ 运输人签字______

第三部分：废物接受单位填写

接受者须知：你必须核实以上栏目内容，当与实际情况不符时，有权拒绝接受。

经营许可证号______________接收人 ________ 接收日期 ________

废物处置方式：利用 贮存 焚烧 安全填埋 其他

单位负责人签字_________ 单位盖章 日期____________

第四联 接受单位

危险废物转移联单 编号________

第一部分：废物产生单位填写 产生单位____________单位盖章 电话______ 通讯地址 ________________ 邮编______ 运输单位 ________________ 电话______ 通讯地址 ________________ 邮编______ 接受单位 ________________ 电话______ 通讯地址 ________________ 邮编______ 废物名称 ______ 类别编号______ 数量______ 废物特性 ______ 形态 ______ 包装方式______ 外运目的：中转贮存 利用 处理 处置 主要危险成分 ______ 禁忌与应急措施 ______ 发运人 ______ 运达地 ______ 转移时间___年__月__日 第二部分：废物运输单位填写 运输者须知：你必须核对以上栏目事项，当与实际情况不符时，有权拒绝接受。 第一承运人 ____________运输日期_____年__月__日 车（船）型 ______ 牌号______道路运输证号______ 运输起点_____经由地_____运输终点_____ 运输人签字_____ 第二承运人 ____________运输日期_____年__月__日 车（船）型 ______牌号______道路运输证号______ 运输起点_____经由地_____运输终点_____ 运输人签字_____ 第三部分：废物接受单位填写 接受者须知：你必须核实以上栏目内容，当与实际情况不符时，有权拒绝接受。 经营许可证号______接收人 ______ 接收日期 ______ 废物处置方式：利用 贮存 焚烧 安全填埋 其他 单位负责人签字______ 单位盖章 日期______	第一联副联 产生单位

危险废物转移联单 编号__________

第一部分：废物产生单位填写

产生单位________________________单位盖章 电话________

通讯地址 __________________________________ 邮编________

运输单位 __________________________________ 电话________

通讯地址 __________________________________ 邮编________

接受单位 __________________________________ 电话________

通讯地址 __________________________________ 邮编________

废物名称 ____________类别编号__________ 数量__________

废物特性 __________ 形态 __________ 包装方式__________

外运目的：中转贮存 利用 处理 处置

主要危险成分 ______________禁忌与应急措施 ______________

发运人 ______ 运达地 ____________ 转移时间____年__ 月__日

第二部分：废物运输单位填写

运输者须知：你必须核对以上栏目事项，当与实际情况不符时，有权拒绝接受。

第一承运人 ______________________运输日期______年__月__日

车（船）型 ________ 牌号__________道路运输证号__________

运输起点______经由地______运输终点______ 运输人签字______

第二承运人 ______________________运输日期______年__月__日

车（船）型 ________牌号__________道路运输证号__________

运输起点______经由地______运输终点______ 运输人签字______

第三部分：废物接受单位填写

接受者须知：你必须核实以上栏目内容，当与实际情况不符时，有权拒绝接受。

经营许可证号____________接收人 ________ 接收日期 ________

废物处置方式：利用 贮存 焚烧 安全填埋 其他

单位负责人签字________ 单位盖章 日期____________

第二联副联　移出地环保局

防止含多氯联苯电力装置及其废物污染环境的规定

（1991 年 1 月 22 日国家环保局、能源部（91）环管字第 050 号发布）

第一条 为加强含多氯联苯电力装置及其废物的管理，防止多氯联苯污染环境，特制定本规定。

第二条 本规定所称的含多氯联苯电力装置及其废物是指以多氯联苯为介质的电力电容器、变压器及其他有关装置和由此产生的含多氯联苯的废物。

第三条 本规定适用于含多氯联苯电力装置的使用和由此产生的含多氯联苯废物其废弃后的收集、贮存、运输、处理、装置以及污染管理和进出口活动。

第四条 各人民政府的环境保护部门对所辖地区的多氯联苯污染防治工作实施统一监督管理。拥有含多氯联苯电力装置单位的主管部门，对本系统内含多氯联苯电力装置的污染防治实施监督管理。

第五条 拥有含多氯联苯电力装置及多氯联苯废物的营运单位和个人对多氯联苯污染环境的全过程负责，承担相应责任。对造成多氯联苯污染的个人，地方各级环境保护部门可责令其限期治理。对造成多氯联苯污染的单位，地方各级环境保护部门可向地方人民政府建议对其进行限期治理，被限期治理的单位和个人必须如期完成治理任务。

第六条 拥有含多氯联苯电力装置的营运单位和个人必须在市级环境保护部门规定的时间内向当地人民政府环境保护部门进行申报登记。如实填写《含多氯联苯电力装置登记表》（附件一），申报单位须经上级主管部门核实后报当地环境保护部门，个人直接向当地环境部门申报登记。受理申报登记的环境保护部门，应在批准登记之日起一个月内向上级环境保护部门备案。转移、处理、处置含多氯联苯电力装置和多氯联苯废液，应提前五天申报并征得所在地环境保护部门的同意。

第七条 正在使用含多氯联苯电力装置的单位必须采取措施防止多氯联苯泄漏污染环境。使用单位及其主管部门应制定具体的管理办法。

第八条 严禁任何单位和个人出售、收购、拆解含多氯联苯电力装置。

第九条 任何单位和个人转移、运输含多氯联苯废电力装置及含多氯联苯废物，必须经市级以上人民政府环境保护部门批准后方可进行。跨行政区转移和运输的，须经共同的上级人民政府环境保护部门批准。转移和运输过程中，必须有防止泄漏的有效措施和应急措施，并符合国家危险物品运输规定。

第十条 处理、处置含多氯联苯废物的活动，必须经市级主管部门和市级环境保护部门审查并经省级人民政府环境保护部门批准后方可进行。

第十一条 含多氯联苯废电力装置，多氯联苯废液和受多氯联苯污染的物质，应进行集中封存管理。集中封存或在暂时贮存场所暂存的活动必须经省级人民政府环境保护部门批准，并在市级以上人民政府环境保护部门的监督下进行。

第十二条 暂存库和集中封存库的选址和设计必须符合《含多氯联苯（PCBs）废物的暂存库和集中封存库设计规范》（附件二）。建设集中封存库必须进行环境影响评价。

第十三条 集中封存和暂存场所必须建立管理制度，采取有效的安全保卫措施，设置明显的毒害标志，定期对存放场所及可能影响的范围进行监测。

第十四条 人民政府环境保护部门应对集中封存场所周围的环境进行不定期监测。

第十五条 对受多氯联苯污染的水体和土壤，参照《含多氯联苯（PCBs）水质、土壤污染控制值（暂定）》进行使用和管理（附件三）。

第十六条 地方各级人民政府环境保护部门应在人民政府的组织下协同有关部门采取有效措施，收缴流失在社会的含多氯联苯废电力装置和含多氯联苯的废物。

第十七条 严禁我国管辖区外的含多氯联苯废电力装置、废液及受多氯联苯污染的物质入境。严格控制进口含多氯联苯介质的电力设备，特殊情况确须进口的，须经能源部和国家环境保护局审批。

第十八条 一切单位和个人有权对造成多氯联苯污染的单位和个人进行检举和控告。

第十九条 对违反本规定，造成多氯联苯污染的单位和个人必须依法承担相应的法律责任。

第二十条 本规定由国家环境保护局负责解释。

第二十一条 本规定自1991年3月1日起施行。

（四）防治技术

火电厂氮氧化物防治技术政策

（环发[2010]10 号 2010-01-27 实施）

1 总则

1.1 为贯彻《中华人民共和国大气污染防治法》，防治火电厂氮氧化物排放造成的污染，改善大气环境质量，保护生态环境，促进火电行业可持续发展和氮氧化物减排及控制技术进步，制定本技术政策。

1.2 本技术政策适用于燃煤发电和热电联产机组氮氧化物排放控制。燃用其他燃料的发电和热电联产机组的氮氧化物排放控制，可参照本技术政策执行。

1.3 本技术政策控制重点是全国范围内 200MW 及以上燃煤发电机组和热电联产机组以及大气污染重点控制区域内的所有燃煤发电机组和热电联产机组。

1.4 加强电源结构调整力度，加速淘汰 100MW 及以下燃煤凝汽机组，继续实施“上大压小”政策，积极发展大容量、高参数的大型燃煤机组和以热定电的热电联产项目，以提高能源利用率。

2 防治技术路线

2.1 倡导合理使用燃料与污染控制技术相结合、燃烧控制技术和烟气脱硝技术相结合的综合防治措施，以减少燃煤电厂氮氧化物的排放。

2.2 燃煤电厂氮氧化物控制技术的选择应因地制宜、因煤制宜、因炉制宜，依据技术上成熟、经济上合理及便于操作来确定。

2.3 低氮燃烧技术应作为燃煤电厂氮氧化物控制的首选技术。当采用低氮燃烧技术后，氮氧化物排放浓度不达标或不满足总量控制要求时，应建设烟气脱硝设施。

3 低氮燃烧技术

3.1 发电锅炉制造厂及其他单位在设计、生产发电锅炉时，应配置高效的低氮燃烧技术和装置，以减少氮氧化物的产生和排放。

3.2 新建、改建、扩建的燃煤电厂，应选用装配有高效低氮燃烧技术和装置的发电锅炉。

3.3 在役燃煤机组氮氧化物排放浓度不达标或不满足总量控制要求的电厂，应进行低氮燃烧技术改造。

4 烟气脱硝技术

4.1 位于大气污染重点控制区域内的新建、改建、扩建的燃煤发电机组和热电联产机组应配置烟气脱硝设施，并与主机同时设计、施工和投运。非重点控制区域内的新建、改建、扩建的燃煤发电机组和热电联产机组应根据排放标准、总量指标及建设项目环境影响报告书批复要求建设烟气脱硝装置。

4.2　对在役燃煤机组进行低氮燃烧技术改造后，其氮氧化物排放浓度仍不达标或不满足总量控制要求时，应配置烟气脱硝设施。

4.3　烟气脱硝技术主要有：选择性催化还原技术（SCR）、选择性非催化还原技术（SNCR）、选择性非催化还原与选择性催化还原联合技术（SNCR-SCR）及其他烟气脱硝技术。

4.3.1　新建、改建、扩建的燃煤机组，宜选用 SCR；小于等于 600MW 时，也可选用 SNCR-SCR。

4.3.2　燃用无烟煤或贫煤且投运时间不足 20 年的在役机组，宜选用 SCR 或 SNCR-SCR。

4.3.3　燃用烟煤或褐煤且投运时间不足 20 年的在役机组，宜选用 SNCR 或其他烟气脱硝技术。

4.4　烟气脱硝还原剂的选择

4.4.1　还原剂的选择应综合考虑安全、环保、经济等多方面因素。

4.4.2　选用液氨作为还原剂时，应符合《重大危险源辨识》（GB 18218）及《建筑设计防火规范》（GB 50016）中的有关规定。

4.4.3　位于人口稠密区的烟气脱硝设施，宜选用尿素作为还原剂。

4.5　烟气脱硝二次污染控制

4.5.1　SCR 和 SNCR-SCR 氨逃逸控制在 2.5mg/m^3（干基，标准状态）以下；SNCR 氨逃逸控制在 8 mg/m^3（干基，标准状态）以下。

4.5.2　失效催化剂应优先进行再生处理，无法再生的应进行无害化处理。

5　新技术开发

5.1　鼓励高效低氮燃烧技术及适合国情的循环流化床锅炉的开发和应用。

5.2　鼓励具有自主知识产权的烟气脱硝技术、脱硫脱硝协同控制技术以及氮氧化物资源化利用技术的研发和应用。

5.3　鼓励低成本高性能催化剂原料、新型催化剂和失效催化剂的再生与安全处置技术的开发和应用。

5.4　鼓励开发具有自主知识产权的在线连续监测装置。

5.5　鼓励适合于烟气脱硝的工业尿素的研究和开发。

6　运行管理

6.1　燃煤电厂应采用低氮燃烧优化运行技术，以充分发挥低氮燃烧装置的功能。

6.2　烟气脱硝设施应与发电主设备纳入同步管理，并设置专人维护管理，并对相关人员进行定期培训。

6.3　建立、健全烟气脱硝设施的运行检修规程和台账等日常管理制度，并根据工艺要求定期对各类设备、电气、自控仪表等进行检修维护，确保设施稳定可靠地运行。

6.4　燃煤电厂应按照《火电厂烟气排放连续监测技术规范》（HJ/T 75）装配氮氧化物在线连续监测装置，采取必要的质量保证措施，确保监测数据的完整和准确，并与环保行政主管部门的管理信息系统联网，对运行数据、记录等相关资料至少保存 3 年。

6.5　采用液氨作为还原剂时，应根据《危险化学品安全管理条例》的规定编制本单位事故应急救援预案，配备应急救援人员和必要的应急救援器材、设备，并定期组织演练。

6.6　电厂对失效且不可再生的催化剂应严格按照国家危险废物处理处置的相关规定进行管理。

7 监督管理

7.1 烟气脱硝设施不得随意停止运行。由于紧急事故或故障造成脱硝设施停运，电厂应立即向当地环境保护行政主管部门报告。

7.2 各级环境保护行政主管部门应加强对氮氧化物减排设施运行和日常管理制度执行情况的定期检查和监督，电厂应提供烟气脱硝设施的运行和管理情况，包括监测仪器的运行和校验情况等资料。

7.3 电厂所在地的环境保护行政主管部门应定期对烟气脱硝设施的排放和投运情况进行监测和监管。

附件：

HJ-BAT-001

环 境 保 护 技 术 文 件

燃煤电厂污染防治最佳可行技术指南（试行）

Guideline on Best Available Technologies of Pollution Prevention and Control for Coal-fired Power Plant Industry（on Trial）

环 境 保 护 部

2010年2月

前 言

为贯彻执行《中华人民共和国环境保护法》，加快建设环境技术管理体系，确保环境管理目标的技术可达性，增强环境管理决策的科学性，提供环境管理政策制定和实施的技术依据，引导污染防治技术进步和环保产业发展，根据《国家环境技术管理体系建设规划》，环境保护部组织制定污染防治技术政策、污染防治最佳可行技术指南、环境工程技术规范等技术指导文件。

本指南可作为燃煤电厂项目环境影响评价、工程设计、工程验收以及运营管理等环节的技术依据，是供各级环境保护部门、设计单位以及用户使用的指导性技术文件。

本指南为首次发布，将根据环境管理要求及技术发展情况适时修订。

本指南由环境保护部科技标准司组织制订。

本指南起草单位：北京市环境保护科学研究院、国电环境保护研究院、中国环境保护产业协会。

本指南由环境保护部解释。

1 总则

1.1 适用范围

本指南适用于单台机组额定容量为 200 MW 及以上的燃煤电厂，200 MW 以下的燃煤电厂可参照执行。

1.2 术语和定义

1.2.1 最佳可行技术

是针对生活、生产过程中产生的各种环境问题，为减少污染物排放，从整体上实现高水平环境保护所采用的与某一时期技术、经济发展水平和环境管理要求相适应、在公共基础设施和工业部门得到应用的、适用于不同应用条件的一项或多项先进、可行的污染防治工艺和技术。

1.2.2 最佳环境管理实践

是指运用行政、经济、技术等手段，为减少生活、生产活动对环境造成的潜在污染和危害，确保实现最佳污染防治效果，从整体上达到高水平的环境保护所采用的管理活动。

1.2.3 现役机组

本指南实施之日前已建成投产的燃煤机组。

1.2.4 新建机组

本指南实施之日起新建、改建、扩建的或已通过环境影响报告书（表）审批但未建成投运的燃煤机组。

2 生产工艺及污染物排放

2.1 生产工艺

燃煤电厂常见生产工艺流程为：原煤运至电厂后碾磨成粉，经气力输送方式以一定风煤比和温度将煤送进锅炉炉膛，经化学处理后的水在锅炉内被加热成高温高压蒸汽推动汽轮机高速运转，汽轮机带动发电机旋转发电。燃煤电站锅炉主要有煤粉炉和循环流化床锅炉两种。

2.2 污染物排放

燃煤电厂生产过程中会向大气、水体、土壤和声环境中排放污染物质，其中大气污染是主要环境问题，燃煤电厂生产工艺及主要产污环节见图 1。

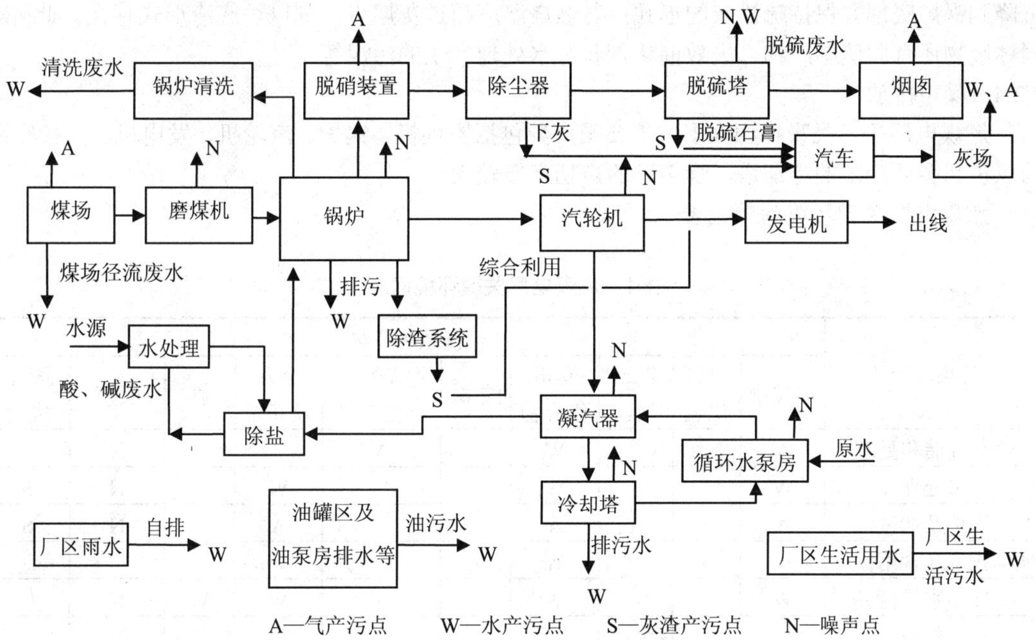

图 1 燃煤电厂生产工艺及主要产污环节

2.2.1 大气污染物排放

燃煤电厂大气污染物排放主要来源于锅炉，从烟囱高空排放，主要污染物包括烟尘、硫氧化物、氮氧化物，此外还有重金属、未燃烧尽的碳氢化合物、挥发性有机化合物等物质。

烟尘排放与锅炉炉型、燃煤灰分及烟尘控制技术有关。煤粉炉烟尘排放的初始浓度大多为 10～30g/m^3，循环流化床锅炉烟尘排放的初始浓度大多为 15～50g/m^3。另外，在煤炭、脱硫剂和灰渣等易产生扬尘物料的运输、装卸和贮存过程中会产生扬尘。

硫氧化物排放主要由于煤中硫的存在而产生。燃烧过程中绝大多数硫氧化物以二氧化硫（SO_2）的形式产生并排放。此外还有极少部分被氧化为三氧化硫（SO_3）吸附到颗粒物上或以气态排放。

煤炭燃烧过程中排放的氮氧化物（NO_x）是一氧化氮（NO）、二氧化氮（NO_2）及一氧化二氮（N_2O）等的总称，其中以一氧化氮为主，约占 95%。电厂燃用煤炭收到基含氮量多在 2%以下。

重金属排放来源于煤炭中含有的重金属成分，大部分重金属（砷、镉、铬、铜、汞、镍、铅、硒、锌、钒）以化合物形式（如氧化物）和气溶胶形式排放。煤中的重金属含量比燃料油和天然气高几个数量级。

2.2.2 水污染物排放

燃煤电厂排放废水主要为外排冷却水，其中直流冷却水属含热废水，循环冷却水含盐量较高。另外还有少量含油污水、输煤系统排水、锅炉酸洗废水、酸碱废水、冲灰水、冲渣水、脱硫废水、脱硝废水和生活污水等，主要污染物是有机物、金属及其盐类、悬浮物。

2.2.3 固体废物

燃煤电厂生产过程中产生的固体废物主要为飞灰和炉底渣。绝大部分飞灰经除尘器收集并去除，小部分飞灰在锅炉的其他部分，如省煤器和空气预热器灰斗中收集并去除。底灰不可燃，沉降到锅炉底部并保持疏松灰的形式；若燃烧温度超过灰熔点，则以炉底渣形式存在。此外，固体废物还有脱硫副产物、失效催化剂和污水处理产生的污泥等。

2.2.4 噪声排放

燃煤电厂中各类噪声源众多，主要噪声源包括磨煤机、锅炉、汽轮机、发电机、直接空冷的风机和循环冷却的冷却塔，噪声源的声功率级较大。

燃煤电厂关键环境问题见表 1。

表 1 燃煤电厂关键环境问题

污染环节	排放污染物									
	颗粒物	二氧化硫	氮氧化物	有机化合物	酸/碱	挥发性有机化合物	金属及其盐	氯	噪声	固体废物
燃料存储和处理	A			W		A			N	
水处理	W			W			W		N	S
锅炉及烟气	A	A	A	A			A		N	S
现场排水（含雨水）	W			W	W		W			
冷却水排污	W			W		W	W	W	N	
冷却塔									N	

注：A—大气；W—水；S—固体废物；N—噪声。

3 工艺过程污染预防技术

3.1 煤炭及脱硫剂的贮存与输送

3.1.1 煤炭洗选

为提高运输效率并降低污染，应加大动力煤的洗选量，以减少煤炭中的含硫量和灰分。

3.1.2 封闭式煤场

封闭式煤场是以煤炭封闭贮存的方式控制煤堆扬尘的有效措施。煤场内设有多个喷水装置，在煤堆装卸时洒水降尘，可防止煤堆自燃。采用封闭式煤场，煤堆的风蚀和作业扬尘可完全得到控制。

封闭式煤场适用于环境风速较大或环境敏感地区。

3.1.3 防风抑尘网

防风抑尘网通过大幅度降低风速而达到减少露天堆放料场扬尘的目的。采用防风抑尘网，煤场的风蚀和作业扬尘可在一定程度上得到控制，四级以上大风天气情况下的减风率大于 60%。

防风抑尘网适用于风速较大或环境较敏感的地区。

3.1.4 石灰及石灰石（粉）的贮存

使用筒仓储存易产生扬尘的石灰及石灰石（粉）脱硫剂，可有效减少石灰及石灰石（粉）产生的风蚀扬尘和作业扬尘。

3.1.5 输煤系统袋式除尘器

煤炭输送过程中扬尘防治措施是：输煤栈桥、输煤转运站应采用密闭措施并配置袋式除尘器。

3.2 锅炉燃烧系统及低 NO_x 燃烧技术

3.2.1 锅炉燃烧系统

燃煤电站锅炉包括煤粉锅炉和流化床锅炉两类，其中流化床锅炉又可分为鼓泡流化床锅炉和循环流化床锅炉，大中型燃煤电站采用循环流化床锅炉。

煤粉锅炉燃烧效率约为99%；流化床锅炉燃烧效率在90%～99%，但其燃料适应性广，可燃用各种劣质煤，并可以炉内脱硫，炉内脱硫效率为80%～90%。

在燃料许可的情况下，电厂应优先选用煤粉锅炉；当燃用劣质煤时，应选用流化床锅炉。

3.2.2 低NO_x燃烧技术

燃煤电厂低NO_x燃烧技术包括低氮燃烧器、空气分级燃烧技术和燃料分级燃烧技术。

国内采用的主要低NO_x燃烧技术性能见表2。

表2 国内主要低NO_x燃烧技术性能汇总表

技术名称	NO_x减排率	适用燃料
低NO_x燃烧器	20%～50%	烟煤、褐煤
炉内空气分级	10%～50%	烟煤、褐煤

低NO_x控制技术可以是单项技术也可是多种技术的组合，其NO_x减排率一般在10%～50%。

各种NO_x控制技术仅需对锅炉炉膛进行改造，因此对新建和改造机组均适用。电厂低NO_x燃烧技术选择应紧密结合其内部和外部条件，因地制宜、因炉制宜、因煤制宜地综合考虑。

3.3 节水技术

3.3.1 循环冷却水系统节水技术

在燃煤电厂各种用水中，循环冷却水量最大，约占燃煤电厂耗水量的80%。循环冷却水的损失率由蒸发损失、风吹损失和排污损失三部分组成。

自然通风湿式冷却塔内装设除水器可有效减少循环冷却水的风吹损失。带冷却塔的循环冷却水系统的浓缩倍率应根据水源条件、节水及环保要求、水处理费用、药品来源等因素确定，一般应控制在3～5倍，特殊情况下可采用更高的浓缩倍率。提高浓缩倍率的主要方法是使用高性能的缓蚀剂和对环境友好且具有长效稳定性能的阻垢剂，以及降低循环水的碱度、硬度或盐度。可采用加酸处理降低循环水的碱度、采用反渗透膜法处理降低循环水的盐度。

3.3.2 气力除灰和干除渣节水技术

燃煤电厂水力除灰耗水量大，锅炉除灰用水约占电厂耗水量的15%，因此采用气力除灰和干除渣方式是节水和减少污染的有效途径。

气力除灰系统有压力和自流两种类型，以压力型为主。压力输送系统又可分为负压、正压和负压—正压联合系统三种类型。该技术应用会带来一定的投资和电耗。水资源贫乏地区和新建大中型机组均应采用该技术。

干除渣系统是不用水的干除渣技术，其工艺是由钢带或防磨带输送，同时引入适量自然风有效冷却炽热的炉底粗渣，再用碎渣机将粗渣粉碎后冷却，输送至贮渣仓贮存，供综合利用或运走。

3.3.3 空冷系统节水技术

空冷系统采用空气来替代水作为冷却介质，具有很好的节水效果。由于排汽压力高，其煤耗、厂用电率等均会有所增加，适用于缺水地区和煤炭坑口地区。

3.3.4 城市污水回用技术

将城市污水作为水源，在二级处理的基础上进行深度处理，回用作电厂循环冷却水补充水、锅炉补给水、工业用水等，可大幅度减少新鲜水的取用量，是解决电厂水资源紧缺、防止环境污染的重要途径。根据来水水质及回用水水质要求的不同，可以采用不同的深度处理工艺。一般的水处理方法包括：混凝澄清、石灰处理、深层过滤、超滤、反渗透、曝气生物滤池、膜生物反应器等。

3.4 工艺过程污染预防新技术

整体煤气化联合循环（IGCC）发电技术是把煤气化和燃气-蒸汽联合循环发电系统有机集成的一种洁净煤发电技术。IGCC 由两大部分组成，即煤的气化与净化部分和燃气-蒸汽联合循环发电部分。其典型工艺过程为：煤经气化产生合成煤气，经净化处理的煤气燃烧后驱动燃气透平发电，利用高温排汽在余热锅炉中产生蒸汽驱动汽轮发电机。

该技术将高效、大容量、清洁、节水和综合利用结合在一起，相对其他洁净煤发电技术，其优点是：高效率且具有提高效率的潜力，供电效率可达 42%～46%。随着燃气初温的进一步提高和技术进步，净效率可达 52%以上；易大型化，单机功率可达到 300～600 MW 以上；脱硫率和除氮率较高；燃烧后的废物产生量少；耗水量比常规汽轮机电站少 30%～50%；能充分综合利用煤炭资源，煤种适应性广；能和煤化工结合成多联产系统，同时生产电、热、燃料气和化工产品，有利于降低生产成本。

4 大气污染物末端治理技术

4.1 除尘技术

燃煤电厂除尘技术主要包括电除尘、袋式除尘和电袋复合式除尘。上述三种除尘方式都是高效颗粒物去除技术，除尘技术的选择主要取决于环保要求、燃料性质、烟气工况、现场条件、电厂规模和锅炉类型等因素。

4.1.1 电除尘技术

4.1.1.1 工艺原理

电除尘技术是在电极上施加高电压后使气体电离，进入电场空间的烟尘荷电在电场力的作用下向相反电极性的极板移动，通过振打将沉积在极板上的烟尘落入灰斗，实现电除尘的全过程。为电除尘器供电的电源主要有工频电源和高频电源。

4.1.1.2 消耗及污染物排放

电除尘技术的性能与烟尘的比电阻、集尘电极的总表面积、气体的体积流量以及颗粒物的迁移速度等因素有关。电除尘器除尘效率为 99.0%～99.8%、烟尘排放浓度可达 50 mg/m^3 以下。电除尘器消耗主要为电能，占发电量的 0.1%～0.4%。

与使用工频电源供电相比，使用高频电源供电时，在保证除尘效率不变的情况下，电除尘器节能幅度在 70%～90%；在相同本体的情况下，电除尘器烟尘排放可减少 40%～70%。

4.1.1.3 技术适用性及特点

电除尘技术适用于烟尘比电阻在 1×10^4～5×10^{11} Ω·cm 范围内的除尘；适用于新建和改造机组，并可在范围很宽的温度、压力和烟尘负荷条件下运行；当要求除尘器出口烟尘浓度在 100 mg/m^3 以下时，如煤中灰分较低，可选用工频电源供电的电除尘器；当要求除尘器出口烟尘浓度在 60 mg/m^3 以下或煤中灰分相对较高时，可选用高频电源供电的电除尘器。

电除尘器占地面积较大，对制造、安装、运行、维护都有较高要求。

4.1.2 袋式除尘技术

4.1.2.1 工艺原理

袋式除尘技术是利用纤维织物的过滤作用对含尘气体进行过滤，当含尘气体进入袋式除尘器后，颗粒大、比重大的粉尘，由于重力的作用沉降下来，落入灰斗，含有较细小粉尘的气体在通过滤料时，烟尘被阻留，使气体得到净化。电厂应用的袋式除尘器主要为低压脉冲固定行喷吹和旋转喷吹袋式除尘器。

4.1.2.2 消耗及污染物排放

影响袋式除尘器性能的主要因素是滤料性能、过滤风速、清灰方式等。袋式除尘器的除尘效率为99.5%～99.99%，烟尘排放浓度可控制在30mg/m^{3}以下。袋式除尘器的运行费用主要是更换滤袋（一般一个大修期全部更换），电耗约占发电量的0.2%～0.4%；电厂使用的滤料应根据烟气条件进行选择，要求防腐、拒水、防折、耐高温，常用滤料有聚苯硫醚（PPS）、聚酰亚胺（P84）、聚四氟乙烯（PTFE）针刺毡或这些纤维的复合。

4.1.2.3 技术适用性及特点

袋式除尘技术适应性强，不受烟尘比电阻和物化特性等的影响；在新建或改造机组中都适用，在高灰分燃煤电厂锅炉、循环流化床锅炉及干法脱硫装置的烟气治理中应用较广；适用于排放要求严格的环境敏感地区。

该技术可去除烟气中的部分重金属（如汞）。

袋式除尘器占地面积和电除尘器相当；滤袋破损需更换，运行维护工作量较大；对制造、安装、运行、维护都有较高要求。

4.1.3 电袋复合式除尘技术

4.1.3.1 工艺原理

电袋复合式除尘技术有机地结合了电除尘和袋式除尘的优点，前级电场预收烟气中70%～80%以上的烟尘量；后级袋式除尘装置拦截、收集剩余烟尘。其中，前级电场的预除尘作用和荷电作用不仅能减少后级袋式除尘器的过滤负荷，同时由于前级的预荷电使细微的烟尘凝聚成较粗颗粒的烟尘，从而提高滤袋的清灰效果，减少滤袋运行阻力，延长滤袋寿命。

4.1.3.2 消耗及污染物排放

电袋复合式除尘技术除尘效率在99.5%～99.99%，烟尘排放浓度可控制在30mg/m^{3}以下，系统漏风率宜小于3%。电袋复合式除尘器电耗占发电量的0.1%～0.3%。应特别关注电除尘器电晕放电产生的臭氧和烟气中的氮氧化物在高温下对滤料的氧化和腐蚀。

4.1.3.3 技术适用性及特点

电袋复合式除尘技术适应性强，不受煤种、烟尘特性影响，适用于排放要求严格的环境敏感地区及老机组除尘系统改造。

该技术可去除烟气中的部分重金属（如汞）。

电袋复合式除尘器滤袋使用寿命较高，清灰周期长，能耗小；对制造、安装、运行及维护都有较高要求；要选择抗氧化、抗腐蚀性能强的滤料。

4.2 烟气脱硫技术

按脱硫工程是否加水和脱硫产物的干湿状态，烟气脱硫技术又分为湿法和半干法两种工艺。

4.2.1 湿法脱硫技术

湿法脱硫技术成熟，效率高，运行可靠，操作简单，脱硫副产物可综合利用，但烟温降低不利于烟气扩散，脱硫工艺较复杂，占地面积和投资较大。湿法脱硫技术的脱硫效率主要受浆液pH值、液气比、停留时间、吸收剂品质及用量的影响，以石灰石/石灰—石膏法应用最广，此外还有镁法脱硫、氨法脱硫和海水脱硫等。

4.2.1.1 石灰石/石灰—石膏法脱硫技术

4.2.1.1.1 工艺原理

石灰石/石灰—石膏法脱硫技术是用石灰石、生石灰或消石灰的乳浊液作为吸收剂吸收烟

气中的 SO_2。吸收塔型式主要有喷淋塔、液柱塔、填料塔和鼓泡塔。脱硫系统主要包括吸收系统、烟气系统、吸收剂制备系统、石膏脱水及贮存系统和废水处理系统。随着工程技术进步和运行管理的成熟，新建脱硫装置大多取消烟气旁路和换热器，增压风机一般也不再设置。

电石渣脱硫技术与石灰石/石灰—石膏法烟气脱硫技术类似，其吸收剂是利用化工企业生产中产生的大量工业废弃物电石渣[主要成分为 $Ca(OH)_2$]替代石灰石，达到以废治废的目的，特别适合于距化工厂距离较近、电石渣供应稳定的燃煤电厂。

4.2.1.1.2　消耗及污染物排放

石灰石/石灰—石膏法和电石渣脱硫技术需要消耗脱硫剂和电能，电耗占发电量的 1.0%～1.5%。

当钙硫摩尔比在 1.02～1.05，循环液 pH 值在 5.0～6.0 时，脱硫效率一般可达 95%以上，石膏纯度一般可达 90%以上。当燃用煤种的含硫量在 0.6%～2.0%时，SO_2 排放浓度可控制在 75～200mg/m^3。

脱硫系统还产生脱硫废水、脱硫副产物石膏、粉尘污染、风机噪声和水泵噪声。

4.2.1.1.3　技术适用性及特点

石灰石/石灰—石膏法脱硫技术适应性强，对煤种、负荷变化均具有较强的适应性；适用大容量机组、高浓度 SO_2 的烟气脱硫。

该技术可部分去除烟气中的 SO_3、HCl、HF、颗粒物和重金属（如汞）。

4.2.1.2　氨法脱硫技术（回收型）

4.2.1.2.1　工艺原理

氨法脱硫技术主要采用（废）氨水、液氨作吸收剂去除烟气中的 SO_2。氨法工艺过程包括 SO_2 吸收、中间产品处理和副产品制造。根据过程和副产物的不同，氨法又可分为氨—肥法、氨—亚硫酸铵法等。

4.2.1.2.2　消耗及污染物排放

氨法脱硫需要消耗脱硫剂和电能，应有可靠的脱硫剂来源，电耗一般占发电量的 0.4%～1.2%。

氨法脱硫技术的脱硫效率一般在 95%以上，当燃煤含硫量在 2.0%以下时，SO_2 排放浓度可控制在 200mg/m^3 以下。

氨法脱硫会产生氨逃逸。

4.2.1.2.3　技术适用性及特点

氨法脱硫技术适应性强，对煤种、负荷变化均具有较强的适应性；从经济技术角度综合考虑，主要适用于有可靠氨源且氨肥能得到有效利用的电厂，对能以废氨水为脱硫吸收剂的电厂尤为适用。

该技术可去除烟气中的部分 SO_3、HCl、HF、颗粒物和重金属（如汞），占地面积小，同时具有部分脱硝功能。

4.2.1.3　镁法脱硫技术（回收型）

4.2.1.3.1　工艺原理

镁法脱硫技术可分为氧化镁法和氢氧化镁法，分别以氧化镁和氢氧化镁为吸收剂。国内目前没有应用回收型镁法脱硫技术的连续稳定运行的燃煤电厂。

氧化镁法脱硫工艺流程是烟气经预处理后进入吸收塔，在塔内 SO_2 与吸收液 $Mg(OH)_2$ 和 $MgSO_3$ 反应，MgO 被转化成 $MgSO_3$ 和 $MgSO_4$，然后将其溶液脱除干燥。干燥后的 $MgSO_3$ 在 850℃条件下，再用焦炭还原再生。

氢氧化镁法脱硫工艺流程是烟气中的 SO_2 经过水洗涤生成酸性液，酸性液与再循环浆液中的 $MgSO_3$ 反应生成 $Mg(HSO_3)_2$，其再与 $Mg(OH)_2$ 反应生成 $MgSO_3$，经氧化生成无害的 $MgSO_4$。

4.2.1.3.2 消耗及污染物排放

镁法脱硫运行需要消耗脱硫剂和电能，应有可靠的脱硫剂来源。

镁法脱硫技术的脱硫效率可在 95%以上，应选择活性好的脱硫剂；脱硫系统阻力一般在 2 000～3 000Pa；脱硫系统的运行温度一般在 50℃左右。当电厂燃煤含硫量在 2.0%以下时，SO_2 排放浓度可控制在 200mg/m^3 以下。

镁法脱硫会产生脱硫废水和脱硫副产物硫酸镁。

4.2.1.3.3 技术适用性及特点

镁法脱硫技术具有比较广泛的适用性，对煤种、负荷变化等的适应性强；从技术经济角度考虑，适用于镁资源比较丰富的地区；较适用于排放要求严格的地区。

该技术可去除烟气中的部分 SO_3、HCl、HF、颗粒物和重金属（如汞）。镁法脱硫的副产物应回收，否则会造成资源浪费及对水体的二次污染。

4.2.1.4 海水脱硫技术

4.2.1.4.1 工艺原理

海水脱硫是利用海水的天然碱度来吸收烟气中的 SO_2，再用空气强制氧化为硫酸盐溶于海水中。

4.2.1.4.2 消耗及污染物排放

脱硫系统的运行电耗占发电量的 1.0%以下。

脱硫系统排水水质需满足《海水水质标准》（GB 3097）中的三类标准，凝汽器出口海水温度应控制在 40℃以下。海水脱硫系统阻力一般在 900～2 200Pa；脱硫系统入口烟气的温度一般在 110～130℃，海水出口温度在 28～40℃；300MW 机组海水脱硫的海水耗量为 32 400～43 200t/h，脱硫海水必须经充分强制曝气后外排。

海水脱硫的脱硫效率一般在 90%以上，SO_2 排放浓度可控制在 150～250mg/m^3。

4.2.1.4.3 技术适用性及特点

海水脱硫技术适用于燃煤含硫量在 1.0%以下的沿海电厂，但在选用该技术时，应仔细考察当地条件如海水状况、潮汐、邻近脱硫系统排水口的海水水生生态环境要求等，严格限于 GB 3097 中规定的第三类和第四类海域，进入脱硫塔的烟气烟尘浓度应控制在 30 mg/m^3 以下，且海水扩散条件较好。该技术的排水会引起局部海水的温升，排水中的重金属对海洋生态系统有潜在影响，因此严禁在环境敏感海域应用。

海水脱硫对 SO_3、HCl、HF、颗粒物有不同程度的去除作用。

4.2.2 半干法脱硫技术

半干法烟气脱硫技术是采用干态吸收剂，在吸收塔中单独喷入吸收剂和降温用水，吸收剂在吸收塔中与 SO_2 反应生成干粉状脱硫产物。半干法脱硫工艺系统较简单，无废水产生，投资低于湿法，但脱硫效率和脱硫剂的利用率较低，脱硫副产物不易综合利用。

国内应用的半干法脱硫技术包括烟气循环流化床脱硫技术和增湿灰循环烟气脱硫技术，其中以前者应用较广泛。

4.2.2.1 烟气循环流化床脱硫技术

4.2.2.1.1 工艺原理

烟气循环流化床脱硫技术是锅炉烟气经过预除尘器（当需要时）后，从循环流化床底部进入吸收塔，烟气经过喷水降温后，在吸收塔内与消石灰粉进行脱硫反应，除去烟气中的 SO_2 酸性气体。该技术主要以锅炉飞灰、未反应完全的脱硫剂、脱硫副产物做循环物料，在吸收塔内建立高粉尘浓度的流化床。

4.2.2.1.2 消耗及污染物排放

烟气循环流化床脱硫运行时需要消耗脱硫剂和电能。电耗占发电量的 0.5%～1.0%。

影响脱硫效率的因素主要包括钙硫比、喷水量、反应温度、停留时间等。烟气循环流化床法的脱硫效率可达 85%以上，运行较好的可达 90%以上；SO_2 排放浓度可控制在 250mg/m^3 以下；无脱硫废水产生。

脱硫系统会产生脱硫副产物、风机噪声和水泵噪声。

4.2.2.1.3 技术适用性及特点

烟气循环流化床脱硫技术适用于含硫量 1.0%以下的低硫煤电厂，机组容量为 600MW 及以下；缺水地区的新建和改造机组；一般应采用袋式除尘器除尘。

该技术可部分去除烟气中的 SO_3、HCl、HF 和重金属（如汞）。

4.2.2.2 增湿灰循环烟气脱硫技术

4.2.2.2.1 工艺原理

增湿灰循环烟气脱硫技术是将消石灰粉与除尘器收集的循环灰在混合增湿器内混合，并加水增湿至 5%的含水量，然后导入烟道反应器内进行脱硫反应。

4.2.2.2.2 消耗及污染物排放

烟气循环流化床脱硫运行时需要消耗脱硫剂和电能，电耗占发电量的 0.1%～0.3%。

该技术的脱硫效率在 85%左右，为保证净化效率，脱硫灰循环倍率和 Ca/S 比非常重要；脱硫系统阻力较大，一般在 2 000～3 000Pa。反应器出口温度一般在 65～80 ℃，Ca/S 摩尔比小于 1.4。当电厂燃用煤种的含硫量在 1.0%以下时，SO_2 排放浓度可控制在 250mg/m^3；无脱硫废水产生。一般应采用袋式除尘器除尘。

脱硫系统会产生脱硫副产物、风机噪声和水泵噪声。

4.2.2.2.3 技术适用性及特点

增湿灰循环烟气脱硫技术适用于煤种含硫量在 1.0%以下的中低硫煤脱硫；从技术经济角度考虑，该技术特别适用于机组容量为 200MW 及以下的中小容量机组脱硫。

该技术可去除烟气中的部分 SO_3、HCl、HF 和重金属（如汞）。

4.2.3 脱硫新技术

4.2.3.1 等离子体烟气脱硫脱硝技术

等离子体烟气脱硫脱硝技术采用烟气中高压脉冲电晕放电产生的高能活性粒子，将烟气中的 SO_2 和 NO_x 氧化为高价态的硫氧化物和氮氧化物，最终与水蒸气和注入反应器的氨反应生成硫酸铵和硝酸铵，属干法脱硫技术。

等离子体烟气脱硫脱硝技术的特点是工程投资及运行费用低，能同时脱硫脱硝、产物可作为肥料，无二次污染。

4.2.3.2 活性焦吸附脱硫脱硝技术

活性焦脱硫脱硝技术原理是：当烟气中有氧和水蒸气时，由于活性焦表面具有催化作用，使其吸附的 SO_2 被烟气中的 O_2 氧化为 SO_3，SO_3 再和水蒸气反应生成硫酸，使其吸附量大为增加。活性焦吸附 SO_2 后，在其表面形成的硫酸存在于活性焦的微孔中，降低其吸附能力，因此需要把存在于微孔中的硫酸取出，使活性焦再生。再生方法包括洗涤和加热再生。活性焦脱硫技术通过加入 NH_3 可实现脱硝功能，即在活性焦的选择性催化作用下，使氮氧化物发生还原反应生成氮气和水。

活性焦脱硫脱硝技术特点是：工艺过程简单，再生过程副反应少；吸附容量有限，常需在低气速（0.3～1.2m/s）下运行，因而吸附体积较大；活性焦易被废气中的 O_2 氧化而导致损耗；长期使用后，活性焦会产生磨损，并因微孔堵塞丧失活性。

4.2.3.3 生物脱硫技术

生物脱硫与传统脱硫法最大的区别是：从工艺上不是将烟气中的二氧化硫转移到固体废物中，而是以具有经济价值的单质硫的形式分离回收。由于单质硫具有较高的应用价值，因此在消除环境污染的同时还能产生良好的经济效益。同时，生物脱硫的运行成本较传统脱硫方式运行费用至少低 30%以上。

4.3 烟气脱硝技术

4.3.1 选择性催化还原法

4.3.1.1 工艺原理

选择性催化还原法（SCR）是指在催化剂的作用下，利用还原剂（如 NH_3 或尿素）与烟气中的 NO_x 反应生成 N_2 和 H_2O。

选择性催化还原系统一般由氨的储存系统、氨和空气的混合系统、氨喷入系统、反应器系统及监测控制系统等组成。SCR 反应器多为高尘高温布置，即安装在锅炉省煤器与空预器之间。

4.3.1.2 消耗及污染物排放

SCR 脱硝系统需要催化剂和还原剂。脱硝系统采用高温催化剂，反应温度一般为 300～400 ℃，催化剂以 TiO_2 为载体，主要活性成分为 V_2O_5-WO_3（MoO_3）等金属氧化物。SCR 系统中还原剂可选用液氨、尿素或氨水，还原剂比较见表 3。利用尿素作为脱硝还原剂时需要利用专门的设备将尿素转化为氨。

表 3 脱硝还原剂比较

还原剂	优 点	缺 点	选用建议
液氨	还原剂和蒸发成本低；体积小	为了防止液氨溢出污染，需要较高的安全管理投资；风险较大	若液氨贮存场地满足国家相关的安全标准、规范要求，并取得危险化学品管理许可，可以使用
氨水	液体溢出后，扩散范围较液氨小；浓度范围较易控制	较高的还原剂成本；较高的蒸发能量；较高的储存设备成本；较大的注入管道	一般不推荐使用
尿素	没有溢出危险；对周围环境要求较低	还原剂能量消耗较大，系统设备投资和还原剂成本较高	当法规不允许使用液氨，或在人口密度高，或特别强调安全的情况下，推荐使用

SCR 脱硝效率为 60%～90%，通常设置一层催化剂时的脱硝效率约为 40%，设置两层催化剂时可大于 70%，设置三层催化剂时可大于 80%。燃煤电厂锅炉采用低氮燃烧装置后燃用烟煤、贫煤和褐煤的 NO_x 初始浓度在 250～650mg/m^3，燃用无烟煤的 NO_x 初始浓度在 1 300mg/m^3 左右，当脱硝效率为 80%时，NO_x 的排放浓度可控制在 50～260mg/m^3。

另外，脱硝装置的运行会增加电耗，占发电量的 0.1%～0.3%。

SCR 系统会产生氨逃逸和废催化剂。

4.3.1.3 技术适用性及特点

SCR 脱硝技术适应性强，特别适合于电厂煤质多变、机组负荷变动频繁的情况；适用于要求脱硝效率较高的新建和现役机组改造；适用于对空气质量要求较高的敏感区域。

4.3.2 选择性非催化还原法

4.3.2.1 工艺原理

选择性非催化还原法（SNCR）是一种不用催化剂，在 850～1 100 ℃范围内还原 NO_x 的方法，还原剂常用氨或尿素，NH_3 与烟气中的 NO_x 反应生成 N_2 和水。典型的 SNCR 系统由还原剂储槽、多层还原剂喷入装置及相应的控制系统组成。

4.3.2.2 消耗及污染物排放

SNCR 脱硝装置的运行电耗较小，系统阻力不大，影响还原化学反应效率的主要因素是温度、还原剂停留时间、还原剂类型。运行正常状态的氨逃逸在 6～8mg/m^3，若运行状态不佳，则氨逃逸率显著增加，NH_3 逃逸可达 15mg/m^3。

SNCR 脱硝效率在 20%～40%，燃煤电厂锅炉采用低氮燃烧装置后燃用烟煤、贫煤和褐煤的 NO_x 初始浓度在 250～650mg/m^3，燃用无烟煤的 NO_x 初始浓度约为 1 300mg/m^3，当脱硝效率为 40%时，NO_x 排放浓度为 150～780mg/m^3。

4.3.2.3 技术适用性及特点

SNCR 脱硝技术对温度窗口要求十分严格，对机组负荷变化适应性差，对供煤煤质多变、机组负荷变动频繁的电厂，其应用受到限制；该技术的系统简单，只需在现役燃煤锅炉的基础上增加氨或尿素储槽以及氨或尿素喷射装置及其喷射口即可，适用于老机组改造且对 NO_x 排放要求不高的区域。SNCR 技术不适用于无烟煤电厂。在环境敏感区域应选择尿素作为还原剂。

5 水污染物末端治理技术

5.1 废水处理工艺分类

燃煤电厂废水通常有两种处理方式：一种是集中处理，另一种是分类处理。对于新建燃煤电厂，由于废水的种类很多，水质差异很大，大多数废水需要处理回用，因此大部分电厂采用分类处理与集中处理相结合的处理方案。

5.2 分类处理工艺技术

5.2.1 锅炉停炉保护和化学清洗废水（含有机清洗剂）处理

该类水水质特点是停炉保护废水的联胺含量较高；用柠檬酸或乙二胺四乙酸（EDTA）化学清洗后的废液中残余清洗剂量很高。为降低过高的 COD，在常规的 pH 调整、混凝澄清处理工艺之前增加氧化处理环节。通过加入氧化剂（通常是双氧水、过硫酸铵或次氯酸钠等）氧化，分解废水中的有机物，降低其 COD 值。

5.2.2 空气预热器、省煤器和锅炉烟气侧等设备冲洗排水处理

该类废水为锅炉非经常性排水，其水质特点是悬浮物和铁的含量很高，不能直接进入经常性排水处理系统。处理方法常采用化学沉淀法，即处理时首先进行石灰处理，在高 pH 值下沉淀出过量的铁离子并去除大部分悬浮物，然后再送入中和、混凝澄清等处理系统。

5.2.3 化学水处理工艺废水处理

化学水处理因工艺不同，可产生酸碱废水或浓盐水。

酸碱废水多采用中和处理，即采用加酸或碱调至 pH 值在 6～9，出水直接排放或回用。工艺系统一般包括中和池、酸储槽、碱储槽、在线 pH 计、中和水泵和空气搅拌系统等。运行方式大多为批量中和，即当中和池中的废水达到一定容量后，再启动中和系统。

为尽量减少新鲜酸、碱的消耗，离子交换设备再生时应合理安排阳床和阴床的再生时间及再生酸碱用量，尽量使阳床排出的废酸与阴床排出的废碱相匹配，以减少直接加入中和池的新鲜酸和碱量。

采用反渗透预脱盐系统的水处理车间，由于反渗透回收率的限制，其排水量较大。如果反渗透系统回收率按照75%设计，则反渗透装置进水流量的1/4以废水的形式排出，废水量远大于离子交换系统。但其水质基本无超标项目，主要是含盐量较高，大都可以直接利用或排放。

5.2.4　煤泥废水处理

煤泥废水一般情况下处理后循环使用。为达到循环使用的水质要求，通常采用混凝沉淀、澄清和过滤处理工艺，以去除废水中的悬浮物和油。

煤泥废水处理系统包括废水收集、废水输送、废水处理等系统。煤场的废水经集水池预沉淀，先将废水中携带的大尺寸的煤粒沉淀下来，然后上清液送经混凝、澄清和过滤处理后回用。

微滤或超滤处理工艺作为一种新技术已开始应用于煤泥废水处理。其优点是出水水质好，尤其是出水浊度很低，可以小于1 NTU；缺点是要进行频繁的反洗（自动进行）和定期进行化学清洗。

5.2.5　冲灰废水处理

冲灰废水的pH值和含盐量较高。通过灰浆浓缩池进行闭路循环的灰水悬浮物也较高；灰场的水经过长时间沉淀，悬浮物浓度一般很低。冲灰废水处理主要解决pH值和悬浮物超标问题。其中，只要保证水在灰场有足够的停留时间，并采取措施拦截“漂珠”，悬浮物大多可满足排放要求。pH值则需要通过加酸（考虑经济性，一般加硫酸），使其降至6～9范围内。

冲灰废水一般循环使用，而不用于其他途径。冲灰废水循环使用的处理工艺主要为物理沉淀法。废水中灰渣在自身重力的作用下沉淀，浓缩灰渣返回灰场；上清液贮存于回收水池内。回收水池出水返回循环利用。

5.2.6　含油废水处理

含油废水主要有油罐脱水、冲洗含油废水、含油雨水等。含油废水的处理工艺通常采用气浮法进行油水分离，出水经过滤或吸附后回用或排放。

此外还有活性炭吸附法、电磁吸附法、膜过滤法、生物氧化法等除油方法，但在电厂应用较少。

5.2.7　脱硫废水处理

脱硫废水水质特点是悬浮物浓度高、pH 值呈酸性。其处理工艺是：先通过加石灰浆对脱硫废水进行中和、沉淀处理，后经絮凝、澄清、浓缩等步骤处理，清水回收利用，沉降物经脱水机脱水后用运泥汽车将其运至灰场堆放。

5.2.8　生活污水处理

生活污水的可生化性好，大部分燃煤电厂生活污水的处理工艺是采用生化二级处理，消毒后回用或排放。

此外，膜生物反应器工艺由于具有出水水质优良、性能稳定、占地面积小等优势，在电厂生活污水处理中得到越来越多的应用，特别适用于处理后再利用。

5.3　集中处理工艺技术

废水集中处理站是燃煤电厂规模最大、处理废水种类最多的废水集中处理系统，处理后的废水根据水质情况达标排放或回收利用。废水集中处理站所处理的废水主要是各种经常性排水和非经常性排水。

典型的废水集中处理站设有多个废水收集池，根据水质差异进行分类收集，如高含盐量的化学再生废水、锅炉酸洗废液、空气预热器冲洗废水等，都单独收集。各池之间根据实际用途也可以互相切换，主要设施包括废水收集池、曝气风机、废水泵、酸、碱储存罐，以及清水池、pH调整槽、反应槽、絮凝槽、澄清器、加药系统等。

6 噪声治理技术

噪声控制应当尽量采用低噪声设备，按照环境功能合理布置声源，采取有效的降噪措施。

6.1 燃料制备系统噪声治理技术

燃料制备系统中的主要噪声设备是磨煤机，可分为低速、中速和高速三种。近年来新建机组大多为中速磨煤机，其噪声主要为排气噪声，噪声水平为95～110dB（A）。中速磨的噪声治理主要方法为局部隔声法，在磨机底部排气口噪声能量最大处安装隔声装置，为便于排气口散热，在隔声装置外侧设置低噪声轴流风机和消声器，其降噪量能达到20dB（A）。

早期燃煤机组大多采用钢球磨煤机即低速磨，其噪声水平在100～120dB（A），对于钢球磨煤机的噪声治理，有效措施主要包括以下三种：

- 筒体外壳阻尼层。阻尼材料的厚度一般应为外壁厚度的2～3倍，可降噪10dB（A）左右。
- 隔声套。将多层吸声、隔声阻尼材料组合在一起，把磨煤机筒体紧紧地捆箍起来，与筒体一起旋转。隔声套一般采用组合式结构，可将设备噪声降至95dB（A）左右；缺点是增加自重、检修不便等。
- 隔声罩。降低钢球磨煤机噪声最常用的措施是隔声罩，需注意的关键是：通风散热要好，便于拆卸与维修，结构材料轻质、高效，隔声量高。磨煤机附属的电动机一般采用能通风、可拆卸的隔声罩，隔声量一般不低于20dB（A）。

6.2 燃烧系统噪声治理技术

燃烧系统中的最主要噪声源是锅炉排汽噪声，高达130dB（A）以上，频谱呈中高频特性。锅炉排汽噪声是电厂影响面较大的高空突发噪声，一般排汽时间几分钟，其影响范围可达方圆几公里。

锅炉排汽噪声控制是在喷口安装具有扩张降速、节流降压、变频或改变喷注气流参数等功能的排气放空消声器。一般采用消声量25dB（A）以上的小孔（喷注）消声器，电厂应用的节流降压消声器消声量可达30dB（A）以上。

燃烧系统中锅炉及炉后部分连续噪声是较突出的空气动力噪声，噪声水平为85～115dB（A）。应对锅炉送、引风机及管路系统空气动力噪声加以治理，主要采用阻尼复合减振降噪法，该方法作用于风机及管路系统的外层，通过阻尼复合材料的减振隔声作用，可有效降低噪声15～20dB（A）。

6.3 发电系统噪声治理技术

发电系统中的主要噪声源是汽轮机、发电机及励磁机等，运行噪声可达90dB（A）。很多电厂的发电机组在设备出厂时就已同时配置隔声罩，一般有20dB（A）左右的降噪效果。主厂房内声源设备众多，使得厂房内噪声偏高，加之建筑围护结构的降噪量一般仅在10dB（A）左右，因此应注意厂房的密闭性和隔声性能，控制噪声对外辐射。汽机房主体建筑的隔声降噪措施，主要采用隔声门窗，在面对办公区的厂房立面安装可调节通风型消声百叶窗。

6.4 冷却系统噪声治理技术

冷却系统中最大的噪声是自然通风冷却塔的淋水噪声，一般采用下述两种噪声治理措施：

- 部分进风口安装冷却塔通风消声器。自然通风冷却塔附近的噪声敏感区大多集中在塔的某一侧，因此可以在冷却塔底部的部分进风口区域安装由若干通风导流消声片组成的通风消声器，一般可使冷却塔的设备噪声级降低15dB（A）以上。设计中要控制通风消声器的压力损失，确保其不影响冷却效果。

◆ 隔声屏障。冷却塔采用隔声屏障降噪，隔声屏障应尽量靠近塔体，防止阻挡噪声敏感区的通风和日晒等。屏障高度应高于冷却塔进风口高度，结构可采用高效轻质隔声型、土坡型、钢筋混凝土型等，从抗震、抗风等方面予以严格设计。

6.5 脱硫系统噪声治理技术

脱硫系统主要噪声源为氧化风机、增压风机噪声，其噪声水平一般为85～110dB（A）。氧化风机的噪声治理一般采用加装隔声罩和室内布置，隔声量一般为 20dB（A）。增压风机的降噪一般采用和锅炉送、引风机相同的阻尼复合减振降噪措施，其降噪量为15～20dB（A）。

7 固体废物综合利用及处置技术

燃煤电厂产生的固体废物主要为粉煤灰，此外还有脱硫副产物、污水处理污泥、失效脱硝催化剂等，采用适当的处理处置方法有利于资源化利用，避免二次污染。

7.1 粉煤灰综合利用技术

粉煤灰综合利用是指采用成熟工艺技术对粉煤灰进行加工，将其用于生产建材、回填、建筑工程、提取有益元素制取化工产品等用途。

7.1.1 粉煤灰磨细加工技术

粉煤灰磨细加工是指改进粉煤灰的细度和均匀性。粉煤灰磨细后细度增大，烧失量变化不大，密度增大，需水量比减小，抗压强度比提高。

7.1.2 粉煤灰分级技术

粉煤灰分级一般采用干法多级离心分离器，分离出符合商品要求的产品，便于综合利用。

7.1.3 利用高铝粉煤灰提炼硅铝合金技术

利用电厂产生的高铝粉煤灰为原料，通过电热法冶炼硅铝系列合金及从高铝粉煤灰中提取氧化铝并可联产白炭黑等产品。

7.1.4 综合利用

粉煤灰综合利用途径很多，利用价值大，主要可用于生产粉煤灰水泥、粉煤灰砖、建筑砌块、混凝土掺料、道路路基处理、土壤改良等。

7.2 脱硫渣综合利用及处置技术

7.2.1 脱硫石膏的应用

脱硫石膏的纯度取决于脱硫装置的 Ca/S 比、石灰石纯度和除尘器的除尘效率。在参数合理配比运行的情况下，脱硫石膏的纯度能够达到90%。脱硫石膏主要用作水泥缓凝剂或制作石膏板，还可用于生产石膏粉刷材料、石膏砌块、矿井回填材料及改良土壤等。

7.2.2 半干法脱硫灰渣的应用

半干法脱硫灰渣主要成分是 $CaSO_4$、$CaSO_3$ 等，具有强碱性和自硬性，国内应用尚不普遍，主要用于筑路和制砖。

7.2.3 循环流化床脱硫灰渣的应用

与煤粉炉粉煤灰相比，循环流化床脱硫灰渣具有烧失量较高、CaO 含量高、SO_3 质量浓度高、玻璃体较少、有一定自硬性等特点，可综合利用于废弃矿井、采空区回填和筑路等。

7.3 污泥处理处置技术

电厂废水处理产生的污泥主要包括给水、工业废水、脱硫废水等处理过程产生的污泥，经检定后确定为危险废物的，按照《危险废物安全填埋污染控制标准》（GB 18598）处置；经检定后确定为一般废物的，按照《一般工业固体废物贮存、处置场污染控制标准》（GB 18599）处置。

7.4 失效脱硝催化剂处置技术

失效催化剂应再生或回收处理。处理时首选催化剂再生，处理方法为水洗再生、热再生和还原再生。其中主要是水洗再生，即把失去活性的催化剂通过浸泡洗涤、添加活性组分以及烘干等程序使催化剂恢复大部分活性。再生过程会产生少量含有重金属的废水，属危险废物，应集中处理。

失效催化剂应作为危险固体废弃物来处理。对于蜂窝式催化剂，一般的处理方法是压碎后进行填埋，填埋过程中应严格遵照危险固体废物的填埋要求。对于板式催化剂，由于其中含有不锈钢基材，故除填埋外可送至金属冶炼厂进行回用。

8 燃煤电厂污染防治最佳可行技术

8.1 燃煤电厂污染防治最佳可行技术概述

燃煤电厂污染防治最佳可行技术包括工艺过程污染防治最佳可行技术和污染物末端治理最佳可行技术，前者包括煤炭选择、煤炭和脱硫剂储存与输送、锅炉燃烧系统和工艺节水技术；后者包括烟尘排放控制、SO_2排放控制、NO_x排放控制、废水处理与回用、噪声控制和固体废物处理处置的最佳可行技术等，详见 8.2 节及 8.3 节。煤粉炉燃煤电厂污染防治最佳可行技术组合见图 2，循环流化床锅炉燃煤电厂污染防治最佳可行技术组合见图 3。

8.2 工艺过程污染防治最佳可行技术

8.2.1 煤炭选择最佳可行技术

燃煤电厂煤炭选择最佳可行技术见表 4。

表 4 燃煤电厂煤炭选择最佳可行技术

最佳可行技术	污染控制环节	技术适用性
煤炭洗选：燃用经洗选的热值高，以及水分、硫分、灰分、氟化物及氯化物含量低的高品质煤	降低烟气中大气污染物浓度	高硫和高灰分煤
燃用适用煤种：燃用设计煤种或校核煤种	提高锅炉燃烧效率	新建或现役燃煤机组

8.2.2 煤炭装卸、储存与输送过程扬尘控制最佳可行技术

煤炭装卸、储存与输送过程扬尘控制最佳可行技术见表 5。

表 5 煤炭装卸、储存与输送过程扬尘控制最佳可行技术

最佳可行技术	污染控制环节	技术适用性
降低高度与喷雾	煤炭装卸作业过程扬尘	新建或现役燃煤机组
水雾喷淋、密闭与袋式除尘器	输煤栈桥、输煤转运站及碎煤机室输送过程扬尘	新建或现役燃煤机组
露天煤场设喷洒装置＋干煤棚＋周边绿化	贮煤场扬尘	适用于南方多雨、潮湿的地区且煤场周围无环境敏感目标
露天煤场设喷洒装置＋周边绿化		适用于北方地区且煤场周围无环境敏感目标
储煤筒仓		适用于贮煤量较小、配煤要求高的电厂
喷洒装置＋防风抑尘网	贮煤场扬尘	适用于风速较大或环境敏感区域
喷洒装置＋封闭式煤场		适用于环境敏感区域

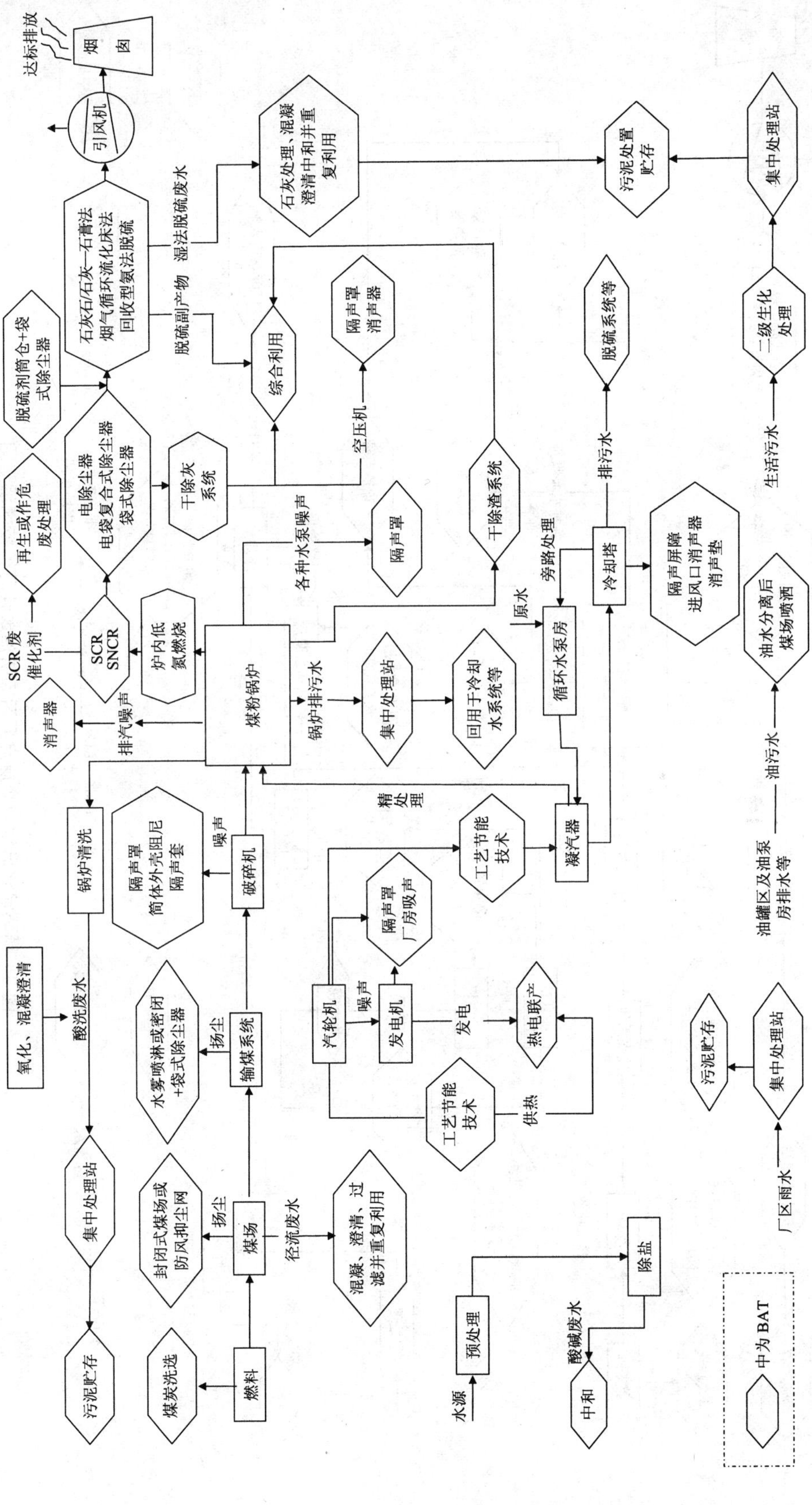

图 2　煤粉炉燃煤电厂污染防治最佳可行技术示意图（循环冷却）

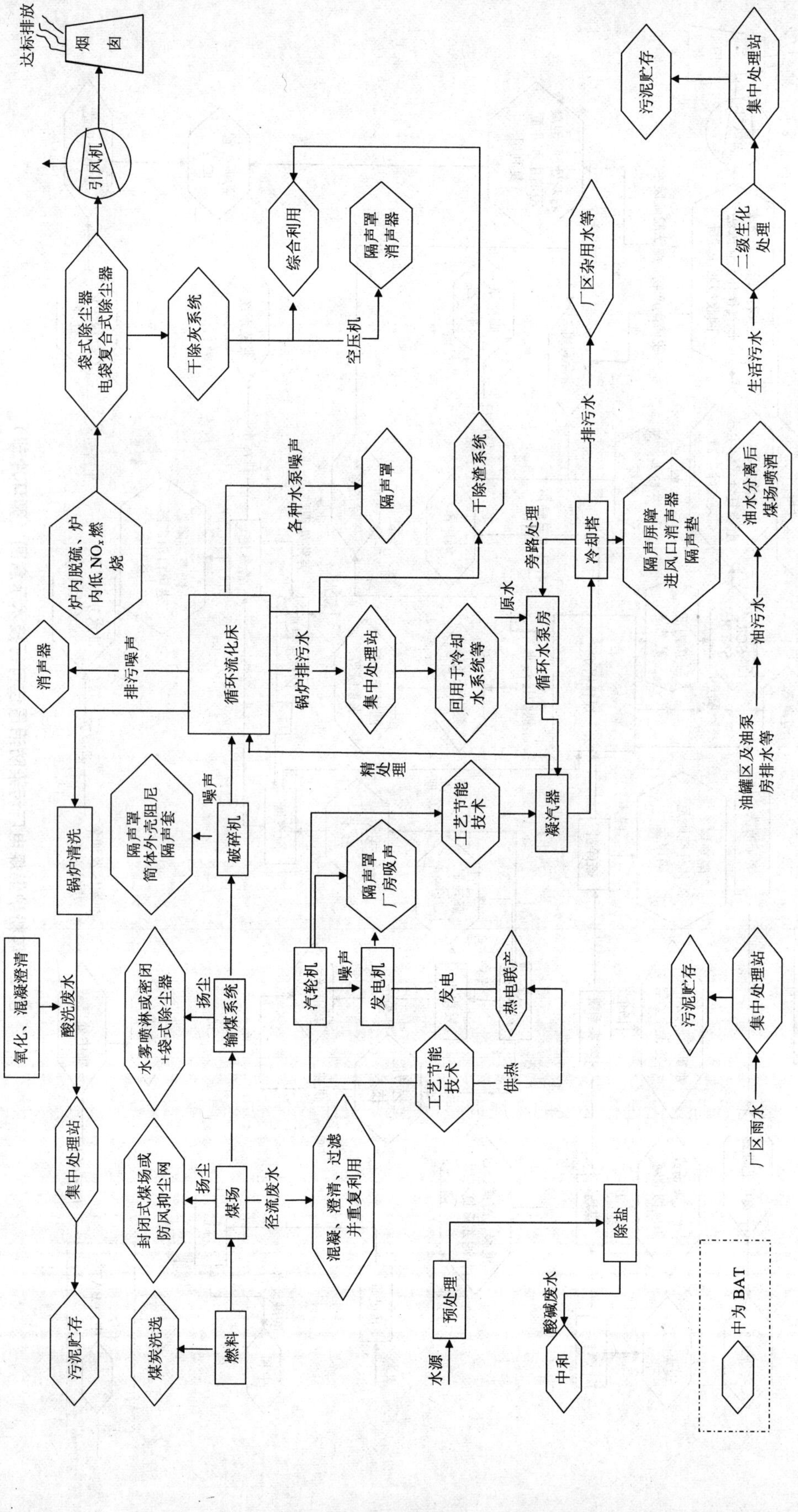

图 3　循环流化床锅炉燃煤电厂污染防治最佳可行技术示意图

8.2.3　脱硫剂石灰或石灰石（粉）储存与输送过程扬尘污染防治最佳可行技术

脱硫剂石灰或石灰石（粉）储存与输送过程扬尘污染防治最佳可行技术见表 6。

表 6　脱硫剂石灰或石灰石（粉）储存与输送过程扬尘污染防治最佳可行技术

最佳可行技术	污染控制环节	技术适用性
密闭罐车	石灰石（粉）或石灰的运输扬尘	新建或现役燃煤机组
筒仓	石灰石（粉）或石灰的储存扬尘	新建或现役燃煤机组
密闭罐车配置的卸载设备	石灰石（粉）或石灰的装卸作业扬尘	新建或现役燃煤机组
袋式除尘器	石灰石（粉）仓受料时排气中粉尘的分离与收集	新建或现役燃煤机组

8.2.4　锅炉燃烧系统污染预防最佳可行技术

8.2.4.1　最佳可行技术

对于有条件的地区，应发展能源利用效率高的高参数、大容量燃煤机组；建设热电联产机组，实现电厂热能的梯级有效利用。

在确保锅炉安全燃烧和效率的前提下，各种低 NO_x 燃烧技术是通过燃烧控制降低氮氧化物排放的最佳可行技术。低 NO_x 燃烧技术主要包括采用低 NO_x 燃烧器和炉内空气分级。

锅炉燃烧系统污染预防最佳可行技术见表 7。

表 7　锅炉燃烧系统污染预防最佳可行技术

炉型	最佳可行技术	技术适用性
煤粉锅炉	高参数、大容量机组燃烧控制和管理 热电联产 低 NO_x 燃烧技术	适用于常规燃煤； 切向燃烧、对冲燃烧等适用于烟煤、褐煤或贫煤的燃烧； W 火焰锅炉适用于低挥发分的贫煤、无烟煤的燃烧
循环流化床锅炉	高参数、大容量机组燃烧控制和管理 热电联产	适用于劣质燃煤，如高灰煤、煤矸石、煤泥等； 适用于 300MW 及以下机组； 适用于劣质煤产区

8.2.4.2　最佳环境管理实践

加强燃烧控制和管理，保证锅炉安全稳定燃烧的最佳环境管理实践包括：

◆　燃烧优化控制：合理送风、配风，优化煤/风比，提高过热蒸汽/再热蒸汽品质。

◆　提高煤粉炉锅炉热效率：燃烧设计煤种；控制空气过剩系数在最佳氧量±0.5%范围内；根据负荷变化进行必要的燃烧调整，使锅炉处于较佳的热效率状态并有利于抑制 NO_x 生成。

◆　提高循环流化床锅炉热效率：在一次返料的基础上设计二次返料，加大一次和二次返料量；优化一、二次风量配比。

8.2.5　工艺节水最佳可行技术

8.2.5.1　最佳可行技术

工艺节水最佳可行技术见表 8。

表 8 工艺节水最佳可行技术

<table>
<tr><th colspan="2">最佳可行技术</th><th>技术适用性</th></tr>
<tr><td rowspan="3">城市污水回用技术</td><td>曝气生物滤池+石灰处理+混凝澄清+深层过滤</td><td>用于处理 COD、BOD、氨氮等浓度较高的城市二级排水，出水可回用于循环冷却水补充水</td></tr>
<tr><td>石灰处理+混凝澄清+深层过滤</td><td>用于处理城市二级达标排放水，出水可回用于循环冷却水补充水</td></tr>
<tr><td>预处理+超滤+反渗透</td><td>主要用于需要除盐的情况，出水可回用于对除盐要求不高的用途；也可以作为预除盐措施</td></tr>
<tr><td>循环冷却水节水技术</td><td>除水器+提高循环水浓缩倍率</td><td>适用于新建机组和现役机组改造</td></tr>
<tr><td colspan="2">干除灰干除渣技术</td><td>适用于水资源贫乏地区的新建机组和现役机组改造</td></tr>
<tr><td colspan="2">空冷节水技术</td><td>适用于水资源短缺富煤地区的新建机组</td></tr>
</table>

8.2.5.2 最佳环境管理实践

为保证最佳可行技术的应用效果，采取如下最佳环境管理实践：

- ◆ 加强全厂节水管理，减少各种汽水损失，合理降低排污率；做好机、炉等热力设备疏水、排污及启停时排汽和放水的回收工作，逐步降低单位发电量的取水量。
- ◆ 加强各类废水的处理与回用，根据用水水质要求实现废水梯级利用，尽量减少排水。
- ◆ 重视水质检测和水量计量管理工作，定期进行全厂水平衡测试。
- ◆ 建立健全记录和档案制度。

8.3 污染物排放控制最佳可行技术

8.3.1 烟尘排放控制最佳可行技术

8.3.1.1 电除尘技术

8.3.1.1.1 最佳可行工艺参数

根据燃煤灰分和环保要求确定电除尘器的除尘效率，一般电除尘器除尘效率为 99.5%～99.8%；电除尘器入口气体风速为 10～15m/s，进入电除尘器后电场风速为 0.7～1.2m/s；极板间距为 25～45cm；清灰应及时彻底，气流分布应均匀；系统阻力应小于 300Pa；除尘系统漏风率小于 5%。

应根据处理烟气量选用相应功率的高频电源作为电除尘器的供电电源。

8.3.1.1.2 污染物削减和排放

烟尘排放浓度可达 $50mg/m^3$ 以下。电除尘器消耗主要为电能，占发电量的 0.1%～0.4%。

8.3.1.1.3 二次污染及防治措施

电除尘器除尘下来的粉煤灰应外运综合利用。

8.3.1.1.4 技术经济适用性

电除尘器适用于烟尘比电阻在 1×10^4～$5\times10^{11}\Omega\cdot cm$ 范围内的除尘；适用于新建和改造机组；宜优先选用高频电源供电。

电除尘器的一次投资费用为 50～100 元/kW，电除尘器的运行和维护成本较低，使用电除尘的治理成本为 30～80 元/t 烟尘。

8.3.1.2 袋式除尘技术

8.3.1.2.1 最佳可行工艺参数

袋式除尘器的除尘效率应在 99.7%～99.99%；气布比为 0.8～1.2m/min；系统阻力应小于

1 500Pa；运行温度宜在160℃以下；系统漏风率小于3%。

8.3.1.2.2　污染物削减和排放

袋式除尘器烟尘排放浓度可控制在30mg/m³以下，并可去除烟气中的部分重金属（如汞）。

8.3.1.2.3　二次污染及防治措施

袋式除尘器除尘下来的粉煤灰应外运综合利用。

8.3.1.2.4　技术经济适用性

袋式除尘器不受烟尘比电阻和物化特性等的影响；在新建或改造机组中都适用，尤其适用于高灰分燃煤电厂锅炉、循环流化床锅炉及干法脱硫装置的烟气治理和排放要求严格的地区。

袋式除尘器一次投资约为100元/kW，运行费用包括运行电耗、滤料更换及维修费用等。袋式除尘器治理成本约为300元/t烟尘。

8.3.1.3　电袋复合式除尘技术

8.3.1.3.1　最佳可行工艺参数

电袋复合式除尘器的除尘效率应在99.8%以上；电除尘器电场风速为0.9～1.1m/s，袋式除尘器气布比一般为1.0～1.2m/min；运行温度宜在160℃以下；系统总体阻力应小于1 200Pa；漏风率应小于3%。

8.3.1.3.2　污染物削减和排放

电袋复合式除尘器排放浓度应控制在30mg/m³以下，有时可达10mg/m³以下；并可去除烟气中的部分重金属（如汞）。

8.3.1.3.3　二次污染及防治措施

电袋复合式除尘器除尘下来的粉煤灰应外运综合利用。

8.3.1.3.4　技术经济适用性

电袋复合式除尘技术适用于高比电阻烟尘、低硫煤烟尘和半干法烟气脱硫后的烟气除尘；对现役电除尘器的改造比较适用；适用于排放要求严格的地区。

8.3.1.4　燃煤电厂烟尘排放控制最佳可行技术适用性

四电场以上电除尘器、袋式除尘器、电袋复合式除尘器是燃煤电厂烟尘排放控制的最佳可行技术，其技术适用性见表9。

表9　燃煤电厂烟尘排放控制最佳可行技术适用性

最佳可行技术	除尘效率	适用性
四电场以上电除尘器	＞99.5%	适用于燃煤灰分及飞灰比电阻适中的各种容量的新建、改建和扩建电厂
袋式除尘器	＞99.8%	适用于燃用各种煤质的新建、改建和扩建电厂和对现役电除尘器的改造，适用于600MW及以下的机组，特别适用于半干法烟气脱硫后的烟气除尘。可去除烟气中的部分重金属
电袋复合式除尘器	＞99.8%	适用于燃用各种煤质的新建、改建和扩建电厂和对现役电除尘器的改造，适用于600MW及以下的机组。可去除烟气中的部分重金属

8.3.1.5　燃煤电厂烟尘排放控制最佳可行技术排放水平

燃煤电厂烟尘排放控制最佳可行技术及其排放水平见表10。

表 10 燃煤电厂烟尘排放控制最佳可行技术及其排放水平

炉型	脱硫工艺	现役机组/新建机组	
		最佳可行技术	排放水平/（mg/m^3）
煤粉炉	湿法脱硫	四/五电场电除尘器	＜50
	半干法脱硫		＜80
	湿法脱硫	电袋复合式除尘器（机组容量≤600MW）或袋式除尘器	＜30
	半干法脱硫		＜50
循环流化床锅炉	炉内脱硫	四/五电场电除尘器	＜100
		电袋复合式除尘器	＜50

8.3.1.6 最佳环境管理实践

为保证最佳可行技术的应用效果，采取如下最佳环境管理实践：

◆ 定期检查电除尘器振打系统及驱动装置、电加热或蒸汽加热系统、灰斗及卸（输）灰系统、供电及控制系统、测量和记录仪表等。

◆ 袋式除尘器定期清灰；及时检查滤袋破损情况并更换滤袋。

◆ 对于电袋复合式除尘器，分别按电除尘器和袋式除尘器的管理要求进行相应管理。

◆ 加强人员培训，使其熟悉岗位技能、岗位规程和制度。

◆ 建立健全记录和档案制度，如主要设备的运行和维修情况记录；各种污染物排放数据和烟气连续监测数据记录、各种污染物处理处置情况记录等。

8.3.2 SO_2 排放控制最佳可行技术

8.3.2.1 石灰石/石灰—石膏法脱硫技术

8.3.2.1.1 最佳可行工艺参数

为确保脱硫效率，应选择活性好且 $CaCO_3$ 含量大于 90%的脱硫剂；燃用中低硫煤时石灰石（粉）的细度应保证 250 目 90%过筛率，燃用中高硫煤时石灰石粉的细度应保证 325 目 90%过筛率；当 Ca/S 摩尔比为 1.02～1.05、循环液 pH 值为 5.0～6.0 时，脱硫效率应在 95%以上；脱硫石膏纯度应在 90%以上；未设置换热器时，脱硫系统阻力应小于 2 500Pa；当设置换热器时，脱硫系统阻力应小于 3 500Pa。

8.3.2.1.2 污染物削减和排放

石灰石/石灰—石膏法对经除尘后烟气中颗粒物的去除率在 50%以上。当燃煤含硫量为 0.6%～3.0%时，SO_2 排放浓度应在 200mg/m^3 以下。该技术还可部分去除烟气中的 SO_3、HCl、HF 和重金属（如汞）。

8.3.2.1.3 二次污染及防治措施

脱硫废水应采用石灰处理、混凝澄清和中和处理后回用。

脱硫产生的石膏应外运综合利用。

脱硫系统循环水泵、增压风机、氧化风机等设备应采用隔声处理。

8.3.2.1.4 技术经济适用性

石灰石/石灰—石膏法脱硫工艺适用于燃用各种煤种的新、改、扩建燃煤电厂的 SO_2 治理，尤其适用于大容量机组或燃用中高硫煤的电厂脱硫。

该技术的一次投资为 200 元/kW 左右；运行费用相对较低，吸收剂石灰石价廉易得；该技术脱硫副产物为石膏，高质量石膏具有综合利用价值。该技术的治理成本为 1 000～4 000 元/吨 SO_2，脱硫电价成本为 0.01～0.035 元/kWh。

8.3.2.2 氨法脱硫技术（回收型）

8.3.2.2.1 最佳可行工艺参数

氨法脱硫技术的脱硫效率应在95%以上，脱硫系统阻力应小于1 600Pa，脱硫系统的运行温度为50～60℃。脱硫后的副产物应符合资源综合利用要求。

8.3.2.2.2 污染物削减和排放

当燃煤含硫量为0.6%～3.0%时，SO_2排放浓度应在200mg/m^{3}以下。该技术还可部分去除烟气中的SO_3、HCl、HF、NO_x、颗粒物和重金属（如汞）。

8.3.2.2.3 二次污染及防治措施

脱硫副产物应全部回收为氨肥或化工原料送至化工厂利用。

脱硫系统循环水泵、风机等设备应采用隔声处理。

8.3.2.2.4 技术经济适用性

氨法脱硫技术对煤种、负荷变化均具有较强的适应性；适用于燃用各种煤种的新、改、扩建燃煤电厂的SO_2治理，尤其适用于附近有可靠（废）氨源、机组容量在300MW及以下，燃用中、高硫煤的电厂脱硫。该技术在脱硫的同时可以脱硝。

该技术的一次投资为150～200元/kW。

8.3.2.3 烟气循环流化床脱硫技术

8.3.2.3.1 最佳可行工艺参数

烟气循环流化床法的脱硫效率应在90%以上；生石灰细度应在2mm以下，加适量水后4分钟内温度可升高到60℃，CaO含量80%以上；系统阻力应在3 500Pa以下（包括吸收塔和除尘器）；脱硫系统烟气入口温度一般为110～130℃，烟气出口温度一般为70～80℃；Ca/S摩尔比为1.3～1.5；脱硫系统装置漏风率小于6%；脱硫系统后应采用袋式除尘器。

8.3.2.3.2 污染物削减和排放

烟气循环流化床脱硫系统后的袋式除尘器对烟气中的SO_2、SO_3、HCl、HF和重金属（如汞）等有一定的去除作用；当燃煤含硫量在1.5%以下时，锅炉SO_2初始浓度为1 500～3 000mg/m^3，SO_2排放浓度为150～300mg/m^3。

8.3.2.3.3 二次污染及防治措施

脱硫产生的脱硫渣应外运综合利用。

脱硫系统风机等设备应采用隔声处理。

8.3.2.3.4 技术经济适用性

烟气循环流化床脱硫技术适用于缺水地区燃用中低硫煤的600MW及以下机组脱硫。

该技术的一次投资约为150元/kW，脱硫电价成本为0.01～0.02元/kWh。

8.3.2.4 燃煤电厂SO_2排放控制最佳可行技术适用性

石灰石/石灰—石膏法、回收型氨法及烟气循环流化床法脱硫技术是燃煤电厂SO_2排放控制的最佳可行技术，其技术适用性见表11。

表11 SO_2排放控制最佳可行技术适用性

最佳可行技术	脱硫效率	适用性
石灰石/石灰—石膏法	＞95%	适用于各种含硫量的煤种及各种容量的新、改、扩建机组和现役机组的脱硫。可去除烟气中的部分重金属
氨法脱硫	＞95%	适用于氨源稳定充足、燃用中高硫煤的300MW及以下容量且产生的副产物能够全部综合利用的新建机组或现役机组脱硫。 可同时脱硫脱硝。可去除烟气中的部分重金属

最佳可行技术	脱硫效率	适用性
烟气循环流化床法	＞90%	适用于600MW及以下容量、燃用中低硫煤的新建机组或现役机组脱硫。可去除烟气中的部分重金属

8.3.2.5 燃煤电厂SO_2污染防治最佳可行技术排放水平

燃煤电厂SO_2污染防治最佳可行技术及其排放水平见表12。

表12 燃煤电厂SO_2污染防治最佳可行技术及排放水平

煤种	容量/MW	炉型	现役机组		新建机组	
			最佳可行技术	排放水平/（mg/m^3）	最佳可行技术	排放水平/（mg/m^3）
低硫煤	200～300	煤粉炉	石灰石/石灰—石膏法	＜100	石灰石/石灰—石膏法	＜100
			烟气循环流化床	＜300	烟气循环流化床	＜200
		循环流化床	炉内脱硫	＜400	炉内脱硫	＜200
			石灰石/石灰—石膏法	＜150	石灰石/石灰—石膏法	＜150
			烟气循环流化床	＜200	烟气循环流化床	＜200
	＞300	煤粉炉	石灰石/石灰—石膏法	＜100	石灰石/石灰—石膏法	＜100
			烟气循环流化床	＜300	烟气循环流化床	＜300
中高硫煤	200～300	煤粉炉	石灰石/石灰—石膏法	＜200	石灰石/石灰—石膏法	＜200
			回收型氨法脱硫	＜200	回收型氨法脱硫	＜200
		循环流化床	炉内脱硫+石灰石/石灰—石膏法	＜200	炉内脱硫+石灰石/石灰—石膏法	＜200
			炉内脱硫+烟气循环流化床	＜200	炉内脱硫+烟气循环流化床	＜200
	＞300	煤粉炉	石灰石/石灰—石膏法	＜200	石灰石/石灰—石膏法	＜200

8.3.2.6 最佳环境管理实践

为保证最佳可行技术的应用效果，采取如下最佳环境管理实践：

- ◆ 氨法脱硫应保证副产物硫酸铵的氧化率不小于95%；氨的逃逸量控制在10mg/m^3以下。
- ◆ 脱硫装置的可用率应保证在95%以上；新建机组不宜设置烟气旁路。
- ◆ 燃煤电站锅炉脱硫系统进出口均应按规定安装烟气连续监测系统。
- ◆ 加强人员培训工作。
- ◆ 加强对脱硫装置的运行管理。
- ◆ 建立健全记录和档案制度。

8.3.3 NO_x排放控制最佳可行技术

8.3.3.1 选择性催化还原脱硝技术

8.3.3.1.1 最佳可行工艺参数

选择性催化还原脱硝技术（SCR）脱硝效率应在70%以上，系统阻力为800～1 400Pa；烟气入口温度应为300～400℃；系统漏风率应在0.4%以下；NH_3/NO_x摩尔比为0.6～1.1；NH_3逃逸控制在2.5mg/m^3以下。

当采用液氨作为氨气来源时，应保证氨含量在99.5%以上，储氨罐容量宜不小于设计工况下 5 天的氨气消耗量。氨区要求设置一定的安全距离。

8.3.3.1.2 污染物削减和排放

燃煤电厂锅炉采用低氮燃烧装置后燃用烟煤、贫煤和褐煤的 NO_x 初始浓度为 250～650mg/m^3，燃用无烟煤的 NO_x 初始浓度为 1 300mg/m^3 左右，当脱硝效率为 80%时，NO_x 的排放浓度可控制为 50～260mg/m^3。脱硝装置的运行会增加电耗，占发电量的 0.1%～0.3%。

8.3.3.1.3 二次污染及防治措施

使用选择性催化还原脱硝技术会产生氨逃逸，应采取措施将氨逃逸控制在 2.5mg/m^3 以下。

失效催化剂应尽可能再生处理，无法再生的失效催化剂按《危险废物安全填埋污染控制标准》（GB 18598）的要求进行处理。

脱硝系统稀释空气风机等设备应采用隔声处理。

8.3.3.1.4 技术经济适用性

选择性催化还原脱硝技术适用于煤质多变、负荷变动频繁的机组；适用于要求脱硝效率较高的新建和现役机组。

新建机组 SCR 的一次投资为 100～150 元/kW，改造机组为 200～300 元/kW；运行成本主要为催化剂更换费用、还原剂费用等。根据脱硝效率的不同，投资费用存在一定差别。

8.3.3.2 选择性非催化还原脱硝技术

8.3.3.2.1 最佳可行工艺参数

选择性非催化还原脱硝技术（SNCR）的脱硝效率为 20%～40%，反应温度为 850～1 100℃；NH_3/NO_x 摩尔比为 0.8～2.5；氨逃逸应控制在 8mg/m^3 以下。

8.3.3.2.2 污染物削减和排放

燃煤电厂锅炉采用低氮燃烧装置后燃用烟煤、贫煤和褐煤的 NO_x 初始浓度为 250～650mg/m^3，当脱硝效率为 40%时，NO_x 排放浓度为 150～390mg/m^3。

8.3.3.2.3 二次污染及防治措施

使用选择性非催化还原脱硝技术会产生氨逃逸，应采取措施将氨逃逸控制在 8mg/m^3 以下。

8.3.3.2.4 技术经济适用性

适用于对 NO_x 排放要求不高且电厂运行相对稳定的新、老机组，特别适用于现有电厂的改造。人口稠密区域应选择尿素作为还原剂。

SNCR 占地面积小；一次投资和运行费用低；目前一次投资为 25～50 元/kW。

8.3.3.3 燃煤电厂 NO_x 排放控制最佳可行技术适用性

SCR 脱硝技术及 SNCR 脱硝技术是燃煤电厂 NO_x 排放控制的最佳可行技术，其技术适用性见表 13。

表 13 燃煤电厂 NO_x 排放控制最佳可行技术适用性

最佳可行技术	脱硝效率	适用性
SCR	60%～90%	适用于各种燃煤和各种容量的新、改、扩建和现役机组
SNCR	20%～40%	适用于燃用烟煤和褐煤且排放要求不高、电厂运行相对稳定的 600MW 及以下的新、改、扩建和现役机组

8.3.3.4 燃煤电厂 NO_x 污染防治最佳可行技术排放水平

燃煤电厂 NO_x 污染防治最佳可行技术及其排放水平见表 14。

表 14 燃煤电厂 NO_x 污染防治最佳可行技术及其排放水平

<table>
<tr><th rowspan="2">容量/MW</th><th rowspan="2">煤种</th><th rowspan="2">炉型</th><th colspan="2">现役机组/新建机组</th></tr>
<tr><th>最佳可行技术</th><th>排放水平/（mg/m³）</th></tr>
<tr><td rowspan="6">200～300</td><td rowspan="2">无烟煤
贫煤</td><td>煤粉炉</td><td>低氮燃烧＋SCR</td><td>＜200</td></tr>
<tr><td>循环流化床</td><td>低温燃烧</td><td>＜250</td></tr>
<tr><td rowspan="4">烟煤
褐煤</td><td rowspan="3">煤粉炉</td><td>低氮燃烧</td><td>＜400</td></tr>
<tr><td>低氮燃烧＋SCR</td><td>＜200</td></tr>
<tr><td>低氮燃烧＋SNCR</td><td>＜300</td></tr>
<tr><td>循环流化床</td><td>低温燃烧</td><td>＜200</td></tr>
<tr><td rowspan="4">＞300</td><td>无烟煤
贫煤</td><td>煤粉炉</td><td>低氮燃烧＋SCR</td><td>＜200</td></tr>
<tr><td rowspan="3">烟煤
褐煤</td><td rowspan="3">煤粉炉</td><td>低氮燃烧</td><td>＜400</td></tr>
<tr><td>低氮燃烧＋SNCR</td><td>＜300</td></tr>
<tr><td>低氮燃烧＋SCR</td><td>＜100</td></tr>
</table>

8.3.3.5 最佳环境管理实践

为保证最佳可行技术的应用效果，采取如下最佳环境管理实践：

- SCR 系统应注意进入反应塔的烟气温度及与氨混合的均匀性。
- SNCR 系统还原剂喷入炉膛应注意反应区温度及与烟气混合的均匀性。
- 加强人员培训。
- 加强对脱硝装置的运行管理。
- 建立健全记录和档案制度。
- 建立应急预案。电厂应对液氨区、油罐区等危险场所制订详细的防爆、防泄漏应急预案及应急措施。

8.3.4 废水处理与回用最佳可行技术

8.3.4.1 最佳可行技术

电厂废水处理与回用最佳可行技术见表 15。

表 15 电厂废水处理与回用最佳可行技术

废水种类	主要污染因子	最佳可行技术	去向或回用途径
锅炉酸洗废水	COD、SS、pH 等	氧化、混凝澄清	集中处理站
锅炉非经常性废水	pH、SS 等	沉淀、中和	集中处理站
酸碱废水	pH	中和	烟气脱硫系统
反渗透浓排水	盐类	—	烟气脱硫系统
含煤废水	SS、胶体	混凝澄清、过滤	重复利用
含油废水	油、SS	油水分离	煤场喷洒
冲渣水	SS、pH	沉淀、中和	重复利用
灰 水	SS、pH 等	加阻垢剂	闭路循环
主厂房冲洗水	SS	混凝澄清	集中处理站
脱硫废水	pH、SS、重金属等	石灰处理、混凝澄清、中和	干灰调湿、灰场喷洒、冲渣水、冲灰水
锅炉排污水	温度	—	冷却水系统或化水系统

废水种类	主要污染因子	最佳可行技术	去向或回用途径
循环冷却系统排水	盐类	反渗透等除盐工艺	除灰、脱硫、喷洒等利用或除盐后回冷却系统
生活污水	COD、BOD、SS	二级生化处理	绿化、集中处理站
直流冷却系统	温度	—	直接排入水环境
初期雨水	SS、油等	不处理或混凝澄清	集中处理站

8.3.4.2　最佳环境管理实践

为保证最佳可行技术的应用效果，采取如下最佳环境管理实践：

◆ 电厂应对全厂的水源、用水和排水做全面规划管理，选择最优的全厂用水分配方案，经济合理地处理各种废水，最大限度地提高废水回用率。

◆ 除直流冷却水外，尽量减少各类废水排放。对于新建电厂，尽量实现正常情况下无废水外排；对于现有电厂，根据需要对电厂用、排水系统进行水量平衡测试，必要时实施废水低排放工程。

◆ 进入电厂废水集中处理站的废水处理后用作冷却系统、冲渣系统、输煤系统及煤场、干灰调湿、灰场喷洒、厂区绿化、主厂房及厂区冲洗等补充水。

8.3.5　固体废物处理处置最佳可行技术

8.3.5.1　最佳可行技术

固体废物处理处置最佳可行技术见表 16。

表 16　固体废物处理处置最佳可行技术

最佳可行技术		技术适用性
粉煤灰利用	粉煤灰磨细加工	适用于电除尘器一、二级电场和袋式除尘器收集的粉煤灰
	粉煤灰干法分级	适用于各种粉煤灰
	利用高铝粉煤灰提炼硅铝合金	适用于高铝粉煤灰
脱硫石膏用作水泥缓凝剂		适用于石灰石/石灰—石膏法的脱硫石膏
电厂水处理污泥处置技术		经检定后确定为危险废物的，按照《危险废物安全填埋污染控制标准》（GB 18598）处置；经检定后确定为一般废物的，按照《一般工业固体废物贮存、处置场污染控制标准》（GB 18599）处置

8.3.5.2　最佳环境管理实践

为保证最佳可行技术的应用效果，采取如下最佳环境管理实践：

◆ 粉煤灰实现粗细分排和灰渣分排，把出灰运行、灰渣管理、综合利用结合起来。

◆ 控制脱硫石膏品质，优先用作水泥缓凝剂。

8.3.6　噪声污染防治最佳可行技术

8.3.6.1　最佳可行技术及其降噪水平

噪声污染防治的最佳可行技术及其降噪水平见表 17。

表 17 噪声污染防治最佳可行技术及其降噪水平

噪声源	噪声源声级水平/dB（A）	最佳可行技术	降噪水平	备注
发电机、励磁机及汽轮机组	76～108	隔声罩 厂房内壁面吸声处理	降噪量 20 dB（A）左右 降噪量 6 dB（A）左右	罩内吸声
引风机、送风机	72～115	消声器 管道外壳阻尼	消声量 25 dB（A）左右 整体噪声降到 85 dB（A）以下	—
给水泵、循环泵、灰浆泵等	82～108	隔声罩	降噪量 25 dB（A）以上	罩内吸声
磨煤机、湿磨机	82～120	隔声罩 筒体外壳阻尼 隔声套	降噪量 20 dB（A）左右 整体噪声降到 95 dB（A）左右 降噪量 10 dB（A）左右	罩内吸声 — 检修不便
冷却塔	70～85	隔声屏障 进风口消声器 消声垫	降噪量 10 dB（A）左右 消声量 15 dB（A）左右 消声量 8 dB（A）左右	尽量靠近塔体
氧化风机、空压机	82～105	隔声罩 消声器	降噪量 20 dB（A）左右 消声量 30 dB（A）以上	罩内吸声
锅炉排汽（偶发噪声）	115～130	排汽消声器	消声量 30 dB（A）以上	—

8.3.6.2 最佳环境管理实践

为保证最佳可行技术的应用效果，采取如下最佳环境管理实践：

◆ 采用低噪声设备，控制噪声源强。

◆ 隔声罩做好密封，避免与声源设备刚性连接，注意设备散热。

国家环境保护总局文件

环发[2002]26 号

关于发布《燃煤二氧化硫排放污染防治技术政策》的通知

各省、自治区、直辖市环境保护局（厅）、经贸委（经委）、科委（科技厅）：

为贯彻《中华人民共和国大气污染防治法》，控制燃煤造成的二氧化硫污染，保护生态环境，保障人体健康，指导大气污染防治工作，现批准发布《燃煤二氧化硫排放污染防治技术政策》，请遵照执行。

附件：燃煤二氧化硫排放污染防治技术政策

二〇〇二年一月三十日

附件：

燃煤二氧化硫排放污染防治技术政策

1 总则

1.1 我国目前燃煤二氧化硫排放量占二氧化硫排放总量的 90%以上，为推动能源合理利用、经济结构调整和产业升级，控制燃煤造成的二氧化硫大量排放，遏制酸沉降污染恶化趋势，防治城市空气污染，根据《中华人民共和国大气污染防治法》以及《国民经济和社会发展第十个五年计划纲要》的有关要求，并结合相关法规、政策和标准，制定本技术政策。

1.2 本技术政策是为实现 2005 年全国二氧化硫排放量在 2000 年基础上削减 10%，“两控区”二氧化硫排放量减少 20%，改善城市环境空气质量的控制目标提供技术支持和导向。

1.3 本技术政策适用于煤炭开采和加工、煤炭燃烧、烟气脱硫设施建设和相关技术装备的开发应用，并作为企业建设和政府主管部门管理的技术依据。

1.4 本技术政策控制的主要污染源是燃煤电厂锅炉、工业锅炉和窑炉以及对局地环境污染有显著影响的其他燃煤设施。重点区域是“两控区”，及对“两控区”酸雨的产生有较大影响的周边省、市和地区。

1.5 本技术政策的总原则是：推行节约并合理使用能源、提高煤炭质量、高效低污染燃烧以及末端治理相结合的综合防治措施，根据技术的经济可行性，严格二氧化硫排放污染控制要求，减少二氧化硫排放。

1.6 本技术政策的技术路线是：电厂锅炉、大型工业锅炉和窑炉使用中、高硫分燃煤的，应安装烟气脱硫设施；中小型工业锅炉和炉窑，应优先使用优质低硫煤、洗选煤等低污染燃料或其他清洁能源；城市民用炉灶鼓励使用电、燃气等清洁能源或固硫型煤替代原煤散烧。

2 能源合理利用

2.1 鼓励可再生能源和清洁能源的开发利用，逐步改善和优化能源结构。

2.2 通过产业和产品结构调整，逐步淘汰落后工艺和产品，关闭或改造布局不合理、污染严重的小企业；鼓励工业企业进行节能技术改造，采用先进洁净煤技术，提高能源利用效率。

2.3 逐步提高城市用电、燃气等清洁能源比例，清洁能源应优先供应民用燃烧设施和小型工业燃烧设施。

2.4 城镇应统筹规划，多种方式解决热源，鼓励发展地热、电热膜供暖等采暖方式；城市市区应发展集中供热和以热定电的热电联产，替代热网区内的分散小锅炉；热网区外和未进行集中供热的城市地区，不应新建产热量在 2.8MW 以下的燃煤锅炉。

2.5 城镇民用炊事炉灶、茶浴炉以及产热量在 0.7MW 以下采暖炉应禁止燃用原煤，提倡使用电、燃气等清洁能源或固硫型煤等低污染燃料，并应同时配套高效炉具。

2.6 逐步提高煤炭转化为电力的比例，鼓励建设坑口电厂并配套高效脱硫设施，变输煤为输电。

2.7 到 2003 年，基本关停 50MW 以下（含 50MW）的常规燃煤机组；到 2010 年，逐步淘汰不能满足环保要求的 100MW 以下的燃煤发电机组（综合利用电厂除外），提高火力发电的煤炭使用效率。

3 煤炭生产、加工和供应

3.1 各地不得新建煤层含硫分大于 3%的矿井。对现有硫分大于 3%的高硫小煤矿，应予关闭。对现有硫分大于 3%的高硫大煤矿，近期实行限产，到 2005 年仍未采取有效降硫措施，或无法定点供应安装有脱硫设施并达到污染物排放标准的用户的，应予关闭。

3.2 除定点供应安装有脱硫设施并达到国家污染物排放标准的用户外，对新建硫分大于 1.5%的煤矿，应配套建设煤炭洗选设施。对现有硫分大于 2%的煤矿，应补建配套煤炭洗选设施。

3.3 现有选煤厂应充分利用其洗选煤能力，加大动力煤的入洗量。

3.4 鼓励对现有高硫煤选煤厂进行技术改造，提高选煤除硫率。

3.5 鼓励选煤厂根据洗选煤特性采用先进洗选技术和装备，提高选煤除硫率。

3.6 鼓励煤炭气化、液化，鼓励发展先进煤气化技术用于城市民用煤气和工业燃气。

3.7 煤炭供应应符合当地县级以上人民政府对煤炭含硫量的要求。鼓励通过加入固硫剂等措施降低二氧化硫的排放。

3.8 低硫煤和洗后动力煤，应优先供应给中小型燃煤设施。

4. 煤炭燃烧

4.1 国务院划定的大气污染防治重点城市人民政府按照国家环保总局《关于划分高污染燃料的规定》，划定禁止销售、使用高污染燃料区域（简称“禁燃区”），在该区域内停止燃用高污染燃料，改用天然气、液化石油气、电或其他清洁能源。

4.2 在城市及其附近地区电、燃气尚未普及的情况下，小型工业锅炉、民用炉灶和采暖小煤炉应优先采用固硫型煤，禁止原煤散烧。

4.3 民用型煤推广以无烟煤为原料的下点火固硫蜂窝煤技术，在特殊地区可应用以烟煤、褐煤为原料的上点火固硫蜂窝煤技术。

4.4 在城市和其他煤炭调入地区的工业锅炉鼓励采用集中配煤炉前成型技术或集中配煤集中成型技术，并通过耐高温固硫剂达到固硫目的。
4.5 鼓励研究解决固硫型煤燃烧中出现的着火延迟、燃烧强度降低和高温固硫效率低的技术问题。
4.6 城市市区的工业锅炉更新或改造时应优先采用高效层燃锅炉，产热量 7MW 的热效率应在 80%以上，产热量＜7MW 的热效率应在 75%以上。
4.7 使用流化床锅炉时，应添加石灰石等固硫剂，固硫率应满足排放标准要求。
4.8 鼓励研究开发基于煤气化技术的燃气—蒸汽联合循环发电等洁净煤技术。

5. 烟气脱硫

5.1 电厂锅炉
5.1.1 燃用中、高硫煤的电厂锅炉必须配套安装烟气脱硫设施进行脱硫。
5.1.2 电厂锅炉采用烟气脱硫设施的适用范围是：

1）新、扩、改建燃煤电厂，应在建厂同时配套建设烟气脱硫设施，实现达标排放，并满足 SO_2 排放总量控制要求，烟气脱硫设施应在主机投运同时投入使用。

2）已建的火电机组，若 SO_2 排放未达排放标准或未达到排放总量许可要求、剩余寿命（按照设计寿命计算）大于 10 年（包括 10 年）的，应补建烟气脱硫设施，实现达标排放，并满足 SO_2 排放总量控制要求。

3）已建的火电机组，若 SO_2 排放未达排放标准或未达到排放总量许可要求、剩余寿命（按照设计寿命计算）低于 10 年的，可采取低硫煤替代或其他具有同样 SO_2 减排效果的措施，实现达标排放，并满足 SO_2 排放总量控制要求。否则，应提前退役停运。

4）超期服役的火电机组，若 SO_2 排放未达排放标准或未达到排放总量许可要求，应予以淘汰。

5.1.3 电厂锅炉烟气脱硫的技术路线是：

1）燃用含硫量 2%煤的机组或大容量机组（200MW）的电厂锅炉建设烟气脱硫设施时，宜优先考虑采用湿式石灰石—石膏法工艺，脱硫率应保证在 90%以上，投运率应保证在电厂正常发电时间的 95%以上。

2）燃用含硫量＜2%煤的中小电厂锅炉（＜200MW），或是剩余寿命低于 10 年的老机组建设烟气脱硫设施时，在保证达标排放，并满足 SO_2 排放总量控制要求的前提下，宜优先采用半干法、干法或其他费用较低的成熟技术，脱硫率应保证在 75%以上，投运率应保证在电厂正常发电时间的 95%以上。

5.1.4 火电机组烟气排放应配备二氧化硫和烟尘等污染物在线连续监测装置，并与环保行政主管部门的管理信息系统联网。
5.1.5 在引进国外先进烟气脱硫装备的基础上，应同时掌握其设计、制造和运行技术，各地应积极扶持烟气脱硫的示范工程。
5.1.6 应培育和扶持国内有实力的脱硫工程公司和脱硫服务公司，逐步提高其工程总承包能力，规范脱硫工程建设和脱硫设备的生产和供应。
5.2 工业锅炉和窑炉
5.2.1 中小型燃煤工业锅炉（产热量＜14MW）提倡使用工业型煤、低硫煤和洗选煤。对配备湿法除尘的，可优先采用如下的湿式除尘脱硫一体化工艺：

1）燃中低硫煤锅炉，可采用利用锅炉自排碱性废水或企业自排碱性废液的除尘脱硫工艺；

2）燃中高硫煤锅炉，可采用双碱法工艺。

5.2.2 大中型燃煤工业锅炉（产热量14MW）可根据具体条件采用低硫煤替代、循环流化床锅炉改造（加固硫剂）或采用烟气脱硫技术。

5.2.3 应逐步淘汰敞开式炉窑，炉窑可采用改变燃料、低硫煤替代、洗选煤或根据具体条件采用烟气脱硫技术。

5.2.4 大中型燃煤工业锅炉和窑炉应逐步安装二氧化硫和烟尘在线监测装置。

5.3 采用烟气脱硫设施时，技术选用应考虑以下主要原则：

5.3.1 脱硫设备的寿命在15年以上；

5.3.2 脱硫设备有主要工艺参数（pH值、液气比和SO_2出口浓度）的自控装置；

5.3.3 脱硫产物应稳定化或经适当处理，没有二次释放二氧化硫的风险；

5.3.4 脱硫产物和外排液无二次污染且能安全处置；

5.3.5 投资和运行费用适中；

5.3.6 脱硫设备可保证连续运行，在北方地区的应保证冬天可正常使用。

5.4 脱硫技术研究开发

5.4.1 鼓励研究开发适合当地资源条件、并能回收硫资源的技术。

5.4.2 鼓励研究开发对烟气进行同时脱硫脱氮的技术。

5.4.3 鼓励研究开发脱硫副产品处理、处置及资源化技术和装备。

6. 二次污染防治

6.1 选煤厂洗煤水应采用闭路循环，煤泥水经二次浓缩，絮凝沉淀处理，循环使用。

6.2 选煤厂的洗矸和尾矸应综合利用，供锅炉集中燃烧并高效脱硫，回收硫铁矿等有用组分，废弃时应用土覆盖，并植被保护。

6.3 型煤加工时，不得使用有毒有害的助燃或固硫添加剂。

6.4 建设烟气脱硫装置时，应同时考虑副产品的回收和综合利用，减少废弃物的产生量和排放量。

6.5 不能回收利用的脱硫副产品禁止直接堆放，应集中进行安全填埋处置，并达到相应的填埋污染控制标准。

6.6 烟气脱硫中的脱硫液应采用闭路循环，减少外排；脱硫副产品过滤、增稠和脱水过程中产生的工艺水应循环使用。

6.7 烟气脱硫外排液排入海水或其他水体时，脱硫液应经无害化处理，并须达到相应污染控制标准要求，应加强对重金属元素的监测和控制，不得对海域或水体生态环境造成有害影响。

6.8 烟气脱硫后的排烟应避免温度过低对周边环境造成不利影响。

6.9 烟气脱硫副产品用作化肥时其成分指标应达到国家、行业相应的肥料等级标准，并不得对农田生态产生有害影响。

关于加强燃煤电厂二氧化硫污染防治工作的通知

环发[2003]159号

各省、自治区、直辖市人民政府，国务院有关部门：

当前，我国二氧化硫年排放总量大大超出了环境自净能力，造成近三分之一的国土酸雨污染严重。按照《国民经济和社会发展第十个五年计划纲要》和《国家环境保护“十五”计划》要求，到“十五”末期，全国二氧化硫排放量要比2000年减少10%。其中，“两控区”（指酸雨控制区和二氧化硫控制区）减少20%，污染防治任务十分艰巨。2002年，燃煤电厂二氧化硫排放量达到666万吨，占全国排放总量的34.6%。严格控制燃煤电厂二氧化硫排放对实现全国二氧化硫总量控制目标至关重要。为了实现“十五”燃煤电厂二氧化硫污染防治目标，进一步加大污染防治力度，经国务院批准，现就加强燃煤电厂二氧化硫污染防治工作通知如下：

一、大中城市建成区和规划区，原则上不得新建、扩建燃煤电厂。对符合国家能源政策和环保要求的热电联产项目，在按程序审批后，同步配套建设脱硫设施，与主体工程同时设计、同时施工、同时投产使用，所需资金纳入主体工程投资概算。

二、东中部地区以及西部“两控区”内新建、改建和扩建燃煤电厂，要严格按照基本建设程序审批，同步配套建设脱硫设施。西部“两控区”以外的燃煤电厂，不符合国家排放标准、总量控制等环保要求以及没有环境容量的，也要同步配套建设脱硫设施；符合环保要求的，可预留脱硫场地，分阶段建设脱硫设施；建设燃用特低硫煤（含硫量小于0.5%）的坑口电站，有环境容量的，可暂不要求建设脱硫设施，但必须预留脱硫场地。

三、加大现有电厂二氧化硫污染治理力度。对不符合城市规划和环保要求的市区内现有燃煤电厂，要通过建设脱硫设施、机组退役或搬迁等措施，逐步达到环保要求。2000年以前批准建设的燃煤电厂，二氧化硫排放超过标准的，应分批建设脱硫设施，逐步达到国家排放标准要求。2000年以后批准建设的新建、改建和扩建燃煤电厂（西部燃用特低硫煤的坑口电站除外），在2010年之前建成脱硫设施。

四、抓紧制定鼓励脱硫的经济政策，建立电厂上网电价公平竞争的机制。研究制订燃煤电厂上网电价折价办法；制订燃煤电厂二氧化硫排放在线连续监测和环保优先的发电调度管理办法，修订燃煤电厂二氧化硫排放标准，推动燃煤电厂采取措施，减少二氧化硫排放。

五、地方各级人民政府要切实履行职责，认真落实各项二氧化硫污染防治措施。国务院已经作出的有关规定，各地必须认真执行；严格按照国家有关规定审批燃煤电厂的规划用地；督促落实为二氧化硫排放总量指标平衡而承诺的各类治理项目，并与新建、改建、扩建燃煤电厂主体工程同步验收。“两控区”内地方人民政府应抓好《两控区酸雨和二氧化硫污染防治“十五”计划》研究的137个燃煤电厂脱硫项目建设，督促相关企业落实资金和保证进度。

六、国务院有关部门要根据各自的职能分工，切实加强对燃煤电厂二氧化硫污染防治工作的监督、指导和支持。对无正当理由未实施或未按期完成国家确定的燃煤电厂二氧化硫污染防治项目的地区、电力集团和企业，不再审批该地区、电力集团和企业的新建、改建和扩建项目；对现有含硫量大于1%、“九五”以来批准建设并预留脱硫场地和位于国家113个环保重点城市区的燃煤机组脱硫项目，予以优先安排。加强对燃煤电厂二氧化硫排污费的征收和使用管理，排污费必须纳入财政预算，列入环境保护专项资金进行管理，用于电力企业二氧化硫污染防治，不得挪作他用。进一步加强对燃煤电厂二氧化硫排放监测和污染防治工作的统一监测管理，加强环境执法检查，严肃查处各种环境违法行为。

二〇〇三年九月二十九日

环境空气细颗粒物污染综合防治技术政策

（2013-09-25 实施）

一、总则

（一）为贯彻《中华人民共和国环境保护法》和《中华人民共和国大气污染防治法》等法律法规，改善环境质量，防治环境污染，保障人体健康和生态安全，促进技术进步，制定本技术政策。

（二）本技术政策为指导性文件，提出了防治环境空气细颗粒物污染的相关措施，供各有关方面参照采用。

（三）环境空气中由于人类活动产生的细颗粒物主要有两个方面：一是各种污染源向空气中直接释放的细颗粒物，包括烟尘、粉尘、扬尘、油烟等；二是部分具有化学活性的气态污染物（前体污染物）在空气中发生反应后生成的细颗粒物，这些前体污染物包括硫氧化物、氮氧化物、挥发性有机物和氨等。防治环境空气细颗粒物污染应针对其成因，全面而严格地控制各种细颗粒物及前体污染物的排放行为。

（四）环境空气中细颗粒物的生成与社会生产、流通和消费活动有密切关系，防治污染应以持续降低环境空气中的细颗粒物浓度为目标，采取“各级政府主导，排污单位负责，社会各界参与，区域联防联控，长期坚持不懈”的原则，通过优化能源结构、变革生产方式、改变生活方式，不断减少各种相关污染物的排放量。

（五）防治细颗粒物污染应将工业污染源、移动污染源、扬尘污染源、生活污染源、农业污染源作为重点，强化源头削减，实施分区分类控制。

二、综合防治

（六）应将能源合理开发利用作为防治细颗粒物污染的优先领域，实行煤炭消费总量控制，大力发展清洁能源。天然气等清洁能源应优先供应居民日常生活使用。在大型城市应不断减少煤炭在能源供应中的比重。限制高硫分或高灰分煤炭的开采、使用和进口，提高煤炭洗选比例，研究推广煤炭清洁化利用技术，减少燃烧煤炭造成的污染物排放。

（七）应将防治细颗粒物污染作为制定和实施城市建设规划的目的之一，优化城市功能布局，开展城市生态建设，不断提高环境承载力，适当控制城市规模，大力发展公共交通系统。

（八）应调整产业结构，强化规划环评和项目环评，严格实施准入制度，必要时对重点区域和重点行业采取限批措施；淘汰落后产能，形成合理的产业分布空间格局。

（九）环境空气中细颗粒物浓度超标的城市，应按照相关法律规定，制定达标规划，明确各年度或各阶段工作目标，并予以落实。应完善环境质量监测工作，开展污染来源解析，编制各地重点污染源清单，采取针对性的污染排放控制措施。应以环境质量变化趋势为依据，建立污染排放控制措施有效性评估和改善工作机制。

三、防治工业污染

（十）应将排放细颗粒物和前体污染物排放量较大的行业作为工业污染源治理的重点，包括：火电、冶金、建材、石油化工、合成材料、制药、塑料加工、表面涂装、电子产品与设备制造、包装印刷等。工业污染源的污染防治，应参照燃煤二氧化硫、火电厂氮氧化物和冶金、建材、化工等污染防治技术政策的具体内容，开展相关工作。

（十一）应加强对各类污染源的监管，确保污染治理设施稳定运行，切实落实企业环保责任。鼓励采用低能耗、低污染的生产工艺，提高各个行业的清洁生产水平，降低污染物产生量。

（十二）应制定严格、完善的国家和地方工业污染物排放标准，明确各行业排放控制要求。在环境污染严重、污染物排放量大的地区，应制定实施严格的地方排放标准或国家排放标准特别排放限值。

（十三）对于排放细颗粒物的工业污染源，应按照生产工艺、排放方式和烟（废）气组成的特点，选取适用的污染防治技术。工业污染源有组织排放的颗粒物，宜采取袋除尘、电除尘、电袋除尘等高效除尘技术，鼓励火电机组和大型燃煤锅炉采用湿式电除尘等新技术。

（十四）对于排放前体污染物的工业污染源，应分别采用去除硫氧化物、氮氧化物、挥发性有机物和氨的治理技术。对于排放废气中的挥发性有机物应尽量进行回收处理，若无法回收，应采用焚烧等方式销毁（含卤素的有机物除外）。采用氨作为还原剂的氮氧化物净化装置，应在保证氮氧化物达标排放的前提下，合理设置氨的加注工艺参数，防止氨过量造成污染。鼓励在各类生产中采用挥发性有机物替代技术。

（十五）产生大气颗粒物及其前体物污染物的生产活动应尽量采用密闭装置，避免无组织排放；无法完全密闭的，应安装集气装置收集逸散的污染物，经净化后排放。

四、防治移动源污染

（十六）移动污染源包括各种道路车辆、机动船舶、非道路机械、火车、航空器等，应按照机动车、柴油车等污染防治技术政策的具体内容，开展相关工作。

防治移动源污染应将尽快降低燃料中有害物质含量，加速淘汰高排放老旧机动车辆和机械，加强在用机动车船排放监管作为重点，并建立长效机制，不断提高移动污染源的排放控制水平。

（十七）进一步提高全国车辆和机械用燃油的清洁化水平，降低硫等有害物质含量，为实施更加严格的移动污染源排放标准、降低在用车辆和机械排放水平创造必要条件。采取措施切实保障各地车用燃油的质量，防止车辆由于使用不符合要求的燃油造成故障或导致排放控制性能降低。

（十八）加强对排放检验不合格在用车辆的治理，强制更换尾气净化装置。升级汽车氮氧化物排放净化技术，采用尿素等还原剂净化尾气中的氮氧化物，并建立车用尿素供应网络。新生产压燃式发动机汽车应安装尾气颗粒物捕集器。用于公用事业的压燃式发动机在用车辆，可按照规定进行改造，提高排放控制性能。

（十九）积极发展新能源汽车和电动汽车，公共交通宜优先采用低排放的新能源汽车。交通拥堵严重的特大城市应推广使用具有启停功能的乘用车。大力发展地铁等大容量轨道交通设施。按期停产达不到轻型货车同等排放标准的三轮汽车和低速货车。

（二十）制定实施新的机动车船大气污染物排放标准，收紧颗粒物、碳氢化合物、氮氧化物等污染物排放限值。开展适合我国机动车辆行驶状况的测试方法的研究。制定、完善并严格实施非道路移动机械大气污染物排放标准，明确颗粒物和氮氧化物排放控制要求。

（二十一）严格控制加油站、油罐车和储油库的油气污染物排放，按时实施国家排放标准。

五、防治扬尘污染

（二十二）扬尘污染源应以道路扬尘、施工扬尘、粉状物料贮存场扬尘、城市裸土起尘等为防治重点。应参照《防治城市扬尘污染技术规范》，开展城市扬尘综合整治，减少城市裸地面积，采取植树种草等措施提高绿化率，或适当采用地面硬化措施，遏止扬尘污染。

（二十三）对各种施工工地、各种粉状物料贮存场、各种港口装卸码头等，应采取设置围挡墙、防尘网和喷洒抑尘剂等有效的防尘、抑尘措施，防止颗粒物逸散；设置车辆清洗装置，保持上路行驶车辆的清洁；鼓励各类土建工程使用预搅拌的商品混凝土。

（二十四）实行粉状物料及渣土车辆密闭运输，加强监管，防止遗撒。及时进行道路清扫、冲洗、洒水作业，减少道路扬尘。规范园林绿化设计和施工管理，防止园林绿地土壤向道路流失。

六、防治生活污染

（二十五）生活污染来源复杂、分布广泛，治理工作应调动社会各界的积极性，鼓励公众参与。应在全社会倡导形成节俭、绿色生活方式，摒弃奢侈、浪费、炫耀的消费习惯。倡导绿色消费，通过消费者选择和市场竞争，促使企业生产环境友好型消费品。

（二十六）治理饮食业、干洗业、小型燃煤燃油锅炉等生活污染源，严格控制油烟、挥发性有机物、烟尘等污染物排放。推广使用具备溶剂回收功能的封闭式干洗机。应有效控制城市露天烧烤。生活垃圾和城市园林绿化废物应及时清运，进行无害化处理，防止露天焚烧。

（二十七）以涂料、黏合剂、油墨、气雾剂等在生产和使用过程中释放挥发性有机物的消费品为重点，开展环境标志产品认证工作，鼓励生产和使用水性涂料，逐渐减少用于船舶制造维修等领域油性涂料的生产和使用，减少挥发性有机物排放量。

（二十八）在城市郊区和农村地区，推广使用清洁能源和高效节能锅炉，有条件的地区宜发展集中供暖或地热等采暖方式，以替代小型燃煤、燃油取暖炉，减轻面源污染。

（二十九）开展环境文化建设，形成有益于环境保护的公序良俗，倡导良好生活习惯。倡导有益于健康的饮食习惯和低油烟、低污染、低能耗的烹调方式。提倡以无烟方式进行祭扫等礼仪活动，减少燃放烟花爆竹。

七、防治农业污染

（三十）提倡采用“留茬免耕、秸秆覆盖”等保护性耕作措施，最大限度地减少翻耕对土壤的扰动，防治土壤侵蚀和起尘。

（三十一）及时、妥善收集处理农作物秸秆等农业废弃物，可采取粉碎后就地还田、收集制备生物质燃料等资源化利用措施，减少露天焚烧。

（三十二）加强对施用肥料的技术指导，合理施肥，鼓励采用长效缓释氮肥和有机肥，有效减少氨挥发。

（三十三）加强规模化畜禽养殖污染防治的监管，推广先进养殖和污染治理技术，减少氨的排放。

八、监测预警与应急

（三十四）严格按照相关标准规定开展环境空气质量监测与评价工作，加快建设环境空气监测网络和环境质量预测预报和评估制度，加强环保、气象部门间的协作和信息共享，建立环境空气质量预警和发布平台。

（三十五）应根据各地气象条件、细颗粒物与前体污染物来源、污染源分布情况，制定环境空气重污染应急预案及预警响应程序，包括紧急限产和临时停产的排污企业和设施名单、车辆限行方案、扬尘管控措施等。

（三十六）建立部门间大气重污染事件应急联动机制，根据出现不利气象条件和重污染现象的预报，及时启动应急方案，采取分级响应措施。应定期评估应急预案实施效果，并适时修订应急预案。

九、强化科技支撑

（三十七）应将科技创新作为防治细颗粒物污染的重要手段。根据我国细颗粒物来源复杂的特点，深入开展大气颗粒物来源解析研究，摸清我国不同区域细颗粒物污染的时空分布特征、形成与区域传输机理，开展细颗粒物总量控制技术与方案的研究。鼓励开展细颗粒物污染相关的健康与生态效应研究。鼓励开展支撑细颗粒物污染防治的经济政策、环保标准等方面的研究。

（三十八）根据实现国家未来环保目标和污染排放控制要求的技术需求，采取措施鼓励研发高效污染治理先导技术，作为确定实施更加严格排放控制要求的技术储备。鼓励采用各种高效污染物净化技术，以及清洁生产技术和资源能源高效利用技术，提高各个行业和污染源的排放控制技术水平，降低污染物排放强度。鼓励研发示范各种细颗粒物及氮氧化物、挥发性有机物等前体污染物的新型高效净化技术，包括袋式除尘、电除尘、电袋复合除尘、湿式电除尘、炉窑选择性催化还原、分子筛吸附浓缩、高效蓄热式催化燃烧、低温等离子体、高效水基强化吸收等。

（三十九）加强细颗粒物污染防治的知识普及和宣传教育，提升全民环境意识和公众参与能力。根据国内改善环境质量和污染防治工作的实际需要，开展细颗粒物防治国际合作。

附：细颗粒物污染防治技术简要说明

附：

细颗粒物污染防治技术简要说明

一、工业污染防治技术

（一）有组织排放颗粒物（烟、粉尘）污染防治技术，包括袋式除尘、湿式电除尘技术、电袋复合除尘技术。

（二）前体污染物（NO、SO_2、VOCs、NH_3等）净化技术，包括各种脱硫技术、氮氧化物的催化还原技术及烟气脱硝技术、挥发性有机物的燃烧净化与吸附回收技术、氨的水洗涤净化技术。

（三）无组织排放颗粒物和前体污染物治理技术，包括适用于大气颗粒物及其前体物污染控制的密闭生产技术、粉状物料堆放场的遮风与抑尘技术。

二、移动源污染防治技术

移动污染源包括各种采用内燃机或外燃机为动力装置，以汽油、柴油、煤油、天然气、液化石油气及其他可燃液体、气体为燃料的交通工具（车辆、船舶、航空器等）、机械、发电装置。防治移动源污染，应针对其使用方式、目前国家污染防治要求，采取不同的技术措施，主要包括：

（一）燃料清洁化技术。降低重金属等影响排放控制装置效能的各种有害物质含量，控制烯烃等光化学活性成分含量。

（二）发动机高效燃烧及燃料精确注入技术。

（三）发动机排气中 NO_x、HC、CO、颗粒物净化技术。

（四）汽油蒸发控制技术，包括在车辆、加油站、油库、油罐车上实施的各种油气回收技术。

（五）车载发动机及排放控制系统诊断技术（OBD）。

三、扬尘污染防治技术

（一）遮风技术，包括适用于各种露天堆场和施工工地遮挡措施。

（二）抑尘技术，包括喷洒水雾和抑尘剂，适用于施工场所、堆场、装卸作业等场地。

（三）施工物料运输车辆清洗技术，适用于上路行驶的物料、渣土运输车辆。

（四）道路清扫技术，包括人工清扫、机械清扫。

四、生活污染防治技术

（一）饮食业油烟净化技术，包括采用各种原理的净化技术。

（二）环境友好产品生产技术，包括各种替代有害物质的消费品生产技术。

（三）密闭式衣物干洗技术。

五、农业污染防治技术

（一）农业耕作和裸土起尘防治技术，包括留茬免耕、秸秆覆盖、固沙技术。

（二）秸秆等农业废物综合利用技术，包括制备沼气、热解气化、生物柴油等技术。

（三）合理施肥技术，包括配方施肥技术和施用硝化抑制剂。

第七章　清洁生产

火电行业清洁生产评价指标体系（试行）

国家发展和改革委员会　发布

前　言

为了贯彻落实《中华人民共和国清洁生产促进法》，指导和推动火电企业依法实施清洁生产，提高资源利用率，减少和避免污染物的产生，保护和改善环境，制定火电行业清洁生产评价指标体系（试行）（以下简称“指标体系”）。

本指标体系用于评价火电企业的清洁生产水平，作为创建清洁先进生产企业的主要依据，并为企业推行清洁生产提供技术指导。

本指标体系依据综合评价所得分值将企业清洁生产等级划分为两级，即代表国内先进水平的“清洁生产先进企业”和代表国内一般水平的“清洁生产企业”。随着技术的不断进步和发展，本指标体系每3~5年修订一次。

本指标体系由中国电力企业联合会起草。

本指标体系由国家发展和改革委员会负责解释。

本指标体系自发布之日起试行。

1　火电行业清洁生产评价指标体系适用范围

本指标体系适用于常规燃煤发电企业清洁生产评价，包括纯凝机组和供热机组两类，其他类型火电企业可参照执行。

2　火电行业清洁生产评价指标体系结构

根据清洁生产的原则要求和指标的可度量性，本评价指标体系分为定量评价和定性要求两大部分。

定量评价指标选取了有代表性的、能反映“节能”、“降耗”、“减污”和“增效”等有关清洁生产最终目标的指标，建立评价模式。通过对各项指标的实际达到值、评价基准值和指标的权重值进行计算和评分，综合考评企业实施清洁生产的状况和企业清洁生产程度。

定性评价指标主要根据国家有关推行清洁生产的产业发展和技术进步政策、资源环境保护政策规定以及行业发展规划选取，用于定性考核企业对有关政策法规的符合性及其清洁生产工作实施情况。

定量评价指标和定性评价指标分为一级指标和二级指标两个层次。一级指标为普遍性、概括性的指标，包括能源消耗指标、资源消耗指标、资源综合利用指标、污染物排放指标。二级指标为反映火电企业清洁生产特点的、具有代表性的技术考核指标。

火电企业清洁生产评价指标体系结构见图 1 和图 2。

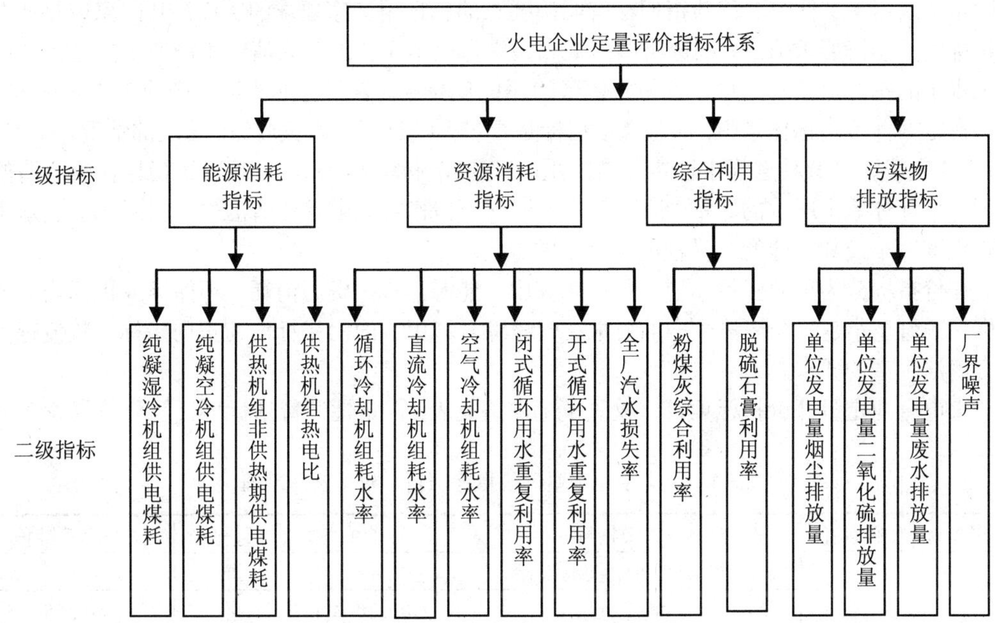

图 1　火电企业定量评价指标体系框架

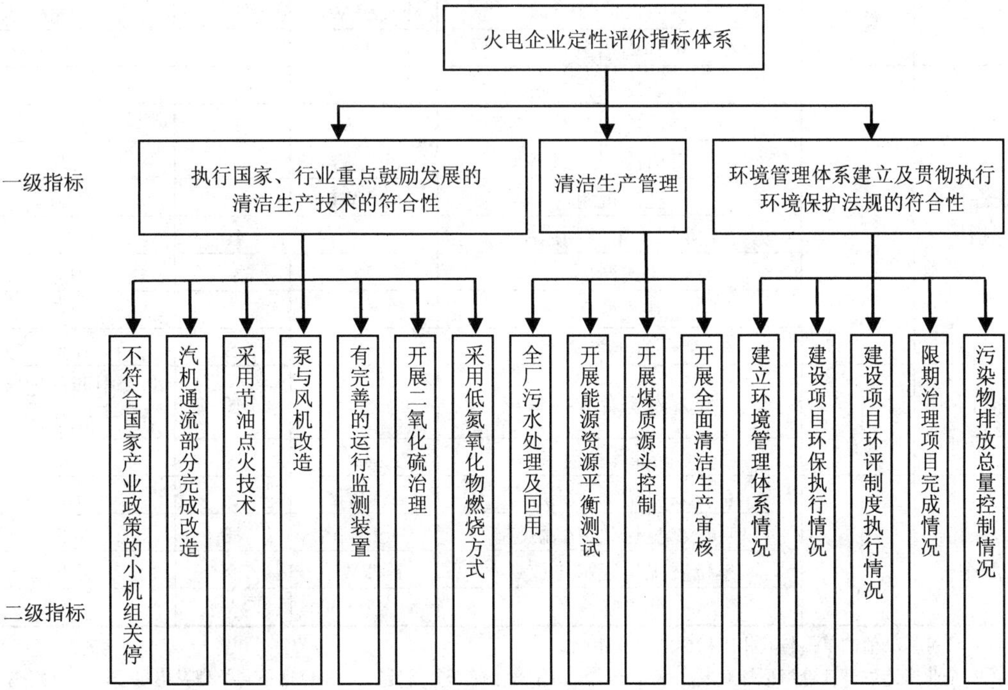

图 2　火电企业定性评价指标体系框架

3　火电行业清洁生产评价指标的评价基准值及权重值

在定量评价指标体系中，各指标的评价基准值是衡量该项指标是否符合清洁生产基本要求的评价基准。本评价指标体系确定各定量评价指标的评价基准值的依据是：凡国家或行业在有关政策、规划等文件中对该项指标已有明确要求的就选用国家要求的数值；凡国家或行业对该项指标尚无明确要求值的，则选用国内重点大中型火电企业近年来清洁生产所实际达到的中等以上水平的指标值。本定量评价指标体系的评价基准值代表了行业清洁生产的平均先进水平。

在定性评价指标体系中，衡量该项指标是否贯彻执行国家有关政策、法规的情况，按“是”、“否”或完成程度两种选择来评定。清洁生产评价指标的权重分值反映了该指标在整个清洁生产评价指标体系中所占的比重，原则上是根据该项指标对火电行业清洁生产实际效益和水平的影响程度大小及其实施的难易程度来确定的。

评价指标分为正向指标和逆向指标。其中，能源消耗、资源消耗、环保排放指标均为逆向指标，数值越小越符合清洁生产的要求；资源综合利用方面的指标均为正向指标，数值越大越符合清洁生产的要求。

火电企业定量评价指标项目、权重及基准值见表 1，定性评价指标项目及分值见表 2。

表 1　火电企业定量评价指标项目、权重及基准值

一级指标	权重值	二级指标	单位	权重分值	评价基准值
能源消耗指标	35	纯凝汽机组供电煤耗		35	
		湿冷机组	kgce/kWh		0.365
		空冷机组	kgce/kWh		0.375
		供热机组			
		不供热期间供电煤耗	kgce/kWh	15	0.380
		年平均热电比	%	20	50
资源消耗指标	25	单位发电量耗水量		10	
		循环冷却机组	kg/kWh		3.84
		直流冷却机组	kg/kWh		0.72
		空冷机组	kg/kWh		0.80
		工业用水重复利用率		10	
		闭式循环	%		95
		开式循环	%		35
		全厂汽水损失率	%	5	1.5
综合利用指标	15	粉煤灰综合利用率	%	10	60（中西部地区） 100（东部地区）
		脱硫石膏利用率	%	5	100
污染物排放指标	25	单位发电量烟尘排放量	g/kWh	5	1.8
		单位发电量二氧化硫排量	g/kWh	10	6.5
		单位发电量废水排放量	kg/kWh	5	1.0
		厂界噪声	dB（A）	5	≤60

注：1 评价基准值的单位与其相应指标的单位相同；

2 企业清洁生产评价指标针对发电企业全厂清洁生产水平进行评定，企业包括不同类型发电机组时，分别确定指标，按全年发电量加权平均；

3 企业综合利用厂用电不在机组能耗范围计算。

表 2 火电企业定性评价指标项目及分值

一级指标	指标分值	二级指标	指标分值	备注
（1）执行国家、行业重点鼓励发展清洁生产技术的符合性	45	不符合国家产业政策的小机组关停	10	定性评价指标无评价基准值，其考核按对该指标的执行情况给分。对一级指标（1）所属二级指标，凡达到或本身设计已经优于指标的按其指标分值给分，未采用的不给分。对一级指标（2）、（3）所属各二级指标，如能按要求执行的，则按其指标分值给分。
		20 万机组及早期 30 万机组汽机通流部分完成改造	5	
		采用节油点火技术	5	
		泵与风机容量匹配及变速改造	5	
		有完善的运行监测装置	5	
		开展二氧化硫治理	5	
		采用低氮氧化物燃烧方式	5	
		全厂污水处理及回用	5	
（2）清洁生产管理	30	开展燃料平衡、热平衡、电能平衡、水平衡测试	15	
		开展煤质源头控制	5	
		开展全面清洁生产审核	10	
（3）环境管理体系建立及贯彻执行环境保护法规的符合性	25	建立环境管理体系并通过认证	5	
		建设项目环保 “三同时”执行情况	5	
		建设项目环境影响评价制度执行情况	5	
		老污染源限期治理项目完成情况	5	
		污染物排放总量控制情况	5	

清洁生产是一个相对概念，它将随着经济的发展和技术的更新而不断完善，达到新的更高、更先进水平，因此清洁生产评价指标及指标的基准值，也应视行业技术进步趋势进行不定期调整，其调整周期一般为 3 年，最长不应超过 5 年。

4 火电行业清洁生产评价指标的考核评分计算方法

4.1 定量评价指标的考核评分计算

企业清洁生产定量评价指标的考核评分，以企业在考核年度（一般以一个生产年度为一个考核周期，并与生产年度同步）各项二级指标实际达到的数据为基础进行计算，综合得出该企业定量评价指标的考核总分值。

在计算各项二级指标的评分时，应根据定量评价指标的类别采用不同的计算公式计算。

对正向指标，其单项评价指数按式（1）计算：

$$S_i = \frac{S_{xi}}{S_{oi}} \tag{1}$$

对逆向指标，其单项评价指数按式（2）计算：

$$S_i = \frac{S_{oi}}{S_{xi}} \tag{2}$$

式中：S_i——第 i 项评价指标的单项评价指数；

S_{xi}——第 i 项评价指标的实际值；

S_{oi}——第 i 项评价指标的基准值。

本评价指标体系各项二级评价指标的单项评价指数的正常值一般在 1.0 左右，但当其实际值远小于（或远大于）评价基准值时，计算得出的 S_i 值较大，计算结果会偏离实际，对其他评价指标单项评价指数的作用产生干扰。为了消除这种不合理的影响，需对此进行修正处理。修正的方法是：S_i 值计算结果在 1.2 以下时取计算值，大于或等于 1.2 时 S_i 值取 1.2。

定量评价指标考核总分值按式（3）计算：

$$P_1 = \sum_{i=1}^{n} S_i \cdot K_i \tag{3}$$

式中：P_1——定量评价考核总分值；

n——参与考核的定量评价的二级指标项目总数；

S_i——第 i 项评价指标的单项评价指数；

K_i——第 i 项评价指标的权重值。

由于企业因自身统计原因值所造成的缺项，该项考核分值为零。

4.2 定性评价指标的考核评分计算

定性评价指标考核总分值按式（4）计算：

$$P_2 = \sum_{i=1}^{n} F_i \tag{4}$$

式中：P_2——定性评价二级指标考核总分值；

F_i——定性评价指标体系中的第 i 项二级指标的得分值；

n——参与考核的定性评价二级指标的项目总数。

4.3 综合评价指数的考核评分计算

为了综合考核火电企业清洁生产的总体水平，在对该企业进行定量和定性评价考核评分的基础上，将这两类指标的考核得分按权重（定量和定性评价指标各占 70%、30%）予以综合，得出该企业的清洁生产综合评价指数。

综合评价指数是评价被考核企业在考核年度内清洁生产总体水平的一项综合指标。综合评价指数之差可以反映企业之间清洁生产水平的总体差距。综合评价指数按式（5）计算：

$$P = 0.7P_1 + 0.3P_2 \tag{5}$$

式中：P——企业清洁生产的综合评价指数；

P_1——定量评价指标中各二级评价指标考核总分值；

P_2——定性评价指标中各二级评价指标考核总分值。

4.4 火电行业清洁生产企业的评定

对火电行业清洁生产企业水平的评价，是以其清洁生产综合评价指数为依据的。对达到一定综合评价指数的企业，分别评定为清洁生产先进企业和清洁生产企业。

根据我国目前火电行业的实际情况，不同等级清洁生产企业的综合评价指数列于表 3。

表 3 火电行业不同等级的清洁生产企业综合评价指数

清洁生产企业等级	清洁生产综合评价指数
清洁生产先进企业	$P \geqslant 95$
清洁生产企业	$80 \leqslant P < 95$

按照现行环境保护政策法规以及产业政策要求，凡参评企业被地方环保主管部门认定为主要污染物排放未“达标”（指总量未达到控制指标或主要污染物排放超标），生产淘汰类产品或仍继续采用要求淘汰的设备、工艺进行生产的，则该企业不能被评定为“清洁生产先进企业”或“清洁生产企业”。清洁生产综合评价指数低于 80 分的企业，应类比本行业清洁生产先进企业，积极推行清洁生产，加大技术改造力度，强化全面管理，提高清洁生产水平。

5 指标解释

（1）供电煤耗

火电厂向厂外供出 1 千瓦时电能所耗用的标准煤量。

$$\text{供电标准煤耗（kgec / kWh）}=\frac{\text{发电标准煤量（kg）}}{\text{厂供电量（kWh）}}$$

（2）热电比

热电厂供热量占全厂发电、供热总耗用热量的份额，计算公式为：

$$\text{热电比（\%）}=\frac{\text{全厂供热量（GJ）}}{\text{全厂发电、供热所用的总热量（GJ）}}\times 100\%$$

（3）单位发电量耗水量

火电厂每生产 1kWh 电能所消耗的生产用新鲜水量，计算公式为：

$$\text{单位发电耗水量（kg / kWh）}=\frac{\text{企业年新鲜水消耗量（kg）}}{\text{年发电量（kWh）}}$$

（4）工业用水重复利用率

工业用水重复利用量与外补新鲜水量和重复利用水量之和的比，计算公式为：

$$\text{水重复利用率（\%）}=\frac{\text{重复利用水量（}m^3\text{）}}{\text{补充新鲜水量（}m^3\text{）}+\text{重复利用水量（}m^3\text{）}}\times 100\%$$

（5）粉煤灰综合利用率

火电厂粉煤灰年利用量与年产生总量的百分比，计算公式为：

$$\text{粉煤灰综合利用率（\%）}=\frac{\text{年粉煤灰利用量（t）}}{\text{年粉煤灰产生量（t）}}\times 100\%$$

（6）脱硫石膏综合利用率

火电厂脱硫石膏年利用量与年产生总量的百分比，计算公式为：

$$\text{脱硫石膏综合利用率（\%）}=\frac{\text{年脱硫石膏利用量（t）}}{\text{年脱硫石膏产生量（t）}}\times 100\%$$

（7）单位发电量烟尘排放量

火电厂每生产 1kWh 电能外排的烟尘量，计算公式为：

$$\text{单位发电量烟尘排放量（g/kWh）}=\frac{\text{年排放烟尘量（g）}}{\text{年发电量（kWh）}}$$

（8）单位发电量二氧化硫排放量

火电厂每生产 1kWh 电能外排的二氧化硫量，计算公式为：

$$\text{单位发电量二氧化硫排放量（g/kWh）}=\frac{\text{年排放二氧化硫量（g）}}{\text{年发电量（kWh）}}$$

（9）单位发电量废水排放量

火电厂每生产 1kWh 电能外排废水量，计算公式为：

$$\text{单位发电量废水排放量（kg/kWh）}=\frac{\text{年废水排放量（kg）}}{\text{年发电量（kWh)}}$$

第八章 循环经济

关于印发《国家环保总局关于推进循环经济发展的指导意见》的通知

环发[2005]114 号

各省、自治区、直辖市环境保护局（厅），计划单列市环境保护局：

为全面贯彻《国务院关于加快发展循环经济的若干意见》（国发[2005]22 号）精神，结合环保工作推动循环经济发展，保护和改善环境，促进建设资源节约型和环境友好型社会，我局制定了《国家环保总局关于推进循环经济发展的指导意见》。现印发给你们，请认真贯彻执行。

环保总局

二〇〇五年十月十日

国家环保总局关于推进循环经济发展的指导意见

为全面贯彻《国务院关于加快发展循环经济的若干意见》（国发[2005]22 号，以下简称《意见》）的精神，紧密结合环保工作推动循环经济发展，加快改变以末端治理为主的传统污染防治模式，增强环境保护监督管理能力，保护和改善环境，建设资源节约型和环境友好型社会，现就环保部门推进循环经济发展提出以下意见。

一、充分认识环保部门在推进循环经济工作中的重要作用和地位

（一）深刻理解发展循环经济与环境保护的关系。我国人口众多，资源相对短缺，经济结构不尽合理，经济增长方式粗放，资源利用率低，环境污染严重，资源和环境问题已成为我国可持续发展的主要障碍。发展循环经济，有利于推动污染预防和生产全过程控制，有利于解决区域性与结构性环境污染问题。近年来，全国环保系统将发展循环经济作为环境与经济“双赢”的一项重大举措，大力宣传循环经济理念，组织理论和政策研究，开展企业、区域和社会等多个层面的试点和实践探索，促进了粗放型经济增长方式的转变，在一定程度上缓解了全国环境污染的压力。

（二）明确环保部门的职能定位。各级环保部门要根据《意见》的要求和职能分工，与发展改革（经贸）等有关部门密切合作，结合环境保护的各项工作，全面推进循环经济快速发展。

各级环保部门要加强对发展循环经济的“指导、监督、推进、服务”。要制定有利于循环经济发展的法律法规、政策、标准，编制循环经济规划技术指南，指导循环经济的发展；认真履行环保部门环境执法职责，进一步加大环境执法力度，强化环境监督管理，严格执行规划环评、建设项目环评和“三同时”制度，提高企业准入的环境要求，推动重点企业实施清洁生产审核；加强宣传教育和培训，推进清洁生产，深化循环经济试点和示范工作；组织开展循环经济的科学研究和技术开发，为建立和完善循环经济的技术支撑体系、提高我国循环经济发展水平和速度服务。

二、加强对循环经济发展的规划和指导

（三）制定循环经济发展战略和规划。根据我国环保工作的需要，组织制定推进循环经济发展、建设环境友好型社会的战略和计划。各级环保部门要积极配合当地发改委编制循环经济发展规划，用循环经济理念指导环保“十一五”规划和各类专项规划。大力推进各类经济技术开发区和高新技术产业开发区建设生态工业园区，推进重点企业、地区开展循环经济实践，指导其编制循环经济发展规划。

（四）加强对全国循环经济建设的分类指导。根据环境管理的要求，组织制定不同区域、重点流域和不同类型工业园区的循环经济发展规划。组织编制钢铁、有色、煤炭、电力、化工、建材、造纸、食品、纺织、电子电器等重点行业的循环经济发展指南。

三、制定和完善促进循环经济发展的环境标准体系和环境技术政策

（五）严格环境标准，促进循环经济健康发展。加强国家行业污染物排放标准制定工作，促进企业采用环境友好工艺和技术。组织制定废旧塑料、废旧轮胎、废旧机电产品等资源回收利用的环境污染控制技术规范。建立和完善清洁生产标准体系，组织制定行业清洁生产审核指南，指导各地、各行业开展清洁生产审核。

各省（自治区、直辖市）环保部门要加强地方行业污染物排放标准的制定。对重点开发区和重化工集中地区，按照循环经济理念，提出入区企业的清洁生产和废物排放综合控制要求。

（六）制定污染防治和生态保护技术政策。制订和完善资源能源消耗高、污染严重行业的污染防治技术政策，将“减量化、再使用、资源化、无害化”作为污染防治的基本途径，从产品生产的全过程加强污染预防，最大限度地减少末端治理压力。根据重点地区、流域生态保护的实际需要，制定相关技术政策。制订和完善大力发展生态农业的技术政策，推广环境友好型农业生产技术和污染控制技术。

四、深化循环经济试点和示范

（七）深化生态工业、循环经济试点和示范工作。选择经济效益突出、资源合理利用、环境清洁优美的企业，进行环境友好企业示范。重点选择各类国家级、省级开发区、大型企业集团和资源再生利用产业（静脉产业）园区，进行生态工业示范；推动循环经济示范区、生态省（市、县）、生态示范区、国家环保模范城市、环境优美乡镇、文明生态村、绿色社区、绿色学校和环境友好工程等建设工作。

各省（自治区、直辖市）环保部门要在国家环保总局的指导下，积极开展本地区循环经济试点和示范工作。

（八）加强对国家生态工业示范园区和循环经济示范区建设的指导和监督管理。一是发布

国家生态工业示范园区和循环经济示范区的指标体系和验收标准，规范试点和示范工作；二是组织制定生态工业和循环经济的规划建设技术指南，指导各类试点和示范建设；三是加强对各类试点和示范单位的管理，包括现场监督检查，确保试点和示范单位能够通过持续改进，降低污染物排放总量，改善区域环境质量；四是及时总结全国循环经济试点经验，推广循环经济先进典型。

各省（自治区、直辖市）环保部门要配合国家环保总局进行国家生态工业示范园区和循环经济示范区创建的指导和监督管理，发现重大问题的，要及时上报，并提出整改措施。

五、积极引导环保产业的发展

（九）加强对环保产业的政策引导，特别是注重对静脉产业发展的引导。制定静脉产业发展政策、法规、标准和技术规范，推进和规范各类废弃物的循环利用。一是推进废钢铁、废铝、废铜、废纸、废塑料、废旧轮胎、废旧家电及电子产品、废旧纺织品、报废机动车、包装废弃物、厨余垃圾等的回收和循环利用，不断完善废旧物资回收、加工、利用体系。二是加强工业废气、废水、固体废物的循环利用，重点抓好危险废物的处理处置；以粉煤灰、煤矸石、尾矿和冶金、化工废渣及有机废水循环利用为重点，推进工业废物综合利用。

（十）加强静脉产业园区环境管理。建设静脉产业园区，有利于提升我国静脉产业规模和科技含量，也有利于静脉产业的污染防治和环境管理。要通过严格的环境管理，减少废物再生过程中的二次污染，保障区域环境质量和人群健康。同时要加强进口废物入园管理，防止以“废物利用”名义，从境外非法购进废物。

六、强化环境监管

（十一）强化环境影响评价，严格执行环境准入制度。一是积极推动规划环评，将环境因素更为系统地纳入宏观战略决策，以解决经济发展与环境保护的矛盾，使产业发展、生产力布局与区域资源禀赋、环境容量和生态功能相一致，促进发展方式的转变和实现循环经济。二是严格建设项目环境影响评价，依法限制新建能耗物耗大、污染严重的项目。

（十二）加强对污染行业和企业生产全过程的排污控制。依法对污染物排放超标和超总量的企业，强制实施清洁生产审核。当前要重点加强对电力、钢铁、化工、有色金属、印染、食品、造纸等重污染行业的清洁生产审核。

（十三）建立严格的强制淘汰制度。配合发展改革（经贸）部门公布技术落后、污染严重的生产工艺和设备淘汰名录，对规模不经济、污染严重的造纸、酿造、制革、电镀、印染、化工、冶炼、炼焦、建材、火电等企业和落后生产力、设备和产品实行强制淘汰，促进产业结构优化。

（十四）严格依法行政，坚决处罚违法行为。组织开展重点地区、行业打击环境违法企业环保执法专项行动，从规范企业环境守法行为、促进企业共生群落构建的角度出发，严格环境执法，增强全社会环境意识，创造公平竞争环境，推进循环经济发展。

七、建立健全推进循环经济发展的环保法规及相关政策

（十五）建立推进循环经济发展的环保法规体系。加快研究和制定各类固体废物回收利用和污染控制配套法规，逐步建立生产者责任延伸制度。研究建立行政代执行、环境准入等制度。

（十六）完善排污收费政策，推进循环经济发展。在中央和地方集中的排污费使用方面向循环经济项目和技术倾斜，重点支持清洁生产项目、“零排放”技术、循环利用技术等的示范

和推广。

八、建立环保系统推进循环经济发展的技术创新体系和咨询服务体系

（十七）建立循环经济发展的技术创新体系。加大对循环经济技术研发和推广的支持力度，提高我国循环经济技术支撑和创新能力。各级环保部门要鼓励科研机构和企业重点开发具有普遍推广意义的减量化技术、再使用技术、资源化技术、替代技术、共生链接技术和系统集成技术等实用技术，促进资源的循环利用。加大循环经济的理论、方法、发展战略和政策研究力度，着重研究资源能源消耗高、污染严重行业和地区的物质流动和物质代谢规律，研究有利于循环经济发展的物质代谢重组技术。组织调研不同地区、不同行业物耗、能耗及废物产生、排放状况，研究我国循环经济发展的潜力和途径。

（十八）建立循环经济发展的咨询服务体系。积极支持建立循环经济信息系统和技术咨询服务体系，及时向社会发布有关循环经济技术、管理和政策等方面的信息。要充分利用现有的环境科研、服务机构和社会团体的力量，开展循环经济信息咨询、技术推广、宣传培训等工作。

国家清洁生产中心是国家环保总局在推进清洁生产和循环经济方面的技术支持单位，协助总局组织制定循环经济技术政策和相关标准，推进重点企业实施清洁生产审核以及国家生态工业示范园区和循环经济示范区的建立。各级环保科研院所和清洁生产中心要协助当地环保部门开展清洁生产和循环经济推进工作，为企业清洁生产审核和循环经济试点工作提供咨询服务。

九、积极推进绿色消费

（十九）积极引导公众的绿色消费。继续积极推动环境标志产品认证和环境管理体系认证的发展。各级环保部门要广泛开展宣传教育活动，提高公众的环境意识和绿色消费意识。大力提倡有利于保护环境的生活方式，引导社会团体和企业积极参与绿色消费活动，参与创建绿色学校、绿色社区的活动。采取有效措施，加强引导和执法工作，减少消费品的过度包装。

（二十）积极倡导政府绿色采购。与有关部门协作，争取尽快建立我国的政府绿色采购制度，鼓励使用再生利用产品、环境标志产品、有机食品以及通过 ISO 14001 环境管理体系认证或清洁生产审核企业的产品。通过政府的表率作用，引导社会团体和企业积极参与绿色消费活动。

十、完善干部政绩考核体系，加强宣传培训和国际交流

（二十一）加强干部政绩考核和宣传培训。要积极配合组织部门把循环经济和环保指标纳入干部政绩考核指标体系。大力宣传科学的发展观和政绩观，提高各级领导干部的可持续生产与消费的意识。

各级环保部门要转变观念和工作思路，向政府、园区和企业宣传循环经济的理念，宣传创建循环经济示范区、生态工业园区、生态示范区、环保模范城市、环境友好企业等的经验。针对政府、园区和企业不同层次人员的不同要求，分类制定循环经济的教育和培训计划，对循环经济试点和示范地区的有关人员进行培训。

（二十二）加强循环经济的国际交流。组织多种形式的循环经济研修班，了解发达国家循环经济的发展现状与先进经验。组织地方环保部门和循环经济试点单位赴循环经济发展较好的国家实地考察学习。召开国际循环经济高层研讨会，广泛交流国内外的成功经验。各级环保部门要充分利用各种国际合作渠道，引进国外循环经济领域内的先进经验和技术，加强人员交流，提高推进循环经济发展的能力。

第九章　审批管理

电力工业环境保护管理办法

1996年12月2日，中华人民共和国电力工业部

第一章　总　则

第一条　为了加强电力工业的环境保护管理，依据《中华人民共和国环境保护法》、《中华人民共和国电力法》等法律、法规特制定本办法。

第二条　本办法适用于从事电力规划、计划、设计、施工、生产、供应、科研、教育等活动中的环境保护工作。

第三条　电力建设应坚持可持续发展战略，做到电力与环境保护同步规划、同步实施、同步发展。

第四条　电力建设、生产和供应必须依法保护环境，采用新技术，推行文明、清洁生产，减少有害物质排放，防治环境污染和其他公害。

第五条　电力工业环境保护管理应实行电力环境保护职能机构全过程归口管理和各部门分工负责制。管理工作要做到法制化、规范化和制度化。

第二章　机构和职责

第六条　电力工业部、各电力集团公司和省（自治区、直辖市）电力公司，可根据环保工作的任务和需要，设置环境保护管理机构，或充实加强环境保护力量；电力设计部门可设立环境保护专业机构；电力生产企业、施工企业、修造企业、供电企业和其他对环境产生污染影响的企业应当明确环境保护管理机构或配备专职管理人员，其中，环保任务繁重的电力生产企业，可以设置精干的环境保护管理机构。

第七条　电力工业部负责全国电力工业的环境保护管理工作，主要职责是：

1．根据国家环境保护法律、法规和方针、政策，制定电力工业环境保护的方针、政策、规章和标准；

2．制定并组织实施环境保护、综合利用的规划、计划；

3．负责环境监测网的管理和环境统计；

4．负责电力建设项目环境影响评价管理和“三同时”管理；

5．考核电力工业部直属和归口管理部门、单位的环境保护工作；

6．组织实施环境保护的国际交流与合作；

7．组织推进重大污染防治措施及洁净煤燃烧技术示范工程的建设和相应技术，以及风能、太阳能等新能源的推广应用；

8．组织实施环境保护的科研和科技成果的推广；

9．组织实施环境保护宣传、教育和培训；

10．负责灰渣资源化和废水资源化的管理；

11．负责与国家有关部门协调重大环境保护问题；

12．组织实施国务院交办的和国家综合部门委托的其他环境保护事宜。

第八条 网、省（自治区、直辖市）电力公司、电力集团公司负责本部门和所辖企业的环境保护工作。主要职责是：

1．贯彻执行国家及地方环境保护法律、法规和方针、政策；

2．编制并组织实施本公司环境保护、综合利用的规划、计划；

3．组织实施上级主管部门和地方政府下达的污染治理及限期治理任务；

4．负责所属企业环境监测网的管理和环境统计；

5．负责所属企业的限额以下电力建设项目环境影响评价管理和“三同时”管理；

6．负责环境保护的科研和科技成果的推广应用；

7．开展所属企业的环境保护宣传、教育和培训；

8．负责所属企业粉煤灰综合利用的管理；

9．完成上级部门和政府部门委托的其他环境保护事宜。

第九条 电力生产企业（火电厂、水电厂）主要职责是：

1．贯彻执行国家及地方环境保护的法律、法规和方针、政策；

2．编制并实施本企业环境保护和综合利用的规划、计划；

3．实施上级主管部门和地方政府下达的环境保护和综合利用任务；

4．建立和健全环境保护管理和环境保护设备运行管理制度，确保环境保护设施安全、稳定、连续运转；

5．负责本企业污染源监测和环境保护统计；

6．处理本企业环境污染事故和污染纠纷，及时向上级部门报告情况；

7．组织开展环境保护宣传、教育和培训。

第十条 电力设计单位负责编制建设项目各阶段环境保护设计文件和参加环境影响评价工作。

第十一条 电力施工企业、修造企业、供电和其他对环境产生污染影响的企业负责本企业和所从事的建设生产活动中的环境保护工作。

第三章 建设项目环境保护管理

第十二条 环境保护规划、计划必须纳入电力发展规划、计划，采取有利于环境保护的经济、技术措施，使电力与环境保护同步规划、同步实施、同步发展。

第十三条 电力建设项目（包括发电、输变电及其他建设项目）必须执行国家环境影响评价制度。

第十四条 评价单位由业主单位确定，但应征得网、省（市、自治区）电力公司环境保护主管机构的意见，并报负责环境影响报告书预审的电力工业部环境保护主管机构备案。

第十五条 承担电力建设项目环境影响评价的负责单位必须有相应等级的评价资格证书，必须熟悉工程和具有电力建设项目环境影响评价工作经验。工程分析部分应由电力设计单位承担。

有下列情况之一的电力建设项目环境影响评价工作应由电力系统的评价单位作为负责单位：

1．对需要向国外提供环境影响报告书的；

2．本期容量为 600 兆瓦及以上，规划容量为 1 200 兆瓦及以上的；

3．位于复杂地形且容量为 300 兆瓦及以上的。

第十六条　环境保护设计必须按国家规定的设计程序和环境影响报告书批复的要求进行。污染防治及为综合利用提供条件的设施必须与主体工程同时设计。

第十七条　电力建设项目的招标文件中应有明确的环境保护条款，全面落实设计文件中提出的污染防治对策措施。

第十八条　环境保护所需的投资（包括环境影响评价和环境保护设施竣工验收费用）列入工程概算，任何单位不得以任何理由取消或挪用。

第十九条　电力建设项目对外谈判、签订合同，都必须严格执行我国的环境保护法律、法规和标准。与电力环境保护有关的谈判工作，应有电力环境保护职能机构和专业人员参加。

第二十条　环境保护及为综合利用提供条件的设施必须与主体工程同时施工。

在建设过程中，要防止和尽量减少对施工场地和周围环境的影响。项目竣工后，应及时修整和恢复在建设过程中受到破坏的环境。

第二十一条　在设计或施工阶段需要变更治理措施时，业主单位要行文报告负责预审环境影响报告书的机构，由预审机构与审批部门协调，在取得审批部门的同意后方可变更。擅自变更的要追究法律责任。

第二十二条　环境保护设施必须与主体工程同时投产验收和同时运行。

电力环境保护职能机构按预审报告书的权限，负责对环境保护设施的预验收或与环境保护部门联合验收。

预验收和参加联合验收的环境监测必须由电力环境监测中心站（或总站）进行。

第四章　生产过程环境保护管理

第二十三条　电力环境保护职能机构要根据上一级管理机构制定的目标编制本企业的污染防治规划，明确目标、任务和措施，制定年度实施计划。

环境保护目标层层分解，应使任务落实到单位，责任落实到人。

第二十四条　涉及电力环境保护技术改造项目的立项、验收，要征得电力环境保护职能机构的同意。

第二十五条　环境保护及为综合利用提供条件的设施必须和生产设施同时运行。环境保护设施要稳定达标运行，不得擅自停止正常运行和拆除。需要停运和拆除的，必须由上一级或归口管理部门的电力环境保护职能机构同意并征得地方环境保护行政主管部门确认。

第二十六条　各电力企业发生污染事故时，必须及时采取紧急处理措施，避免事故扩大，同时向上一级电力环境保护主管机构和地方环境保护部门报告，不得隐瞒污染事故；重大污染事故必须向电力工业部环境保护职能机构报告。

第二十七条　电力企业必须安排污染防治资金；返还交纳排污费或补助的资金必须全部用于治理污染；开展综合利用所得的税后收益继续用于综合利用。

第五章　科研、教学、培训及国际交往

第二十八条　电力中长期科技发展规划和年度计划应优先安排污染治理和综合利用的研

究及科技开发项目。各级电力部门应积极推广应用先进、实用的电力环境保护科研成果。

第二十九条 高等电力学校应设立电力环境保护课程，在努力办好现有电力环境保护专业教育的同时，积极拓展电力环境保护教育领域。

第三十条 电力环境保护职能机构应定期举办各类环境保护业务培训班，提高环境保护专业人员的技术水平和业务素质。

第三十一条 各单位应加强环境保护宣传工作，提高全体电力职工的环境保护意识和环境参与能力。

第三十二条 加强国内外电力环境保护科技信息交流工作。各科研、信息院所及有关部门要及时跟踪国际环境保护新技术、新工艺、新产品。电力部门的新闻媒介要及时反映国内、外环境保护动态，积极做好对外宣传工作。

第三十三条 外事管理机构，在安排技术引进、出国进修、技术交流和专业考察时，应考虑环境保护的需要。电力环境保护职能机构应参与国际电力环境保护交流活动，配合外事部门开展电力环境保护的国际交流与合作。

第六章 监督管理

第三十四条 电力环境保护考核工作实行年度考核。

第三十五条 电力环境保护职能机构负责电力系统内的环境保护监督管理和考核工作。

第三十六条 环境保护技术监督要纳入电力建设、生产的全过程。

生产过程的环境保护技术监督的范围主要包括：燃料、水源等各种原材料和污染物产生、治理、排放、贮存、综合利用的各种工艺、设施及设备。

电力环境保护技术监督机构受同级电力环境保护职能机构领导，同时受上一级和归口管理部门电力环境保护技术监督机构的指导。

第三十七条 电力工业部设立电力工业部环境监测总站（简称总站），在电力工业部环境保护职能机构的领导下负责全国电力工业环境保护统计和电力工业环境监测、监督的技术管理。

各网、省（自治区、直辖市）电力公司应设立监测中心站；大型以及对环境影响较大的中型水电站原则上应设立环境监测站；燃煤电厂应设立环境监测站。

各级电力环境监测站负责环境保护技术监督工作；编报环境状况报告书，并报本企业上一级环境保护职能机构。

环境监测按有关规定和规范进行，并按规定定期公布监测数据。

中心站技术上受总站指导，各厂监测站技术上受中心站指导。

第三十八条 企业安全、文明生产达标及创一流发、供电企业工作必须进行环境保护考核，并实行“环境保护一票否决权”。

考核指标要包括环境保护管理水平和污染控制（包括综合利用）水平。

第三十九条 各级电力企业主要领导人要依法履行保护环境的职责，带头执行环境保护法律、法规和政策。要将环境保护工作情况作为考核主要领导人业绩的重要内容。对任期内不依法治理污染、造成污染加剧和发生重大事故的，按有关规定追究行政责任。

电力企业的法人代表每年应在职工代表大会上报告本企业的环境保护工作，接受群众监督。

第四十条 电力行政监察部门要对电力环境保护工作进行监察。

第四十一条 电力系统的新闻媒介应发挥新闻舆论对电力环境保护的监督作用。

第七章　奖励与惩罚

第四十二条　各级电力企事业单位对于在环境保护工作中做出显著成绩的单位和个人给予表彰或奖励。

第四十三条　对造成严重生态破坏和重大污染事故的单位和个人，视情节轻重由主管部门按规定给予行政处分；违反法律、法规的依法处理。

第八章　附　则

第四十四条　各级电力企事业单位可根据本办法制定实施细则或专门规定。

第四十五条　本办法委托电力工业部环境保护办公室负责解释。

第四十六条　本办法自颁布之日起施行，原水电部、能源部颁布的电力工业环境保护管理有关规定与本办法有抵触的以本办法为准。

关于发布火电项目环境影响报告书受理条件的公告

国家环境保护总局公告　公告 2006 年 第 39 号

根据《国务院关于发布实施〈促进产业结构调整暂行规定〉的决定》（国发[2005]40 号）、《国务院关于加快推进产能过剩行业结构调整的通知》（国发[2006]11 号）和国家发改委、环保总局等八个部门《关于加快电力工业结构调整促进健康有序发展有关工作的通知》（发改能源[2006]661 号）等要求，现就常规火电厂、煤矸石综合利用电厂、热电联产新扩改建项目环境影响报告书受理条件公告如下：

一、必须为列入国家《产业结构调整指导目录》中鼓励类或允许类，未列入限制类或淘汰类的建设项目。

二、必须为列入相应规划或国家近期开工备选方案的建设项目：

（一）常规火电厂应为列入国家近年开工备选方案且列入所在省电力发展规划的建设项目；

（二）煤矸石综合利用电厂应为列入经批准的所在省煤矸石资源综合利用规划的建设项目；

（三）热电联产项目应为列入经批准的城市供热总体规划的建设项目；

（四）国家另有规划或安排的火电厂、煤矸石综合利用电厂、热电联产项目。

自本公告发布之日起，建设单位在报送常规火电厂、煤矸石综合利用电厂、热电联产项目环境影响报告书时应提交上述相关材料。

三、项目二氧化硫排放总量必须符合下述要求：

（一）新建、扩建、改造火电项目必须按照“增产不增污”或“增产减污”的要求，通过对现役机组脱硫、关停小机组或排污交易等措施或“区域削减”措施落实项目污染物排放总量指标途径，并明确具体的减排措施。

（二）总局与六家中央管理电力企业集团（以下简称六大集团）或省级人民政府签订二氧化硫削减责任书的脱硫老机组的扩建、改造火电项目，所涉及的老机组脱硫工程的开工、投产进度必须符合责任书有关要求。

（三）热电站、煤矸石电厂、垃圾焚烧发电厂项目的总量指标必须明确总量指标来源。除热电站、煤矸石电厂、垃圾焚烧发电厂外，其他新建、扩建、改建常规火电项目的二氧化硫排放总量指标必须从电力行业取得。

1．属于六大电力集团的新建、扩建、改造项目，二氧化硫排放总量指标必须从六大集团的总量控制指标中获得，并由所在电力集团公司和所在地省级环保部门出具确认意见。

2．不属于六大电力集团的新建、扩建、改造项目，二氧化硫排放总量必须从各省非六大电力集团电力行业总量控制指标中获得，并由省级环保部门出具确认意见。

自本公告发布之日起，建设单位在提交项目的环境影响报告书时，应同时提供省级环保部门对项目污染物排放总量指标来源的确认文件，六大电力集团的新建、扩建和改造项目还应有所属电力集团公司的确认意见。

（四）总量控制政策有调整时，我局将及时下发有关要求。

特此公告。

二〇〇六年八月一日

建设项目环境影响评价分类管理名录

第一条 为了实施建设项目环境影响评价分类管理，根据《环境影响评价法》第十六条的规定，制定本名录。

第二条 国家根据建设项目对环境的影响程度，对建设项目的环境影响评价实行分类管理。

建设单位应当按照本名录的规定，分别组织编制环境影响报告书、环境影响报告表或者填报环境影响登记表。

第三条 本名录所称环境敏感区，是指依法设立的各级各类自然、文化保护地，以及对建设项目的某类污染因子或者生态影响因子特别敏感的区域，主要包括：

（一）自然保护区、风景名胜区、世界文化和自然遗产地、饮用水水源保护区；

（二）基本农田保护区、基本草原、森林公园、地质公园、重要湿地、天然林、珍稀濒危野生动植物天然集中分布区、重要水生生物的自然产卵场及索饵场、越冬场和洄游通道、天然渔场、资源性缺水地区、水土流失重点防治区、沙化土地封禁保护区、封闭及半封闭海域、富营养化水域；

（三）以居住、医疗卫生、文化教育、科研、行政办公等为主要功能的区域，文物保护单位，具有特殊历史、文化、科学、民族意义的保护地。

第四条 建设项目所处环境的敏感性质和敏感程度，是确定建设项目环境影响评价类别的重要依据。

建设涉及环境敏感区的项目，应当严格按照本名录确定其环境影响评价类别，不得擅自提高或者降低环境影响评价类别。环境影响评价文件应当就该项目对环境敏感区的影响作重点分析。

第五条 跨行业、复合型建设项目，其环境影响评价类别按其中单项等级最高的确定。

第六条 本名录未作规定的建设项目，其环境影响评价类别由省级环境保护行政主管部门根据建设项目的污染因子、生态影响因子特征及其所处环境的敏感性质和敏感程度提出建议，报国务院环境保护行政主管部门认定。

第七条 本名录由国务院环境保护行政主管部门负责解释，并适时修订公布。

第八条 本名录自2008年10月1日起施行。《建设项目环境保护分类管理名录》（国家环境保护总局令第14号）同时废止。

环评类别 项目类别	报告书	报告表	登记表	本栏目环境敏感区含义
2. 煤炭开采	全部	—	—	
3. 焦化	全部	—	—	
4. 煤炭液化、气化	全部	—	—	
5. 选煤、配煤	新建	改建、扩建	—	

项目类别 \ 环评类别	报告书	报告表	登记表	本栏目环境敏感区含义
6. 煤炭储存、集运	—	全部	—	
7. 型煤、水煤浆生产	—	全部	—	
E 电力				
1. 火力发电（包括热电）	全部	—	—	
2. 水力发电	总装机 1 000 千瓦以上；抽水蓄能电站；涉及环境敏感区的	其他	—	（一）和（二）中的重要水生生物的自然产卵场及索饵场、越冬场和洄游通道
3. 生物质发电	农林生物质直接燃烧或气化发电，生活垃圾焚烧发电	沼气发电，垃圾填埋气发电	—	
4. 综合利用发电	利用矸石、油页岩、石油焦、污泥、蔗渣等发电	单纯利用余热、余压、余气（含瓦斯、煤层气）发电	—	
5. 其他能源发电	潮汐发电；总装机容量 50 000 千瓦以上的风力发电，涉及环境敏感区的	利用地热、太阳能等发电；其他风力发电	—	（一）和（三）
6. 送（输）变电工程	500 千伏以上；330 千伏以上，涉及环境敏感区的	其他	—	（一）和（三）
7. 脱硫、脱硝等环保工程	海水脱硫	其他	—	
F 石油、天然气				
1. 石油开采	全部	—	—	
2. 天然气开采（含净化）	全部	—	—	
3. 油库	总容量 20 万 m^3 以上；地下洞库	其他	—	
4. 气库	地下气库	其他	—	
5. 石油、天然气管线	200 公里以上；涉及环境敏感区的	其他	—	（一）、（三）和（二）中的基本农田保护区、地质公园、重要湿地、天然林
G 黑色金属				
1. 采选	全部	—	—	
2. 炼铁（含熔融还原）、球团及烧结	全部	—	—	
3. 炼钢	全部	—	—	
4. 铁合金制造和其他金属冶炼	全部	—	—	
5. 压延加工	年产50万t以上冷轧	其他	—	

中华人民共和国环境保护部令

第5号

《建设项目环境影响评价文件分级审批规定》已于2008年12月11日修订通过，现予公布，自2009年3月1日起施行。

环境保护部部长　周生贤

二〇〇九年一月十六日

建设项目环境影响评价文件分级审批规定

第一条　为进一步加强和规范建设项目环境影响评价文件审批，提高审批效率，明确审批权责，根据《环境影响评价法》等有关规定，制定本规定。

第二条　建设对环境有影响的项目，不论投资主体、资金来源、项目性质和投资规模，其环境影响评价文件均应按照本规定确定分级审批权限。

有关海洋工程和军事设施建设项目的环境影响评价文件的分级审批，依据有关法律和行政法规执行。

第三条　各级环境保护部门负责建设项目环境影响评价文件的审批工作。

第四条　建设项目环境影响评价文件的分级审批权限，原则上按照建设项目的审批、核准和备案权限及建设项目对环境的影响性质和程度确定。

第五条　环境保护部负责审批下列类型的建设项目环境影响评价文件：

（一）核设施、绝密工程等特殊性质的建设项目；

（二）跨省、自治区、直辖市行政区域的建设项目；

（三）由国务院审批或核准的建设项目，由国务院授权有关部门审批或核准的建设项目，由国务院有关部门备案的对环境可能造成重大影响的特殊性质的建设项目。

第六条　环境保护部可以将法定由其负责审批的部分建设项目环境影响评价文件的审批权限，委托给该项目所在地的省级环境保护部门，并应当向社会公告。

受委托的省级环境保护部门，应当在委托范围内，以环境保护部的名义审批环境影响评价文件。

受委托的省级环境保护部门不得再委托其他组织或者个人。

环境保护部应当对省级环境保护部门根据委托审批环境影响评价文件的行为负责监督，并对该审批行为的后果承担法律责任。

第七条　环境保护部直接审批环境影响评价文件的建设项目的目录、环境保护部委托省级环境保护部门审批环境影响评价文件的建设项目的目录，由环境保护部制定、调整并发布。

第八条　第五条规定以外的建设项目环境影响评价文件的审批权限，由省级环境保护部门参照第四条及下述原则提出分级审批建议，报省级人民政府批准后实施，并抄报环境保护部。

（一）有色金属冶炼及矿山开发、钢铁加工、电石、铁合金、焦炭、垃圾焚烧及发电、制浆等对环境可能造成重大影响的建设项目环境影响评价文件由省级环境保护部门负责审批。

（二）化工、造纸、电镀、印染、酿造、味精、柠檬酸、酶制剂、酵母等污染较重的建设项目环境影响评价文件由省级或地级市环境保护部门负责审批。

（三）法律和法规关于建设项目环境影响评价文件分级审批管理另有规定的，按照有关规定执行。

第九条 建设项目可能造成跨行政区域的不良环境影响，有关环境保护部门对该项目的环境影响评价结论有争议的，其环境影响评价文件由共同的上一级环境保护部门审批。

第十条 下级环境保护部门超越法定职权、违反法定程序或者条件做出环境影响评价文件审批决定的，上级环境保护部门可以按照下列规定处理：

（一）依法撤销或者责令其撤销超越法定职权、违反法定程序或者条件做出的环境影响评价文件审批决定。

（二）对超越法定职权、违反法定程序或者条件做出环境影响评价文件审批决定的直接责任人员，建议由任免机关或者监察机关依照《环境保护违法违纪行为处分暂行规定》的规定，对直接责任人员，给予警告、记过或者记大过处分；情节较重的，给予降级处分；情节严重的，给予撤职处分。

第十一条 本规定自 2009 年 3 月 1 日起施行。2002 年 11 月 1 日原国家环境保护总局发布的《建设项目环境影响评价文件分级审批规定》（原国家环境保护总局令第 15 号）同时废止。

环境影响评价公众参与暂行办法

第一章 总 则

第一条 为推进和规范环境影响评价活动中的公众参与，根据《环境影响评价法》、《行政许可法》、《全面推进依法行政实施纲要》和《国务院关于落实科学发展观加强环境保护的决定》等法律和法规性文件有关公开环境信息和强化社会监督的规定，制定本办法。

第二条 本办法适用于下列建设项目环境影响评价的公众参与：

（一）对环境可能造成重大影响、应当编制环境影响报告书的建设项目；

（二）环境影响报告书经批准后，项目的性质、规模、地点、采用的生产工艺或者防治污染、防止生态破坏的措施发生重大变动，建设单位应当重新报批环境影响报告书的建设项目；

（三）环境影响报告书自批准之日起超过五年方决定开工建设，其环境影响报告书应当报原审批机关重新审核的建设项目。

第三条 环境保护行政主管部门在审批或者重新审核建设项目环境影响报告书过程中征求公众意见的活动，适用本办法。

第四条 国家鼓励公众参与环境影响评价活动。

公众参与实行公开、平等、广泛和便利的原则。

第五条 建设单位或者其委托的环境影响评价机构在编制环境影响报告书的过程中，环境保护行政主管部门在审批或者重新审核环境影响报告书的过程中，应当依照本办法的规定，公开有关环境影响评价的信息，征求公众意见。但国家规定需要保密的情形除外。

建设单位可以委托承担环境影响评价工作的环境影响评价机构进行征求公众意见的活动。

第六条 按照国家规定应当征求公众意见的建设项目，建设单位或者其委托的环境影响评价机构应当按照环境影响评价技术导则的有关规定，在建设项目环境影响报告书中，编制公众参与篇章。

按照国家规定应当征求公众意见的建设项目，其环境影响报告书中没有公众参与篇章的，环境保护行政主管部门不得受理。

第二章 公众参与的一般要求

第一节 公开环境信息

第七条 建设单位或者其委托的环境影响评价机构、环境保护行政主管部门应当按照本办法的规定，采用便于公众知悉的方式，向公众公开有关环境影响评价的信息。

第八条 在《建设项目环境分类管理名录》规定的环境敏感区建设的需要编制环境影响报告书的项目，建设单位应当在确定了承担环境影响评价工作的环境影响评价机构后 7 日内，向公众公告下列信息：

（一）建设项目的名称及概要；

（二）建设项目的建设单位的名称和联系方式；

（三）承担评价工作的环境影响评价机构的名称和联系方式；

（四）环境影响评价的工作程序和主要工作内容；

（五）征求公众意见的主要事项；

（六）公众提出意见的主要方式。

第九条　建设单位或者其委托的环境影响评价机构在编制环境影响报告书的过程中，应当在报送环境保护行政主管部门审批或者重新审核前，向公众公告如下内容：

（一）建设项目情况简述；

（二）建设项目对环境可能造成影响的概述；

（三）预防或者减轻不良环境影响的对策和措施的要点；

（四）环境影响报告书提出的环境影响评价结论的要点；

（五）公众查阅环境影响报告书简本的方式和期限，以及公众认为必要时向建设单位或者其委托的环境影响评价机构索取补充信息的方式和期限；

（六）征求公众意见的范围和主要事项；

（七）征求公众意见的具体形式；

（八）公众提出意见的起止时间。

第十条　建设单位或者其委托的环境影响评价机构，可以采取以下一种或者多种方式发布信息公告：

（一）在建设项目所在地的公共媒体上发布公告；

（二）公开免费发放包含有关公告信息的印刷品；

（三）其他便利公众知情的信息公告方式。

第十一条　建设单位或其委托的环境影响评价机构，可以采取以下一种或者多种方式，公开便于公众理解的环境影响评价报告书的简本：

（一）在特定场所提供环境影响报告书的简本；

（二）制作包含环境影响报告书的简本的专题网页；

（三）在公共网站或者专题网站上设置环境影响报告书的简本的链接；

（四）其他便于公众获取环境影响报告书的简本的方式。

第二节　征求公众意见

第十二条　建设单位或者其委托的环境影响评价机构应当在发布信息公告、公开环境影响报告书的简本后，采取调查公众意见、咨询专家意见、座谈会、论证会、听证会等形式，公开征求公众意见。

建设单位或者其委托的环境影响评价机构征求公众意见的期限不得少于 10 日，并确保其公开的有关信息在整个征求公众意见的期限之内均处于公开状态。

环境影响报告书报送环境保护行政主管部门审批或者重新审核前，建设单位或者其委托的环境影响评价机构可以通过适当方式，向提出意见的公众反馈意见处理情况。

第十三条　环境保护行政主管部门应当在受理建设项目环境影响报告书后，在其政府网站或者采用其他便利公众知悉的方式，公告环境影响报告书受理的有关信息。

环境保护行政主管部门公告的期限不得少于 10 日，并确保其公开的有关信息在整个审批期限之内均处于公开状态。

环境保护行政主管部门根据本条第一款规定的方式公开征求意见后，对公众意见较大的建设项目，可以采取调查公众意见、咨询专家意见、座谈会、论证会、听证会等形式再次公开征求公众意见。

环境保护行政主管部门在作出审批或者重新审核决定后，应当在政府网站公告审批或者审核结果。

第十四条 公众可以在有关信息公开后，以信函、传真、电子邮件或者按照有关公告要求的其他方式，向建设单位或者其委托的环境影响评价机构、负责审批或者重新审核环境影响报告书的环境保护行政主管部门，提交书面意见。

第十五条 建设单位或者其委托的环境影响评价机构、环境保护行政主管部门，应当综合考虑地域、职业、专业知识背景、表达能力、受影响程度等因素，合理选择被征求意见的公民、法人或者其他组织。

被征求意见的公众必须包括受建设项目影响的公民、法人或者其他组织的代表。

第十六条 建设单位或者其委托的环境影响评价机构、环境保护行政主管部门应当将所回收的反馈意见的原始资料存档备查。

第十七条 建设单位或者其委托的环境影响评价机构，应当认真考虑公众意见，并在环境影响报告书中附具对公众意见采纳或者不采纳的说明。

环境保护行政主管部门可以组织专家咨询委员会，由其对环境影响报告书中有关公众意见采纳情况的说明进行审议，判断其合理性并提出处理建议。

环境保护行政主管部门在作出审批决定时，应当认真考虑专家咨询委员会的处理建议。

第十八条 公众认为建设单位或者其委托的环境影响评价机构对公众意见未采纳且未附具说明的，或者对公众意见未采纳的理由说明不成立的，可以向负责审批或者重新审核的环境保护行政主管部门反映，并附具明确具体的书面意见。

负责审批或者重新审核的环境保护行政主管部门认为必要时，可以对公众意见进行核实。

第三章 公众参与的组织形式

第一节 调查公众意见和咨询专家意见

第十九条 建设单位或者其委托的环境影响评价机构调查公众意见可以采取问卷调查等方式，并应当在环境影响报告书的编制过程中完成。

采取问卷调查方式征求公众意见的，调查内容的设计应当简单、通俗、明确、易懂，避免设计可能对公众产生明显诱导的问题。

问卷的发放范围应当与建设项目的影响范围相一致。

问卷的发放数量应当根据建设项目的具体情况，综合考虑环境影响的范围和程度、社会关注程度、组织公众参与所需要的人力和物力资源以及其他相关因素确定。

第二十条 建设单位或者其委托的环境影响评价机构咨询专家意见可以采用书面或者其他形式。

咨询专家意见包括向有关专家进行个人咨询或者向有关单位的专家进行集体咨询。

接受咨询的专家个人和单位应当对咨询事项提出明确意见，并以书面形式回复。对书面回复意见，个人应当签署姓名，单位应当加盖公章。

集体咨询专家时，有不同意见的，接受咨询的单位应当在咨询回复中载明。

第二节 座谈会和论证会

第二十一条 建设单位或者其委托的环境影响评价机构决定以座谈会或者论证会的方式

征求公众意见的，应当根据环境影响的范围和程度、环境因素和评价因子等相关情况，合理确定座谈会或者论证会的主要议题。

第二十二条　建设单位或者其委托的环境影响评价机构应当在座谈会或者论证会召开7日前，将座谈会或者论证会的时间、地点、主要议题等事项，书面通知有关单位和个人。

第二十三条　建设单位或者其委托的环境影响评价机构应当在座谈会或者论证会结束后5日内，根据现场会议记录整理制作座谈会议纪要或者论证结论，并存档备查。

会议纪要或者论证结论应当如实记载不同意见。

第三节　听证会

第二十四条　建设单位或者其委托的环境影响评价机构（以下简称“听证会组织者”）决定举行听证会征求公众意见的，应当在举行听证会的10日前，在该建设项目可能影响范围内的公共媒体或者采用其他公众可知悉的方式，公告听证会的时间、地点、听证事项和报名办法。

第二十五条　希望参加听证会的公民、法人或者其他组织，应当按照听证会公告的要求和方式提出申请，并同时提出自己所持意见的要点。

听证会组织者应当按本办法第十五条的规定，在申请人中遴选参会代表，并在举行听证会的5日前通知已选定的参会代表。

听证会组织者选定的参加听证会的代表人数一般不得少于15人。

第二十六条　听证会组织者举行听证会，设听证主持人1名、记录员1名。

被选定参加听证会的组织的代表参加听证会时，应当出具该组织的证明，个人代表应当出具身份证明。

被选定参加听证会的代表因故不能如期参加听证会的，可以向听证会组织者提交经本人签名的书面意见。

第二十七条　参加听证会的人员应当如实反映对建设项目环境影响的意见，遵守听证会纪律，并保守有关技术秘密和业务秘密。

第二十八条　听证会必须公开举行。

个人或者组织可以凭有效证件按第二十四条所指公告的规定，向听证会组织者申请旁听公开举行的听证会。

准予旁听听证会的人数及人选由听证会组织者根据报名人数和报名顺序确定。准予旁听听证会的人数一般不得少于15人。

旁听人应当遵守听证会纪律。旁听者不享有听证会发言权，但可以在听证会结束后，向听证会主持人或者有关单位提交书面意见。

第二十九条　新闻单位采访听证会，应当事先向听证会组织者申请。

第三十条　听证会按下列程序进行：

（一）听证会主持人宣布听证事项和听证会纪律，介绍听证会参加人；

（二）建设单位的代表对建设项目概况作介绍和说明；

（三）环境影响评价机构的代表对建设项目环境影响报告书做说明；

（四）听证会公众代表对建设项目环境影响报告书提出问题和意见；

（五）建设单位或者其委托的环境影响评价机构的代表对公众代表提出的问题和意见进行解释和说明；

（六）听证会公众代表和建设单位或者其委托的环境影响评价机构的代表进行辩论；

（七）听证会公众代表做最后陈述；

（八）主持人宣布听证结束。

第三十一条 听证会组织者对听证会应当制作笔录。

听证笔录应当载明下列事项：

（一）听证会主要议题；

（二）听证主持人和记录人员的姓名、职务；

（三）听证参加人的基本情况；

（四）听证时间、地点；

（五）建设单位或者其委托的环境影响评价机构的代表对环境影响报告书所作的概要说明；

（六）听证会公众代表对建设项目环境影响报告书提出的问题和意见；

（七）建设单位或者其委托的环境影响评价机构代表对听证会公众代表就环境影响报告书提出问题和意见所作的解释和说明；

（八）听证主持人对听证活动中有关事项的处理情况；

（九）听证主持人认为应笔录的其他事项。

听证结束后，听证笔录应当交参加听证会的代表审核并签字。无正当理由拒绝签字的，应当记入听证笔录。

第三十二条 审批或者重新审核环境影响报告书的环境保护行政主管部门决定举行听证会的，适用《环境保护行政许可听证暂行办法》的规定。《环境保护行政许可听证暂行办法》未作规定的，适用本办法有关听证会的规定。

第四章 公众参与规划环境影响评价的规定

第三十三条 根据《环境影响评价法》第八条和第十一条的规定，工业、农业、畜牧业、林业、能源、水利、交通、城市建设、旅游、自然资源开发的有关专项规划（以下简称“专项规划”）的编制机关，对可能造成不良环境影响并直接涉及公众环境权益的规划，应当在该规划草案报送审批前，举行论证会、听证会，或者采取其他形式，征求有关单位、专家和公众对环境影响报告书草案的意见。

第三十四条 专项规划的编制机关应当认真考虑有关单位、专家和公众对环境影响报告书草案的意见，并应当在报送审查的环境影响报告书中附具对意见采纳或者不采纳的说明。

第三十五条 环境保护行政主管部门根据《环境影响评价法》第十一条和《国务院关于落实科学发展观加强环境保护的决定》的规定，在召集有关部门专家和代表对开发建设规划的环境影响报告书中有关公众参与的内容进行审查时，应当重点审查以下内容：

（一）专项规划的编制机关在该规划草案报送审批前，是否依法举行了论证会、听证会，或者采取其他形式，征求了有关单位、专家和公众对环境影响报告书草案的意见；

（二）专项规划的编制机关是否认真考虑了有关单位、专家和公众对环境影响报告书草案的意见，并在报送审查的环境影响报告书中附具了对意见采纳或者不采纳的说明。

第三十六条 环境保护行政主管部门组织对开发建设规划的环境影响报告书提出审查意见时，应当就公众参与内容的审查结果提出处理建议，报送审批机关。

审批机关在审批中应当充分考虑公众意见以及前款所指审查意见中关于公众参与内容审查结果的处理建议；未采纳审查意见中关于公众参与内容的处理建议的，应当作出说明，并存档备查。

第三十七条 土地利用的有关规划、区域、流域、海域的建设、开发利用规划的编制机关，应当根据《环境影响评价法》第七条和《国务院关于落实科学发展观加强环境保护的决定》的有关规定，在规划编制过程中组织进行环境影响评价，编写该规划有关环境影响的篇章或者说明。

土地利用的有关规划、区域、流域、海域的建设、开发利用规划的编制机关，在组织进行规划环境影响评价的过程中，可以参照本办法征求公众意见。

第五章　附　则

第三十八条　公众参与环境影响评价的技术性规范，由《环境影响评价技术导则——公众参与》规定。

第三十九条　本办法关于期限的规定是指工作日，不含节假日。

第四十条　本办法自2006年3月18日起施行。

建设项目环境影响报告书简本编制要求

一、一般要求

报告书简本是指环境影响报告书主要内容的摘要以及公众参与篇章全文。建设单位和环评机构对环境影响报告书简本内容的真实性负责。

报告书简本应简明扼要、通俗易懂，规范使用专业术语，尽量减少技术推导过程的描述。

报告书简本不应涉及国家秘密、商业秘密和个人隐私等内容。公众参与篇章中涉及个人隐私的信息在公告时应作必要技术处理。

报告书简本应提交相应环保部门一式两份（封面盖建设单位公章），并附电子文档一份。

二、内容要求

（一）建设项目概况

1. 建设项目的地点及相关背景；
2. 建设项目主要建设内容、生产工艺、生产规模、建设周期和投资（包括环保投资），并附工程特性表；
3. 建设项目选址选线方案比选，与法律法规、政策、规划和规划环评的相符性。

（二）建设项目周围环境现状

1. 建设项目所在地的环境现状；
2. 建设项目环境影响评价范围（附有关图件）。

（三）建设项目环境影响预测及拟采取的主要措施与效果

1. 建设项目的主要污染物类型、排放浓度、排放量、处理方式、排放方式和途径及其达标排放情况，对生态影响的途径、方式和范围；
2. 建设项目评价范围内的环境保护目标分布情况（附相关图件）；
3. 按不同环境要素和不同阶段介绍建设项目的主要环境影响及其预测评价结果；
4. 对涉及法定环境敏感区的建设项目应单独介绍对环境敏感区的主要环境影响和预测评价结果；
5. 按不同环境要素介绍污染防治措施、执行标准、达标情况及效果，生态保护措施及效果；
6. 环境风险分析预测结果、风险防范措施及应急预案；
7. 建设项目环境保护措施的技术、经济论证结果；
8. 建设项目对环境影响的经济损益分析结果；
9. 建设项目防护距离内的搬迁所涉及的单位、居民情况及相关措施；
10. 建设单位拟采取的环境监测计划及环境管理制度。

（四）公众参与

1. 公开环境信息的次数、内容、方式等；
2. 征求公众意见的范围、次数、形式等；
3. 公众参与的组织形式；
4. 公众意见归纳分析，对公众意见尤其是反对意见处理情况的说明；
5. 从合法性、有效性、代表性、真实性等方面对公众参与进行总结。

（五）环境影响评价结论

（六）联系方式

建设单位、环评机构的联系人和详细联系方式（含地址、邮编、电话、传真和电子邮箱）。

关于进一步加强环境影响评价管理防范环境风险的通知

环发[2012]77 号

各省、自治区、直辖市环境保护厅（局），新疆生产建设兵团环境保护局，辽河保护区管理局，解放军环境保护局，各环境保护督查中心，相关企业集团：

为贯彻落实国务院《关于加强环境保护重点工作的意见》和《国家环境保护“十二五”规划》，进一步加强环境影响评价管理，明确企业环境风险防范主体责任，强化各级环保部门的环境监管，切实有效防范环境风险，现就有关事项通知如下：

一、充分认识防范环境风险的重要性，进一步加强环境影响评价管理

（一）提高认识，强化管理。各级环保部门要充分认识目前环境保护工作面临的新形势、新任务，以不断改善环境质量、解决突出环境问题为着眼点，按照“预防为主、防控结合”的原则，加强环境影响评价管理，督促企业认真落实环境风险防范和应急措施，全面提高环境保护监管水平，有效防范环境风险。

（二）突出重点，全程监管。对石油天然气开采、油气/液体化工仓储及运输、石化化工等重点行业建设项目，应进一步加强环境影响评价管理，针对环境影响评价文件编制与审批、工程设计与施工、试运行、竣工环保验收等各个阶段实施全过程监管，强化环境风险防范及应急管理要求。其他存在易燃易爆、有毒有害物质（如危险化学品、危险废物、挥发性有机物、重金属等）的建设项目，其环境管理工作可参照本通知执行。

（三）明确责任，强化落实。建设单位及其所属企业是环境风险防范的责任主体，应建立有效的环境风险防范与应急管理体系并不断完善。环评单位要加强环境风险评价工作，并对环境影响评价结论负责；环境监理单位要督促建设单位按环评及批复文件要求建设环境风险防范设施，并对环境监理报告结论负责；验收监测或验收调查单位要全面调查环境风险防范设施建设和应急措施落实情况，并对验收监测或验收调查结论负责。各级环保部门要严格建设项目环境影响评价审批和监管，在环境影响评价文件审批中对环境风险防范提出明确要求。

二、充分发挥规划环境影响评价的指导作用，源头防范环境风险

（四）石化化工建设项目原则上应进入依法合规设立、环保设施齐全的产业园区，并符合园区发展规划及规划环境影响评价要求。涉及港区、资源开采区和城市规划区的建设项目，应符合相关规划及规划环境影响评价的要求。

（五）产业园区应认真贯彻落实我部《关于加强产业园区规划环境影响评价有关工作的通知》（环发[2011]14 号）要求，在规划环境影响评价中强化环境风险评价，优化园区选址及产业定位、布局、结构和规模，从区域角度防范环境风险。涉及重点行业建设项目的港区、资源开采区规划环境影响评价也应强化环境风险评价工作。

（六）已经开展战略环境影响评价工作的重点区域内的产业园区、港区、资源开采区等，

其规划环境影响评价应以战略环境影响评价结论为指导和依据，并符合战略环境影响评价提出的布局、结构、规模及环境风险防范等要求。

三、严格建设项目环境影响评价管理，强化环境风险评价

（七）建设项目环境风险评价是相关项目环境影响评价的重要组成部分。新、改、扩建相关建设项目环境影响评价应按照相应技术导则要求，科学预测评价突发性事件或事故可能引发的环境风险，提出环境风险防范和应急措施。论证重点如下：

1. 从环境风险源、扩散途径、保护目标三方面识别环境风险。环境风险识别应包括生产设施和危险物质的识别，有毒有害物质扩散途径的识别（如大气环境、水环境、土壤等）以及可能受影响的环境保护目标的识别。

2. 科学开展环境风险预测。环境风险预测设定的最大可信事故应包括项目施工、营运等过程中生产设施发生火灾、爆炸，危险物质发生泄漏等事故，并充分考虑伴生/次生的危险物质等，从大气、地表水、海洋、地下水、土壤等环境方面考虑并预测评价突发环境事件对环境的影响范围和程度。

3. 提出合理有效的环境风险防范和应急措施。结合风险预测结论，有针对性地提出环境风险防范和应急措施，并对措施的合理性和有效性进行充分论证。

（八）改、扩建相关建设项目应按照现行环境风险防范和管理要求，对现有工程的环境风险进行全面梳理和评价，针对可能存在的环境风险隐患，提出相应的补救或完善措施，并纳入改、扩建项目“三同时”验收内容。

（九）对存在较大环境风险的相关建设项目，应严格按照《环境影响评价公众参与暂行办法》（环发[2006]28 号）做好环境影响评价公众参与工作。项目信息公示等内容中应包含项目实施可能产生的环境风险及相应的环境风险防范和应急措施。

（十）环境风险评价结论应作为相关建设项目环境影响评价文件结论的主要内容之一。无环境风险评价专章的相关建设项目环境影响评价文件不予受理；经论证，环境风险评价内容不完善的相关建设项目环境影响评价文件不予审批。

（十一）环保部门在相关建设项目环境影响评价文件审批中，对存在较大环境风险隐患的，应提出环境影响后评价的要求。相关建设项目的环境影响评价文件经批准后，环境风险防范设施发生重大变动的，建设单位应按《环境影响评价法》要求重新办理报批手续。

（十二）建设项目的环境风险防范设施和应急措施是企业环境风险防范与应急管理体系的组成部分，也是企业制定和完善突发环境事件应急预案的基础。企业突发环境事件应急预案的编制、评估、备案和实施等，应按我部《突发环境事件应急预案管理暂行办法》（环发[2010]113 号）等相关规定执行。

四、加强建设项目“三同时”验收监管，严格落实环境风险防范和应急措施

（十三）建设项目设计阶段，应按照或参照《化工建设项目环境保护设计规范》（GB 50483）等国家标准和规范要求，设计有效防止泄漏物质、消防水、污染雨水等扩散至外环境的收集、导流、拦截、降污等环境风险防范设施。

（十四）相关建设项目应在其设计方案确定后、设计文件批复前，逐项对比防治污染、防止生态破坏以及防范环境风险设施的设计方案与环境影响评价文件及批复要求的相符性。建设单位应将上述环保设施在设计阶段的落实情况报环境影响评价文件审批部门备案，并抄报当地环保部门。对我部审批的建设项目，应同时抄报所在区域环境保护督查中心。

（十五）对存在较大环境风险隐患的相关建设项目，建设单位应委托环境监理单位开展环境监理工作，重点关注项目施工过程中各项防治污染、防止生态破坏以及防范环境风险设施的建设情况，未按要求落实的应及时纠正、补救。环境监理报告应作为试生产审查和环保验收的依据之一。

（十六）相关建设项目申请试生产时，建设单位应将项目设计阶段环保措施落实情况、环境监理报告和企业突发环境事件应急预案的备案材料一并提交。建设项目防治污染、防止生态破坏措施以及环境风险防范设施和应急措施不能满足环境影响评价文件及批复要求以及无《突发环境事件应急预案备案登记表》的，各级环保部门不得批准其投入试生产。

（十七）建设项目竣工环境保护验收监测或调查时，应对环境风险防范设施和应急措施的落实情况进行全面调查。相关建设项目验收监测或调查报告，应设环境风险防范设施和应急措施落实情况专章；无相关内容的，各级环保部门不得受理其验收申请。

（十八）各级环保部门应强化建设项目试生产和竣工环保验收管理，按照环境影响评价文件及批复要求，分别对各项环境风险防范设施和应急措施落实情况进行全面现场检查和重点核查。对不符合要求的建设项目，应提出限期整改要求；对逾期未完成整改要求的，应依法予以查处。

五、严格落实企业主体责任，不断提高企业环境风险防控能力

（十九）企业应建设并完善日常和应急监测系统，配备大气、水环境特征污染物监控设备，编制日常和应急监测方案，提高监控水平、应急响应速度和应急处理能力；建立完备的环境信息平台，定期向社会公布企业环境信息，接受公众监督。将企业突发环境事件应急预案演练和应急物资管理作为日常工作任务，不断提升环境风险防范应急保障能力。

（二十）企业应积极配合当地政府建设和完善项目所在园区（港区、资源开采区）环境风险预警体系、环境风险防控工程、环境应急保障体系。企业突发环境事件应急预案应与当地政府和相关部门以及周边企业、园区（港区、资源开采区）的应急预案相衔接，加强区域应急物资调配管理，构建区域环境风险联控机制。

六、自本通知印发之日起，原国家环境保护总局《关于防范环境风险加强环境影响评价管理的通知》（环发[2005]152 号）废止。

二〇一二年七月三日

关于切实加强风险防范严格环境影响评价管理的通知

环发[2012]98 号

各省、自治区、直辖市环境保护厅（局），新疆生产建设兵团环境保护局，辽河保护区管理局，解放军环境保护局：

近年来，各级环保部门在环境影响评价工作中严格准入把关，加大监管力度，扎实推进建设项目环境管理中的风险防范工作，对维护群众环境权益、促进社会和谐稳定发挥了积极作用。为进一步加强风险防范，严格环境影响评价管理，现就有关事项通知如下：

一、进一步提高对风险防范工作重要性的认识

风险防范是环境影响评价的重要目的之一，事关经济社会发展全局中的环境安全，事关人民群众的根本环境权益。目前，我国环境状况总体恶化的趋势尚未根本改变，环境压力继续加大，人民群众的环境诉求不断提高，由环境风险、污染事件等引发的群体性事件不断增多，风险防范已成为一项长期性工作，环境影响评价管理面临的形势十分严峻。各级环保部门要进一步深化对所面临风险压力的认识，进一步增强大局意识、责任意识和风险防范意识，进一步加强组织领导，强化各项工作措施，坚持预防为主，全力做好风险防范工作，不断提高环境影响评价管理工作质量。

二、组织开展建设项目环境风险排查，督促建设单位和相关方进行整改落实

（一）抓紧开展排查工作

各级环保部门要按照“范围要广、密度要大、深度要够”的要求，抓紧组织对 2008 年以来本部门审批、验收的可能引发环境风险和社会关注度较高的建设项目开展环境风险排查，其他有必要进行排查的建设项目可视辖区内项目情况自行确定。排查重点包括：

1. 环境影响评价文件及审批文件。对照我部《关于进一步加强环境影响评价管理防范环境风险的通知》（环发[2012]77 号，以下简称《通知》）要求，核查环境影响评价文件是否设置了环境风险评价专章、环境风险评价内容是否完善，审批文件中环境风险防范设施和应急措施的相关要求是否完善。

2. 竣工环境保护验收报告及验收意见。对照《通知》要求，核查验收报告是否设置了环境风险防范设施和应急措施的落实情况专章、对环境风险防范设施和应急措施的落实情况是否进行了全面调查、验收意见中环境风险防范设施和应急措施的相关要求是否完善。

3. 规划调整控制、防护距离内居民搬迁、项目依托的公用环保设施或工程等工作，是否已按有关地方人民政府及相关部门承诺按期进行等。

4. 批复和验收意见中有其他要求事项的，核查是否已明确责任主体和完成期限，了解目前的进展情况。

（二）对存在的问题进行督促整改

对排查中发现的问题，要及时提出整改要求，明确责任主体和完成时间，主要包括：

1. 建设项目环境影响评价文件缺少环境风险评价专章或环境风险评价内容不完善的，应要求建设单位提出环境风险防范和应急措施，并报原环评审批部门备案；建设项目竣工环境保护验收报告缺少环境风险防范设施和应急措施的落实情况专章或落实情况调查不到位的，应要求建设单位限期补充完善。

2. 环境影响评价文件批复和竣工环境保护验收意见要求不完善的，应提出补充建议，督促建设单位限期落实相关要求。根据环境管理工作需要，可要求建设单位对项目设计阶段环保措施落实情况、企业突发环境事件应急预案进行备案，开展环境监理工作。已投入试生产、尚未通过竣工环保验收的，如发现项目环境风险防范设施和应急措施不落实或落实不到位的，应及时予以纠正。

3. 规划调整控制、防护距离内居民搬迁、项目依托的公用环保设施或工程等工作，未按有关地方人民政府及相关部门承诺按期进行的，应及时函告承诺主体，督促其尽快实施。

4. 批复和验收意见中提出的其他要求，尚未得到落实的，应及时明确责任主体和完成期限。

5. 一旦发现有可能引发公众关注的热点环境问题，应立即向相关地方人民政府和有关部门报告，配合做好相关工作。

请各省级环保部门组织本行政区域内省、地市和县三级环保部门的排查工作，并在排查结束后认真总结，于2012年12月31日前将总结报告报送我部。

三、进一步加大环境影响评价公众参与和政务信息公开力度，切实保障公众对环境保护的参与权、知情权和监督权

各级环保部门要督促建设单位严格按照《环境影响评价公众参与暂行办法》（以下简称《暂行办法》）等文件的规定，做好相关工作。对编制环境影响报告书的项目，建设单位在开展环境影响评价的过程中，应当在当地报纸、网站和相关基层组织信息公告栏中，向公众公告项目的环境影响信息。环保部门在项目环境影响报告书的受理和审批中，要将公众参与情况作为审查重点，对公众参与的程序合法性、形式有效性、对象代表性、结果真实性等进行全面深入的审查；对其中公众提出的反对意见要高度关注，着重了解建设单位对公众所持反对意见的处理和落实情况。对存在公众参与范围过小、代表性差、原始材料缺失、程序不符合要求甚至弄虚作假等问题的项目环境影响报告书，一律不予受理和审批。

各级环保部门要按照《暂行办法》等文件的规定，进一步做好信息公开和征求公众意见等工作。需编制环境影响报告书的项目，报告书简本作为项目受理条件之一，与建设项目环境影响评价文件受理情况同时在具有审批权的环保部门网站上公布（涉密项目除外）。简本中必须论述项目建设产生的污染物排放量、可能造成的环境影响和拟采取的环境保护对策措施，对有关单位、专家和公众意见采纳或者不采纳的说明；可能产生环境风险的项目，在简本中还必须论述相应的环境风险和防范措施。对群众信访、投诉中涉及环境权益之外的其他方面诉求、反映强烈的，要及时与相关部门沟通，并向本级政府作出报告，配合做好有关工作。

四、进一步强化环境影响评价全过程监管

各级环保部门要按照我部《关于加强产业园区规划环境影响评价有关工作的通知》（环发[2011]14号）等文件要求，以化工石化园区和其他排放持久性有机物、重金属等有毒有害物质的高风险产业园区为重点，进一步严格产业园区规划环评管理，强化规划环评和项目环评的联动机制。

化工石化、有色冶炼、制浆造纸等可能引发环境风险的项目，在符合国家产业政策和清洁生产水平要求、满足污染物排放标准以及污染物排放总量控制指标的前提下，必须在依法设立、环境保护基础设施齐全并经规划环评的产业园区内布设。在环境风险防控重点区域如居民集中区、医院和学校附近、重要水源涵养生态功能区等，以及因环境污染导致环境质量不能稳定达标的区域内，禁止新建或扩建可能引发环境风险的项目。

各级环保部门在环评受理和审批中，要重点关注环境敏感目标保护、所涉及环境敏感区的主管部门相关意见、规划调整控制、防护距离内的居民搬迁安置方案和项目依托的公用环保设施或工程是否可行、是否存在环评违法行为等内容；对可能引发环境风险的项目，还要重点关注环境风险评价专章和环境风险防范措施；对水利水电、铁路、公路、机场、轨道交通、污水处理、垃圾处理处置、固废处理处置等社会关注度高的项目，还要重点关注选址选线是否具有环境优化空间。

进一步加强建设项目环评审批后的跟踪管理，督促建设单位同步落实各项污染防治、生态保护、环境风险防范设施和措施。对规划调整控制、防护距离内居民搬迁以及建设项目依托的公用环保设施或工程实施进展缓慢的，要督促建设单位配合有关部门协调解决。

严格试生产和验收管理。对环境风险防范措施不满足环境影响评价文件及批复要求，规划调整控制不到位、防护距离内居民搬迁未完成，建设项目依托的公用环保设施或工程未建成的建设项目，一律不得同意投入试生产。对投入试生产的建设项目要加强现场监管，尤其要督促建设单位对调试、试运行、开停车等阶段的非正常排放采取有效的处理措施，严防污染事故和污染扰民。对环境风险防范措施落实不到位的项目，环保投诉和信访问题突出、群众合理环境诉求未得到解决的项目，一律不予验收，并责令限期改正。

对“未批先建”、建设过程中擅自作出重大变更、“久拖不验”“未验先投”等违法行为，要严格依法查处。企业建设项目环境违法问题严重的，对该企业及其上级集团实行环评限批。对区域内建设项目环境违法问题突出、引发群体性事件的地区，要约谈其政府负责人，提出改进工作的建议，督促当地政府依法履行职责，落实整改措施。

环境保护部

2012 年 8 月 7 日

建设项目竣工环境保护验收管理办法

国家环境保护总局令　总局令　第13号

各省、自治区、直辖市环境保护局（厅）：

《建设项目竣工环境保护验收管理办法》，已于2001年12月11日经国家环境保护总局第12次局务会议通过，现予发布，自2002年2月1日起施行。

国家环境保护总局局长　解振华

二〇〇一年十二月二十七日

附件：

建设项目竣工环境保护验收管理办法

第一条　为加强建设项目竣工环境保护验收管理，监督落实环境保护设施与建设项目主体工程同时投产或者使用，以及落实其他需配套采取的环境保护措施，防治环境污染和生态破坏，根据《建设项目环境保护管理条例》和其他有关法律、法规规定，制定本办法。

第二条　本办法适用于环境保护行政主管部门负责审批环境影响报告书（表）或者环境影响登记表的建设项目竣工环境保护验收管理。

第三条　建设项目竣工环境保护验收是指建设项目竣工后，环境保护行政主管部门根据本办法规定，依据环境保护验收监测或调查结果，并通过现场检查等手段，考核该建设项目是否达到环境保护要求的活动。

第四条　建设项目竣工环境保护验收范围包括：

（一）与建设项目有关的各项环境保护设施，包括为防治污染和保护环境所建成或配备的工程、设备、装置和监测手段，各项生态保护设施；

（二）环境影响报告书（表）或者环境影响登记表和有关项目设计文件规定应采取的其他各项环境保护措施。

第五条　国务院环境保护行政主管部门负责制定建设项目竣工环境保护验收管理规范，指导并监督地方人民政府环境保护行政主管部门的建设项目竣工环境保护验收工作，并负责对其审批的环境影响报告书（表）或者环境影响登记表的建设项目竣工环境保护验收工作。

县级以上地方人民政府环境保护行政主管部门按照环境影响报告书（表）或环境影响登记表的审批权限负责建设项目竣工环境保护验收。

第六条　建设项目的主体工程完工后，其配套建设的环境保护设施必须与主体工程同时投入生产或者运行。需要进行试生产的，其配套建设的环境保护设施必须与主体工程同时投入试运行。

第七条 建设项目试生产前，建设单位应向有审批权的环境保护行政主管部门提出试生产申请。

对国务院环境保护行政主管部门审批环境影响报告书（表）或环境影响登记表的非核设施建设项目，由建设项目所在地省、自治区、直辖市人民政府环境保护行政主管部门负责受理其试生产申请，并将其审查决定报送国务院环境保护行政主管部门备案。

核设施建设项目试运行前，建设单位应向国务院环境保护行政主管部门报批首次装料阶段的环境影响报告书，经批准后，方可进行试运行。

第八条 环境保护行政主管部门应自接到试生产申请之日起 30 日内，组织或委托下一级环境保护行政主管部门对申请试生产的建设项目环境保护设施及其他环境保护措施的落实情况进行现场检查，并做出审查决定。

对环境保护设施已建成及其他环境保护措施已按规定要求落实的，同意试生产申请；对环境保护设施或其他环境保护措施未按规定建成或落实的，不予同意，并说明理由。逾期未做出决定的，视为同意。

试生产申请经环境保护行政主管部门同意后，建设单位方可进行试生产。

第九条 建设项目竣工后，建设单位应当向有审批权的环境保护行政主管部门，申请该建设项目竣工环境保护验收。

第十条 进行试生产的建设项目，建设单位应当自试生产之日起 3 个月内，向有审批权的环境保护行政主管部门申请该建设项目竣工环境保护验收。

对试生产 3 个月确不具备环境保护验收条件的建设项目，建设单位应当在试生产的 3 个月内，向有审批权的环境环境保护行政主管部门提出该建设项目环境保护延期验收申请，说明延期验收的理由及拟进行验收的时间。经批准后建设单位方可继续进行试生产。试生产的期限最长不超过一年。核设施建设项目试生产的期限最长不超过二年。

第十一条 根据国家建设项目环境保护分类管理的规定，对建设项目竣工环境保护验收实施分类管理。

建设单位申请建设项目竣工环境保护验收，应当向有审批权的环境保护行政主管部门提交以下验收材料：

（一）对编制环境影响报告书的建设项目，为建设项目竣工环境保护验收申请报告，并附环境保护验收监测报告或调查报告；

（二）对编制环境影响报告表的建设项目，为建设项目竣工环境保护验收申请表，并附环境保护验收监测表或调查表；

（三）对填报环境影响登记表的建设项目，为建设项目竣工环境保护验收登记卡。

第十二条 对主要因排放污染物对环境产生污染和危害的建设项目，建设单位应提交环境保护验收监测报告（表）。

对主要对生态环境产生影响的建设项目，建设单位应提交环境保护验收调查报告（表）。

第十三条 环境保护验收监测报告（表），由建设单位委托经环境保护行政主管部门批准有相应资质的环境监测站或环境放射性监测站编制。

环境保护验收调查报告（表），由建设单位委托经环境保护行政主管部门批准有相应资质的环境监测站或环境放射性监测站，或者具有相应资质的环境影响评价单位编制。承担该建设项目环境影响评价工作的单位不得同时承担该建设项目环境保护验收调查报告（表）的编制工作。

承担环境保护验收监测或者验收调查工作的单位，对验收监测或验收调查结论负责。

第十四条 环境保护行政主管部门应自收到建设项目竣工环境保护验收申请之日起 30 日内，完成验收。

第十五条 环境保护行政主管部门在进行建设项目竣工环境保护验收时，应组织建设项目所在地的环境保护行政主管部门和行业主管部门等成立验收组（或验收委员会）。

验收组（或验收委员会）应对建设项目的环境保护设施及其他环境保护措施进行现场检查和审议，提出验收意见。

建设项目的建设单位、设计单位、施工单位、环境影响报告书（表）编制单位、环境保护验收监测（调查）报告（表）的编制单位应当参与验收。

第十六条 建设项目竣工环境保护验收条件是：

（一）建设前期环境保护审查、审批手续完备，技术资料与环境保护档案资料齐全；

（二）环境保护设施及其他措施等已按批准的环境影响报告书（表）或者环境影响登记表和设计文件的要求建成或者落实，环境保护设施经负荷试车检测合格，其防治污染能力适应主体工程的需要；

（三）环境保护设施安装质量符合国家和有关部门颁发的专业工程验收规范、规程和检验评定标准；

（四）具备环境保护设施正常运转的条件，包括：经培训合格的操作人员、健全的岗位操作规程及相应的规章制度，原料、动力供应落实，符合交付使用的其他要求；

（五）污染物排放符合环境影响报告书（表）或者环境影响登记表和设计文件中提出的标准及核定的污染物排放总量控制指标的要求；

（六）各项生态保护措施按环境影响报告书（表）规定的要求落实，建设项目建设过程中受到破坏并可恢复的环境已按规定采取了恢复措施；

（七）环境监测项目、点位、机构设置及人员配备，符合环境影响报告书（表）和有关规定的要求；

（八）环境影响报告书（表）提出需对环境保护敏感点进行环境影响验证，对清洁生产进行指标考核，对施工期环境保护措施落实情况进行工程环境监理的，已按规定要求完成；

（九）环境影响报告书（表）要求建设单位采取措施削减其他设施污染物排放，或要求建设项目所在地地方政府或者有关部门采取“区域削减”措施满足污染物排放总量控制要求的，其相应措施得到落实。

第十七条 对符合第十六条规定的验收条件的建设项目，环境保护行政主管部门批准建设项目竣工环境保护验收申请报告、建设项目竣工环境保护验收申请表或建设项目竣工环境保护验收登记卡。

对填报建设项目竣工环境保护验收登记卡的建设项目，环境保护行政主管部门经过核查后，可直接在环境保护验收登记卡上签署验收意见，作出批准决定。

建设项目竣工环境保护验收申请报告、建设项目竣工环境保护验收申请表或者建设项目竣工环境保护验收登记卡未经批准的建设项目，不得正式投入生产或者使用。

第十八条 分期建设、分期投入生产或者使用的建设项目，按照本办法规定的程序分期进行环境保护验收。

第十九条 国家对建设项目竣工环境保护验收实行公告制度。环境保护行政主管部门应当定期向社会公告建设项目竣工环境保护验收结果。

第二十条 县级以上人民政府环境保护行政主管部门应当于每年 6 月底前和 12 月底前，将其前半年完成的建设项目竣工环境保护验收的有关材料报上一级环境保护行政主管部门备案。

第二十一条　违反本办法第六条规定，试生产建设项目配套建设的环境保护设施未与主体工程同时投入试运行的，由有审批权的环境保护行政主管部门依照《建设项目环境保护管理条例》第二十六条的规定，责令限期改正；逾期不改正的，责令停止试生产，可以处5万元以下罚款。

第二十二条　违反本办法第十条规定，建设项目投入试生产超过3个月，建设单位未申请建设项目竣工环境保护验收或者延期验收的，由有审批权的环境保护行政主管部门依照《建设项目环境保护管理条例》第二十七条的规定责令限期办理环境保护验收手续；逾期未办理的，责令停止试生产，可以处5万元以下罚款。

第二十三条　违反本办法规定，建设项目需要配套建设的环境保护设施未建成，未经建设项目竣工环境保护验收或者验收不合格，主体工程正式投入生产或者使用的，由有审批权的环境保护行政主管部门依照《建设项目环境保护管理条例》第二十八条的规定责令停止生产或者使用，可以处10万元以下的罚款。

第二十四条　从事建设项目竣工环境保护验收监测或验收调查工作的单位，在验收监测或验收调查工作中弄虚作假的，按照国务院环境保护行政主管部门的有关规定给予处罚。

第二十五条　环境保护行政主管部门的工作人员在建设项目竣工环境保护验收工作中徇私舞弊，滥用职权，玩忽职守，构成犯罪的，依法追究刑事责任；尚不构成犯罪的，依法给予行政处分。

第二十六条　建设项目竣工环境保护申请报告、申请表、登记卡以及环境保护验收监测报告（表）、环境保护验收调查报告（表）的内容和格式，由国务院环境保护行政主管部门统一规定。

第二十七条　本办法自2002年2月1日起施行。原国家环境保护局第十四号令《建设项目环境保护设施竣工验收规定》同时废止。

依据《关于废止、修改部分环保部门规章和规范性文件的决定》（环境保护部令第16号），自2010年12月22日起，《建设项目竣工环境保护验收管理办法》（2001年12月27日，国家环境保护总局令第13号发布）做如下修改：

将第二十三条修改为：“违反本办法规定，建设项目需要配套建设的环境保护设施未建成，未经建设项目竣工环境保护验收或者验收不合格，主体工程正式投入生产或者使用的，由环境保护行政主管部门依照《中华人民共和国水污染防治法》第七十一条、《中华人民共和国大气污染防治法》第四十七条、《中华人民共和国固体废物污染环境防治法》第六十九条或者《建设项目环境保护管理条例》第二十八条的规定予以处罚。”

关于建设项目环境保护设施竣工验收监测管理有关问题的通知

环发[2000]38 号

各有关部、委，各省、自治区、直辖市环境保护局：

根据国务院《建设项目环境保护管理条例》的有关规定，现就建设项目环境保护设施竣工验收监测管理有关问题通知如下：

一、建设项目环境保护设施竣工验收监测（以下简称“验收监测”）由负责验收的环境保护行政主管部门所属的环境监测站负责组织实施。

二、在规定的试生产期，承担验收监测任务的环境监测站在接受建设单位的书面委托后，按《建设项目环境保护设施竣工验收监测技术要求》开展监测工作。

三、负责组织实施验收监测的环境监测站受建设单位委托提交验收监测报告（表），并对提供的验收监测数据和验收监测报告（表）结论负责。

四、对应编制建设项目环境保护设施竣工验收监测报告的建设项目，应先编制验收监测方案，验收监测方案应经负责该建设项目环境保护设施竣工验收的环境保护行政主管部门同意后实施。

五、编制《建设项目环境保护设施竣工验收监测报告》的项目，应在完成现场监测后 30 个工作日内完成；编制《建设项目环境保护设施竣工验收监测表》的项目，应在进行现场监测后 20 个工作日内完成。

六、工业生产型建设项目，建设单位应保证的验收监测工况条件为：试生产阶段工况稳定、生产负荷达 75%以上（国家、地方排放标准对生产负荷有规定的按标准执行）、环境保护设施运行正常。

对在规定的试生产期，生产负荷无法在短期内调整达到 75%以上的，应分阶段开展验收检查或监测。

分期建设、分期投入生产或者使用的建设项目，建设单位应分期委托环境保护行政主管部门所属环境监测站对已完工的工程和设备进行验收监测。

七、建设项目环境保护设施竣工验收监测收费按有关规定执行。

附件：建设项目环境保护设施竣工验收监测技术要求（试行）

国家环境保护总局

二OOO年二月二十二日

附件：

建设项目环境保护设施竣工验收监测技术要求（试行）

为落实《建设项目环境保护管理条例》（国务院令第 253 号），保证建设项目环境保护设施竣工验收监测质量，在多年试行《建设项目环境保护设施竣工验收监测办法》（试行）（国家环境保护局环监[1995]335 号）的基础上，现就建设项目环境保护设施竣工验收监测工作制定本验收监测技术要求。

本技术要求自发布之日起实施。替代《建设项目环境保护设施竣工验收监测办法》（试行）中的有关技术规定。

本技术要求与未来国家制定的有关标准中对建设项目环境保护设施竣工验收监测规定有不符之处，按国家新颁布的标准执行。

第一部分 总 则

1 范围

本技术要求规定了建设项目的环境保护设施竣工验收监测（以下简称验收监测）的原则、依据、内容、执行标准选择、采样和分析方法等一般要求。

本技术要求适用建设项目的验收监测，从事放射性物质生产或以放射性物质为生产原料及排放具有放射性物质的核工业建设项目环保设施竣工验收监测可参照执行。

2 引用标准

下列标准所包含的条文，通过在本技术要求中引用而构成本技术要求的条文，与本技术要求同效。

HJ/T 2.1～2.3—93 环境影响评价技术导则

HJ/T 2.4—1995 环境影响评价技术导则—声环境

当上述标准被修订时，应使用其最新版本。

GB 16297—1996 大气污染物综合排放标准

GWPB 3—1999 锅炉大气污染物排放标准

GB 4915—1996 水泥大气污染物排放标准

GB 9078—1996 工业炉窑大气污染物排放标准

GB 16171—1996 炼焦炉大气污染物排放标准

GB 13223—1996 火电厂大气污染物排放标准

GB 14554—1993 恶臭污染物排放标准

HJ/T 18—1996 小型焚烧炉

GB 8978—1996 污水综合排放标准

GB 4286—83 船舶工业污染物排放标准

GB 4914—85 海洋石油开发工业含油污水排放标准

GB 14374—93 航天推进剂水污染物排放标准

GB 14470.1～14470.3—93 兵器工业水污染物排放标准

GB 4287—92 纺织染整工业水污染物排放标准

GWPB 2—1999　造纸工业水污染物排放标准

GB 13456—92　钢铁工业水污染物排放标准

GB 13457—92　肉类加工工业水污染物排放标准

GWPB x—1999　合成氨工业水污染物排放标准

GB 15580—95　磷肥工业水污染物排放标准

GB 15581—95　烧碱、聚氯乙烯工业水污染物排放标准

GB 5085—96　危险废物鉴别标准

GB 12348—90　工业企业厂界噪声标准

GB 12525—90　铁路边界噪声限值及其测量方法

GB 3096—93　城市区域环境噪声标准

GB 9660—88　机场周围飞机噪声环境标准

GB 11339—89　城市港口及江河两岸区域环境噪声标准

GB 10070—88　城市区域环境振动标准

GB 8702—88　电磁辐射防护规定

GB 3095—1996　环境空气质量标准

GHZB 1—1999　地表水环境质量标准

GB 3097—97　海水水质标准

GB 11607—89　渔业水质标准

GB 5084—92　农田灌溉水质标准

GB/T 14848—1993　地下水质量标准

GB 15618—1996　土壤环境质量标准

GB 13015—91　含多氯联苯废物污染控制标准

今后根据国家对环境保护和污染物控制新要求制定的新环境质量标准和污染物排放或污染控制标准，一经批准，相应时间的版本也应在作为引用标准使用。

3　定义

3.1　环境保护设施：

3.1.1　建设项目为自身污染物达标排放或满足污染物总量控制的要求而必须采取的治理措施。主要包括以下方面的设施、装置、设备：

a. 专用于环境、生态保护和污染防治；

b. 既是生产工艺中的一个环节，同时又具有环境保护功能；

c. 用于污染物回收与综合利用；

d. 为建设项目环境保护监测工作配套；

e. 用于防止潜在突发性污染事故。

3.1.2　建设项目为维护其影响的生态环境而必须采取的环境保护工程措施包括：生态恢复工程、绿化工程、边坡防护工程等。

3.1.3　建设项目为满足环境影响评价中提出对原有污染物一并治理的要求以及为新建项目污染物排放总量控制要求而承担的区域环境污染综合整治和区域污染物排放削减中的污染治理工作而建设的污染治理设施。

3.2　环境保护设施竣工验收监测：对建设项目环境保护设施建设、管理、运行及其效果和污染物排放情况全面的检查与测试。

3.3 验收监测执行标准：指建设项目进行环境影响评价时所依据的标准，作为判定建设项目能否达标排放的标准，是通过环境保护设施竣工验收的依据。

3.4 验收监测参照标准：这里所指参照标准为建设项目投产时的国家和地方现行标准以及参照执行的其他标准，是环境保护行政主管部门进行监督管理及企业污染防治整改提供的判定标准。验收监测参照标准一般不作为竣工验收的依据。

4 验收监测一般工作程序、结果及结果报告形式

4.1 根据建设项目环境管理的分类，编制环境影响报告书的建设项目、因所在地区已进行区域环境影响评价而编写建设项目环境影响报告表，或环境影响评价时编写建设项目环境影响报告表但监测内容较多的建设项目，应通过收集有关的技术资料、现场勘察、编制验收监测方案、进行现场监测，以验收监测报告形式报告监测结果。

4.2 根据建设项目环境管理的分类，编写建设项目环境影响报告表并且验收监测内容比较简单的建设项目，通过收集有关的技术资料、现场勘察、进行现场监测、以建设项目环境保护设施竣工验收监测表形式报告监测结果。

4.3 填写建设项目环境影响登记表的建设项目，只对有一定污染物排放规模和按要求应设有废水、废气、噪声处理设施的污染源进行监测，以建设项目环境保护设施竣工验收监测表形式报告检查结果。

5 验收监测方案编制的基本要求

验收监测方案应包括以下内容：

5.1 简述内容：任务由来、依据，尤其要阐明环境影响报告书（表）结论意见、环保对策、措施及环境影响报告书审批文件的要求；

5.2 建设项目工程实施概况：工程基本情况，生产过程污染物产生、治理和排放流程，环保设施建设及其试运行情况；

5.3 验收监测执行标准：列出应执行的国家或地方环境质量标准、污染物排放标准的名称、标准编号、标准等级和限值，环境影响报告书（表）批复中的特殊限值要求，《初步设计》（环保篇）中的环保设施设计指标或要求等；

5.4 验收监测的内容：按废水、废气、噪声和固废等分类，全面简要地说明监测因子、频次、断面或点位的布设情况，附示意图；采样、监测分析方法；验收监测的质量控制措施；

5.5 现场监测操作安全注意事项（必要时针对工厂实际情况制定）；

5.6 对企业环境保护管理检查的内容。

6 验收监测报告编制的基本要求

6.1 验收监测报告应充分如实地反映现场检查和现场监测的实际情况。对发现的问题，应进行必要和符合实际的分析。对污染物排放浓度、排放速率和总量控制的达标情况和检查情况等给出明确的结论和进行必要的描述。对企业存在的问题，提出相应的整改建议。

6.2 验收监测报告

验收监测报告除包括 5.1—5.4 的内容外，还应包括以下内容：

6.2.1 验收监测进行情况；

6.2.2 监测期间工况；

6.2.3 质量保证和质量控制结果；

6.2.4 验收监测的结果及与国家标准、地方标准和设计指标分析评价；

6.2.5 出现超标或不符合设计指标要求时的原因分析；

6.2.6 国家规定总量控制污染物的排放情况；

6.2.7 环境管理检查结果；

6.2.8 验收监测结论与建议；

6.2.9 必要的质控数据表，监测数据表和其他有关图表等应作为报告的附录；

6.2.10 建设项目环境保护“三同时”竣工验收登记表，见附录三。

7 验收监测

7.1 验收监测主要工作内容

验收监测是对建设项目环境保护设施建设、运行及其效果、“三废”处理和综合利用、污染物排放、环境管理等情况的全面检查与测试，主要包括内容：

a. 对设施建设、运行及管理情况检查；

b. 设施运行效率测试；

c. 污染物（排放浓度、排放速率和排放总量等）达标排放测试；

d. 设施建设后，排放污染物对环境影响的检测*。

具体建设项目的监测内容应根据其所涉及的具体项目进行确定。

7.1.1 环境保护检查

a. 建设项目执行国家的“建设项目环境影响报告制度”的情况；

b. 建设项目建设过程中，对“环境影响评价报告书（表）、登记表”中污染物防治和生态保护要求及环保行政主管部门审批文件中批复内容的实施情况；

c. 环保设施运行情况和效果；

d. “三废”处理和综合利用情况；

e. 环境保护管理和监测工作情况，包括：环保机构设置、人员配置、监测计划和仪器设备、环保管理规章制度等；

f. 事故风险的环保应急计划，包括配备、防范措施，应急处置等*；

g. 环境保护档案管理情况；

h. 周边区域环境概况*；

i. 生态保护措施实施效果*。

7.1.2 环境保护设施运行效率测试

对涉及以下领域的环境保护设施或设备均应进行运行效率监测：

a. 各种废水处理设施的处理效率；

b. 各种废气处理设施的处理效率；

c. 工业固（液）体废物处理设备的处理效率等；

d. 用于处理其他污染物的处理设施的处理效率。

7.1.3 污染物达标排放检测

对涉及以下领域的污染物均应进行达标排放监测。

a. 排放到环境中的废水；

b. 排放到环境中的各种废气；

c. 排放到环境中的各种有毒有害工业固（液）体废物及其浸出液；

d. 厂界噪声（必要时测定噪声源）；

e. 建设项目的无组织排放；

f. 国家规定总量控制污染物的排放总量。

7.1.4 环境影响检测*

建设项目环保设施竣工验收监测对环境影响的检测，主要针对“环境影响评价”及其批复中对环境敏感保护目标的要求。检测以建设项目投运后，环境敏感保护目标能否达到相应环境功能区所要求的环境质量标准，主要考虑以下几方面：

a. 环境敏感保护目标的环境地表水、地下水和海水质量；

b. 环境敏感保护目标的环境空气质量；

c. 环境敏感保护目标的声学环境质量；

d. 环境敏感保护目标的环境土壤质量；

e. 环境敏感保护目标的环境振动铅垂向 Z 振级；

f. 环境敏感保护目标的电磁辐射公众照射导出限值。

7.2 验收监测污染因子的确定

监测因子确定的原则如下：

7.2.1 “环境影响报告书（表）”和建设项目《初步设计》（环保篇）中确定的需要测定的污染物；

7.2.2 建设项目投产后，在生产中使用的原辅材料、燃料，产生的产品、中间产物、废物（料），以及其他涉及的特征污染物和一般性污染物；

7.2.3 现行国家或地方污染物排放标准中规定的有关污染物；

7.2.4 国家规定总量控制的污染物指标；

7.2.5 厂界噪声；

7.2.6 生活废水中的污染物及生活用锅炉（包括茶炉）废气中的污染物；

7.2.7 影响环境质量的污染物，包括：《环境影响评价报告书（表）》及其批复意见中，有明确规定或要求考虑的影响环境保护敏感目标环境质量的污染物；试生产中已造成环境污染的污染物；地方环境保护行政主管部门提出的，对当地环境质量已产生影响的污染物；负责验收的环境保护行政主管部门根据当前环境保护管理的要求和规定而确定的对环境质量有影响的污染物；

7.2.8 对“环境影响评价”中涉及有电磁辐射和振动内容的，应将电磁辐射和振动列入应监测的污染因子*；

7.2.9 废水、废气和工业固（液）体废物排放总量。

废水水质监测因子确定参见附录一，废气监测因子及参数确定参见附录二。

7.3 环境保护设施竣工验收监测频次

为使验收监测结果全面和真实地反映建设项目污染物排放和环保设施的运行效果，采样频次应充分反映污染物排放和环保设施的运行情况，因此，监测频次一般按以下原则确定：

7.3.1 对有明显生产周期、污染物排放稳定的建设项目，对污染物的采样和测试频次一般为 2～3 个周期，每个周期 3～5 次（不应少于执行标准中规定的次数）；

7.3.2 对无明显生产周期、稳定、连续生产的建设项目，废气采样和测试频次一般不少于 2 天、每天采 3 个平行样，废水采样和测试频次一般不少于 2 天，每天 4 次，厂界噪声测试一般不少于连续 2 昼夜（无连续监测条件的，需 2 天，昼夜各 2 次），固体废物（液）采样和测试一般不少于 6 次（堆场采样和分析样品数都不应少于 6 个）；

7.3.3 对污染物确实稳定排放的建设项目，废水和废气的监测频次可适当减少，废气采样和测试频次不得少于 3 个平行样，废水采样和测试频次不少于 2 天，每天 3 次；

7.3.4 对污染物排放不稳定的建设项目，必须适当增加的采样频次，以便能够反映污染物排放的实际情况；

7.3.5 对型号、功能相同的多个小型环境保护设施效率测试和达标排放检测，可采用随机抽测方法进行。抽测的原则为：随机抽测设施数量比例应不小于同样设施总数量的 50%；

7.3.6 若需进行环境质量监测时，水环境质量测试一般为 1～3 天、每天 1～2 次；空气质量测试一般不少于 3 天、采样时间按 GB 3095—1996 数据统计的有效性规定执行；环境噪声测试一般不少于 2 天，测试频次按相关标准执行；

7.3.7 对考核处理效率的测试，可选择主要因子并适当减少监测频次；

7.3.8 若需进行环境生态状况调查，工作内容、采样和测试频次按负责审批该建设项目环境影响报告书（表）的环境保护行政主管部门的要求进行。

8 验收监测采用标准

验收监测采用标准包括评价标准和测试方法标准两个部分。评价标准又分为验收监测执行标准和验收监测参照标准。

8.1 验收监测执行标准的确定

执行标准应主要以进行环境影响评价时采用的各种标准和《环境影响评价报告书（表）》及其批复的要求为依据，验收监测执行标准的确定应考虑以下因素：

8.1.1 在环境影响报告书中，由环境保护主管部门行文确认的环境影响评价标准；

8.1.2 进行环境影响评价时，国家或地方执行的各类污染物排放标准及环境质量标准；

8.1.3 有关环境保护行政主管部门在对《环境影响评价报告书（表）》批复时，要求执行的各项环境质量标准、污染物排放标准以及环境保护行政主管部门根据环境保护需要所规定的特殊标准限值；

8.1.4 根据国家和地方对环境保护的新要求，经负责验收的环境保护行政主管部门批准，可采用验收监测时现行的国家或地方标准；

8.1.5 国家和地方对国家规定的污染物排放总量控制指标中的总量控制要求；

8.1.6 对国家和地方标准中尚无规定的污染因子，应以《环境影响评价报告书（表）》和工程《初步设计》（环境保护篇）等的要求或设计指标为依据来进行评价。

8.2 验收监测参照标准的确定

8.2.1 新颁布的国家或地方标准中规定的污染因子排放标准值以及环境量标准值；

8.2.2 环保设施的设计指标；

8.2.3 对国家和地方标准中尚无规定的污染因子，也可参考国内其他行业标准和国外标准，但应附加必要说明。

8.3 验收监测方法标准选取原则

验收监测时，应尽量按国家污染物排放标准和环境质量标准要求，采用列出的标准测试方法。对国家排放标准和环境质量标准未列出的污染物和尚未列出测试方法的污染物，其测试方法按以下次序选择：

8.3.1 国家现行的标准测试方法；

8.3.2 行业现行的标准测试方法；

8.3.3 国际现行的标准测试方法和国外现行的标准测试方法；

8.3.4 对目前尚未建立标准方法的污染物的测试，可参考国内外已成熟但未上升为标准的测试技术，但应附加必要说明。

9 验收监测的质量保证和质量控制

9.1 验收监测的工况要求

验收监测时，工况要求分下列几种情况：

9.1.1 工业生产型建设项目，验收监测应在工况稳定、生产达到设计生产能力的负荷达75%以上（国家、地方排放标准对生产负荷另有规定的按标准规定执行）的情况下进行。

9.1.2 对无法短期调整工况达到设计生产能力的75%以上负荷的建设项目中，可以调整工况达到设计生产能力的75%以上负荷的部分，验收监测应在满足75%或75%以上负荷或国家及地方标准中所要求的生产负荷的条件下进行。

9.1.3 对无法短期调整工况达到设计生产能力的75%或75%以上负荷的建设项目中，投入运行后确实无法短期调整工况满足设计生产能力的75%或75%以上的部分，验收监测应在主体工程运行稳定、应运行的环境保护设施运行正常的条件下进行，对运行的环境保护设施和尚无污染负荷部分的环保设施，验收监测采取注明实际监测工况与检查相结合的方法进行。

9.2 采样和测试及其质量保证和质量控制

9.2.1 环保设施竣工验收现场监测，首先应按9.1的规定满足相应的工况条件，否则负责验收监测的单位应停止现场采样和测试。

9.2.2 现场采样和测试应严格按《验收监测方案》进行，并对监测期间发生的各种异常情况进行详细记录，对未能按《验收监测方案》进行现场采样和测试的原因应予详细说明。

9.2.3 环保设施竣工验收监测中使用的布点、采样、分析测试方法，应首先选择目前适用的国家和行业标准分析方法、监测技术规范，其次是国家环保总局推荐的统一分析方法或试行分析方法以及有关规定等。

9.2.4 环保设施竣工验收的质量保证和质量控制，按国家有关规定、监测技术规范和有关质量控制手册进行。

9.2.5 参加环保设施竣工验收监测采样和测试的人员，应按国家有关规定持证上岗。

9.2.6 水质监测分析过程中的质量保证和质量控制：采样过程中应采集不少于10%的平行样；实验室分析过程一般应加不少于10%的平行样；对可以得到标准样品或质量控制样品的项目，应在分析的同时做10%质控样品分析；对无标准样品或质量控制样品的项目，且可进行加标回收测试的，应在分析的同时做10%加标回收样品分析。

9.2.7 气体监测分析过程中的质量保证和质量控制：采样器在进现场前应对气体分析、采样器流量计等进行校核。

9.2.8 噪声监测分析过程中的质量保证和质量控制：监测时应使用经计量部门检定、并在有效使用期内的声级计。

9.2.9 固体废弃物监测分析过程中的质量保证和质量控制：采样过程中应采集不少于10%的平行样；实验室分析过程一般应加不少于10%的平行样；对可以得到标准样品或质量控制样品的项目，应同时做不少于10%标准样品或质控样品；对不可得到标准样品或质量控制样品，但可以做加标回收样品的项目，应同时做不少于10%的加标回收样品。

9.3 采样记录及分析结果

验收监测的采样记录及分析测试结果，按国家标准和监测技术规范有关要求进行数据处理和填报，并按有关规定和要求进行三级审核。

第二部分　验收监测方案

1　范围

本部分规定了编制建设项目环境保护设施竣工验收监测方案（以下简称验收监测方案）的要求和内容。

2　章节、封面及编号

2.1　本技术要求中编写章节安排，是根据编写技术要求的需要，在编写验收监测方案时，内容上应尽可能满足技术要求的规定，并可根据情况在内容上进行增减。

2.2　验收监测方案的封面、封二格式见附录四和附录五。

2.3　验收监测方案的编号应由各环境监测站制定。验收监测方案的目录注明页码。

3　验收监测方案编制的内容

验收监测方案根据验收监测的需要进行编制。验收监测方案一般应包括以下内容：

3.1　前言部分

主要简述建设项目和验收监测任务由来。一般包括：工程建成并投入试运行时间、环境保护行政主管部门、负责验收监测工作的环境监测站、委托单位、环保设施竣工验收现场勘察时间和参加单位等。

3.2　验收监测的依据

3.2.1　国家有效的建设项目环境保护管理法规、办法和技术规定；

3.2.2　与建设项目有关的环保技术文件；

3.2.3　有关建设项目工程环保工作的意见和批复；

3.2.4　开展建设项目环保设施竣工验收监测的依据；

3.2.5　工程建设中有关环保设施设计改动的报批手续和批复文件*；

3.2.6　环保设施运行情况自检报告*；

3.2.7　其他有关需要说明问题和情况及其有关资料或文件等*。

3.3　建设项目工程概况

应以简练文字并配图表进行叙述。

3.3.1　工程基本情况

工程所处的位置；工程占地面积；工程总投资；工程环保设施投资；环境影响评价完成单位与时间；初步设计完成单位与时间；环保设施设计单位和施工单位；投入试运行日期；其他需要说明的情况等*（包括工程变化情况）。

3.3.2　生产工艺简介

主要生产工艺原理、流程、关键生产单元，可附生产工艺流程示意图。

3.3.3　环保设施和相应主要污染物及其排放情况

对各生产单元所产生的污染物、环保处理设施、污染物排放方式等列表或简述。

3.3.4　环保设施试运行情况

3.4　环境影响评价意见及环境影响评价批复的要求

建设项目环境影响评价的主要结论、建议及环境影响评价批复的要求，或环保行政部门对本项目的环保要求等（主要应参见环境影响评价批复的要求）。

3.5 验收监测评价标准

应列出环境影响评价报告批复时，有效的国家或地方排放标准和环境质量标准的名称、标准号、工程《初步设计》（环保篇）的设计指标和总量控制指标。这些标准和指标等将被用于作为本建设项目的环保设施验收监测的评价标准。同时，也应列出相应现行的国家或地方排放标准和环境质量标准作为参照标准。

3.6 验收监测的内容

3.6.1 废水、废气排放源及其相应的环保设施、厂界噪声、工业固（液）废物*和无组织排放源*监测内容的编写

废水、废气、厂界噪声（必要时监测噪声源）、工业固（液）废物*和无组织排放源*监测内容的编写，主要包括以下几个方面：

a. 监测断面或监测点位的布设情况，必要时附示意图；

b. 验收监测因子、频次；

c. 采样、监测分析方法和验收监测（工况要求*）的质量控制措施及依据（国家标准分析方法应写出标准号）。

3.6.2 厂区附近的环境质量监测*

环境质量监测系指：地面水、地下水、环境空气、土壤或海水等，监测内容的编写，主要包括以下几个方面：

a. 环境敏感点环境质量状况和可能受到影响的简要描述；

b. 简述监测断面或监测点位的布设情况，必要时附示意图；

c. 验收监测因子、频次的确定；

d. 采样、监测分析方法和验收监测的质量控制措施及依据（国家标准分析方法应写出标准号）。

3.6.3 环境生态状况调查*

环境生态状况调查部分，编写的主要内容包括：

a. 建设项目环境保护行政主管部门对进行环境生态状况调查的要求；

b. 简述生态状况调查区域及调查内容确定（必要时附示意图）；

c. 验收监测环境生态状况调查方法、验收监测环境生态状况调查的质量控制措施；

d. 环境生态状况评价依据。

3.7 环境管理检查

列出应检查工作的内容，包括

3.7.1 建设项目执行国家建设项目环境管理制度情况；

3.7.2 《初步设计（环保篇）》中要求建设的环保设施实际完成及运行情况（其中包括：按规定或设计的流量计量装置、监测设施、监测孔与监测平台，排水管网，各种堆存场的建设，各种必要的标志设置等）；

3.7.3 环境保护档案管理情况；

3.7.4 环境保护管理规章制度的建立及其执行情况；

3.7.5 环境保护监测机构、人员和仪器设备的配置情况；

3.7.6 存在潜在突发性环境污染事故隐患的建设项目，制定相应的应急制度，配备和建设的应急设备及设施情况；

3.7.7 工业固（液）体废物是否按规定或要求处置和回收利用；

3.7.8 生态恢复、绿化建设及植被恢复、搬迁或移民工程落实情况；

3.7.9 环境敏感保护目标的保护办法或处理办法的落实情况；

3.7.10 区域污染削减工作的调查；

3.7.11 建设期间和试生产阶段是否发生了扰民和污染事故；

3.7.12 对周边公众的环境影响舆论调查。

3.8 经费概算

一般以地方有关部门批准的有效《监测收费标准》编制验收监测经费概算。对《监测收费标准》中未列项目的费用可通过协商的方式确定。

3.9 监测时间安排

3.9.1 监测合同签订时间

3.9.2 现场监测时间（根据监测项目工作量确定，包括数据整理时间）

3.9.3 监测报告编写时间（根据监测项目工作量确定）

3.9.4 提交监测报告时间

第三部分 验收监测报告

1 范围

本部分规定了编制建设项目环境保护设施竣工验收监测报告（以下简称验收监测报告）的要求和内容。

2 章节、封面及编号

2.1 本部分中编写章节安排，是根据编写技术要求的需要，在编写验收监测报告时，内容上应尽可能满足技术要求的规定，并可根据情况在内容上进行增减。

2.2 验收监测报告的封面、封二格式见附录六和附录七。

2.3 验收监测报告的编号应由各环境监测站制定。验收监测报告的目录注明页码。

3 验收监测报告编制的内容

验收监测报告根据验收监测要求的需要进行编制。前言、验收监测的依据、建设项目工程概况、环境影响评价意见及环境影响评价批复的要求、验收监测评价标准部分的编写应在原验收监测方案的基础上，加入需要补充的内容。验收监测报告还应包括以下内容：

3.1 验收监测的结果及分析评价

验收监测结果及分析应充分反映验收监测中检查和现场监测的实际情况，进行必要和符合实际的分析。

3.1.1 监测期间工况分析

应给出监测期间，能反映工程或设备运行情况的数据或参数。对工业生产型建设项目，还应计算出实际运行负荷。

3.1.2 监测分析质量控制和质量保证

介绍监测分析质量控制和质量保证进行情况和结果。

3.1.3 废水、废气排放源及其相应的环保设施、厂界噪声、工业固（液）废物*和无组织排放源*监测部分的编写

分别对废水、废气和厂界噪声（必要时测噪声源）厂、工业固（液）废物*和无组织排放源*监测内容进行编制，主要内容包括：

a. 进行现场监测的情况；

b. 验收监测方案要求和规定的验收监测项目、频次、监测断面或监测点位、监测采样、分析方法及监测结果；

c. 用相应的国家和地方的新、旧标准值、设施的设计值和总量控制指标，进行分析评价。

d. 出现超标或不符合设计指标要求时的原因分析等。

3.1.4　厂区附近的环境质量监测*

主要内容包括：

a. 环境敏感点环境质量状况和可能受到影响的简要描述；

b. 进行监测环境质量监测的区域情况和监测情况；

c. 验收监测方案要求和规定的验收监测项目、频次、监测断面或监测点位、监测采样、分析方法及监测结果；

d. 用相应的国家和地方的新、旧标准值和设施的设计值，进行分析评价；

e. 出现超标或不符合设计指标要求时的原因分析等。

3.1.5　环境生态状况调查*

编写的主要内容包括：

a. 建设项目环境保护行政主管部门对进行环境生态状况调查的要求，详细地介绍环境生态状况调查的评价依据；

b. 进行环境生态状况调查区域的情况；

c. 简述生态状况调查区域及调查项目、频次的确定，监测断面或监测点位的布设情况（必要时附示意图）；

d. 验收监测环境生态状况调查方法、来源和质量控制措施；

e. 验收监测环境生态状况调查的结果及分析评价。

3.1.6　国家规定的总量控制污染物的排放情况

目前国家规定实施总量控制的污染物为：As、Cd、Hg、Pb、CN^-、Cr^{+6}、COD、石油类、SO_2、烟尘、粉尘、固体废弃物排放量，根据各排污口的流量和监测的浓度，计算并以表列出建设项目污染物年产生量和年排放量。对改扩建项目还应根据环境影响评价报告书列出改扩建工程原有排放量和根据监测结果计算改扩建后原有生产设施现在的污染物产生量排放量。

3.2　环境管理检查

根据验收监测方案所列检查内容，逐条目进行说明。

3.3　验收监测结论与建议

3.3.1　结论

根据验收监测的检查和测试结果进行分析评价，按执行制度、废水、废气排放源及其相应的环保设施、厂界噪声、工业固（液）废物*、无组织排放源*、监测厂区附近的环境质量监测*和环境生态状况调查*，给出验收监测的综合结论（主要以污染物达标排放、以新带老、总量控制执行情况、执行国家对建设项目环境管理有关制度和环境保护行政主管部门的有关要求进行说明）。

3.3.2　建议

根据现场监测、检查结果的分析和评价，结论中明确指出存在的问题，提出需要改进的设施或措施建议等，可根据以下几个方面的问题提出合理的整改意见和建议：

a. 环保设备对污染物的处理效率及污染物的排放未达到原设计指标和要求；

b. 环保设备对污染物的处理和污染物的排放未达到设计时的国家或地方标准要求；

c. 环保设备对污染物的处理和污染物的排放未达到现行有效的国家或地方标准；

d. 环保设备及排污设施未按规范完成；

e. 环境保护敏感目标的环境质量未达国家或地方标准要求或存在的扰民现象；

f. 固废处理或综合利用、环境绿化、生态或植被恢复等未达到“环境影响评价”、“环境影响评价”批复或初步设计的要求；

g. 国家规定实施总量控制的污染物排放量超过有关环境管理部门规定或核定的总量等。

3.4 附录

3.4.1 必要的质控数据汇总表；

3.4.2 必要的监测数据汇总表；

3.4.3 其他有关附件和图表，如生产负荷原始数据、厂区位置图、监测点位图、“环境影响评价”批复等；

3.4.4 建设项目环境保护“三同时”竣工验收登记表。

第四部分 验收监测表格式

本部分提出编制验收监测表格式（见附录八），参照第三部分要求填写，供验收监测中参考使用。验收监测表后应附建设项目环境保护“三同时”竣工验收登记表（附录三）。

注：*应根据有关规定和环境影响评价要求确定的工作内容。

附录一：各种类型废水中的常见污染因子（略）

附录二：部分类型废气中的常见污染因子（略）

附录三：建设项目环境保护“三同时”竣工验收登记表（略）

附录四：验收监测方案封面式样（略）

附录五：验收监测方案封二式样（略）

附录六：验收监测报告封面式样（略）

附录七：验收监测报告封二式样（略）

附录八：验收监测表格式（略）

关于印发《环境保护部建设项目“三同时”监督检查和竣工环保验收管理规程（试行）》的通知

环境保护部文件　环发[2009]150号

各省、自治区、直辖市环境保护厅（局），新疆生产建设兵团环境保护局，机关各部门，各派出机构、直属单位：

为建立“三同时”监督检查机制，进一步规范竣工环保验收管理，认真兑现“七项承诺”，根据《建设项目环境保护管理条例》、《建设项目竣工环境保护验收管理办法》，我部制定了《环境保护部建设项目“三同时”监督检查和竣工环保验收管理规程（试行）》。现印发给你们，请遵照执行。

附件：环境保护部建设项目“三同时”监督检查和竣工环保验收管理规程（试行）

二〇〇九年十二月十七日

附件：

环境保护部建设项目“三同时”监督检查和竣工环保验收管理规程（试行）

第一章　总　则

第一条　为进一步强化环境保护部审批的建设项目竣工环保验收管理，建立“三同时”监督检查机制，根据《建设项目环境保护管理条例》、《建设项目竣工环境保护验收管理办法》及《环境保护部机关“三定”实施方案》，制定本规程。

第二条　本规程适用于环境保护部负责审批环境影响评价文件的建设项目（不含核与辐射设施建设项目）“三同时”监督检查和竣工环保验收管理。

第三条　建设项目依据规模、所处环境敏感性和环境风险程度，其竣工环保验收现场检查按Ⅰ、Ⅱ两类实施分类管理。

第四条　环境保护督查中心和省级环境保护行政主管部门参与建设项目竣工环保验收，受委托承担Ⅱ类建设项目竣工环保验收现场检查。

第五条　环境保护督查中心受委托承担建设项目“三同时”监督检查。

地方各级环境保护行政主管部门负责辖区内建设项目“三同时”日常监督管理。

第六条　环境保护行政主管部门及其工作人员，以及承担验收监测或调查工作的单位和个人，应严格执行《建设项目环境影响评价行为准则与廉政规定》。验收监测或调查单位应客观公正反映建设项目环境保护措施落实情况及效果，对验收监测或调查结论负责。

第二章 “三同时”监督检查

第七条 环境影响评价审批文件抄送项目所在区域的环境保护督查中心和省、市、县级环境保护行政主管部门。

环境保护督查中心和省级环境保护行政主管部门受环境保护部委托，分别负责组织开展“三同时”监督检查和日常监督管理。建设单位应当在建设项目开工前向环境保护督查中心和地方各级环境保护行政主管部门书面报告开工建设情况，并定期书面报告“三同时”执行情况。

第八条 环境保护督查中心和地方各级环境保护行政主管部门应跟踪建设项目进展信息。

建设项目开工后，环境保护督查中心及时制定并实施“三同时”监督检查计划；省级环境保护行政主管部门及时制定日常监督管理计划，并组织市、县级环境保护行政主管部门予以实施。

第九条 监督检查和日常监督管理以建设项目环境影响评价文件及其审批文件为依据，主要内容包括：

（一）建设项目的性质、规模、地点、采用的生产工艺以及防治污染、防止生态破坏的措施是否发生重大变动；

（二）环境保护设施和措施与主体工程设计、施工、投产使用是否同步；

（三）施工期污染防治和生态保护情况；

（四）施工期环境监理的实施情况；

（五）施工期环境监测的实施情况；

（六）前次监督检查和日常监督管理的整改要求落实情况；

（七）限期整改和行政处罚决定等落实情况。

监督检查和日常监督管理应当制作现场检查记录和取证询问笔录等书面记录。

第十条 建设项目建成后，环境保护督查中心应当及时编制“三同时”监督检查报告报送环境保护部，作为该建设项目竣工环保验收的依据之一，并同时抄送省级环境保护行政主管部门。

第十一条 环境影响评价审批文件要求开展施工期环境监理的建设项目，建设项目建成后，环境监理单位应当编制施工期环境监理报告，作为该建设项目竣工环保验收的依据之一。

第十二条 环境保护督查中心和地方各级环境保护行政主管部门在“三同时”监督检查和日常监督管理中，发现建设项目存在“三同时”执行不到位、尚未构成环境违法的行为，应督促建设单位及时整改，并书面报告环境保护部。

第十三条 环境保护督查中心和省级环境保护行政主管部门在“三同时”监督检查和日常监督管理中，发现建设项目存在以下环境违法行为，及时调查取证，提出处理建议，书面报告环境保护部：

（一）建设项目的性质、规模、地点、采用的生产工艺或者防治污染、防止生态破坏的措施擅自发生重大变动；

（二）超过法定期限开工建设，环境影响评价文件未经重新审核；

（三）建设项目建设过程中造成严重环境污染和生态破坏；

（四）配套的环境保护设施未与主体工程同时建成并投入试运行；

（五）未按法定期限办理竣工环保验收手续；

（六）环境保护设施未经验收或验收不合格，主体工程即投入正式生产或者使用；

（七）其他环境违法行为。

环境保护部对违法行为依法予以行政处罚。查处情况以及行政处罚决定书等相关法律文书抄送环境保护督查中心和省级环境保护行政主管部门。环境保护督查中心负责监督行政处罚决定书、限期改正通知书等的执行。

第十四条　环境保护督查中心每季度第一个月的前十日之内，向环境保护部报送上一季度建设项目“三同时”监督检查情况；每年一月的前二十日之内，报送上一年度建设项目“三同时”监督检查工作总结。

省级环境保护行政主管部门每季度第一个月的前十日之内，向环境保护部报送上一季度辖区内建设项目“三同时”日常监督管理情况；每年一月的前二十日之内，报送辖区内上一年度建设项目“三同时”日常监督管理工作总结。以上材料同时抄送环境保护督查中心。

第十五条　环境保护督查中心和省级环境保护行政主管部门建立建设项目监管档案。

第三章　竣工环保验收管理

第十六条　建设项目建成后，省级环境保护行政主管部门依据环境影响评价文件及其审批文件、日常监督管理记录、施工期环境监理报告，对环境保护设施和措施落实情况进行现场检查。需要进行试生产的，应在接到试生产申请之日起 30 个工作日内，征求项目所在区域的环境保护督查中心意见后，做出是否允许试生产的决定。试生产审查决定抄送环境保护部及环境保护督查中心。

第十七条　建设项目依法进入试生产后，建设单位应及时委托有相应资质的验收监测或调查单位开展验收监测或调查工作。验收监测或调查单位应在国家规定期限内完成验收监测或调查工作，及时了解验收监测或调查期间发现的重大环境问题和环境违法行为，并书面报告环境保护部。

第十八条　验收监测或调查报告编制完成后，由建设单位向环境保护部提交验收申请。对于验收申请材料完整的建设项目，环境保护部予以受理，并出具受理回执；对于验收申请材料不完整的建设项目，不予受理，并当场一次性告知需要补充的材料。

验收申请材料包括：

（一）建设项目竣工环保验收申请报告，纸件 2 份；

（二）验收监测或调查报告，纸件 2 份，电子件 1 份；

（三）由验收监测或调查单位编制的建设项目竣工环保验收公示材料，纸件 1 份，电子件 1 份；

（四）环境影响评价审批文件要求开展环境监理的建设项目，提交施工期环境监理报告，纸件 1 份。

第十九条　环境保护部对受理的建设项目验收监测或调查结果按月进行公示（涉密建设项目除外）。对公众反映的问题予以调查核实，提出处理意见。

第二十条　环境保护部受理建设项目验收申请后，组织Ⅰ类建设项目验收现场检查；环境保护督查中心或省级环境保护行政主管部门受委托组织Ⅱ类建设项目验收现场检查，并将验收现场检查情况和验收意见报送环境保护部。

第二十一条　环境保护部按月对完成验收现场检查的建设项目进行审查。

第二十二条　经验收审查，对验收合格的建设项目，环境保护部在受理建设项目验收申请材料之日起 30 个工作日内办理验收审批手续（不包括验收现场检查和整改时间）。

建设项目验收审批文件抄送项目所在区域的环境保护督查中心和省、市、县级环境保护行政主管部门。

第二十三条 经验收审查，对验收不合格的建设项目，环境保护部下达限期整改，环境保护督查中心和省级环境保护行政主管部门负责监督限期整改要求的落实。

按期完成限期整改的建设项目应重新向环境保护部提交验收申请。

对逾期未按要求完成限期整改的建设项目，环境保护部依法予以查处。

第二十四条 对完成验收审批的建设项目按季度进行公告（涉密建设项目除外）。

第四章 附 则

第二十五条 地方环境保护行政主管部门可参照本规程制定相应的规范性文件。

第二十六条 本规程自发布之日起实施。

附件：环境保护部审批的建设项目验收现场检查分类目录

附件：

环境保护部审批的建设项目验收现场检查分类目录

一、Ⅰ类建设项目

1. 涉及国家级自然保护区、饮用水水源保护区等重大敏感项目。

2. 跨大区项目。

3. 化工石化：炼油及乙烯项目；新建 PTA、PX、MDI、TDI 项目；铬盐、氰化物生产项目；煤制甲醇、二甲醚、烯烃、油及天然气项目。

4. 危险废物集中处置项目。

5. 冶金有色：新、扩建炼铁、炼钢项目；电解铝项目；铜、铅、锌冶炼项目；稀土项目。

6. 能源：单机装机容量 100 万千瓦及以上的燃煤电站项目；煤电一体化项目；总装机容量 100 万千瓦及以上的水电站项目；年产 200 万吨及以上的油田开发项目；年产 100 亿立方米及以上新气田开发项目；国家规划矿区内年产 300 万吨及以上的煤炭开发项目；总投资 50 亿元及以上的跨省（区、市）输油（气）管道干线项目。

7. 轻工：20 万吨及以上制浆项目、林纸一体化项目。

8. 水利：库容 10 亿立方米及以上的国际及跨省（区、市）河流上的水库项目。

9. 交通运输：200 公里及以上的新、改、扩建铁路项目；城市快速轨道交通项目；100 公里以上高速公路项目；新建港区和煤炭、矿石、油气专用泊位；新建机场项目。

10. 总投资 50 亿元及以上的《政府核准的投资项目目录》中的社会事业项目。

二、Ⅱ类建设项目

Ⅰ类建设项目以外的非核与辐射项目。

我部根据管理需要，适时调整分类名录。

关于建设项目环境保护设施竣工验收监测管理有关问题的通知

国家环境保护总局文件　环发[2000]38号

各有关部、委，各省、自治区、直辖市环境保护局：

根据国务院《建设项目环境保护管理条例》的有关规定，现就建设项目环境保护设施竣工验收监测管理有关问题通知如下：

一、建设项目环境保护设施竣工验收监测（以下简称“验收监测”）由负责验收的环境保护行政主管部门所属的环境监测站负责组织实施。

二、在规定的试生产期，承担验收监测任务的环境监测站在接受建设单位的书面委托后，按《建设项目环境保护设施竣工验收监测技术要求》开展监测工作。

三、负责组织实施验收监测的环境监测站受建设单位委托提交验收监测报告（表），并对提供的验收监测数据和验收监测报告（表）结论负责。

四、对应编制建设项目环境保护设施竣工验收监测报告的建设项目，应先编制验收监测方案，验收监测方案应经负责该建设项目环境保护设施竣工验收的环境保护行政主管部门同意后实施。

五、编制《建设项目环境保护设施竣工验收监测报告》的项目，应在完成现场监测后30个工作日内完成；编制《建设项目环境保护设施竣工验收监测表》的项目，应在进行现场监测后20个工作日内完成。

六、工业生产型建设项目，建设单位应保证的验收监测工况条件为：试生产阶段工况稳定、生产负荷达75%以上（国家、地方排放标准对生产负荷有规定的按标准执行）、环境保护设施运行正常。

对在规定的试生产期，生产负荷无法在短期内调整达到75%以上的，应分阶段开展验收检查或监测。

分期建设、分期投入生产或者使用的建设项目，建设单位应分期委托环境保护行政主管部门所属环境监测站对已完工的工程和设备进行验收监测。

七、建设项目环境保护设施竣工验收监测收费按有关规定执行。

附：建设项目环境保护设施竣工验收监测技术要求（试行）（略）

二〇〇〇年二月二十二日

中华人民共和国建设部令

第157号

《城市生活垃圾管理办法》已于2007年4月10日经建设部第123次常务会议讨论通过，现予发布，自2007年7月1日起施行。

部　长　汪光焘

二○○七年四月二十八日

城市生活垃圾管理办法

第一章　总　则

第一条　为了加强城市生活垃圾管理，改善城市市容和环境卫生，根据《中华人民共和国固体废物污染环境防治法》、《城市市容和环境卫生管理条例》等法律、行政法规，制定本办法。

第二条　本办法适用于中华人民共和国境内城市生活垃圾的清扫、收集、运输、处置及相关管理活动。

第三条　城市生活垃圾的治理，实行减量化、资源化、无害化和“谁产生、谁依法负责”的原则。

国家采取有利于城市生活垃圾综合利用的经济、技术政策和措施，提高城市生活垃圾治理的科学技术水平，鼓励对城市生活垃圾实行充分回收和合理利用。

第四条　产生城市生活垃圾的单位和个人，应当按照城市人民政府确定的生活垃圾处理费收费标准和有关规定缴纳城市生活垃圾处理费。

城市生活垃圾处理费应当专项用于城市生活垃圾收集、运输和处置，严禁挪作他用。

第五条　国务院建设主管部门负责全国城市生活垃圾管理工作。

省、自治区人民政府建设主管部门负责本行政区域内城市生活垃圾管理工作。

直辖市、市、县人民政府建设（环境卫生）主管部门负责本行政区域内城市生活垃圾的管理工作。

第六条　任何单位和个人都应当遵守城市生活垃圾管理的有关规定，并有权对违反本办法的单位和个人进行检举和控告。

第二章　治理规划与设施建设

第七条　直辖市、市、县人民政府建设（环境卫生）主管部门应当会同城市规划等有关部门，依据城市总体规划和本地区国民经济和社会发展计划等，制定城市生活垃圾治理规划，统筹安排城市生活垃圾收集、处置设施的布局、用地和规模。

制定城市生活垃圾治理规划，应当广泛征求公众意见。

第八条　城市生活垃圾收集、处置设施用地应当纳入城市黄线保护范围，任何单位和个人不得擅自占用或者改变其用途。

第九条　城市生活垃圾收集、处置设施建设，应当符合城市生活垃圾治理规划和国家有关技术标准。

第十条　从事新区开发、旧区改建和住宅小区开发建设的单位，以及机场、码头、车站、公园、商店等公共设施、场所的经营管理单位，应当按照城市生活垃圾治理规划和环境卫生设施的设置标准，配套建设城市生活垃圾收集设施。

第十一条　城市生活垃圾收集、处置设施工程建设的勘察、设计、施工和监理，应当严格执行国家有关法律、法规和技术标准。

第十二条　城市生活垃圾收集、处置设施工程竣工后，建设单位应当依法组织竣工验收，并在竣工验收后三个月内，依法向当地人民政府建设主管部门和环境卫生主管部门报送建设工程项目档案。未经验收或者验收不合格的，不得交付使用。

第十三条　任何单位和个人不得擅自关闭、闲置或者拆除城市生活垃圾处置设施、场所；确有必要关闭、闲置或者拆除的，必须经所在地县级以上地方人民政府建设（环境卫生）主管部门和环境保护主管部门核准，并采取措施，防止污染环境。

第十四条　申请关闭、闲置或者拆除城市生活垃圾处置设施、场所的，应当提交以下材料：

（一）书面申请；

（二）权属关系证明材料；

（三）丧失使用功能或其使用功能被其他设施替代的证明；

（四）防止环境污染的方案；

（五）拟关闭、闲置或者拆除设施的现状图及拆除方案；

（六）拟新建设施设计图；

（七）因实施城市规划需要闲置、关闭或者拆除的，还应当提供规划、建设主管部门的批准文件。

第三章　清扫、收集、运输

第十五条　城市生活垃圾应当逐步实行分类投放、收集和运输。具体办法，由直辖市、市、县人民政府建设（环境卫生）主管部门根据国家标准和本地区实际制定。

第十六条　单位和个人应当按照规定的地点、时间等要求，将生活垃圾投放到指定的垃圾容器或者收集场所。废旧家具等大件垃圾应当按规定时间投放在指定的收集场所。

城市生活垃圾实行分类收集的地区，单位和个人应当按照规定的分类要求，将生活垃圾装入相应的垃圾袋内，投入指定的垃圾容器或者收集场所。

宾馆、饭店、餐馆以及机关、院校等单位应当按照规定单独收集、存放本单位产生的餐厨垃圾，并交符合本办法要求的城市生活垃圾收集、运输企业运至规定的城市生活垃圾处理场所。

禁止随意倾倒、抛撒或者堆放城市生活垃圾。

第十七条　从事城市生活垃圾经营性清扫、收集、运输的企业，应当取得城市生活垃圾经营性清扫、收集、运输服务许可证。

未取得城市生活垃圾经营性清扫、收集、运输服务许可证的企业，不得从事城市生活垃圾经营性清扫、收集、运输活动。

第十八条　直辖市、市、县建设（环境卫生）主管部门应当通过招投标等公平竞争方式作出城市生活垃圾经营性清扫、收集、运输许可的决定，向中标人颁发城市生活垃圾经营性清扫、收集、运输服务许可证。

直辖市、市、县建设（环境卫生）主管部门应当与中标人签订城市生活垃圾清扫、收集、运输经营协议。

城市生活垃圾清扫、收集、运输经营协议应当明确约定经营期限、服务标准等内容，作为城市生活垃圾清扫、收集、运输服务许可证的附件。

第十九条 从事城市生活垃圾经营性清扫、收集、运输服务的企业，应当具备以下条件：

（一）具备企业法人资格，从事垃圾清扫、收集的企业注册资本不少于人民币 100 万元，从事垃圾运输的企业注册资本不少于人民币 300 万元；

（二）机械清扫能力达到总清扫能力的 20%以上，机械清扫车辆包括洒水车和清扫保洁车辆。机械清扫车辆应当具有自动洒水、防尘、防遗撒、安全警示功能，安装车辆行驶及清扫过程记录仪；

（三）垃圾收集应当采用全密闭运输工具，并应当具有分类收集功能；

（四）垃圾运输应当采用全密闭自动卸载车辆或船只，具有防臭味扩散、防遗撒、防渗沥液滴漏功能，安装行驶及装卸记录仪；

（五）具有健全的技术、质量、安全和监测管理制度并得到有效执行；

（六）具有合法的道路运输经营许可证、车辆行驶证；

（七）具有固定的办公及机械、设备、车辆、船只停放场所。

第二十条 从事城市生活垃圾经营性清扫、收集、运输的企业应当履行以下义务：

（一）按照环境卫生作业标准和作业规范，在规定的时间内及时清扫、收运城市生活垃圾；

（二）将收集的城市生活垃圾运到直辖市、市、县人民政府建设（环境卫生）主管部门认可的处理场所；

（三）清扫、收运城市生活垃圾后，对生活垃圾收集设施及时保洁、复位，清理作业场地，保持生活垃圾收集设施和周边环境的干净整洁；

（四）用于收集、运输城市生活垃圾的车辆、船舶应当做到密闭、完好和整洁。

第二十一条 从事城市生活垃圾经营性清扫、收集、运输的企业，禁止实施下列行为：

（一）任意倾倒、抛洒或者堆放城市生活垃圾；

（二）擅自停业、歇业；

（三）在运输过程中沿途丢弃、遗撒生活垃圾。

第二十二条 工业固体废弃物、危险废物应当按照国家有关规定单独收集、运输，严禁混入城市生活垃圾。

第四章 处 置

第二十三条 城市生活垃圾应当在城市生活垃圾转运站、处理厂（场）处置。

任何单位和个人不得任意处置城市生活垃圾。

第二十四条 城市生活垃圾处置所采用的技术、设备、材料，应当符合国家有关城市生活垃圾处理技术标准的要求，防止对环境造成污染。

第二十五条 从事城市生活垃圾经营性处置的企业，应当向所在地直辖市、市、县人民政府建设（环境卫生）主管部门取得城市生活垃圾经营性处置服务许可证。

未取得城市生活垃圾经营性处置服务许可证，不得从事城市生活垃圾经营性处置活动。

第二十六条 直辖市、市、县建设（环境卫生）主管部门应当通过招投标等公平竞争方式作出城市生活垃圾经营性处置许可的决定，向中标人颁发城市生活垃圾经营性处置服务许可证。

直辖市、市、县建设（环境卫生）主管部门应当与中标人签订城市生活垃圾处置经营协议，明确约定经营期限、服务标准等内容，并作为城市生活垃圾经营性处置服务许可证的附件。

第二十七条　从事城市生活垃圾经营性处置服务的企业，应当具备以下条件：

（一）具备企业法人资格，规模小于 100 吨/日的卫生填埋场和堆肥厂的注册资本不少于人民币 500 万元，规模大于 100 吨/日的卫生填埋场和堆肥厂的注册资本不少于人民币 5 000 万元，焚烧厂的注册资本不少于人民币 1 亿元；

（二）卫生填埋场、堆肥厂和焚烧厂的选址符合城乡规划，并取得规划许可文件；

（三）采用的技术、工艺符合国家有关标准；

（四）有至少 5 名具有初级以上专业技术职称的人员，其中包括环境工程、机械、环境监测等专业的技术人员。技术负责人具有 5 年以上垃圾处理工作经历，并具有中级以上专业技术职称；

（五）具有完善的工艺运行、设备管理、环境监测与保护、财务管理、生产安全、计量统计等方面的管理制度并得到有效执行；

（六）生活垃圾处理设施配备沼气检测仪器，配备环境监测设施如渗沥液监测井、尾气取样孔，安装在线监测系统等监测设备并与建设（环境卫生）主管部门联网；

（七）具有完善的生活垃圾渗沥液、沼气的利用和处理技术方案，卫生填埋场对不同垃圾进行分区填埋方案、生活垃圾处理的渗沥液、沼气、焚烧烟气、残渣等处理残余物达标处理排放方案；

（八）有控制污染和突发事件的预案。

第二十八条　从事城市生活垃圾经营性处置的企业应当履行以下义务：

（一）严格按照国家有关规定和技术标准，处置城市生活垃圾；

（二）按照规定处理处置过程中产生的污水、废气、废渣、粉尘等，防止二次污染；

（三）按照所在地建设（环境卫生）主管部门规定的时间和要求接收生活垃圾；

（四）按照要求配备城市生活垃圾处置设备、设施，保证设施、设备运行良好；

（五）保证城市生活垃圾处置站、场（厂）环境整洁；

（六）按照要求配备合格的管理人员及操作人员；

（七）对每日收运、进出场站、处置的生活垃圾进行计量，按照要求将统计数据和报表报送所在地建设（环境卫生）主管部门；

（八）按照要求定期进行水、气、土壤等环境影响监测，对生活垃圾处理设施的性能和环保指标进行检测、评价，向所在地建设（环境卫生）主管部门报告检测、评价结果。

第五章　监督管理

第二十九条　国务院建设主管部门和省、自治区人民政府建设主管部门应当建立健全监督管理制度，对本办法的执行情况进行监督检查。

直辖市、市、县人民政府建设（环境卫生）主管部门应当对本行政区域内城市生活垃圾经营性清扫、收集、运输、处置企业执行本办法的情况进行监督检查；根据需要，可以向城市生活垃圾经营性处置企业派驻监督员。

第三十条　直辖市、市、县人民政府建设（环境卫生）主管部门实施监督检查时，有权采取下列措施：

（一）查阅复制有关文件和资料；

（二）要求被检查的单位和个人就有关问题做出说明；

（三）进入现场开展检查；

（四）责令有关单位和个人改正违法行为。

有关单位和个人应当支持配合监督检查并提供工作方便，不得妨碍与阻挠监督检查人员依法执行职务。

第三十一条 直辖市、市、县人民政府建设（环境卫生）主管部门应当委托具有计量认证资格的机构，定期对城市生活垃圾处理场站的垃圾处置数量、质量和环境影响进行监测。

第三十二条 城市生活垃圾经营性清扫、收集、运输、处置服务许可有效期届满需要继续从事城市生活垃圾经营性清扫、收集、运输、处置活动的，应当在有效期届满 30 日前向原发证机关申请办理延续手续。准予延续的，直辖市、市、县建设（环境卫生）主管部门应当与城市生活垃圾经营性清扫、收集、运输、处置企业重新订立经营协议。

第三十三条 有下列情形之一的，可以依法撤销许可证书：

（一）建设（环境卫生）主管部门工作人员滥用职权、玩忽职守作出准予城市生活垃圾清扫、收集、运输或者处置许可决定的；

（二）超越法定职权作出准予城市生活垃圾清扫、收集、运输或者处置许可决定的；

（三）违反法定程序作出准予城市生活垃圾清扫、收集、运输或者处置许可决定的；

（四）对不符合许可条件的申请人作出准予许可的；

（五）依法可以撤销许可的其他情形。

申请人以欺骗、贿赂等不正当手段取得许可的，应当予以撤销。

第三十四条 有下列情形之一的，从事城市生活垃圾经营性清扫、收集、运输或者处置的企业应当向原许可机关提出注销许可证的申请，交回许可证书；原许可机关应当办理注销手续，公告其许可证书作废：

（一）许可事项有效期届满，未依法申请延期的；

（二）企业依法终止的；

（三）许可证依法被撤回、撤销或者吊销的；

（四）法律、法规规定的其他应当注销的情形。

第三十五条 从事城市生活垃圾经营性清扫、收集、运输、处置的企业需停业、歇业的，应当提前半年向所在地直辖市、市、县人民政府建设（环境卫生）主管部门报告，经同意后方可停业或者歇业。

直辖市、市、县人民政府建设（环境卫生）主管部门应当在城市生活垃圾经营性清扫、收集、运输、处置企业停业或者歇业前，落实保障及时清扫、收集、运输、处置城市生活垃圾的措施。

第三十六条 直辖市、市、县人民政府建设（环境卫生）主管部门应当会同有关部门制定城市生活垃圾清扫、收集、运输和处置应急预案，建立城市生活垃圾应急处理系统，确保紧急或者特殊情况下城市生活垃圾的正常清扫、收集、运输和处置。

从事城市生活垃圾经营性清扫、收集、运输和处置的企业，应当制定突发事件生活垃圾污染防范的应急方案，并报所在地直辖市、市、县人民政府建设（环境卫生）主管部门备案。

第三十七条 从事城市生活垃圾经营性清扫、收集、运输或者处置的企业应当按照国家劳动保护的要求和规定，改善职工的工作条件，采取有效措施，逐步提高职工的工资和福利待遇，做好职工的卫生保健和技术培训工作。

第六章　法律责任

第三十八条　单位和个人未按规定缴纳城市生活垃圾处理费的，由直辖市、市、县人民政府建设（环境卫生）主管部门责令限期改正，逾期不改正的，对单位可处以应交城市生活垃圾处理费三倍以下且不超过 3 万元的罚款，对个人可处以应交城市生活垃圾处理费三倍以下且不超过 1 000 元的罚款。

第三十九条　违反本办法第十条规定，未按照城市生活垃圾治理规划和环境卫生设施标准配套建设城市生活垃圾收集设施的，由直辖市、市、县人民政府建设（环境卫生）主管部门责令限期改正，并可处以 1 万元以下的罚款。

第四十条　违反本办法第十二条规定，城市生活垃圾处置设施未经验收或者验收不合格投入使用的，由直辖市、市、县人民政府建设主管部门责令改正，处工程合同价款 2%以上 4%以下的罚款；造成损失的，应当承担赔偿责任。

第四十一条　违反本办法第十三条规定，未经批准擅自关闭、闲置或者拆除城市生活垃圾处置设施、场所的，由直辖市、市、县人民政府建设（环境卫生）主管部门责令停止违法行为，限期改正，处以 1 万元以上 10 万元以下的罚款。

第四十二条　违反本办法第十六条规定，随意倾倒、抛撒、堆放城市生活垃圾的，由直辖市、市、县人民政府建设（环境卫生）主管部门责令停止违法行为，限期改正，对单位处以 5 000 元以上 5 万元以下的罚款。个人有以上行为的，处以 200 元以下的罚款。

第四十三条　违反本办法第十七条、第二十五条规定，未经批准从事城市生活垃圾经营性清扫、收集、运输或者处置活动的，由直辖市、市、县人民政府建设（环境卫生）主管部门责令停止违法行为，并处以 3 万元的罚款。

第四十四条　违反本办法规定，从事城市生活垃圾经营性清扫、收集、运输的企业在运输过程中沿途丢弃、遗撒生活垃圾的，由直辖市、市、县人民政府建设（环境卫生）卫生主管部门责令停止违法行为，限期改正，处以 5 000 元以上 5 万元以下的罚款。

第四十五条　从事生活垃圾经营性清扫、收集、运输的企业不履行本办法第二十条规定义务的，由直辖市、市、县人民政府建设（环境卫生）主管部门责令限期改正，并可处以 5 000 元以上 3 万元以下的罚款：城市生活垃圾经营性处置企业不履行本办法第二十八条规定义务的，由直辖市、市、县人民政府建设（环境卫生）主管部门责令限期改正，并可处以 3 万元以上 10 万元以下的罚款。造成损失的，依法承担赔偿责任。

第四十六条　违反本办法规定，从事城市生活垃圾经营性清扫、收集、运输的企业，未经批准擅自停业、歇业的，由直辖市、市、县人民政府建设（环境卫生）主管部门责令限期改正，并可处以 1 万元以上 3 万元以下罚款；从事城市生活垃圾经营性处置的企业，未经批准擅自停业、歇业的，由直辖市、市、县人民政府建设（环境卫生）主管部门责令限期改正，并可处以 5 万元以上 10 万元以下罚款。造成损失的，依法承担赔偿责任。

第四十七条　违反本办法规定的职权和程序，核发城市生活垃圾清扫、收集、运输、处理许可证的，由上级主管机关责令改正，并对其主管人员及其他直接责任人员给予行政处分；构成犯罪的，应当追究刑事责任。

国家机关工作人员在城市生活垃圾监督管理工作中，玩忽职守、滥用职权、徇私舞弊的，依法给予行政处分；构成犯罪的，依法追究刑事责任。

第七章 附 则

第四十八条 城市建筑垃圾的管理适用《城市建筑垃圾管理规定》（建设部令第139号）。

第四十九条 本办法的规定适用于从事城市生活垃圾非经营性清扫、收集、运输、处置的单位；但是，有关行政许可的规定以及第四十五条、第四十六条的规定除外。

第五十条 城市生活垃圾清扫、收集、运输服务许可证和城市生活垃圾处置服务许可证由国务院建设主管部门统一规定格式，省、自治区人民政府建设主管部门和直辖市人民政府建设（环境卫生）主管部门组织印制。

第五十一条 本办法自2007年7月1日起施行。1993年8月10日建设部颁布的《城市生活垃圾管理办法》（建设部令第27号）同时废止。

关于进一步加强生物质发电项目环境影响评价管理工作的通知

环发[2008]82 号

各省、自治区、直辖市环境保护局（厅）和发展改革委，解放军环境保护局，新疆生产建设兵团环境保护局：

自 2006 年 6 月原国家环保总局与国家发展和改革委员会印发《关于加强生物质发电项目环境影响评价管理工作的通知》（环发[2006]82 号）以来，各地认真贯彻落实通知精神，不断加强生物质发电项目的环境影响评价管理工作。随着相关政策的不断调整与完善，为进一步加强和规范生物质发电项目的环境影响评价管理工作，现对有关内容调整如下：

一、根据《可再生能源法》、《可再生能源产业发展指导目录》、《可再生能源发电有关管理规定》和《可再生能源发电价格和费用分摊管理试行办法》，生物质发电项目主要为农林生物质直接燃烧和气化发电、生活垃圾（含污泥）焚烧发电和垃圾填埋气发电及沼气发电项目。

二、根据《国家鼓励的资源综合利用认定管理办法》，城市生活垃圾（含污泥）发电应当符合以下条件：垃圾焚烧炉建设及其运行符合国家或行业有关标准或规范；使用的垃圾数量及品质必须有保证。

现阶段，采用流化床焚烧炉处理生活垃圾作为生物质发电项目申报的，其掺烧常规燃料质量应控制在入炉总质量的 20%以下。其他新建的生物质发电项目原则上不得掺烧常规燃料。国家鼓励对常规火电项目进行掺烧生物质的技术改造，当生物质掺烧量按照质量换算低于 80%时，应按照常规火电项目进行管理。

三、建设生物质发电项目应充分结合当地特点和优势，合理规划和布局，防止盲目布点。生活垃圾焚烧发电项目建设，要以城市总体规划、土地利用规划及环境卫生专项规划（或城市生活垃圾集中处置规划等）为基础，确定合理的布局及建设规模；秸秆发电项目原则上应布置在农作物相对集中地区，要充分考虑秸秆产量和合理的运输范围；林木生物质发电项目原则上布置在重点林区；垃圾填埋气发电项目厂址应与垃圾填埋场统筹规划；沼气发电项目要与大型畜禽养殖场、城市生活污水处理工程、工业企业的废水处理工程配套建设。在采暖地区县级城镇周围建设的农林生物质发电项目，应尽量结合城镇集中供热，建设生物质热电联产工程。

四、生物质发电项目必须依法开展环境影响评价。除生活垃圾填埋气发电及沼气发电项目编制环境影响报告表外，其他生物质发电项目应编制环境影响报告书。生物质发电项目环境影响报告书（表）报项目所在省、自治区、直辖市环境保护行政主管部门审批。各省、自治区、直辖市环境保护行政主管部门应在审批完成后三个月内，将审批文件报国务院环境保护行政主管部门备案。

五、在生物质发电项目环境影响评价及审批工作中，应重点做好以下几项工作（具体技术要点详见附件）：

（一）切实做好生物质发电项目的选址和论证工作。根据区域总体规划、有关专项规划及生物质资源分布特点，深入论证生物质发电项目选址的可行性。一般不得在城市建成区新建生物质发电项目。

（二）做好污染预防、厂址周边环境保护和规划控制工作，应根据污染物排放情况，明确合理的防护距离要求，作为规划控制的依据，防止对周围环境敏感保护目标的不利影响。

（三）结合生物质发电项目的发展现状，明确严格的污染物治理措施，确保污染物排放符合国家和地方规定的排放标准。引进国外设备的，污染物排放限值应不低于引进国同类设备的排放限值。

（四）采用农林生物质、生活垃圾等作为原燃料的生物质发电项目，在环境影响评价中必须考虑原燃料收集、运输、贮存环节的环境影响。

（五）加强环境风险防范工作，在环境影响评价中必须考虑风险事故情况下的环境影响，督促企业落实风险防范应急预案，杜绝污染事故发生。

（六）依法做好公众参与环境影响评价工作。

附件：生物质发电项目环境影响评价文件审查的技术要点

环境保护部
发展改革委
能源局
二○○八年九月四日

附件：

生物质发电项目环境影响评价文件审查的技术要点

一、生活垃圾焚烧发电类项目

1．厂址选择

按照原建设部、国家环境保护总局、科技部《关于印发〈城市生活垃圾处理及污染防治技术政策〉的通知》（建城[2000]120 号）的要求，垃圾焚烧发电适用于进炉垃圾平均低位热值高于 5 000 千焦/千克、卫生填埋场地缺乏和经济发达的地区。

选址必须符合所在城市的总体规划、土地利用规划及环境卫生专项规划（或城市生活垃圾集中处置规划等）；应符合《城市环境卫生设施规划规范》（GB 50337—2003）、《生活垃圾焚烧处理工程技术规范》（CJJ 90—2002）对选址的要求。

除国家及地方法规、标准、政策禁止污染类项目选址的区域外，以下区域一般不得新建生活垃圾焚烧发电类项目：

（1）城市建成区；

（2）环境质量不能达到要求且无有效削减措施的区域；

（3）可能造成敏感区环境保护目标不能达到相应标准要求的区域。

2．技术和装备

焚烧设备应符合《当前国家鼓励发展的环保产业设备（产品目录）》（2007 年修订）关于固体废物焚烧设备的主要指标及技术要求。

（1）除采用流化床焚烧炉处理生活垃圾的发电项目，其掺烧常规燃料质量应控制在入炉总量的 20%以下外，采用其他焚烧炉的生活垃圾焚烧发电项目不得掺烧煤炭。必须配备垃圾与原煤给料记录装置。

（2）采用国外先进成熟技术和装备的，要同步引进配套的环保技术，在满足我国排放标准前提下，其污染物排放限值应达到引进设备配套污染控制设施的设计、运行值要求。

（3）有工业热负荷及采暖热负荷的城市或地区，生活垃圾焚烧发电项目应优先选用供热机组，以提高环保效益和社会效益。

3．污染物控制

（1）燃烧设备须达到《生活垃圾焚烧污染控制标准》（GB 18485—2001）规定的“焚烧炉技术要求”；采取有效污染控制措施，确保烟气中的 SO_2、NO_x、HCl 等酸性气体及其他常规烟气污染物达到《生活垃圾焚烧污染控制标准》（GB 18485—2001）表 3“焚烧炉大气污染物排放限值”要求；对二噁英排放浓度应参照执行欧盟标准（现阶段为 0.1 $TEQng/m^3$）；在大城市或对氮氧化物有特殊控制要求的地区建设生活垃圾焚烧发电项目，应加装必要的脱硝装置，其他地区须预留脱除氮氧化物空间；安装烟气自动连续监测装置；须对二噁英的辅助判别措施提出要求，对炉内燃烧温度、CO、含氧量等实施监测，并与地方环保部门联网，对活性炭施用量实施计量。

（2）酸碱废水、冷却水排污水及其他工业废水处理处置措施应合理可行；垃圾渗滤液处理应优先考虑回喷，不能回喷的应保证排水达到国家和地方的相关排放标准要求，应设置足够容积的垃圾渗滤液事故收集池；产生的污泥或浓缩液应在厂内自行焚烧处理、不得外运处置。

（3）焚烧炉渣与除尘设备收集的焚烧飞灰应分别收集、贮存、运输和处置。焚烧炉渣为一般工业固体废物，工程应设置相应的磁选设备，对金属进行分离回收，然后进行综合利用，或按《一般工业固体废物贮存、处置场污染控制标准》（GB 18599—2001）要求进行贮存、处置；焚烧飞灰属危险废物，应按《危险废物贮存污染控制标准》（GB 18597—2001）及《危险废物填埋污染控制标准》（GB 18598—2001）进行贮存、处置；积极鼓励焚烧飞灰的综合利用，但所用技术应确保二噁英的完全破坏和重金属的有效固定、在产品的生产过程和使用过程中不会造成二次污染。《生活垃圾填埋污染控制标准》（GB 16889—2007）实施后，焚烧炉渣和飞灰的处置也可按新标准执行。

（4）恶臭防治措施：垃圾卸料、垃圾输送系统及垃圾贮存池等采用密闭设计，垃圾贮存池和垃圾输送系统采用负压运行方式，垃圾渗滤液处理构筑物须加盖密封处理。在非正常工况下，须采取有效的除臭措施。

4．垃圾的收集、运输和贮存

鼓励倡导垃圾源头分类收集或分区收集，垃圾中转站产生的渗滤液不宜进入垃圾焚烧厂，以提高进厂垃圾热值；垃圾运输路线应合理，运输车须密闭且有防止垃圾渗滤液的滴漏措施，应采用符合《当前国家鼓励发展的环保产业设备（产品目录）》（2007 年修订）主要指标及技术要求的后装压缩式垃圾运输车；对垃圾贮存坑和事故收集池底部及四壁采取防止垃圾渗滤液渗漏的措施；采取有效防止恶臭污染物外逸的措施。危险废物不得进入生活垃圾焚烧发电厂进行处理。

5．环境风险

环境影响报告书须设置环境风险影响评价专章，重点考虑二噁英和恶臭污染物的影响。事故及风险评价标准参照人体每日可耐受摄入量 4 pgTEQ/kg 执行，经呼吸进入人体的允许摄入量按每日可耐受摄入量 10%执行。根据计算结果给出可能影响的范围，并制定环境风险防范措施及应急预案，杜绝环境污染事故的发生。

6．环境防护距离

根据正常工况下产生恶臭污染物（氨、硫化氢、甲硫醇、臭气等）无组织排放源强计算的结果并适当考虑环境风险评价结论，提出合理的环境防护距离，作为项目与周围居民区以及学校、医院等公共设施的控制间距，作为规划控制的依据。新改扩建项目环境防护距离不得小于300米。

7．污染物总量控制

工程新增的污染物排放量，须提出区域平衡方案，明确总量指标来源，实现“增产减污”。

8．公众参与

须严格按照原国家环保总局颁发的《环境影响评价公众参与暂行办法》（环发[2006]28号）开展工作。公众参与的对象应包括受影响的公众代表、专家、技术人员、基层政府组织及相关受益公众的代表。应增加公众参与的透明度，适当组织座谈会、交流会使公众与相关人员进行沟通交流。应对公众意见进行归纳分析，对持不同意见的公众进行及时的沟通，反馈建设单位提出改进意见，最终对公众意见的采纳与否提出意见。对于环境敏感、争议较大的项目，地方各级政府要负责做好公众的解释工作，必要时召开听证会。

9．环境质量现状监测及影响预测

除环境影响评价导则的相关要求外，还应重点做好以下工作：

（1）现状监测：根据排放标准合理确定监测因子。在垃圾焚烧电厂试运行前，需在厂址全年主导风向下风向最近敏感点及污染物最大落地浓度点附近各设1个监测点进行大气中二噁英监测；在厂址区域主导风向的上、下风向各设1个土壤中二噁英监测点，下风向推荐选择在污染物浓度最大落地带附近的种植土壤。

（2）影响预测：在国家尚未制定二噁英环境质量标准前，对二噁英环境质量影响的评价参照日本年均浓度标准（$0.6pgTEQ/m^3$）评价。加强恶臭污染物环境影响预测，根据导则要求采用长期气象条件，逐次、逐日进行计算，按有关环境评价标准给出最大达标距离，具备条件的也可按照同类工艺与规模的垃圾电厂的臭气浓度调查、监测类比来确定。

（3）日常监测：在垃圾焚烧电厂投运后，每年至少要对烟气排放及上述现状监测布点处进行一次大气及土壤中二噁英监测，以便及时了解掌握垃圾焚烧发电项目及其周围环境二噁英的情况。

10．用水

垃圾发电项目用水要符合国家用水政策。鼓励用城市污水处理厂中水，北方缺水地区限制取用地表水、严禁使用地下水。

二、农林生物质直接燃烧和气化发电类项目

1．农林生物质的范围

农林生物质的种类包括农作物的秸秆、壳、根，木屑、树枝、树皮、边角木料，甘蔗渣等。

2．厂址选择

（1）应符合当地农林生物质直接燃烧和气化发电类项目发展规划，充分考虑当地生物质资源分布情况和合理运输半径。

（2）厂址用地应符合当地城市发展规划和环境保护规划，符合国家土地政策；城市建成区、环境质量不能达到要求且无有效削减措施的或者可能造成敏感区环境保护目标不能达到相应标准要求的区域，不得新建农林生物质直接燃烧和气化发电项目。

3．技术和装备

（1）生物质焚烧锅炉应以农林生物质为燃料，不得违规掺烧煤、矸石或其他矿物燃料。

（2）采用国外成熟技术和装备，要同步引进配套的环保技术和污染控制设施。在满足我国排放标准前提下，其污染物排放限值应达到引进设备配套污染控制设施的设计运行值要求。

秸秆直燃发电项目应避免重复建设，尽量选择高参数机组，原则上项目建设规模应不小于12MW。

4．大气污染物排放标准

（1）烟气污染物排放标准

单台出力 65t/h 以上采用甘蔗渣、锯末、树皮等生物质燃料的发电锅炉，参照《火电厂大气污染物排放标准》（GB 13223—2003）规定的资源综合利用火力发电锅炉的污染物控制要求执行。

单台出力 65t/h 及以下采用甘蔗渣、锯末、树皮等生物质燃料的发电锅炉，参照《锅炉大气污染物排放标准》（GB 13271—2001）中燃煤锅炉大气污染物最高允许排放浓度执行。

有地方排放标准且严于国家标准的，执行地方排放标准。

引进国外燃烧设备的项目，在满足我国排放标准前提下，其污染物排放限值应达到引进设备配套污染控制设施的设计运行值要求。

（2）无组织排放控制标准

根据生物质发电项目所在区域的环境空气功能区划，其产生的恶臭污染物（氨、硫化氢、甲硫醇、臭气）浓度的厂界排放限值，分别按照《恶臭污染物排放标准》（GB 14555—93）表 1 相应级别的指标执行，如环境空气二类区，生物质发电项目的恶臭污染物执行《恶臭污染物排放标准》（GB 14555—93）二级标准限值。

掺烧常规燃料（如煤炭），其煤堆场煤尘无组织排放控制标准，其单位法定周界无组织排放监控浓度值执行《大气污染物综合排放标准》（GB 16297—1996）。

非甲烷总烃厂界无组织排放监控浓度执行《大气污染物综合排放标准》（GB 16297—1996）。

5．污染物控制

采取的烟气治理措施，能确保烟尘等污染物达到国家排放标准；采用有利于减少 NO_x 产生的低氮燃烧技术，并预留脱氮装置空间；配备贮灰渣装置或设施，配套灰渣综合利用设施，做到灰渣全部综合利用。

6．恶臭防护距离

按照其恶臭污染物（氨、硫化氢、甲硫醇、臭气等）无组织排放源强确定合理的防护距离。

7．原料的来源、收集、运输和贮存

落实稳定的农林生物质来源，配套合理的秸秆收集、运输、贮存、调度和管理体系；原料场须采取可行的二次污染防治措施。

8．用水

农林生物质直接燃烧和气化发电项目用水是否符合国家用水政策。鼓励用城市污水处理厂中水，北方缺水地区限制取用地表水、严禁使用地下水。

9．环境风险

设置环境风险影响评价专章，根据项目特点及环境特点，制定环境风险防范措施及防范应急预案，杜绝环境污染事故的发生。

三、垃圾填埋气发电及沼气发电类项目

1．厂址选择

用地符合当地城市发展规划和环境保护规划，符合国家土地政策。垃圾填埋气发电厂址应与垃圾填埋场统筹规划。

2．技术和装备

鼓励采用具有自主知识产权的成熟技术和设备。采用国外先进成熟技术和装备的，应同步引进配套的环保技术和污染控制设施，在满足我国排放标准前提下，其污染物排放限值应达到引进设备配套污染控制措施的设计运行值要求。

3．大气污染物排放标准

（1）烟气污染物排放标准

单台出力 65t/h 以上的发电锅炉，参照《火电厂大气污染物排放标准》（GB 13223—2003）规定的燃气轮机组的污染物控制要求执行。

单台出力 65t/h 及以下的发电锅炉，参照《锅炉大气污染物排放标准》（GB 13271—2001）中燃气锅炉大气污染物最高允许排放浓度执行。

有地方排放标准且严于国家标准的，执行地方排放标准。

引进国外燃烧设备的项目，在满足我国排放标准前提下，其污染物排放限值应达到引进设备配套污染控制设施的设计运行值要求。

（2）无组织排放控制标准

根据生物质发电项目所在区域的环境空气功能区划，其产生的恶臭污染物（氨、硫化氢、甲硫醇、臭气）浓度的厂界排放限值，分别按照《恶臭污染物排放标准》（GB 14555—93）表 1 相应级别的指标执行，如环境空气二类区，生物质发电项目的恶臭污染物执行《恶臭污染物排放标准》（GB 14555—93）二级标准限值。

非甲烷总烃厂界无组织排放监控浓度执行《大气污染物综合排放标准》（GB 16297—1996）。

4．污染物控制

采取的垃圾填埋气和沼气预处理及烟气治理措施，要确保烟尘等污染物达到国家排放标准；燃烧系统应采用有利于减少 NO_x 产生的低氮燃烧技术，并预留脱氮装置空间。

5．恶臭防护距离

按照其恶臭污染物（氨、硫化氢、甲硫醇、臭气等）无组织排放源强确定合理的防护距离。

6．环境风险

应设置环境风险影响及对策章节，并根据项目特点及环境特点，制定环境风险防范措施及防范应急预案，杜绝环境污染事故的发生。

7．用水

此类项目用水须符合国家用水政策。鼓励用城市污水处理厂中水，北方缺水地区限制取用地表水、严禁使用地下水。

粉煤灰综合利用管理办法

第一章　总　则

第一条　为节约资源、保护环境、发展循环经济，深入推进粉煤灰综合利用健康发展，根据《中华人民共和国循环经济促进法》、《中华人民共和国清洁生产促进法》、《中华人民共和国固体废物污染环境防治法》等有关法律法规，制定本办法。

第二条　中华人民共和国境内粉煤灰的产生、储运、综合利用等活动，适用本办法。

第三条　本办法所称粉煤灰是指：燃煤电厂以及煤矸石、煤泥资源综合利用电厂（以下简称产灰单位）锅炉烟气经除尘器收集后获得的细小飞灰和炉底渣。

第四条　本办法所称粉煤灰综合利用是指：从粉煤灰中进行物质提取，以粉煤灰为原料生产建材、化工、复合材料等产品，粉煤灰直接用于建筑工程、筑路、回填和农业等。

第五条　国家发展改革委负责全国粉煤灰综合利用的组织协调和监督检查工作，国务院有关部门负责各自职责范围内的相关工作。

地方各级资源综合利用主管部门负责本办法的贯彻实施和本行政区域的监督、管理和协调工作，有关部门负责各自职责范围内的相关工作。

相关行业协会、社会团体组织开展粉煤灰综合利用技术培训和交流，加强行业自律。

第六条　粉煤灰综合利用应遵循“谁产生、谁治理，谁利用、谁受益”的原则，减少粉煤灰堆存，不断扩大粉煤灰综合利用规模，提高技术水平和产品附加值。

第二章　综合管理

第七条　国家发展改革委会同国务院有关部门组织编制粉煤灰综合利用实施方案。各省级资源综合利用主管部门会同有关部门编制本行政区域的粉煤灰综合利用实施方案，并纳入地方经济社会发展规划，报国家发展改革委备案。

第八条　国家发展改革委会同科技部、工业和信息化部、财政部、国土资源部、环境保护部、住房城乡建设部、交通运输部、税务总局、质检总局等部门负责制订完善粉煤灰综合利用的相关政策、技术、产品导向目录和标准，组织开展粉煤灰清洁高效利用关键技术、设备的研发与产业化示范，推动粉煤灰在建筑、建材、化工等更多领域的广泛应用。

第九条　产灰单位须按照《中华人民共和国固体废物污染环境防治法》和环境保护部门有关规定申报登记粉煤灰产生、贮存、流向、利用和处置等情况，同时报同级资源综合利用主管部门备案。

地市级环境保护部门、资源综合利用主管部门负责统计和掌握本地区粉煤灰产生、贮存、流向、利用、处置等数据信息。各省（区、市）环境保护部门和资源综合利用主管部门应于每年 6 月底前，将本地区上年度统计数据报环境保护部和国家发展改革委。

第十条　新建和扩建燃煤电厂，项目可行性研究报告和项目申请报告中须提出粉煤灰综合利用方案，明确粉煤灰综合利用途径和处置方式。

综合利用方案中涉及粉煤灰存储、装运的设施和装备以及产灰单位自行建设粉煤灰综合利用工程的要与主体工程同时设计、同时施工、同时建成。

综合利用方案中涉及为其他单位提供粉煤灰的，用灰单位应符合国家产业政策且具备相应的处理能力。

第十一条 新建电厂应综合考虑周边粉煤灰利用能力，以及节约土地、防止环境污染，避免建设永久性粉煤灰堆场（库），确需建设的，原则上占地规模按不超过 3 年储灰量设计，且粉煤灰堆场（库）选址、设计、建设及运行管理应当符合《一般工业固体废物贮存、处置场污染控制标准》（GB 18599—2001）等相关要求。

第十二条 产灰单位灰渣处理工艺系统应按照干湿分排、粗细分排、灰渣分排的原则进行分类收集，并配备相应储灰设施。已投运的电厂要改造、完善粉煤灰储、装、运系统，包括加工分选、磨细和灰场综合治理等设施。

产灰单位既有湿排灰堆场（库），应制订粉煤灰综合利用专项方案和污染防治专项方案，并报所在地市级资源综合利用主管部门和环境保护部门备案。新建电厂应以便于利用为原则，不得湿排粉煤灰。

堆场（库）中的粉煤灰应按环境保护部门有关规定严格管理。

第十三条 在堆场（库）提取粉煤灰，产灰单位应与用灰单位签订取灰安全及环保协议，产灰单位应对用灰单位从指定地点装运未经加工的粉煤灰（包括从湿排灰堆场（库）取灰点、电厂储装运设施中取原灰）提供装载方便，并维护灰场和生产现场的安全。

第十四条 粉煤灰运输须使用专用封闭罐车，并严格遵守环境保护等有关部门规定和要求，避免二次污染。

第十五条 粉煤灰建材产品和利用粉煤灰或制品建造的道路、港口、桥涵、大坝及其他建筑工程，必须符合国家或行业的有关质量标准，质量技术监督部门和工程质量管理部门应依法监督管理。

第三章 鼓励措施

第十六条 鼓励对粉煤灰进行以下高附加值和大掺量利用：

（一）发展高铝粉煤灰提取氧化铝及相关产品；

（二）发展技术成熟的大掺量粉煤灰新型墙体材料；

（三）利用粉煤灰作为水泥混合材料并在生料中替代黏土进行配料；

（四）利用粉煤灰作商品混凝土掺合料等。

第十七条 鼓励产灰单位对粉煤灰进行分选加工，生产的符合国家或行业标准的成品粉煤灰，可以适当收取费用，其收费标准根据加工成本和质量，由产、用灰双方商定。

鼓励产灰单位与用灰单位签订长期供应协议。

第十八条 用灰单位可以按照《国家鼓励的资源综合利用认定管理办法》有关要求和程序申报资源综合利用认定。符合条件的用灰单位，可根据国家有关规定，申请享受资源综合利用相关优惠政策。

第十九条 鼓励在具备条件的建筑、筑路等工程中使用符合国家或行业质量标准的粉煤灰及其制品。

第二十条 对粉煤灰大掺量、高附加值关键共性技术的自主创新研究，相关部门应给予一定支持。对获得国家和地方资金支持的粉煤灰综合利用项目，所在地区科技、投资、环保等部门要对项目进展、资金使用、环境影响情况进行监督检查，并进行资源综合利用效果的后评估。

第二十一条 各级资源综合利用主管部门应会同相关部门，根据本地区实际情况制定相应的鼓励和扶持措施。

第二十二条 相关部门、各级地方政府对在粉煤灰综合利用工作中有突出贡献的产灰、用灰、运灰、设计、科研和管理等单位及个人按规定予以表彰和奖励。

第四章 法律责任

第二十三条 新建电厂兴建永久性储灰场违反第十一条规定的，由国土资源等部门监督其限期整改。对环境造成污染的，由环境保护部门依法予以处罚。

第二十四条 任何单位及个人不得在灰场（库）非指定区域擅自取灰，凡擅自取灰影响灰场（库）安全，造成财产损失或引发安全事故的，有关部门要依法追究相关责任。

第二十五条 违反本办法第十四条、第十五条规定的，由环境保护、质量技术监督等部门根据情节轻重及有关规定予以行政处罚，资源综合利用主管部门监督整改。

第二十六条 有关部门依照本办法及相关规定对单位、个人处以罚款和没收财物时，应遵守《中华人民共和国行政处罚法》相关规定，同时必须使用财政部门统一制发的罚没票据。

第五章 附 则

第二十七条 各省级资源综合利用主管部门应根据本办法，并结合当地实际情况，制定实施细则。

第二十八条 本办法自 2013 年 3 月 1 日起施行。原国家经贸委等六部门联合发布的《粉煤灰综合利用管理办法》（国经贸节[1994]14 号）同时废止。

国家发展改革委办公厅关于加强煤矸石发电项目规划和建设管理工作的通知

各省、自治区、直辖市发展改革委（计委）、经贸委：

为了促进煤矸石发电的健康发展，使煤矸石发电达到提高煤炭资源利用率、保护环境的目的，现将加强煤矸石发电项目规划与建设管理的有关要求通知如下：

一、认真做好煤矸石综合利用及煤矸石发电规划。煤矸石是煤炭生产和加工过程中产生的固体废弃物，根据其矿物特性，可用于发电、生产建材和复垦、回填等。各有关地区要以提高煤矸石资源综合利用率和消除煤矸石的环境污染为目标，根据煤矸石的矿物和理化性能合理确定煤矸石的综合利用途径，制定切实可行的煤矸石综合利用规划，并将煤矸石发电纳入该规划。煤矸石综合利用规划原则上以煤炭生产相对集中的地区为单位，由地方政府有关部门商煤炭生产企业制定，并应经省级政府经济综合部门核准。有关地区制定的完整、可行的煤矸石综合利用规划是上报煤矸石发电项目的依据和前提条件。同时，煤矸石发电项目要纳入电力发展规划，与电力规划中各类电源项目统筹安排。

二、认真核实煤矸石发电厂的建设条件。煤矸石品质和足够的资源量是建设煤矸石发电项目的前提条件。用于发电的煤矸石的热值应达到 5 000 千焦/千克（1 200 千卡/千克）以上，煤矸石发电必须以煤矸石（包括煤泥）为主要燃料，煤矸石（包括煤泥）在入炉燃料中的重量比不低于 60%，入炉燃料的热值不大于 12 550 千焦/千克（3 000 千卡/千克）。煤矸石发电项目原则上依托选煤厂建设，对消耗选煤厂产生的洗矸、煤泥等废弃物，厂址要尽可能靠近选煤厂，避免煤矸石的长距离运输。原则上没有足够规模的选煤厂不应规划建设煤矸石发电厂，选煤厂的生产能力一般应在 200 万吨/年以上。在煤矸石资源和技术条件许可的情况下，鼓励建设大容量、高效率的大型循环流化床煤矸石发电机组，原则上建设单机容量 5 万千瓦及以上的高压和超高压机组。在煤矸石经济运输和供热距离内，鼓励建设煤矸石热电联产项目，向附近工矿企业和城镇集中供热。

三、高度重视煤矸石发电的环境保护和水资源保护工作。煤矸石发电机组要达到国家对燃煤发电机组规定的环保指标，煤矸石发电厂要充分利用矿井疏干水和污水处理厂的中水，在北方缺水地区建设的煤矸石发电厂要采用空冷机组。煤矸石发电产生的灰渣要实现综合利用或妥善处置，避免造成二次污染。

四、煤矸石发电执行国家电力体制改革的有关政策。煤矸石发电执行电力管理体制改革后对发电企业管理的各项政策。在有关煤矸石发电政策的支持下，公平参与电力市场竞争。鼓励煤矸石发电厂以合同方式向工矿企业直接供电，并按照国家有关规定与电网经营企业签订电力支援与辅助服务合同。

五、加强煤矸石发电项目运行的监督管理。各省级经济综合部门在加强煤矸石发电项目建设前期管理工作的同时，要加强对煤矸石发电运行的监督和管理，防止假借煤矸石发电名义建设小火电机组，确保煤矸石发电项目取得资源综合利用和环境保护等社会效益。

二〇〇四年五月二十一日

关于印发《国家鼓励的资源综合利用认定管理办法》的通知

发改环资[2006]1864 号

各省、自治区、直辖市及计划单列市、副省级省会城市、新疆生产建设兵团发展改革委、经委（经贸委）、财政厅（局）、国家税务局、地方税务局，国务院有关部门：

根据《国务院办公厅关于保留部分非行政许可审批项目的通知》（国办发[2004]62 号）精神，按照精简效能的原则，将保留的资源综合利用企业认定与资源综合利用电厂认定工作合并。根据《行政许可法》有关精神，结合资源综合利用工作的实际，我们对原国家经贸委等部门发布的《资源综合利用认定管理办法》（国经贸资源[1998]716 号）和《资源综合利用电厂（机组）认定管理办法》（国经贸资源[2000]660 号）进行了修订。在此基础上，特制定《国家鼓励的资源综合利用认定管理办法》，现印发你们，请认真贯彻执行。原国家经贸委等部门发布的《资源综合利用认定管理办法》和《资源综合利用电厂（机组）认定管理办法》同时废止。

资源综合利用是我国经济和社会发展中一项长远的战略方针，也是一项重大的技术经济政策，对提高资源利用效率，发展循环经济，建设节约型社会具有十分重要的意义。各地要加强对资源综合利用认定工作的管理，落实好国家对资源综合利用的鼓励和扶持政策，促进资源综合利用事业健康发展。在执行中有何意见和建议，请及时报告我们。

附：国家鼓励的资源综合利用认定管理办法

国家发展改革委
财　政　部
税　务　总　局
二〇〇六年九月七日

附：

国家鼓励的资源综合利用认定管理办法

第一章　总　则

第一条　为贯彻落实国家资源综合利用的鼓励和扶持政策，加强资源综合利用管理，鼓励企业开展资源综合利用，促进经济社会可持续发展，根据《国务院办公厅关于保留部分非行政许可审批项目的通知》（国办发[2004]62 号）和国家有关政策法规精神，制定本办法。

第二条　本办法所指国家鼓励的资源综合利用认定，是指对符合国家资源综合利用鼓励和扶持政策的资源综合利用工艺、技术或产品进行认定（以下简称资源综合利用认定）。

第三条 国家发展改革委负责资源综合利用认定的组织协调和监督管理。

各省、自治区、直辖市及计划单列市资源综合利用行政主管部门（以下简称省级资源综合利用主管部门）负责本辖区内的资源综合利用认定与监督管理工作；财政行政主管机关要加强对认定企业财政方面的监督管理；税务行政主管机关要加强税收监督管理，认真落实国家资源综合利用税收优惠政策。

第四条 经认定的生产资源综合利用产品或采用资源综合利用工艺和技术的企业，按国家有关规定申请享受税收、运行等优惠政策。

第二章 申报条件和认定内容

第五条 申报资源综合利用认定的企业，必须具备以下条件：

（一）生产工艺、技术或产品符合国家产业政策和相关标准；

（二）资源综合利用产品能独立计算盈亏；

（三）所用原（燃）料来源稳定、可靠，数量及品质满足相关要求，以及水、电等配套条件的落实；

（四）符合环保要求，不产生二次污染。

第六条 申报资源综合利用认定的综合利用发电单位，还应具备以下条件：

（一）按照国家审批或核准权限规定，经政府主管部门核准（审批）建设的电站。

（二）利用煤矸石（石煤、油母页岩）、煤泥发电的，必须以燃用煤矸石（石煤、油母页岩）、煤泥为主，其使用量不低于入炉燃料的 60%（重量比）；利用煤矸石（石煤、油母页岩）发电的入炉燃料应用基低位发热量不大于 12 550 千焦/千克；必须配备原煤、煤矸石、煤泥自动给料显示、记录装置。

（三）城市生活垃圾（含污泥）发电应当符合以下条件：垃圾焚烧炉建设及其运行符合国家或行业有关标准或规范；使用的垃圾数量及品质需有地（市）级环卫主管部门出具的证明材料；每月垃圾的实际使用量不低于设计额定值的 90%；垃圾焚烧发电采用流化床锅炉掺烧原煤的，垃圾使用量应不低于入炉燃料的 80%（重量比），必须配备垃圾与原煤自动给料显示、记录装置。

（四）以工业生产过程中产生的可利用的热能及压差发电的企业（分厂、车间），应根据产生余热、余压的品质和余热量或生产工艺耗气量和可利用的工质参数确定工业余热、余压电厂的装机容量。

（五）回收利用煤层气（煤矿瓦斯）、沼气（城市生活垃圾填埋气）、转炉煤气、高炉煤气和生物质能等作为燃料发电的，必须有充足、稳定的资源，并依据资源量合理配置装机容量。

第七条 认定内容

（一）审定申报综合利用认定的企业或单位是否执行政府审批或核准程序，项目建设是否符合审批或核准要求，资源综合利用产品、工艺是否符合国家产业政策、技术规范和认定申报条件；

（二）审定申报资源综合利用产品是否在《资源综合利用目录》范围之内，以及综合利用资源来源和可靠性；

（三）审定是否符合国家资源综合利用优惠政策所规定的条件。

第三章 申报及认定程序

第八条 资源综合利用认定实行由企业申报，所在地市（地）级人民政府资源综合利用管理部门（以下简称市级资源综合利用主管部门）初审，省级资源综合利用主管部门会同有关部门集中审定的制度。省级资源综合利用主管部门应提前一个月向社会公布每年年度资源综合利用认定的具体时间安排。

第九条　凡申请享受资源综合利用优惠政策的企业，应向市级资源综合利用主管部门提出书面申请，并提供规定的相关材料。市级资源综合利用主管部门在征求同级财政等有关部门意见后，自规定受理之日起在30日内完成初审，提出初审意见报省级资源综合利用主管部门。

第十条　市级资源综合利用主管部门对申请单位提出的资源综合利用认定申请，应当根据下列情况分别做出处理：

（一）属于资源综合利用认定范围、申请材料齐全，应当受理并提出初审意见。

（二）不属于资源综合利用认定范围的，应当即时将不予受理的意见告知申请单位，并说明理由。

（三）申请材料不齐全或者不符合规定要求的，应当场或者在五日内一次告知申请单位需要补充的全部内容。

第十一条　省级资源综合利用主管部门会同同级财政等相关管理部门及行业专家，组成资源综合利用认定委员会（以下简称综合利用认定委员会），按照第二章规定的认定条件和内容，在45日内完成认定审查。

第十二条　属于以下情况之一的，由省级资源综合利用主管部门提出初审意见，报国家发展改革委审核。

（一）单机容量在25MW以上的资源综合利用发电机组工艺；

（二）煤矸石（煤泥、石煤、油母页岩）综合利用发电工艺；

（三）垃圾（含污泥）发电工艺。

以上情况的审核，每年受理一次，受理时间为每年7月底前，审核工作在受理截止之日起60日内完成。

第十三条　省级资源综合利用主管部门根据综合利用认定委员会的认定结论或国家发展改革委的审核意见，对审定合格的资源综合利用企业予以公告，自发布公告之日起10日内无异议的，由省级资源综合利用主管部门颁发《资源综合利用认定证书》，报国家发展改革委备案，同时将相关信息通报同级财政、税务部门。未通过认定的企业，由省级资源综合利用主管部门书面通知，并说明理由。

第十四条　企业对综合利用认定委员会的认定结论有异议的，可向原作出认定结论的综合利用认定委员会提出重新审议，综合利用认定委员会应予受理。企业对重新审议结论仍有异议的，可直接向上一级资源综合利用主管部门提出申诉；上一级资源综合利用主管部门根据调查核实的情况，会同有关部门组织提出论证意见，并有权变更下一级的认定结论。

第十五条　《资源综合利用认定证书》由国家发展改革委统一制定样式，各省级资源综合利用主管部门印制。认定证书有效期为两年。

第十六条　获得《资源综合利用认定证书》的单位，因故变更企业名称或者产品、工艺等内容的，应向市级资源综合利用主管部门提出申请，并提供相关证明材料。市级资源综合利用主管部门提出意见，报省级资源综合利用主管部门认定审查后，将相关信息及时通报同级财政、税务部门。

第四章　监督管理

第十七条　国家发展改革委、财政部、国家税务总局要加强对资源综合利用认定管理工作和优惠政策实施情况的监督检查，并根据资源综合利用发展状况、国家产业政策调整、技术进步水平等，适时修改资源综合利用认定条件。

第十八条　各级资源综合利用主管部门应采取切实措施加强对认定企业的监督管理，尤其要加强大宗综合利用资源来源的动态监管，对综合利用资源无法稳定供应的，要及时清理。在不妨碍企业正常生产经营活动的情况下，每年应对认定企业和关联单位进行监督检查和了解。

各级财政、税务行政主管部门要加强与同级资源综合利用主管部门的信息沟通，尤其对在监督检查过程中发现的问题要及时交换意见，协调解决。

第十九条　省级资源综合利用主管部门应于每年5月底前将上一年度的资源综合利用认定的基本情况报告国家发展改革委、财政部和国家税务总局。主要包括：

（一）认定工作情况（包括资源综合利用企业（电厂）认定数量、认定发电机组的装机容量等情况）。

（二）获认定企业综合利用大宗资源情况及来源情况（包括资源品种、综合利用量、供应等情况）。

（三）资源综合利用认定企业的监管情况（包括年检、抽查及处罚情况等）。

（四）资源综合利用优惠政策落实情况。

第二十条　获得资源综合利用产品或工艺认定的企业（电厂），应当严格按照资源综合利用认定条件的要求，组织生产，健全管理制度，完善统计报表，按期上报统计资料和经审计的财务报表。

第二十一条　获得资源综合利用产品或工艺认定的企业，因综合利用资源原料来源等原因，不能达到认定所要求的资源综合利用条件的，应主动向市级资源综合利用主管部门报告，由省级认定、审批部门终止其认定证书，并予以公告。

第二十二条　《资源综合利用认定证书》是各级主管税务机关审批资源综合利用减免税的必要条件，凡未取得认定证书的企业，一律不得办理税收减免手续。

第二十三条　参与认定的工作人员要严守资源综合利用认定企业的商业和技术秘密。

第二十四条　任何单位和个人，有权检举揭发通过弄虚作假等手段骗取资源综合利用认定资格和优惠政策的行为。

第五章　罚　则

第二十五条　对弄虚作假，骗取资源综合利用优惠政策的企业，或违反本办法第二十一条未及时申报终止认定证书的，一经发现，取消享受优惠政策的资格，省级资源综合利用主管部门收回认定证书，三年内不得再申报认定，对已享受税收优惠政策的企业，主管税务机关应当依照《中华人民共和国税收征收管理法》及有关规定追缴税款并给予处罚。

第二十六条　有下列情形之一的，由省级资源综合利用主管部门撤销资源综合利用认定资格并抄报同级财政和税务部门：

（一）行政机关工作人员滥用职权、玩忽职守做出不合条件的资源综合利用认定的；

（二）超越法定职权或者违反法定程序做出资源综合利用认定的；

（三）对不具备申请资格或者不符合法定条件的申请企业予以资源综合利用认定的；

（四）隐瞒有关情况、提供虚假材料或者拒绝提供反映其活动情况真实材料的；以欺骗、贿赂等不正当手段取得资源综合利用认定的；

（五）年检、抽查达不到资源综合利用认定条件，在规定期限不整改或者整改后仍达不到认定条件的。

第二十七条　行政机关工作人员在办理资源综合利用认定、实施监督检查过程中有滥用职权、玩忽职守、弄虚作假行为的，由其所在部门给予行政处分；构成犯罪的，依法追究刑事责任。

第二十八条　对伪造资源综合利用认定证书者，依据国家有关法律法规追究其责任。

第六章　附　则

第二十九条　本办法所称资源综合利用优惠政策是指：经认定具备资源综合利用产品或工艺、技术的企业按规定可享受的国家资源综合利用优惠政策。

第三十条　申请享受资源综合利用税收优惠政策的企业（单位）须持认定证书向主管税务机关提出减免税申请。主管税务机关根据有关税收政策规定，办理减免税手续。

申请享受其他优惠政策的企业，须持认定证书到有关部门办理相关优惠政策手续。

第三十一条　本办法涉及的有关规定及资源综合利用优惠政策如有修订，按修订后的执行。

第三十二条　各地可根据本办法，结合地方具体情况制定实施细则，并报国家发展和改革委员会、财政部和国家税务总局备案。

第三十三条　本办法由国家发展和改革委员会会同财政部、国家税务总局负责解释。

第三十四条　本办法自 2006 年 10 月 1 日起施行。原国家经贸委、国家税务总局发布的《资源综合利用认定管理办法》（国经贸资源[1998]716 号）和《资源综合利用电厂（机组）认定管理办法》（国经贸资源[2000]660 号）同时废止。

国家发展改革委、建设部关于印发《热电联产和煤矸石综合利用发电项目建设管理暂行规定》的通知

发改能源[2007]141号

各省、自治区、直辖市发展改革委、经委（经贸委）、建设厅（建委）、物价局，国家电网公司、中国南方电网公司、华能集团、大唐集团、国电集团、华电集团、中电投集团、中国国际工程咨询公司、中国电力工程顾问集团、神华集团、国家开发投资公司、华润集团、中国电力企业联合会：

规范热电联产和煤矸石综合利用发电项目建设工作，对促进我国能源的合理和有效利用、转变增长方式、提高经济效益、推进技术进步、减少环境污染等具有十分重要的作用。根据《国务院关于投资体制改革的决定》以及其他相关规定，国家发展改革委和建设部制定了《热电联产和煤矸石综合利用发电项目建设管理暂行规定》，现印发你们，请按照执行。

特此通知。

附件：《热电联产和煤矸石综合利用发电项目建设管理暂行规定》

国家发展改革委
建　设　部
二〇〇七年一月十七日

附件：

热电联产和煤矸石综合利用发电项目建设管理暂行规定

第一章　总　则

第一条　为提高能源利用效率，保护生态环境，促进和谐社会建设，实现热电联产和资源综合利用发电健康有序发展，依据国家产业政策和有关规定，制定本规定。

第二条　本规定适用于全国范围内新（扩）建热电联产和煤矸石综合利用发电项目。

第三条　发展改革部门（经委、经贸委）按照国家有关规定，负责热电联产和煤矸石综合利用发电规划、项目申报与核准，以及相关监管工作。

第二章　规　划

第四条　热电联产和煤矸石综合利用发电专项规划应按照国家电力发展规划和产业政策，依据当地城市总体规划、城市规模、工业发展状况和资源等外部条件，结合现有电厂改造、关停小机组和小锅炉等情况编制。

热电联产专项规划的编制要科学预测热力负荷，具有适度前瞻性，并对不同规划建设方案进行能耗和环境影响论证分析。

地市级及以上政府有关部门负责编制专项规划，并应纳入全省（直辖市、自治区）电力工业发展规划。各地热电联产和煤矸石综合利用发电装机总量应纳入国家电力发展规划。

省级发展改革部门会同其他有关部门应在全国电力发展规划装机容量范围内负责专项规划的审定，统一报国家发展改革委。

第五条 热电联产和煤矸石综合利用发电项目专项规划应当实施滚动管理，根据电力规划建设规模确定的周期（一般为三年），统筹确定热电建设规模，必要时可结合地区实际发展情况进行调整。

第六条 煤矸石综合利用发电项目，应优先在大型煤炭矿区内或紧邻大型煤炭洗选设施规划建设，具备集中供热条件的，应考虑热电联产；限制分散建设以煤矸石为燃料的小型资源综合利用发电项目。

第七条 煤矸石综合利用发电项目的设备选型应根据燃料特性确定，按照集约化、规模化和就近消化的原则，优先安排建设大中型循环流化床发电机组，在大型矿区以外的城市近郊区原则上不规划建设燃用煤矸石的热电联产项目。

第八条 热电联产的建设分 5 类地区安排，具体地区划分方式按照《民用建筑热工设计规范》（GB 50176）等国家有关规定执行。

第九条 热电联产应当以集中供热为前提。在不具备集中供热条件的地区，暂不考虑规划建设热电联产项目。

第十条 在严寒、寒冷地区（包括秦岭淮河以北、新疆、青海和西藏）且具备集中供热条件的城市，应优先规划建设以采暖为主的热电联产项目，取代分散供热的锅炉，以改善环境质量，节约能耗。

在夏热冬冷地区（包括长江以南的部分地区）如具备集中供热条件可适当建设供热机组，并可考虑与集中制冷相结合的热电联产项目。

夏热冬暖地区和温和地区除工业区用热需要建设供热机组外，不考虑建设采暖供热机组。

第十一条 以工业热负荷为主的工业区应当尽可能集中规划建设，以实现集中供热。

第十二条 在已有热电厂的供热范围内，原则上不重复规划建设企业自备热电厂。除大型石化、化工、钢铁和造纸等企业外，限制为单一企业服务的热电联产项目建设。

第十三条 热电联产项目中，优先安排背压型热电联产机组。

背压型机组的发电装机容量不计入电力建设控制规模。

背压型机组不能满足供热需要的，鼓励建设单机 20 万千瓦及以上的大型高效供热机组。

第十四条 在电网规模较小的边远地区，结合当地电力电量平衡需要，可以按热负荷需求规划抽凝式供热机组，并优先考虑利用生物质能等可再生能源的热电联产机组；限制新建并逐步淘汰次高压参数及以下燃煤（油）抽凝机组。

第十五条 以热水为供热介质的热电联产项目覆盖的供热半径一般按 20 公里考虑，在 10 公里范围内不重复规划建设此类热电项目；

以蒸汽为供热介质的一般按 8 公里考虑，在 8 公里范围内不重复规划建设此类热电项目。

第三章 核 准

第十六条 除背压型机组外，项目核准机关应当对热电联产建设方案与热电分产建设方案进行审核，热电联产年能源消耗量和在当地排放的污染物总量低于热电分产的，方可核准热电联产项目。

项目申请单位应当在项目申请报告中提供上一款所需资料。

第十七条 热电联产和煤矸石综合利用发电专项规划是项目核准的基本依据。项目核准应当在专项规划指导下进行，拟建项目应当经科学论证和专家评议后予以明确。

第十八条 热电联产项目在申报核准时，除提交与常规燃煤火电项目相同的支持性文件外，还需提供配套热网工程的可行性研究报告及当地整合供热区的方案，已有机组改造和小火电机组（小锅炉房）关停方案，以及相应的承诺文件，地方价格主管部门按照第二十三条规定出具的热力价格批复文件，项目申报单位和当地其他热电联产项目运行以及近三年核验情况。

第十九条 煤矸石综合利用发电项目在申报核准时，除提交与常规燃煤火电项目相同的支持性文件外，还需提供项目配套选用锅炉设备的订货协议，有关部门对当地燃料来源的论证和批复文件；项目申报单位和当地其他煤矸石综合利用发电项目运行以及近三年核验情况。

第四章 支持与保障措施

第二十条 国家支持利用多种方式解决中小城镇季节性采暖供热问题，推广采用生物质能、太阳能和地热能等可再生能源，并鼓励有条件的地区采用天然气、煤气和煤层气等资源实施分布式热电联产。

中小城镇季节性采暖供热应当符合因地制宜、合理布局、先进适用的原则。

第二十一条 国家采取多种措施，大力发展煤炭清洁高效利用技术，积极探索应用高效清洁热电联产技术，重点开发整体煤气化联合循环发电等煤炭气化、供热（制冷）、发电多联产技术。

第二十二条 热电联产和煤矸石综合利用发电项目的上网电价，执行国家发展改革委颁布的《上网电价管理暂行办法》。在实行竞价上网的地区，由市场竞争形成；在未实行竞价上网的地区，新建项目上网电价执行国家公布的新投产燃煤机组标杆上网电价。

第二十三条 热电联产项目的热力出厂价格，由省级价格主管部门或经授权的市、县人民政府根据合理补偿成本、合理确定收益、促进节约用热、坚持公平负担的原则，按照价格主管部门经成本监审核定的当地供热定价成本及规定的成本利润率或净资产收益率统一核定，并按照国家有关规定实行煤热联动。

对热电联产供热和采用其他方式供热的销售价格逐步实行同热同价。

第二十四条 热电联产和煤矸石综合利用发电项目应优先上网发电。热电联产机组在供热运行时，依据实时供热负荷曲线，按“以热定电”方式优先排序上网发电，在非供热运行时或超出供热负荷曲线所发电力电量，应按同类凝汽发电机组能耗水平确定其发电调度序位。

第五章 监督检查

第二十五条 项目核准机关应当综合考虑城市规划、国土资源、环境保护、银行监管、安全生产等国家有关规定，健全完善项目检查和认定核验制度。

热电联产项目必须安装热力负荷实时在线监测装置，并与发电调度机构实现联网。

第二十六条 项目建成投产后，由项目核准机关组织或委托有关单位进行竣工检查，确认项目建设是否符合项目核准文件的各项要求。受托组织竣工检查的单位，应将检查结论报国家发展改革委。

经竣工检查合格的项目，方可申请享受国家规定的税收优惠或补贴等政策。热电联产企业与其他供热企业应同等享受当地供热优惠政策或补贴。

第二十七条 项目生产运行过程中，省级发展改革部门（经委、经贸委）应当会同有关部门进行定期年度核验。对不符合国家有关规定和项目核准要求的，应责令其限期整改，取消其享受的各项优惠政策，并报国家发展改革委。国家发展改革委将视情况组织专项稽查。经查明确有弄虚作假的，责令其停止上网运行，并按照国家有关规定予以处理。

第二十八条 项目核准机关应当会同有关部门，加强对热电联产和煤矸石综合利用发电项目的监管。对于应报政府核准而未申报的项目、虽然申报但未经核准擅自开工建设的项目，以及未按项目核准文件的要求进行建设的项目，一经发现，项目核准机关应责令其停止建设，并依法追究有关责任人的法律和行政责任。

第六章 附 则

第二十九条 本规定所称项目核准机关，是指《政府核准的投资项目目录》中规定具有企业投资项目核准权限的行政机关。

第三十条 燃用煤矸石和低位发热量小于 12 250 千焦/千克的低热值煤的项目审批核准，应按照燃煤项目进行管理，适用本规定以及其他燃煤项目的有关项目管理规定。

第三十一条 本规定由国家发展和改革委员会负责解释。

第三十二条 本规定自发布之日起施行。

国家发展改革委关于生物质发电项目建设管理的通知

各省（区、市）发展改革委（能源局），国家电网公司，南方电网公司，中国华能集团公司、中国大唐集团公司、中国华电集团公司、中国国电集团公司、中国电力投资集团公司、中国节能投资公司、国能生物质发电集团公司：

生物质发电是生物质能利用的重要形式。近年来，我国生物质发电取得了一定发展，装机容量逐年增加，已培育形成了较完整的设备制造能力和产业服务体系，对促进农村发展、实现节能减排发挥了很好的作用。但由于缺乏管理经验、规划等前期论证工作深度不够，目前生物质发电还面临燃料供应不足、价格上涨压力大、发电成本难以控制等问题，影响了生物质发电的推广。为了促进生物质发电的健康发展，经研究，现将加强生物质发电项目建设管理的有关要求通知如下：

一、重视生物质发电规划工作

生物质资源是生物质发电的原料基础。由于农村生物质资源用途广泛，为确保生物质发电的有序发展，必须做好生物质发电规划工作，科学分析各种生物质资源量，统筹协调生物质资源的合理利用，在充分考虑生物质资源其他用途的基础上，根据剩余资源的分布特点，合理制定生物质发电目标和建设布局，切不可盲目建设。原则上，生物质发电厂应布置在粮食主产区秸秆丰富的地区，且每个县或100公里半径范围内不得重复布置生物质发电厂。

二、合理确定生物质电站建设场址和规模

生物质资源种类多，包括农林生产剩余物、粮食加工和木材加工剩余物、生活垃圾、畜禽养殖场粪便及污水处理淤泥等。为充分有效利用各类生物质资源，生物质发电锅炉应具有燃烧各类生物质资源的能力，场址选择除满足安全、环境条件外，应统筹考虑各类资源的分布特点，结合城市供暖或工业园区用热需要，优先建设生物质热电联产发电厂。生物质电站建设规模以可保证供应的资源量为基础确定，一般安装2台机组，装机容量应与资源量匹配，考虑到生物质燃料的运输半径，一般不超过3万千瓦。

三、落实生物质资源条件和保障措施

生物质电站建设的核心条件是生物质资源，必须把落实生物质资源作为生物质电站建设的前提条件。任何生物质电站建设，都要开展详细的资源分析评价，全面掌握各类生物质资源的分布和特点，并制定切实可行的生物质资源收集、运输、储存体系，明确生物质资源收集、运输、储存等的技术要求和管理制度，确保生物质资源的安全可靠供应。

四、严格生物质发电项目的核准管理

为促进生物质发电的健康发展，必须加强生物质发电项目的核准管理工作，制定严格的项目核准条件，防止盲目建设，除认真落实工程建设方案、土地利用和环境保护等建设条件外，

特别要把生物质发电规划制定、生物质资源落实作为项目核准的重要条件。未纳入生物质发电规划、未落实生物质资源的项目不得核准建设。

请各省（区、市）发展改革委、能源局按照上述要求，对各地生物质发电情况进行全面总结，已建项目存在问题较多的地方要暂缓核准生物质发电项目，集中力量把已建项目运行好、管理好。对拟建的生物质发电项目，要制定年度工作计划，报国家能源局审核同意后核准建设。对自行核准的项目，将不予纳入国家可再生能源基金补贴范围。

国务院批转住房城乡建设部等部门
关于进一步加强城市生活垃圾处理工作意见的通知

国发[2011]9 号

各省、自治区、直辖市人民政府，国务院各部委、各直属机构：

国务院同意住房城乡建设部、环境保护部、发展改革委、教育部、科技部、工业和信息化部、监察部、财政部、人力资源社会保障部、国土资源部、农业部、商务部、卫生部、税务总局、广电总局、中央宣传部《关于进一步加强城市生活垃圾处理工作的意见》，现转发给你们，请认真贯彻执行。

国务院

二〇一一年四月十九日

关于进一步加强城市生活垃圾处理工作的意见

住房城乡建设部　环境保护部　发展改革委　教育部
科技部　工业和信息化部　监察部　财政部
人力资源社会保障部　国土资源部　农业部　商务部
卫生部　税务总局　广电总局　中央宣传部

为切实加大城市生活垃圾处理工作力度，提高城市生活垃圾处理减量化、资源化和无害化水平，改善城市人居环境，现提出以下意见：

一、深刻认识城市生活垃圾处理工作的重要意义

城市生活垃圾处理是城市管理和环境保护的重要内容，是社会文明程度的重要标志，关系人民群众的切身利益。近年来，我国城市生活垃圾收运网络日趋完善，垃圾处理能力不断提高，城市环境总体上有了较大改善。但也要看到，由于城镇化快速发展，城市生活垃圾激增，垃圾处理能力相对不足，一些城市面临“垃圾围城”的困境，严重影响城市环境和社会稳定。各地区、各有关部门要充分认识加强城市生活垃圾处理的重要性和紧迫性，进一步统一思想，提高认识，全面落实各项政策措施，推进城市生活垃圾处理工作，创造良好的人居环境，促进城市可持续发展。

二、指导思想、基本原则和发展目标

（一）指导思想。以科学发展观为指导，按照全面建设小康社会和构建社会主义和谐社会

的总体要求，把城市生活垃圾处理作为维护群众利益的重要工作和城市管理的重要内容，作为政府公共服务的一项重要职责，切实加强全过程控制和管理，突出重点工作环节，综合运用法律、行政、经济和技术等手段，不断提高城市生活垃圾处理水平。

（二）基本原则。全民动员，科学引导。在切实提高生活垃圾无害化处理能力的基础上，加强产品生产和流通过程管理，减少过度包装，倡导节约和低碳的消费模式，从源头控制生活垃圾产生。

综合利用，变废为宝。坚持发展循环经济，推动生活垃圾分类工作，提高生活垃圾中废纸、废塑料、废金属等材料回收利用率，提高生活垃圾中有机成分和热能的利用水平，全面提升生活垃圾资源化利用工作。

统筹规划，合理布局。城市生活垃圾处理要与经济社会发展水平相协调，注重城乡统筹、区域规划、设施共享，集中处理与分散处理相结合，提高设施利用效率，扩大服务覆盖面。要科学制定标准，注重技术创新，因地制宜地选择先进适用的生活垃圾处理技术。

政府主导，社会参与。明确城市人民政府责任，在加大公共财政对城市生活垃圾处理投入的同时，采取有效的支持政策，引入市场机制，充分调动社会资金参与城市生活垃圾处理设施建设和运营的积极性。

（三）发展目标。到2015年，全国城市生活垃圾无害化处理率达到80%以上，直辖市、省会城市和计划单列市生活垃圾全部实现无害化处理。每个省（区）建成一个以上生活垃圾分类示范城市。50%的设区城市初步实现餐厨垃圾分类收运处理。城市生活垃圾资源化利用比例达到30%，直辖市、省会城市和计划单列市达到50%。建立完善的城市生活垃圾处理监管体制机制。到2030年，全国城市生活垃圾基本实现无害化处理，全面实行生活垃圾分类收集、处置。城市生活垃圾处理设施和服务向小城镇和乡村延伸，城乡生活垃圾处理接近发达国家平均水平。

三、切实控制城市生活垃圾产生

（四）促进源头减量。通过使用清洁能源和原料、开展资源综合利用等措施，在产品生产、流通和使用等全生命周期促进生活垃圾减量。限制包装材料过度使用，减少包装性废物产生，探索建立包装物强制回收制度，促进包装物回收再利用。组织净菜和洁净农副产品进城，推广使用菜篮子、布袋子。有计划地改进燃料结构，推广使用城市燃气、太阳能等清洁能源，减少灰渣产生。在宾馆、餐饮等服务性行业，推广使用可循环利用物品，限制使用一次性用品。

（五）推进垃圾分类。城市人民政府要根据当地的生活垃圾特性、处理方式和管理水平，科学制定生活垃圾分类办法，明确工作目标、实施步骤和政策措施，动员社区及家庭积极参与，逐步推行垃圾分类。当前重点要稳步推进废弃含汞荧光灯、废温度计等有害垃圾单独收运和处理工作，鼓励居民分开盛放和投放厨余垃圾，建立高水分有机生活垃圾收运系统，实现厨余垃圾单独收集循环利用。进一步加强餐饮业和单位餐厨垃圾分类收集管理，建立餐厨垃圾排放登记制度。

（六）加强资源利用。全面推广废旧商品回收利用、焚烧发电、生物处理等生活垃圾资源化利用方式。加强可降解有机垃圾资源化利用工作，组织开展城市餐厨垃圾资源化利用试点，统筹餐厨垃圾、园林垃圾、粪便等无害化处理和资源化利用，确保工业油脂、生物柴油、肥料等资源化利用产品的质量和使用安全。加快生物质能源回收利用工作，提高生活垃圾焚烧发电和填埋气体发电的能源利用效率。

四、全面提高城市生活垃圾处理能力和水平

（七）强化规划引导。要抓紧编制全国和各省（区、市）“十二五”生活垃圾处理设施建设规划，推进城市生活垃圾处理设施一体化建设和网络化发展，基本实现县县建有生活垃圾处理设施。各城市要编制生活垃圾处理设施规划，统筹安排城市生活垃圾收集、处置设施的布局、用地和规模，并纳入土地利用总体规划、城市总体规划和近期建设规划。编制城市生活垃圾处理设施规划，应当广泛征求公众意见，健全设施周边居民诉求表达机制。生活垃圾处理设施用地纳入城市黄线保护范围，禁止擅自占用或者改变用途，同时要严格控制设施周边的开发建设活动。

（八）完善收运网络。建立与垃圾分类、资源化利用以及无害化处理相衔接的生活垃圾收运网络，加大生活垃圾收集力度，扩大收集覆盖面。推广密闭、环保、高效的生活垃圾收集、中转和运输系统，逐步淘汰敞开式收运方式。要对现有生活垃圾收运设施实施升级改造，推广压缩式收运设备，解决垃圾收集、中转和运输过程中的脏、臭、噪声和遗洒等问题。研究运用物联网技术，探索线路优化、成本合理、高效环保的收运新模式。

（九）选择适用技术。建立生活垃圾处理技术评估制度，新的生活垃圾处理技术经评估后方可推广使用。城市人民政府要按照生活垃圾处理技术指南，因地制宜地选择先进适用、符合节约集约用地要求的无害化生活垃圾处理技术。土地资源紧缺、人口密度高的城市要优先采用焚烧处理技术，生活垃圾管理水平较高的城市可采用生物处理技术，土地资源和污染控制条件较好的城市可采用填埋处理技术。鼓励有条件的城市集成多种处理技术，统筹解决生活垃圾处理问题。

（十）加快设施建设。城市人民政府要把生活垃圾处理设施作为基础设施建设的重点，切实加大组织协调力度，确保有关设施建设顺利进行。要简化程序，加快生活垃圾处理设施立项、建设用地、环境影响评价、可行性研究、初步设计等环节的审批速度。已经开工建设的项目要抓紧施工，保证进度，争取早日发挥效用。要进一步加强监管，切实落实项目法人制、招投标制、质量监督制、合同管理制、工程监理制、工程竣工验收制等管理制度，确保工程质量安全。

（十一）提高运行水平。生活垃圾处理设施运营单位要严格执行各项工程技术规范和操作规程，切实提高设施运行水平。填埋设施运营单位要制定作业计划和方案，实行分区域逐层填埋作业，缩小作业面，控制设施周边的垃圾异味，防止废液渗漏和填埋气体无序排放。焚烧设施运营单位要足额使用石灰、活性炭等辅助材料，去除烟气中的酸性物质、重金属离子、二噁英等污染物，保证达标排放。新建生活垃圾焚烧设施，应安装排放自动监测系统和超标报警装置。运营单位要制订应急预案，有效应对设施故障、事故、进场垃圾量剧增等突发事件。切实加大人力财力物力的投入，解决设施设备长期超负荷运行问题，确保安全、高质量运行。建立污染物排放日常监测制度，按月向所在地住房城乡建设（市容环卫）和环境保护主管部门报告监测结果。

（十二）加快存量治理。各省（区、市）要开展非正规生活垃圾堆放点和不达标生活垃圾处理设施排查和环境风险评估，并制订治理计划。要优先开展水源地等重点区域生活垃圾堆放场所的生态修复工作，加快对城乡结合部等卫生死角长期积存生活垃圾的清理，限期改造不达标生活垃圾处理设施。

五、强化监督管理

（十三）完善法规标准。研究修订《城市市容和环境卫生管理条例》，加强生活垃圾全过程管理。建立健全生活垃圾处理标准规范体系，制定和完善生活垃圾分类、回收利用、工程验收、

污染防治和评价等标准。进一步完善生活垃圾分类标识，使群众易于识别、便于投放。改进城市生活垃圾处理统计指标体系，做好与废旧商品回收利用指标体系的衔接。

（十四）严格准入制度。加强市场准入管理，严格设定城市生活垃圾处理企业资金、技术、人员、业绩等准入条件，建立和完善市场退出机制，进一步规范城市生活垃圾处理特许经营权招标投标管理。具体办法由住房城乡建设部会同有关部门制定。

（十五）建立评价制度。加强对全国已建成运行的生活垃圾处理设施运营状况和处理效果的监管，开展年度考核评价，公开评价结果，接受社会监督。对未通过考核评价的生活垃圾处理设施，要责成运营单位限期整改。要加快信用体系建设，建立城市生活垃圾处理运营单位失信惩戒机制和黑名单制度，坚决将不能合格运营以及不能履行特许经营合同的企业清出市场。

（十六）加大监管力度。切实加强各级住房城乡建设（市容环卫）和环境保护部门生活垃圾处理监管队伍建设。研究建立城市生活垃圾处理工作督察巡视制度，加强对地方政府生活垃圾处理工作以及设施建设和运营的监管。建立城市生活垃圾处理节能减排量化指标，落实节能减排目标责任。探索引入第三方专业机构实施监管，提高监管的科学水平。完善全国生活垃圾处理设施建设和运营监控系统，定期开展生活垃圾处理设施排放物监测，常规污染物排放情况每季度至少监测一次，二噁英排放情况每年至少监测一次，必要时加密监测，主要监测数据和结果向社会公示。

六、加大政策支持力度

（十七）拓宽投入渠道。城市生活垃圾处理投入以地方为主，中央以适当方式给予支持。地方政府要加大投入力度，加快生活垃圾分类体系、处理设施和监管能力建设。鼓励社会资金参与生活垃圾处理设施建设和运营。开展生活垃圾管理示范城市和生活垃圾处理设施示范项目活动，支持北京等城市先行先试。改善工作环境，完善环卫用工制度和保险救助制度，落实环卫职工的工资和福利待遇，保障职工合法权益。

（十八）建立激励机制。严格执行并不断完善城市生活垃圾处理税收优惠政策。研究制定生活垃圾分类收集和减量激励政策，建立利益导向机制，引导群众分类盛放和投放生活垃圾，鼓励对生活垃圾实行就地、就近充分回收和合理利用。研究建立有机垃圾资源化处理推进机制和废品回收补贴机制。

（十九）健全收费制度。按照“谁产生、谁付费”的原则，推行城市生活垃圾处理收费制度。产生生活垃圾的单位和个人应当按规定缴纳垃圾处理费，具体收费标准由城市人民政府根据城市生活垃圾处理成本和居民收入水平等因素合理确定。探索改进城市生活垃圾处理收费方式，降低收费成本。城市生活垃圾处理费应当用于城市生活垃圾处理，不得挪作他用。

（二十）保障设施建设。在城市新区建设和旧城区改造中要优先配套建设生活垃圾处理设施，确保建设用地供应，并纳入土地利用年度计划和建设用地供应计划。符合《划拨用地目录》的项目，应当以划拨方式供应建设用地。城市生活垃圾处理设施建设前要严格执行建设项目环境影响评价制度。

（二十一）提高创新能力。加大对生活垃圾处理技术研发的支持力度，加快国家级和区域性生活垃圾处理技术研究中心建设，加强生活垃圾处理基础性技术研究，重点突破清洁焚烧、二噁英控制、飞灰无害化处置、填埋气收集利用、渗沥液处理、臭气控制、非正规生活垃圾堆放点治理等关键性技术，鼓励地方采用低碳技术处理生活垃圾。重点支持生活垃圾生物质燃气利用成套技术装备和大型生活垃圾焚烧设备研发，努力实现生活垃圾处理装备自主化。开展城市生活垃圾处理技术应用示范工程和资源化利用产业基地建设，带动市场需求，促进先进适用技术推广应用和装备自主化。

（二十二）实施人才计划。在高校设立城市生活垃圾处理相关专业，大力发展职业教育，建立从业人员职业资格制度，加强岗前和岗中职业培训，提高从业人员的文化水平和专业技能。

七、加强组织领导

（二十三）落实地方责任。城市生活垃圾处理工作实行省（区、市）人民政府负总责、城市人民政府抓落实的工作责任制。省（区、市）人民政府要对所属城市人民政府实行目标责任制管理，加强监督指导。城市人民政府要把城市生活垃圾处理纳入重要议事日程，加强领导，切实抓好各项工作。住房城乡建设部、发展改革委、环境保护部、监察部等部门要对省（区、市）人民政府的相关工作加强指导和监督检查。对推进生活垃圾处理工作不力，影响社会发展和稳定的，要追究责任。

（二十四）明确部门分工。住房城乡建设部负责城市生活垃圾处理行业管理，牵头建立城市生活垃圾处理部际联席会议制度，协调解决工作中的重大问题，健全监管考核指标体系，并纳入节能减排考核工作。环境保护部负责生活垃圾处理设施环境影响评价，制定污染控制标准，监管污染物排放和有害垃圾处理处置。发展改革委会同住房城乡建设部、环境保护部编制全国性规划，协调综合性政策。科技部会同有关部门负责生活垃圾处理技术创新工作。工业和信息化部负责生活垃圾处理装备自主化工作。财政部负责研究支持城市生活垃圾处理的财税政策。国土资源部负责制定生活垃圾处理设施用地标准，保障建设用地供应。农业部负责生活垃圾肥料资源化处理利用标准制定和肥料登记工作。商务部负责生活垃圾中可再生资源回收管理工作。

（二十五）加强宣传教育。要开展多种形式的主题宣传活动，倡导绿色健康的生活方式，促进垃圾源头减量和回收利用。要将生活垃圾处理知识纳入中小学教材和课外读物，引导全民树立“垃圾减量和垃圾管理从我做起、人人有责”的观念。新闻媒体要加强正面引导，大力宣传城市生活垃圾处理的各项政策措施及其成效，全面客观报道有关信息，形成有利于推进城市生活垃圾处理工作的舆论氛围。

各省（区、市）人民政府要在 2011 年 8 月底前将落实本意见情况报国务院，同时抄送住房城乡建设部。

环境行政执法后督察办法

环境保护部令 第14号

《环境行政执法后督察办法》已由环境保护部2010年第二次部务会议于2010年11月5日审议通过。现予公布，自2011年3月1日起施行。

环境保护部部长 周生贤
二〇一〇年十二月十五日

环境行政执法后督察办法

第一条 为了规范环境行政执法后督察工作，提高环境行政执法效能，制定本办法。

第二条 本办法所称环境行政执法后督察，是指环境保护主管部门对环境行政处罚、行政命令等具体行政行为执行情况进行监督检查的行政管理措施。

第三条 县级以上人民政府环境保护主管部门负责组织实施环境行政执法后督察。

对县级以上人民政府或者其环境保护主管部门依法作出的环境行政处罚、行政命令等具体行政行为，由县级以上人民政府环境保护主管部门的环境监察机构负责具体实施环境行政执法后督察。

对环境保护部依法作出的环境行政处罚、行政命令等具体行政行为，可以由环境保护部委托其派出的环境保护督查机构负责具体实施环境行政执法后督察。

第四条 县级以上人民政府环境保护主管部门应当将环境行政执法后督察纳入环境行政执法工作计划。

对有重大影响或者造成严重污染的环境违法案件，县级以上人民政府环境保护主管部门应当制定后督察工作方案，并组织实施。

第五条 县级以上人民政府环境保护主管部门应当在环境行政处罚、行政命令等具体行政行为执行期限届满之日起60日内，进行环境行政执法后督察。

第六条 县级以上人民政府环境保护主管部门应当对下列事项进行环境行政执法后督察：

（一）罚款，责令停产整顿，责令停产、停业、关闭，没收违法所得、没收非法财物等环境行政处罚决定的执行情况；

（二）责令改正或者限期改正违法行为、责令限期缴纳排污费等环境行政命令的执行情况；

（三）其他具体行政行为的执行情况。

第七条 县级以上人民政府环境保护主管部门进行环境行政执法后督察时，执法人员（以下统称“后督察人员”）不得少于两人，并可以根据工作需要，依法采取下列措施：

（一）进入有关场所进行检查、勘察、录音、拍照、录像、取样或者监测；

（二）询问当事人和有关人员，要求其对相关事项作出说明；

（三）查阅、复制生产记录、排污记录、监测报告和其他有关资料；

（四）依法可以采取的其他措施。

后督察人员应当对现场检查情况制作《环境行政执法后督察现场检查记录》。

后督察人员有义务为被督察的单位保守在检查中获取的技术秘密和商业秘密。

第八条 环境行政执法后督察工作结束后，负责具体实施后督察工作的机构应当向本级人民政府环境保护主管部门提交《环境行政执法后督察报告》，报告具体行政行为执行情况、后督察开展情况、发现的问题等，并提出处理建议。

第九条 县级以上人民政府环境保护主管部门应当根据《环境行政执法后督察报告》提出的处理建议，依法进行处理或者处罚：

（一）逾期未依法履行行政处罚决定的，申请人民法院强制执行；

（二）逾期未按要求完成限期治理任务的，报请有批准权的人民政府责令停产、停业、关闭；

（三）逾期未按要求改正环境违法行为的，依据相关法律法规的规定采取罚款、责令停产停业、暂扣或者吊销许可证等行政处罚措施，或者采取责令停止建设、责令停止试生产、强制拆除、指定有治理能力的单位代为治理或者代为处置等行政强制措施；

（四）逾期拒不缴纳排污费的，依法予以处罚，并报经有批准权的人民政府批准，责令停产停业整顿；

（五）逾期未履行或者未落实本办法第六条所列的行政处罚、行政命令等具体行政行为，严重污染环境或者造成重大社会影响的，依照有关规定进行挂牌督办或者暂停审批建设项目环境影响评价文件；已经实施挂牌督办或者暂停审批建设项目环境影响评价文件的，不予解除；

（六）国有企业或者国有控股企业逾期未履行或者未落实本办法第六条所列的行政处罚、行政命令等具体行政行为的，依法移送监察机关追究相关人员相应责任；

（七）当事人或者相关责任人涉嫌犯罪的，依法移送司法机关追究刑事责任。

第十条 县级以上人民政府环境保护主管部门可以将环境行政执法后督察情况以及相关处罚或者处理情况向商务部门、工商部门、监察机关、人民银行等有监管职责的部门或者机构通报。

第十一条 县级以上人民政府环境保护主管部门应当在职责范围内向社会公开拒不执行已生效的环境行政处罚决定的企业名单。

第十二条 后督察人员在环境行政执法后督察过程中玩忽职守、滥用职权、徇私舞弊的，依法给予处分；涉嫌犯罪的，依法移送司法机关追究刑事责任。

第十三条 对下级人民政府环境保护主管部门作出的环境行政处罚、行政命令等具体行政行为，上级人民政府环境保护主管部门可以按照本办法的规定对其执行情况进行后督察，并将督察情况、存在问题、处理意见等及时向下级人民政府环境保护主管部门反馈，同时责成下级人民政府环境保护主管部门依法进行处罚或者处理。必要时，上级人民政府环境保护主管部门可以向相关地方人民政府进行反馈，或者联合纪检监察机关进行调查，追究有关责任人的行政责任。

上级人民政府环境保护主管部门开展环境行政执法后督察的，应当在具体行政行为执行期限届满后进行，并不受本办法第五条规定的60日期限限制。

第十四条 本办法自2011年3月1日起施行。

环境污染治理设施运营资质许可管理办法

环境保护部令　第20号

《环境污染治理设施运营资质许可管理办法》已于2011年12月30日由环境保护部部务会议审议通过，现予公布，自2012年8月1日起施行。原国家环境保护总局2004年11月8日公布的《环境污染治理设施运营资质许可管理办法》（国家环境保护总局令第23号）同时废止。

环境保护部部长

二〇一二年四月三十日

环境污染治理设施运营资质许可管理办法

目　录

第一章　总　则

第一条【立法目的】　为提高环境污染治理设施运营管理水平，维护环境污染治理设施运营市场秩序，根据《国务院对确需保留的行政审批项目设定行政许可的决定》的规定，制定本办法。

第二条【适用范围】　本办法适用于在中华人民共和国领域内从事环境污染治理设施运营的活动。

本办法所称环境污染治理设施运营，是指专门从事污染物处理、处置的社会化有偿服务活动，或者根据双方签订的合同承担他人环境污染治理设施运营管理的有偿服务活动。

第三条【行政许可原则】　国家对环境污染治理设施运营实行资质许可。

从事环境污染治理设施运营的单位，应当按照本办法的规定申请获得环境污染治理设施运营资质，并按照资质证书的规定从事环境污染治理设施运营活动。

未获得环境污染治理设施运营资质的单位，不得从事环境污染治理设施运营活动。

第四条【资质类别】　环境污染治理设施运营资质实行分类、分级管理。

环境污染治理设施运营资质分为生活污水、工业废水、除尘脱硫脱硝、工业废气、工业固体废物（不含危险废物）、有机废物、生活垃圾、自动连续监测等专业类别。

自动连续监测设施运营资质分为乙级资质和临时资质两个级别，其他环境污染治理设施运营资质分为甲级资质、乙级资质和临时资质三个级别。

第五条【监督管理】 国务院环境保护主管部门对环境污染治理设施运营实施统一监督管理，并对省级环境保护主管部门的环境污染治理设施运营管理活动进行指导和监督。

县级以上地方环境保护主管部门对环境污染治理设施运营资质持证单位（以下简称持证单位）及其运营活动实施监督管理。

第六条【运营培训】 从事环境污染治理设施运营的现场管理人员和现场操作人员，应当按照国务院环境保护主管部门的规定，参加专门的培训与考核。

国务院环境保护主管部门制定统一的环境污染治理设施运营现场管理人员和现场操作人员培训、考核规范。省级环境保护主管部门负责组织环境污染治理设施运营现场管理人员和现场操作人员的培训、考核。

第二章　申请与审批

第七条【申请条件】 申请环境污染治理设施运营甲级或者乙级资质的单位，应当符合下列条件：

（一）具有独立企业法人资格或者事业单位法人资格；

（二）具有规定数量、具备相应专业技术职称的技术人员，以及运营现场管理人员和现场操作人员；

（三）具有1年以上连续从事环境污染治理设施运营的实践，且能够保证设施正常运行；

（四）具备与其运营活动相适应的环境污染治理设施运营资质分类、分级条件规定的其他要求。

申请环境污染治理设施运营临时资质的单位，应当具备前款第（一）项、第（二）项、第（四）项所列条件。

环境污染治理设施运营资质的具体条件，由国务院环境保护主管部门另行制定。

第八条【提交材料】 申请环境污染治理设施运营资质的单位，应当向本单位登记地省级环境保护主管部门提出申请，填写资质证书申请表，并提交下列材料：

（一）企业法人营业执照副本复印件或者事业单位法人证书复印件；

（二）上一年度本单位财务状况报告或者其他资信证明；

（三）技术人员专业技术资格证书复印件、现场操作人员环境污染治理设施运营岗位培训证书复印件和聘用合同复印件；

（四）实验室或者检验场所及其检测能力的证明；

（五）突发环境事件应急预案；

（六）有关规范化运营质量保证体系的证明；

（七）环境污染治理设施运营实例，包括运营项目简介、委托运营合同、用户意见、委托运营项目备案表、有资质的单位出具的委托运营合同期间设施运行监测报告；

（八）环境污染治理设施运营资质分级、分类条件要求的其他证明材料。

申请环境污染治理设施运营临时资质的，可以不提交前款第（七）项规定的材料。

第九条【甲级资质审批程序】 国务院环境保护主管部门负责环境污染治理设施运营甲级资质的审批。

省级环境保护主管部门应当自受理环境污染治理设施运营甲级资质申请材料之日起 20 个

工作日内进行审查，签署意见，报国务院环境保护主管部门审批。

国务院环境保护主管部门应当自收到申请材料和省级环境保护主管部门签署的意见之日起 20 个工作日内进行审查，作出审批决定，并通知省级环境保护主管部门。对符合条件的，予以批准，颁发资质证书，并予以公告；对不符合条件的，不予批准，并说明理由。

对申请环境污染治理设施运营甲级资质的，国务院环境保护主管部门应当按照严格控制的原则，从严审批。

第十条【乙级、临时资质审批程序】 省级环境保护主管部门负责环境污染治理设施运营乙级资质和临时资质的审批。

省级环境保护主管部门应当自受理环境污染治理设施运营乙级资质或者临时资质申请材料之日起 20 个工作日内进行审查，作出审批决定。对符合条件的，予以批准，颁发资质证书，并予以公告；不符合条件的，不予批准，并说明理由。

省级环境保护主管部门应当自批准颁发环境污染治理设施运营乙级或者临时资质证书之日起 30 日内，将资质证书复印件报国务院环境保护主管部门备案。

省级环境保护主管部门应当将环境污染治理设施运营资质许可工作经费纳入财政预算。

第十一条【现场核查】 省级环境保护主管部门在对环境污染治理设施运营资质申请签署意见或者审批过程中，应当组织专家进行现场核查。

国务院环境保护主管部门在审批环境污染治理设施运营资质申请过程中，可以根据需要对申请单位及其运营的环境污染治理设施进行现场核查。

第十二条【资质证书内容】 环境污染治理设施运营资质证书包括下列主要内容：

（一）法人名称、法定代表人、工商注册登记或者事业单位登记地址；

（二）运营类别与级别；

（三）有效期限；

（四）发证日期和证书编号；

（五）审批部门的名称、印章。

环境污染治理设施运营资质证书分为正本和副本，正本和副本具有同等法律效力。

第十三条【资质效力】 环境污染治理设施运营甲级资质、乙级资质和临时资质全国通用。各地不得在国务院环境保护主管部门规定的条件之外，以任何名义设置资质审批前置条件，也不得在审批过程中收取任何费用。

集团公司和具备独立法人资格的分公司，应当依照本办法的规定，分别申请环境污染治理设施运营资质。

环境污染治理设施所在地环境保护主管部门不得要求持证单位及其非独立法人的分公司重复申领运营资质证书或者申请其他类似的运营许可。

环境污染治理设施运营资质不得转让。禁止伪造、变造环境污染治理设施运营资质证书。

第十四条【资质有效期及其延续】 环境污染治理设施运营甲级资质和乙级资质有效期为 5 年，临时资质有效期为 2 年。

持证单位在环境污染治理设施运营甲级资质或者乙级资质有效期内的各年度管理考核中，没有违反法律法规或者违反本办法规定的行为，可以在资质有效期满前 60 日内，向原发证机关申请资质延续，换发证书。

环境污染治理设施运营临时资质有效期满后自动失效，不予延续。具备相应条件的，临时资质持证单位可以按照本办法第七条、第八条的规定，申请乙级资质或者甲级资质。

第十五条【资质重新申请】 有下列情形之一的，持证单位应当按照本办法规定的条件和程序，向原发证机关重新申请环境污染治理设施运营资质：

（一）增加新的运营专业类别的；

（二）临时资质升级为甲级资质或者乙级资质的；

（三）乙级资质升级为甲级资质的；

（四）资质有效期满而未获延续的。

环境污染治理设施运营临时资质有效期满，不符合升级为甲级资质或者乙级资质条件的，2 年内不得重新申请同类别的临时资质。

第十六条【资质变更】 持证单位分立、合并，或者变更法人名称、法定代表人、登记地址等事项的，应当在领取新营业执照或者新事业单位法人证书后 30 日内，向原发证机关申请办理变更手续，填写环境污染治理设施运营资质证书变更申请表，并提交下列材料：

（一）变更后工商行政管理部门颁发的营业执照复印件或者事业单位登记管理机关颁发的事业单位法人证书复印件；

（二）原发证机关颁发的环境污染治理设施运营资质证书正、副本；

（三）单位发生分立、合并的，还应当提供技术人员专业技术资格证书复印件、现场操作人员岗位培训证书复印件和聘用合同复印件。

第三章　运营管理

第十七条【运营要求】 持证单位可以按照环境污染治理设施运营资质证书规定的类别，在全国范围内承接环境污染治理设施运营业务。

第十八条【技术评估】 持证单位接受环境污染治理设施委托运营前，应当对该设施是否具备稳定运行和达标排放的必要条件进行技术评估，并以此作为签订委托服务合同的依据。

第十九条【委托运营合同】 持证单位从事环境污染治理设施运营活动，应当与委托单位签订委托运营合同，明确双方的权利和义务。

持证单位应当在委托运营合同签订后 30 日内，填写环境污染治理设施委托运营项目备案表，报设施所在地县级环境保护主管部门备案。

第二十条【对持证单位要求】 持证单位应当依照委托运营合同的约定和国家有关环境保护的规定，保证环境污染治理设施正常运行，确保排放的污染物符合国家和地方规定的污染物排放标准，防止产生环境污染。

第二十一条【年度评估】 持证单位应当在每年 12 月 31 日前对所运营的环境污染治理设施运行状况、设施完好情况、污染物排放达标情况、二次污染防治情况、设施运行中存在的问题及其整改方案等进行年度评估，并填写环境污染治理设施运营情况年度报告表。

第二十二条【运行考核】 省级环境保护主管部门负责对在本行政区域内登记的持证单位及其运行的环境污染治理设施项目情况进行年度管理考核。

持证单位应当在每年 1 月底前，向本单位登记地的省级环境保护主管部门提交上一年度环境污染治理设施运营情况年度报告表。在单位登记地省级行政区域外有运营项目的，持证单位应当同时将环境污染治理设施运营项目年度报告表抄报项目所在地省级环境保护主管部门。

省级环境保护主管部门应当根据环境污染治理设施运营情况年度报告表和日常监督管理与现场检查情况对持证单位做出考核结论，于每年 3 月底前将持证单位的环境污染治理设施运营状况和考核情况上报国务院环境保护主管部门备案，并予以公告。

第二十三条【事故应急】 持证单位应当协同委托单位，依照《中华人民共和国突发事件应对法》等有关规定，做好突发环境事件的应急准备、应急处置和事后恢复等工作。

第四章 监督管理

第二十四条【运行监督】 县级以上环境保护主管部门应当按照属地管理的原则，将对环境污染治理设施运营活动的管理纳入日常执法监管工作范围，依照有关法律、法规和本办法的规定，通过书面检查和实地核查等方式，对持证单位的运营活动进行监督检查，并将监督检查情况和处理结果予以记录，由监督检查人员签字后存档；发现违法行为的，责令其限期整改，依法予以查处，并通报环境污染治理设施运营资质发证机关。

异地运营的持证单位发生违法行为时，违法行为发生地环境保护主管部门在依法查处的同时，应当将违法事实、处理结果等情况，向其环境污染治理设施运营资质发证机关通报。

第二十五条【监管措施】 环境保护主管部门履行监督检查职责时，除可以依法采取有关监督检查措施外，还可以要求被检查的持证单位提供运营资质证书正本或者副本原件、技术人员专业资格证书复印件、现场管理人员和现场操作人员岗位培训证书、劳动关系证明、有关运营业务的文档、内部管理制度文件、运行检测和运行操作记录、设施运行评估报告等材料，并进入被检查的持证单位及其负责运行的设施进行现场核查。

县级以上环境保护主管部门进行日常监督和现场核查时，持证单位应当如实报告设施运行情况，提供相关资料，不得以任何理由阻碍检查，不得隐瞒真实情况，不得提供虚假数据和资料。

第二十六条【资质撤销】 有下列情形之一的，环境污染治理设施运营资质发证机关可以根据利害关系人的请求、举报，或者依据其职责，撤销本部门作出的环境污染治理设施运营资质许可：

（一）对不符合规定条件的单位批准核发环境污染治理设施运营资质证书的；

（二）违反环境污染治理设施运营资质审批程序或者超越本办法规定的审批权限作出审批决定的；

（三）在环境污染治理设施资质审批过程中徇私舞弊、弄虚作假的；

（四）申请人以欺骗、贿赂等不正当手段取得环境污染治理设施运营资质的；

（五）应当依法撤销环境污染治理设施运营资质许可的其他情形。

异地运营的持证单位发生违法行为，需要撤销其环境污染治理设施运营资质许可的，违法行为发生地省级环境保护主管部门可以向发证机关提出撤销许可的建议。

第五章 法律责任

第二十七条【对监管人员的处罚】 县级以上环境保护主管部门的工作人员，有下列行为之一的，依法给予处分；构成犯罪的，依法追究刑事责任：

（一）向不符合本办法规定条件的单位颁发环境污染治理设施运营资质证书的；

（二）发现未依法取得环境污染治理设施运营资质的单位和个人，擅自从事运营活动不予查处或者接到举报后不依法处理的；

（三）对持证单位不履行监督管理职责或者发现违反本办法规定的行为不予查处的；

（四）在环境污染治理设施运营资质管理工作中有其他玩忽职守、徇私舞弊或者滥用职权行为的。

省级环境保护主管部门在环境污染治理设施运营资质管理工作中有前款所列行为的，国务院环境保护主管部门可以根据情节轻重予以通报批评。

第二十八条【对持证单位的处罚】 有下列行为之一的，由县级以上环境保护主管部门责令限期整改，处2万元以上3万元以下罚款：

（一）委托不具有运营资质的单位运行其环境污染治理设施的；

（二）未取得资质，擅自从事环境污染治理设施运营活动的；

（三）超出资质证书许可范围从事环境污染治理设施运营活动的；

（四）持证单位擅自修改原始监测数据，提供虚假信息的；

（五）持证单位提交虚假环境污染治理设施运营情况年度报告表的；

（六）伪造、变造、转让运营资质证书或在申请资质证书过程中弄虚作假的。

持证单位有前款第（三）、（四）、（五）、（六）项规定的行为且情节严重的，或者有偷排、不正常运营污染治理设施等严重环境违法行为的，发证机关应当收回其环境污染治理设施运营资质证书。

依照本办法规定被收回环境污染治理设施运营资质证书的单位，3年内不得重新申请。

第六章　附　则

第二十九条【企业平等条款】　外商投资企业应当依照本办法的规定申请取得环境污染治理设施运营资质许可后，方可在中华人民共和国境内从事环境污染治理设施运营活动。

第三十条【特别设施】　从事危险废物收集、贮存、处置经营活动的，应当依照《危险废物经营许可证管理办法》的规定，申请获得危险废物经营许可，不适用本办法。

第三十一条【文件格式】　下列文件的格式和内容由国务院环境保护主管部门统一规定：

（一）环境污染治理设施运营资质证书；

（二）环境污染治理设施运营资质证书申请表；

（三）环境污染治理设施运营资质证书变更申请表；

（四）环境污染治理设施运营情况年度报告表；

（五）环境污染治理设施委托运营项目备案表；

（六）环境污染治理设施运营人员岗位培训和考试合格证书。

第三十二条【施行日期】　本办法自2012年8月1日起施行。原国家环境保护总局2004年11月8日公布的《环境污染治理设施运营资质许可管理办法》（国家环境保护总局令第23号）同时废止。

环境监察办法

环境保护部令　第21号

《环境监察办法》已于2012年7月4日由环境保护部部务会议审议通过，现予公布，自2012年9月1日起施行。

环境保护部部长

二〇一二年七月二十五日

环境监察办法

目　录

第一章　总　则

第一条　为加强和规范环境监察工作，加强环境监察队伍建设，提升环境监察效能，根据《中华人民共和国环境保护法》等有关法律、法规，结合环境监察工作实际，制定本办法。

第二条　本办法所称环境监察，是指环境保护主管部门依据环境保护法律、法规、规章和其他规范性文件实施的行政执法活动。

第三条　环境监察应当遵循以下原则：

（一）教育和惩戒相结合；

（二）严格执法和引导自觉守法相结合；

（三）证据确凿，程序合法，定性准确，处理恰当；

（四）公正、公开、高效。

第四条　环境保护部对全国环境监察工作实施统一监督管理。

县级以上地方环境保护主管部门负责本行政区域的环境监察工作。

各级环境保护主管部门所属的环境监察机构（以下简称“环境监察机构”），负责具体实施环境监察工作。

第五条　环境监察机构对本级环境保护主管部门负责，并接受上级环境监察机构的业务指导和监督。

各级环境保护主管部门应当加强对环境监察机构的领导，建立健全工作协调机制，并为环境监察机构提供必要的工作条件。

第六条 环境监察机构的主要任务包括：

（一）监督环境保护法律、法规、规章和其他规范性文件的执行；

（二）现场监督检查污染源的污染物排放情况、污染防治设施运行情况、环境保护行政许可执行情况、建设项目环境保护法律法规的执行情况等；

（三）现场监督检查自然保护区、畜禽养殖污染防治等生态和农村环境保护法律法规执行情况；

（四）具体负责排放污染物申报登记、排污费核定和征收；

（五）查处环境违法行为；

（六）查办、转办、督办对环境污染和生态破坏的投诉、举报，并按照环境保护主管部门确定的职责分工，具体负责环境污染和生态破坏纠纷的调解处理；

（七）参与突发环境事件的应急处置；

（八）对严重污染环境和破坏生态问题进行督查；

（九）依照职责，具体负责环境稽查工作；

（十）法律、法规、规章和规范性文件规定的其他职责。

第二章 环境监察机构和人员

第七条 各级环境监察机构可以命名为环境监察局。省级、设区的市级、县级环境监察机构，也可以分别以环境监察总队、环境监察支队、环境监察大队命名。

县级环境监察机构的分支（派出）机构和乡镇级环境监察机构的名称，可以命名为环境监察中队或者环境监察所。

第八条 环境监察机构的设置和人员构成，应当根据本行政区域范围大小、经济社会发展水平、人口规模、污染源数量和分布、生态保护和环境执法任务量等因素科学确定。

第九条 环境监察机构的工作经费，应当按照国家有关规定列入环境保护主管部门预算，由本级财政予以保障。

第十条 环境监察机构的办公用房、执法业务用房及执法车辆、调查取证器材等执法装备，应当符合国家环境监察标准化建设及验收要求。

环境监察机构的执法车辆应当喷涂统一的环境监察执法标识。

第十一条 录用环境监察机构的工作人员（以下简称“环境监察人员”），应当符合《中华人民共和国公务员法》的有关规定。

第十二条 环境保护主管部门应当根据工作需要，制定环境监察培训五年规划和年度计划，组织开展分级分类培训。

设区的市级、县级环境监察机构的主要负责人和省级以上环境监察人员的岗位培训，由环境保护部统一组织。其他环境监察人员的岗位培训，由省级环境保护主管部门组织。

环境监察人员参加培训的情况，应当作为环境监察人员考核、任职的主要依据。

第十三条 从事现场执法工作的环境监察人员进行现场检查时，有权依法采取以下措施：

（一）进入有关场所进行勘察、采样、监测、拍照、录音、录像、制作笔录；

（二）查阅、复制相关资料；

（三）约见、询问有关人员，要求说明相关事项，提供相关材料；

（四）责令停止或者纠正违法行为；

（五）适用行政处罚简易程序，当场作出行政处罚决定；

（六）法律、法规、规章规定的其他措施。

实施现场检查时，从事现场执法工作的环境监察人员不得少于两人，并出示《中国环境监察执法证》等行政执法证件，表明身份，说明执法事项。

第十四条　从事现场执法工作的环境监察人员，应当持有《中国环境监察执法证》。

对参加岗位培训，并经考试取得培训合格证书的环境监察人员，经核准后颁发《中国环境监察执法证》。《中国环境监察执法证》颁发、使用、管理的具体办法，由环境保护部另行制定。

第十五条　各级环境监察机构应当建立健全保密制度，完善保密措施，落实保密责任，指定专人管理保密的日常工作。

第十六条　环境监察人员应当严格遵守有关廉政纪律和要求。

第十七条　各级环境保护主管部门应当建立健全对环境监察人员的考核制度。

对工作表现突出、有显著成绩的环境监察人员，给予表彰和奖励。对在环境监察工作中违法违纪的环境监察人员，依法给予处分，可以暂扣、收回《中国环境监察执法证》；涉嫌构成犯罪的，依法移送司法机关追究刑事责任。

第三章　环境监察工作

第十八条　环境监察机构应当根据本行政区域环境保护工作任务、污染源数量、类型、管理权限等，制定环境监察工作年度计划。

环境监察工作年度计划报同级环境保护主管部门批准后实施，并抄送上一级环境监察机构。

第十九条　环境监察机构应当根据环境监察工作年度计划，组织现场检查。现场检查可以采取例行检查或者重点检查的方式进行。

第二十条　对排污者申报的排放污染物的种类、数量，环境监察机构负责依法进行核定。

第二十一条　环境监察机构应当按照排污费征收标准和核定的污染物种类、数量，负责向排污者征收排污费。

对减缴、免缴、缓缴排污费的申请，环境监察机构应当依法审核。

第二十二条　违反环境保护法律、法规和规章规定的，环境保护主管部门应当责令违法行为人改正或者限期改正，并依法实施行政处罚。

第二十三条　对违反环境保护法律、法规，严重污染环境或者造成重大社会影响的环境违法案件，环境保护主管部门可以提出明确要求，督促有关部门限期办理，并向社会公开办理结果。

第二十四条　环境监察机构负责组织实施环境行政执法后督察，监督环境行政处罚、行政命令等具体行政行为的执行。

第二十五条　企业事业单位严重污染环境或者造成严重生态破坏的，环境保护主管部门或者环境监察机构可以约谈单位负责人，督促其限期整改。

对未完成环境保护目标任务或者发生重大、特大突发环境事件的，环境保护主管部门或者环境监察机构可以约谈下级地方人民政府负责人，要求地方人民政府依法履行职责，落实整改措施，并可以提出改进工作的建议。

第二十六条　对依法受理的案件，属于本机关管辖的，环境保护主管部门应当按照规定的时限和程序依法处理；属于环境保护主管部门管辖但不属于本机关管辖的，受理案件的环境保护主管部门应当移送有管辖权的环境保护主管部门处理；不属于环境保护主管部门管辖的，受理案件的环境保护主管部门应当移送有管辖权的机关处理。

环境保护主管部门应当加强与司法机关的配合和协作，并可以根据工作需要，联合其他部门共同执法。

第二十七条 相邻行政区域的环境保护主管部门应当相互通报环境监察执法信息，加强沟通、协调和配合。

同一区域、流域内的环境保护主管部门应当加强信息共享，开展联合检查和执法活动。

环境监察机构应当加强信息统计，并以专题报告、定期报告、统计报表等形式，向同级环境保护主管部门和上级环境监察机构报告本行政区域的环境监察工作情况。

环境保护主管部门应当依法公开环境监察的有关信息。

第二十八条 上级环境保护主管部门应当对下级环境保护主管部门在环境监察工作中依法履行职责、行使职权和遵守纪律的情况进行稽查。

第二十九条 对环境监察工作中形成的污染源监察、建设项目检查、排放污染物申报登记、排污费征收、行政处罚等材料，应当及时进行整理，立卷归档。

第三十条 上级环境监察机构应当对下一级环境保护主管部门的环境监察工作进行年度考核。

第四章 附 则

第三十一条 环境保护主管部门所属的其他机构，可以按照环境保护主管部门确定的职责分工，参照本办法，具体实施其职责范围内的环境监察工作。

第三十二条 本办法由环境保护部负责解释。

第三十三条 本办法自2012年9月1日起施行。《环境监理工作暂行办法》（[91]环监字第338号）、《环境监理工作制度（试行）》（环监[1996]888号）、《环境监理工作程序（试行）》（环监[1996]888号）、《环境监理政务公开制度》（环发[1999]15号）同时废止。

取水许可和水资源费征收管理条例

中华人民共和国国务院令 第460号

《取水许可和水资源费征收管理条例》已经2006年1月24日国务院第123次常务会议通过，现予公布，自2006年4月15日起施行。

总理 温家宝

二〇〇六年二月二十一日

取水许可和水资源费征收管理条例

第一章 总 则

第一条 为加强水资源管理和保护，促进水资源的节约与合理开发利用，根据《中华人民共和国水法》，制定本条例。

第二条 本条例所称取水，是指利用取水工程或者设施直接从江河、湖泊或者地下取用水资源。

取用水资源的单位和个人，除本条例第四条规定的情形外，都应当申请领取取水许可证，并缴纳水资源费。

本条例所称取水工程或者设施，是指闸、坝、渠道、人工河道、虹吸管、水泵、水井以及水电站等。

第三条 县级以上人民政府水行政主管部门按照分级管理权限，负责取水许可制度的组织实施和监督管理。

国务院水行政主管部门在国家确定的重要江河、湖泊设立的流域管理机构（以下简称流域管理机构），依照本条例规定和国务院水行政主管部门授权，负责所管辖范围内取水许可制度的组织实施和监督管理。

县级以上人民政府水行政主管部门、财政部门和价格主管部门依照本条例规定和管理权限，负责水资源费的征收、管理和监督。

第四条 下列情形不需要申请领取取水许可证：

（一）农村集体经济组织及其成员使用本集体经济组织的水塘、水库中的水的；

（二）家庭生活和零星散养、圈养畜禽饮用等少量取水的；

（三）为保障矿井等地下工程施工安全和生产安全必须进行临时应急取（排）水的；

（四）为消除对公共安全或者公共利益的危害临时应急取水的；

（五）为农业抗旱和维护生态与环境必须临时应急取水的。

前款第（二）项规定的少量取水的限额，由省、自治区、直辖市人民政府规定；第（三）项、第（四）项规定的取水，应当及时报县级以上地方人民政府水行政主管部门或者流域管理机构备案；第（五）项规定的取水，应当经县级以上人民政府水行政主管部门或者流域管理机构同意。

第五条 取水许可应当首先满足城乡居民生活用水，并兼顾农业、工业、生态与环境用水以及航运等需要。

省、自治区、直辖市人民政府可以依照本条例规定的职责权限，在同一流域或者区域内，根据实际情况对前款各项用水规定具体的先后顺序。

第六条 实施取水许可必须符合水资源综合规划、流域综合规划、水中长期供求规划和水功能区划，遵守依照《中华人民共和国水法》规定批准的水量分配方案；尚未制定水量分配方案的，应当遵守有关地方人民政府间签订的协议。

第七条 实施取水许可应当坚持地表水与地下水统筹考虑，开源与节流相结合、节流优先的原则，实行总量控制与定额管理相结合。

流域内批准取水的总耗水量不得超过本流域水资源可利用量。

行政区域内批准取水的总水量，不得超过流域管理机构或者上一级水行政主管部门下达的可供本行政区域取用的水量；其中，批准取用地下水的总水量，不得超过本行政区域地下水可开采量，并应当符合地下水开发利用规划的要求。制定地下水开发利用规划应当征求国土资源主管部门的意见。

第八条 取水许可和水资源费征收管理制度的实施应当遵循公开、公平、公正、高效和便民的原则。

第九条 任何单位和个人都有节约和保护水资源的义务。

对节约和保护水资源有突出贡献的单位和个人，由县级以上人民政府给予表彰和奖励。

第二章　取水的申请和受理

第十条 申请取水的单位或者个人（以下简称申请人），应当向具有审批权限的审批机关提出申请。申请利用多种水源，且各种水源的取水许可审批机关不同的，应当向其中最高一级审批机关提出申请。

取水许可权限属于流域管理机构的，应当向取水口所在地的省、自治区、直辖市人民政府水行政主管部门提出申请。省、自治区、直辖市人民政府水行政主管部门，应当自收到申请之日起 20 个工作日内提出意见，并连同全部申请材料转报流域管理机构；流域管理机构收到后，应当依照本条例第十三条的规定作出处理。

第十一条 申请取水应当提交下列材料：

（一）申请书；

（二）与第三者利害关系的相关说明；

（三）属于备案项目的，提供有关备案材料；

（四）国务院水行政主管部门规定的其他材料。

建设项目需要取水的，申请人还应当提交由具备建设项目水资源论证资质的单位编制的建设项目水资源论证报告书。论证报告书应当包括取水水源、用水合理性以及对生态与环境的影响等内容。

第十二条 申请书应当包括下列事项：

（一）申请人的名称（姓名）、地址；

（二）申请理由；

（三）取水的起始时间及期限；

（四）取水目的、取水量、年内各月的用水量等；

（五）水源及取水地点；

（六）取水方式、计量方式和节水措施；

（七）退水地点和退水中所含主要污染物以及污水处理措施；

（八）国务院水行政主管部门规定的其他事项。

第十三条 县级以上地方人民政府水行政主管部门或者流域管理机构，应当自收到取水申请之日起 5 个工作日内对申请材料进行审查，并根据下列不同情形分别作出处理：

（一）申请材料齐全、符合法定形式、属于本机关受理范围的，予以受理；

（二）提交的材料不完备或者申请书内容填注不明的，通知申请人补正；

（三）不属于本机关受理范围的，告知申请人向有受理权限的机关提出申请。

第三章 取水许可的审查和决定

第十四条 取水许可实行分级审批。

下列取水由流域管理机构审批：

（一）长江、黄河、淮河、海河、滦河、珠江、松花江、辽河、金沙江、汉江的干流和太湖以及其他跨省、自治区、直辖市河流、湖泊的指定河段限额以上的取水；

（二）国际跨界河流的指定河段和国际边界河流限额以上的取水；

（三）省际边界河流、湖泊限额以上的取水；

（四）跨省、自治区、直辖市行政区域的取水；

（五）由国务院或者国务院投资主管部门审批、核准的大型建设项目的取水；

（六）流域管理机构直接管理的河道（河段）、湖泊内的取水。

前款所称的指定河段和限额以及流域管理机构直接管理的河道（河段）、湖泊，由国务院水行政主管部门规定。

其他取水由县级以上地方人民政府水行政主管部门按照省、自治区、直辖市人民政府规定的审批权限审批。

第十五条 批准的水量分配方案或者签订的协议是确定流域与行政区域取水许可总量控制的依据。

跨省、自治区、直辖市的江河、湖泊，尚未制定水量分配方案或者尚未签订协议的，有关省、自治区、直辖市的取水许可总量控制指标，由流域管理机构根据流域水资源条件，依据水资源综合规划、流域综合规划和水中长期供求规划，结合各省、自治区、直辖市取水现状及供需情况，商有关省、自治区、直辖市人民政府水行政主管部门提出，报国务院水行政主管部门批准；设区的市、县（市）行政区域的取水许可总量控制指标，由省、自治区、直辖市人民政府水行政主管部门依据本省、自治区、直辖市取水许可总量控制指标，结合各地取水现状及供需情况制定，并报流域管理机构备案。

第十六条 按照行业用水定额核定的用水量是取水量审批的主要依据。

省、自治区、直辖市人民政府水行政主管部门和质量监督检验管理部门对本行政区域行业用水定额的制定负责指导并组织实施。

尚未制定本行政区域行业用水定额的，可以参照国务院有关行业主管部门制定的行业用水定额执行。

第十七条 审批机关受理取水申请后，应当对取水申请材料进行全面审查，并综合考虑取水可能对水资源的节约保护和经济社会发展带来的影响，决定是否批准取水申请。

第十八条 审批机关认为取水涉及社会公共利益需要听证的，应当向社会公告，并举行听证。

取水涉及申请人与他人之间重大利害关系的，审批机关在作出是否批准取水申请的决定前，应当告知申请人、利害关系人。申请人、利害关系人要求听证的，审批机关应当组织听证。

因取水申请引起争议或者诉讼的，审批机关应当书面通知申请人中止审批程序；争议解决或者诉讼终止后，恢复审批程序。

第十九条 审批机关应当自受理取水申请之日起 45 个工作日内决定批准或者不批准。决定批准的，应当同时签发取水申请批准文件。

对取用城市规划区地下水的取水申请，审批机关应当征求城市建设主管部门的意见，城市建设主管部门应当自收到征求意见材料之日起 5 个工作日内提出意见并转送取水审批机关。

本条第一款规定的审批期限，不包括举行听证和征求有关部门意见所需的时间。

第二十条 有下列情形之一的，审批机关不予批准，并在作出不批准的决定时，书面告知申请人不批准的理由和依据：

（一）在地下水禁采区取用地下水的；

（二）在取水许可总量已经达到取水许可控制总量的地区增加取水量的；

（三）可能对水功能区水域使用功能造成重大损害的；

（四）取水、退水布局不合理的；

（五）城市公共供水管网能够满足用水需要时，建设项目自备取水设施取用地下水的；

（六）可能对第三者或者社会公共利益产生重大损害的；

（七）属于备案项目，未报送备案的；

（八）法律、行政法规规定的其他情形。

审批的取水量不得超过取水工程或者设施设计的取水量。

第二十一条 取水申请经审批机关批准，申请人方可兴建取水工程或者设施。需由国家审批、核准的建设项目，未取得取水申请批准文件的，项目主管部门不得审批、核准该建设项目。

第二十二条 取水申请批准后 3 年内，取水工程或者设施未开工建设，或者需由国家审批、核准的建设项目未取得国家审批、核准的，取水申请批准文件自行失效。

建设项目中取水事项有较大变更的，建设单位应当重新进行建设项目水资源论证，并重新申请取水。

第二十三条 取水工程或者设施竣工后，申请人应当按照国务院水行政主管部门的规定，向取水审批机关报送取水工程或者设施试运行情况等相关材料；经验收合格的，由审批机关核发取水许可证。

直接利用已有的取水工程或者设施取水的，经审批机关审查合格，发给取水许可证。

审批机关应当将发放取水许可证的情况及时通知取水口所在地县级人民政府水行政主管部门，并定期对取水许可证的发放情况予以公告。

第二十四条 取水许可证应当包括下列内容：

（一）取水单位或者个人的名称（姓名）；

（二）取水期限；

（三）取水量和取水用途；

（四）水源类型；

（五）取水、退水地点及退水方式、退水量。

前款第（三）项规定的取水量是在江河、湖泊、地下水多年平均水量情况下允许的取水单位或者个人的最大取水量。

取水许可证由国务院水行政主管部门统一制作，审批机关核发取水许可证只能收取工本费。

第二十五条 取水许可证有效期限一般为 5 年，最长不超过 10 年。有效期届满，需要延续的，取水单位或者个人应当在有效期届满 45 日前向原审批机关提出申请，原审批机关应当在有效期届满前，作出是否延续的决定。

第二十六条 取水单位或者个人要求变更取水许可证载明的事项的，应当依照本条例的规定向原审批机关申请，经原审批机关批准，办理有关变更手续。

第二十七条 依法获得取水权的单位或者个人，通过调整产品和产业结构、改革工艺、节水等措施节约水资源的，在取水许可的有效期和取水限额内，经原审批机关批准，可以依法有偿转让其节约的水资源，并到原审批机关办理取水权变更手续。具体办法由国务院水行政主管部门制定。

第四章 水资源费的征收和使用管理

第二十八条 取水单位或者个人应当缴纳水资源费。

取水单位或者个人应当按照经批准的年度取水计划取水。超计划或者超定额取水的，对超计划或者超定额部分累进收取水资源费。

水资源费征收标准由省、自治区、直辖市人民政府价格主管部门会同同级财政部门、水行政主管部门制定，报本级人民政府批准，并报国务院价格主管部门、财政部门和水行政主管部门备案。其中，由流域管理机构审批取水的中央直属和跨省、自治区、直辖市水利工程的水资源费征收标准，由国务院价格主管部门会同国务院财政部门、水行政主管部门制定。

第二十九条 制定水资源费征收标准，应当遵循下列原则：

（一）促进水资源的合理开发、利用、节约和保护；

（二）与当地水资源条件和经济社会发展水平相适应；

（三）统筹地表水和地下水的合理开发利用，防止地下水过量开采；

（四）充分考虑不同产业和行业的差别。

第三十条 各级地方人民政府应当采取措施，提高农业用水效率，发展节水型农业。

农业生产取水的水资源费征收标准应当根据当地水资源条件、农村经济发展状况和促进农业节约用水需要制定。农业生产取水的水资源费征收标准应当低于其他用水的水资源费征收标准，粮食作物的水资源费征收标准应当低于经济作物的水资源费征收标准。农业生产取水的水资源费征收的步骤和范围由省、自治区、直辖市人民政府规定。

第三十一条 水资源费由取水审批机关负责征收；其中，流域管理机构审批的，水资源费由取水口所在地省、自治区、直辖市人民政府水行政主管部门代为征收。

第三十二条 水资源费缴纳数额根据取水口所在地水资源费征收标准和实际取水量确定。

水力发电用水和火力发电贯流式冷却用水可以根据取水口所在地水资源费征收标准和实际发电量确定缴纳数额。

第三十三条 取水审批机关确定水资源费缴纳数额后，应当向取水单位或者个人送达水资源费缴纳通知单，取水单位或者个人应当自收到缴纳通知单之日起 7 日内办理缴纳手续。

直接从江河、湖泊或者地下取用水资源从事农业生产的，对超过省、自治区、直辖市规定的农业生产用水限额部分的水资源，由取水单位或者个人根据取水口所在地水资源费征收标准和实际取水量缴纳水资源费；符合规定的农业生产用水限额的取水，不缴纳水资源费。取用供水工程的水从事农业生产的，由用水单位或者个人按照实际用水量向供水工程单位缴纳水费，由供水工程单位统一缴纳水资源费；水资源费计入供水成本。

为了公共利益需要，按照国家批准的跨行政区域水量分配方案实施的临时应急调水，由调入区域的取用水的单位或者个人，根据所在地水资源费征收标准和实际取水量缴纳水资源费。

第三十四条 取水单位或者个人因特殊困难不能按期缴纳水资源费的，可以自收到水资源费缴纳通知单之日起7日内向发出缴纳通知单的水行政主管部门申请缓缴；发出缴纳通知单的水行政主管部门应当自收到缓缴申请之日起5个工作日内作出书面决定并通知申请人；期满未作决定的，视为同意。水资源费的缓缴期限最长不得超过90日。

第三十五条 征收的水资源费应当按照国务院财政部门的规定分别解缴中央和地方国库。因筹集水利工程基金，国务院对水资源费的提取、解缴另有规定的，从其规定。

第三十六条 征收的水资源费应当全额纳入财政预算，由财政部门按照批准的部门财政预算统筹安排，主要用于水资源的节约、保护和管理，也可以用于水资源的合理开发。

第三十七条 任何单位和个人不得截留、侵占或者挪用水资源费。

审计机关应当加强对水资源费使用和管理的审计监督。

第五章 监督管理

第三十八条 县级以上人民政府水行政主管部门或者流域管理机构应当依照本条例规定，加强对取水许可制度实施的监督管理。

县级以上人民政府水行政主管部门、财政部门和价格主管部门应当加强对水资源费征收、使用情况的监督管理。

第三十九条 年度水量分配方案和年度取水计划是年度取水总量控制的依据，应当根据批准的水量分配方案或者签订的协议，结合实际用水状况、行业用水定额、下一年度预测来水量等制定。

国家确定的重要江河、湖泊的流域年度水量分配方案和年度取水计划，由流域管理机构会同有关省、自治区、直辖市人民政府水行政主管部门制定。

县级以上各地方行政区域的年度水量分配方案和年度取水计划，由县级以上地方人民政府水行政主管部门根据上一级地方人民政府水行政主管部门或者流域管理机构下达的年度水量分配方案和年度取水计划制定。

第四十条 取水审批机关依照本地区下一年度取水计划、取水单位或者个人提出的下一年度取水计划建议，按照统筹协调、综合平衡、留有余地的原则，向取水单位或者个人下达下一年度取水计划。

取水单位或者个人因特殊原因需要调整年度取水计划的，应当经原审批机关同意。

第四十一条 有下列情形之一的，审批机关可以对取水单位或者个人的年度取水量予以限制：

（一）因自然原因，水资源不能满足本地区正常供水的；

（二）取水、退水对水功能区水域使用功能、生态与环境造成严重影响的；

（三）地下水严重超采或者因地下水开采引起地面沉降等地质灾害的；

（四）出现需要限制取水量的其他特殊情况的。

发生重大旱情时，审批机关可以对取水单位或者个人的取水量予以紧急限制。

第四十二条 取水单位或者个人应当在每年的12月31日前向审批机关报送本年度的取水情况和下一年度取水计划建议。

审批机关应当按年度将取用地下水的情况抄送同级国土资源主管部门，将取用城市规划区地下水的情况抄送同级城市建设主管部门。

审批机关依照本条例第四十一条第一款的规定，需要对取水单位或者个人的年度取水量予以限制的，应当在采取限制措施前及时书面通知取水单位或者个人。

第四十三条 取水单位或者个人应当依照国家技术标准安装计量设施，保证计量设施正常运行，并按照规定填报取水统计报表。

第四十四条 连续停止取水满 2 年的，由原审批机关注销取水许可证。由于不可抗力或者进行重大技术改造等原因造成停止取水满 2 年的，经原审批机关同意，可以保留取水许可证。

第四十五条 县级以上人民政府水行政主管部门或者流域管理机构在进行监督检查时，有权采取下列措施：

（一）要求被检查单位或者个人提供有关文件、证照、资料；

（二）要求被检查单位或者个人就执行本条例的有关问题作出说明；

（三）进入被检查单位或者个人的生产场所进行调查；

（四）责令被检查单位或者个人停止违反本条例的行为，履行法定义务。

监督检查人员在进行监督检查时，应当出示合法有效的行政执法证件。有关单位和个人对监督检查工作应当给予配合，不得拒绝或者阻碍监督检查人员依法执行公务。

第四十六条 县级以上地方人民政府水行政主管部门应当按照国务院水行政主管部门的规定，及时向上一级水行政主管部门或者所在流域的流域管理机构报送本行政区域上一年度取水许可证发放情况。

流域管理机构应当按照国务院水行政主管部门的规定，及时向国务院水行政主管部门报送其上一年度取水许可证发放情况，并同时抄送取水口所在地省、自治区、直辖市人民政府水行政主管部门。

上一级水行政主管部门或者流域管理机构发现越权审批、取水许可证核准的总取水量超过水量分配方案或者协议规定的数量、年度实际取水总量超过下达的年度水量分配方案和年度取水计划的，应当及时要求有关水行政主管部门或者流域管理机构纠正。

第六章 法律责任

第四十七条 县级以上地方人民政府水行政主管部门、流域管理机构或者其他有关部门及其工作人员，有下列行为之一的，由其上级行政机关或者监察机关责令改正；情节严重的，对直接负责的主管人员和其他直接责任人员依法给予行政处分；构成犯罪的，依法追究刑事责任：

（一）对符合法定条件的取水申请不予受理或者不在法定期限内批准的；

（二）对不符合法定条件的申请人签发取水申请批准文件或者发放取水许可证的；

（三）违反审批权限签发取水申请批准文件或者发放取水许可证的；

（四）对未取得取水申请批准文件的建设项目，擅自审批、核准的；

（五）不按照规定征收水资源费，或者对不符合缓缴条件而批准缓缴水资源费的；

（六）侵占、截留、挪用水资源费的；

（七）不履行监督职责，发现违法行为不予查处的；

（八）其他滥用职权、玩忽职守、徇私舞弊的行为。

前款第（六）项规定的被侵占、截留、挪用的水资源费，应当依法予以追缴。

第四十八条 未经批准擅自取水，或者未依照批准的取水许可规定条件取水的，依照《中华人民共和国水法》第六十九条规定处罚；给他人造成妨碍或者损失的，应当排除妨碍、赔偿损失。

第四十九条 未取得取水申请批准文件擅自建设取水工程或者设施的，责令停止违法行为，限期补办有关手续；逾期不补办或者补办未被批准的，责令限期拆除或者封闭其取水工程或者设施；逾期不拆除或者不封闭其取水工程或者设施的，由县级以上地方人民政府水行政主管部门或者流域管理机构组织拆除或者封闭，所需费用由违法行为人承担，可以处5万元以下罚款。

第五十条 申请人隐瞒有关情况或者提供虚假材料骗取取水申请批准文件或者取水许可证的，取水申请批准文件或者取水许可证无效，对申请人给予警告，责令其限期补缴应当缴纳的水资源费，处2万元以上10万元以下罚款；构成犯罪的，依法追究刑事责任。

第五十一条 拒不执行审批机关作出的取水量限制决定，或者未经批准擅自转让取水权的，责令停止违法行为，限期改正，处2万元以上10万元以下罚款；逾期拒不改正或者情节严重的，吊销取水许可证。

第五十二条 有下列行为之一的，责令停止违法行为，限期改正，处5 000元以上2万元以下罚款；情节严重的，吊销取水许可证：

（一）不按照规定报送年度取水情况的；

（二）拒绝接受监督检查或者弄虚作假的；

（三）退水水质达不到规定要求的。

第五十三条 未安装计量设施的，责令限期安装，并按照日最大取水能力计算的取水量和水资源费征收标准计征水资源费，处5 000元以上2万元以下罚款；情节严重的，吊销取水许可证。

计量设施不合格或者运行不正常的，责令限期更换或者修复；逾期不更换或者不修复的，按照日最大取水能力计算的取水量和水资源费征收标准计征水资源费，可以处1万元以下罚款；情节严重的，吊销取水许可证。

第五十四条 取水单位或者个人拒不缴纳、拖延缴纳或者拖欠水资源费的，依照《中华人民共和国水法》第七十条规定处罚。

第五十五条 对违反规定征收水资源费、取水许可证照费的，由价格主管部门依法予以行政处罚。

第五十六条 伪造、涂改、冒用取水申请批准文件、取水许可证的，责令改正，没收违法所得和非法财物，并处2万元以上10万元以下罚款；构成犯罪的，依法追究刑事责任。

第五十七条 本条例规定的行政处罚，由县级以上人民政府水行政主管部门或者流域管理机构按照规定的权限决定。

第七章　附　则

第五十八条 本条例自2006年4月15日起施行。1993年8月1日国务院发布的《取水许可制度实施办法》同时废止。

电力建设项目水土保持工作暂行规定

（水利部、国家电力公司水保[1998]423号文件，1998年9月29日发布施行）

一、为全面贯彻实施《中华人民共和国水土保持法》、《中华人民共和国电力法》、《中华人民共和国水土保持法实施条例》，做好电力建设项目的水土保持工作，建立良好生态环境，制定本规定。

二、本规定适用于我国境内位于山区、丘陵区、风沙区，由国家电力公司及其子公司投资（包括独资、控股、参股）的电力建设项目。其他电力建设项目可参照执行。

三、新建（含改建、扩建）电力建设项目，必须在项目可行性研究阶段编报水土保持方案，作为环境影响报告书的重要组成部分单独成册，专项审批。

四、在建电力建设项目凡造成水土流失、其环境影响报告书中没有水行政主管部门审批的水土保持方案的，建设单位应补编水土保持方案。

五、水土保持方案的编制由建设单位委托持有《编制水土保持方案资格证书》的单位进行编制。电力建设项目应首先编制水土保持方案大纲，经国家电力公司报水利部审查同意后，作为编制水土保持方案的依据。

六、电力建设项目的水土保持方案由国家电力公司组织、国家及项目所在地县级以上水行政主管部门参加进行预审，方案经修订后由国家电力公司报水利部审批。

七、在电力建设过程中应采取保持水土资源的措施，防止造成人为的水土流失，对因开发建设造成水土流失的必须负责治理。生产建设项目的水土保持设施，必须与主体工程同时设计、同时施工、同时投产使用，建设项目竣工验收时，应同时验收水土保持设施。对已建电力项目造成水土流失的，应依法组织治理。

八、各级水行政主管部门要积极支持电力建设，严格按有关法律法规和本规定执行，防止乱收费。

九、电力建设和经营管理单位要自觉接受水行政主管部门的监督检查，加强与水行政主管部门的联系和配合，做好水土保持工作。有水土流失防治任务的电力建设项目应每年向县级以上水行政主管部门通报水土流失防治工作的进展情况。

十、本规定自印发之日起施行。

污染源自动监控管理办法

国家环境保护总局令　第28号

《污染源自动监控管理办法》已于2005年7月7日由国家环境保护总局2005年第十次局务会议通过，现予公布，自2005年11月1日起施行。

国家环境保护总局局长　解振华

二〇〇五年九月十九日

污染源自动监控管理办法

第一章　总　则

第一条　为加强污染源监管，实施污染物排放总量控制与排污许可证制度和排污收费制度，预防污染事故，提高环境管理科学化、信息化水平，根据《水污染防治法》、《大气污染防治法》、《环境噪声污染防治法》、《水污染防治法实施细则》、《建设项目环境保护管理条例》和《排污费征收使用管理条例》等有关环境保护法律法规，制定本办法。

第二条　本办法适用于重点污染源自动监控系统的监督管理。

重点污染源水污染物、大气污染物和噪声排放自动监控系统的建设、管理和运行维护，必须遵守本办法。

第三条　本办法所称自动监控系统，由自动监控设备和监控中心组成。

自动监控设备是指在污染源现场安装的用于监控、监测污染物排放的仪器、流量（速）计、污染治理设施运行记录仪和数据采集传输仪等仪器、仪表，是污染防治设施的组成部分。

监控中心是指环境保护部门通过通信传输线路与自动监控设备连接用于对重点污染源实施自动监控的计算机软件和设备等。

第四条　自动监控系统经环境保护部门检查合格并正常运行的，其数据作为环境保护部门进行排污申报核定、排污许可证发放、总量控制、环境统计、排污费征收和现场环境执法等环境监督管理的依据，并按照有关规定向社会公开。

第五条　国家环境保护总局负责指导全国重点污染源自动监控工作，制定有关工作制度和技术规范。

地方环境保护部门根据国家环境保护总局的要求按照统筹规划、保证重点、兼顾一般、量力而行的原则，确定需要自动监控的重点污染源，制定工作计划。

第六条　环境监察机构负责以下工作：

（一）参与制定工作计划，并组织实施；

（二）核实自动监控设备的选用、安装、使用是否符合要求；

（三）对自动监控系统的建设、运行和维护等进行监督检查；

（四）本行政区域内重点污染源自动监控系统联网监控管理；

（五）核定自动监控数据，并向同级环境保护部门和上级环境监察机构等联网报送；

（六）对不按照规定建立或者擅自拆除、闲置、关闭及不正常使用自动监控系统的排污单位提出依法处罚的意见。

第七条 环境监测机构负责以下工作：

（一）指导自动监控设备的选用、安装和使用；

（二）对自动监控设备进行定期比对监测，提出自动监控数据有效性的意见。

第八条 环境信息机构负责以下工作：

（一）指导自动监控系统的软件开发；

（二）指导自动监控系统的联网，核实自动监控系统的联网是否符合国家环境保护总局制定的技术规范；

（三）协助环境监察机构对自动监控系统的联网运行进行维护管理。

第九条 任何单位和个人都有保护自动监控系统的义务，并有权对闲置、拆除、破坏以及擅自改动自动监控系统参数和数据等不正常使用自动监控系统的行为进行举报。

第二章 自动监控系统的建设

第十条 列入污染源自动监控计划的排污单位，应当按照规定的时限建设、安装自动监控设备及其配套设施，配合自动监控系统的联网。

第十一条 新建、改建、扩建和技术改造项目应当根据经批准的环境影响评价文件的要求建设、安装自动监控设备及其配套设施，作为环境保护设施的组成部分，与主体工程同时设计、同时施工、同时投入使用。

第十二条 建设自动监控系统必须符合下列要求：

（一）自动监控设备中的相关仪器应当选用经国家环境保护总局指定的环境监测仪器检测机构适用性检测合格的产品；

（二）数据采集和传输符合国家有关污染源在线自动监控（监测）系统数据传输和接口标准的技术规范；

（三）自动监控设备应安装在符合环境保护规范要求的排污口；

（四）按照国家有关环境监测技术规范，环境监测仪器的比对监测应当合格；

（五）自动监控设备与监控中心能够稳定联网；

（六）建立自动监控系统运行、使用、管理制度。

第十三条 自动监控设备的建设、运行和维护经费由排污单位自筹，环境保护部门可以给予补助；监控中心的建设和运行、维护经费由环境保护部门编报预算申请经费。

第三章 自动监控系统的运行、维护和管理

第十四条 自动监控系统的运行和维护，应当遵守以下规定：

（一）自动监控设备的操作人员应当按国家相关规定，经培训考核合格、持证上岗；

（二）自动监控设备的使用、运行、维护符合有关技术规范；

（三）定期进行比对监测；

（四）建立自动监控系统运行记录；

（五）自动监控设备因故障不能正常采集、传输数据时，应当及时检修并向环境监察机构报告，必要时应当采用人工监测方法报送数据。

自动监控系统由第三方运行和维护的，接受委托的第三方应当依据《环境污染治理设施运营资质许可管理办法》的规定，申请取得环境污染治理设施运营资质证书。

第十五条 自动监控设备需要维修、停用、拆除或者更换的，应当事先报经环境监察机构批准同意。

环境监察机构应当自收到排污单位的报告之日起7日内予以批复；逾期不批复的，视为同意。

第四章 罚 则

第十六条 违反本办法规定，现有排污单位未按规定的期限完成安装自动监控设备及其配套设施的，由县级以上环境保护部门责令限期改正，并可处1万元以下的罚款。

第十七条 违反本办法规定，新建、改建、扩建和技术改造的项目未安装自动监控设备及其配套设施，或者未经验收或者验收不合格的，主体工程即正式投入生产或者使用的，由审批该建设项目环境影响评价文件的环境保护部门依据《建设项目环境保护管理条例》责令停止主体工程生产或者使用，可以处10万元以下的罚款。

第十八条 违反本办法规定，有下列行为之一的，由县级以上地方环境保护部门按以下规定处理：

（一）故意不正常使用水污染物排放自动监控系统，或者未经环境保护部门批准，擅自拆除、闲置、破坏水污染物排放自动监控系统，排放污染物超过规定标准的；

（二）不正常使用大气污染物排放自动监控系统，或者未经环境保护部门批准，擅自拆除、闲置、破坏大气污染物排放自动监控系统的；

（三）未经环境保护部门批准，擅自拆除、闲置、破坏环境噪声排放自动监控系统，致使环境噪声排放超过规定标准的。

有前款第（一）项行为的，依据《水污染防治法》第四十八条和《水污染防治法实施细则》第四十一条的规定，责令恢复正常使用或者限期重新安装使用，并处10万元以下的罚款；有前款第（二）项行为的，依据《大气污染防治法》第四十六条的规定，责令停止违法行为，限期改正，给予警告或者处5万元以下罚款；有前款第（三）项行为的，依据《环境噪声污染防治法》第五十条的规定，责令改正，处3万元以下罚款。

第五章 附 则

第十九条 本办法自2005年11月1日起施行。

污染源自动监控设施现场监督检查办法

环境保护部令 第19号

《污染源自动监控设施现场监督检查办法》已经2011年12月30日环境保护部2011年第二次部务会议通过，现予公布，自2012年4月1日起施行。

环境保护部部长 周生贤

二〇一二年二月一日

污染源自动监控设施现场监督检查办法

目　录

第一章　总　则

第一条　为加强对污染源自动监控设施的现场监督检查，保障其正常运行，保证自动监控数据的真实、可靠和有效，根据《中华人民共和国水污染防治法》、《中华人民共和国大气污染防治法》等有关法律法规，制定本办法。

第二条　本办法所称污染源自动监控设施，是指在污染源现场安装的用于监控、监测污染物排放的在线自动监测仪、流量（速）计、污染治理设施运行记录仪和数据采集传输仪器、仪表、传感器等设施，是污染防治设施的组成部分。

第三条　本办法适用于各级环境保护主管部门对污染源自动监控设施的现场监督检查。

第四条　污染源自动监控设施的现场监督检查，由各级环境保护主管部门或者其委托的行使现场监督检查职责的机构（以下统称监督检查机构）具体负责。

省级以下环境保护主管部门对污染源自动监控设施进行监督管理和现场监督检查的权限划分，由省级环境保护主管部门确定。

第五条　实施污染源自动监控设施现场监督检查，应当与其他污染防治设施的现场检查相结合，并遵守国家有关法律法规、标准、技术规范以及环境保护主管部门的规定。

第六条　污染源自动监控设施的生产者和销售者，应当保证其生产和销售的污染源自动监控设施符合国家规定的标准。

排污单位自行运行污染源自动监控设施的，应当保证其正常运行。由取得环境污染治理设施运营资质的单位（以下简称运营单位）运行污染源自动监控设施的，排污单位应当配合、监督运营单位正常运行；运营单位应当保证污染源自动监控设施正常运行。

污染源自动监控设施的生产者、销售者以及排污单位和运营单位应当接受和配合监督检查机构的现场监督检查，并按照要求提供相关技术资料。监督检查机构有义务为被检查单位保守在检查中获取的商业秘密。

第二章 监督管理

第七条 污染源自动监控设施建成后，组织建设的单位应当及时组织验收。经验收合格后，污染源自动监控设施方可投入使用。

排污单位或者其他污染源自动监控设施所有权单位，应当在污染源自动监控设施验收后五个工作日内，将污染源自动监控设施有关情况交有管辖权的监督检查机构登记备案。

污染源自动监控设施的主要设备或者核心部件更换、采样位置或者主要设备安装位置等发生重大变化的，应当重新组织验收。排污单位或者其他污染源自动监控设施所有权单位应当在重新验收合格后五个工作日内，向有管辖权的监督检查机构变更登记备案。

有管辖权的监督检查机构应当对污染源自动监控设施登记事项及时予以登记，作为现场监督检查的依据。

第八条 污染源自动监控设施确需拆除或者停运的，排污单位或者运营单位应当事先向有管辖权的监督检查机构报告，经有管辖权的监督检查机构同意后方可实施。有管辖权的监督检查机构接到报告后，可以组织现场核实，并在接到报告后五个工作日内作出决定；逾期不作出决定的，视为同意。

污染源自动监控设施发生故障不能正常使用的，排污单位或者运营单位应当在发生故障后十二小时内向有管辖权的监督检查机构报告，并及时检修，保证在五个工作日内恢复正常运行。停运期间，排污单位或者运营单位应当按照有关规定和技术规范，采用手工监测等方式，对污染物排放状况进行监测，并报送监测数据。

第九条 下级环境保护主管部门应当每季度向上一级环境保护主管部门报告污染源自动监控设施现场监督检查工作情况。省级环境保护主管部门应当于每年的 1 月 30 日前向环境保护部报送上一年度本行政区域污染源自动监控设施现场监督检查工作报告。

第十条 污染源自动监控设施现场监督检查工作报告应当包括以下内容：

（一）辖区内污染源自动监控设施总体运行情况、存在的问题和建议；

（二）辖区内有关污染源自动监控设施违法行为及其查处情况和典型案例；

（三）污染源自动监控设施生产者、销售者和运营单位在辖区内服务质量评估。

第十一条 上级环境保护主管部门应当定期组织对本辖区内下级环境保护主管部门污染源自动监控设施现场监督检查的工作情况进行督查，并实行专项考核。

第十二条 污染源自动监控设施现场监督检查的有关情况，应当依法公开。

第三章 现场监督检查

第十三条 对污染源自动监控设施进行现场监督检查，应当重点检查以下内容：

（一）排放口规范化情况；

（二）污染源自动监控设施现场端建设规范化情况；

（三）污染源自动监控设施变更情况；

（四）污染源自动监控设施运行状况；

（五）污染源自动监控设施运行、维护、检修、校准校验记录；

（六）相关资质、证书、标志的有效性；

（七）企业生产工况、污染治理设施运行与自动监控数据的相关性。

第十四条　污染源自动监控设施现场监督检查分为例行检查和重点检查。

监督检查机构应当对污染源自动监控设施定期进行例行检查。对国家重点监控企业污染源自动监控设施的例行检查每月至少一次；对其他企业污染源自动监控设施的例行检查每季度至少一次。

对涉嫌不正常运行、使用污染源自动监控设施或者有弄虚作假等违法情况的企业，监督检查机构应当进行重点检查。重点检查可以邀请有关部门和专家参加。

实施污染源自动监控设施例行检查或者重点检查的，可以根据情况，事先通知被检查单位，也可以不事先通知。

第十五条　污染源自动监控设施的现场监督检查，按照下列程序进行：

（一）检查前准备工作，包括污染源自动监控设施登记备案情况、污染物排放及污染防治的有关情况，现场检查装备配备等；

（二）进行现场监督检查；

（三）认定运行正常的，结束现场监督检查；

（四）对涉嫌不正常运行、使用或者有弄虚作假等违法行为的，进行重点检查；

（五）经重点检查，认定有违法行为的，依法予以处罚。

污染源自动监控设施现场监督检查结果，应当及时反馈被检查单位。

第十六条　现场监督检查人员应当按照有关技术规范要求填写现场监督检查表，制作现场监督检查笔录。

现场监督检查人员进行污染源自动监控设施现场监督检查时，可以采取以下措施：

（一）以拍照、录音、录像、仪器标定或者拷贝文件、数据等方式保存现场检查资料；

（二）使用快速监测仪器采样监测。必要时，由环境监测机构进行监督性监测或者比对监测并出具监测结果；

（三）要求排污单位或者运营单位对污染源自动监控设施的硬件、软件进行技术测试；

（四）封存有关样品、试剂等物质，并送交有关部门或者机构检测。

第四章　法律责任

第十七条　排污单位或者其他污染源自动监控设施所有权单位，未按照本办法第七条的规定向有管辖权的监督检查机构登记其污染源自动监控设施有关情况，或者登记情况不属实的，依照《中华人民共和国水污染防治法》第七十二条第（一）项或者《中华人民共和国大气污染防治法》第四十六条第（一）项的规定处罚。

第十八条　排污单位或者运营单位有下列行为之一的，依照《中华人民共和国水污染防治法》第七十条或者《中华人民共和国大气污染防治法》第四十六条第（二）项的规定处罚：

（一）采取禁止进入、拖延时间等方式阻挠现场监督检查人员进入现场检查污染源自动监控设施的；

（二）不配合进行仪器标定等现场测试的；

（三）不按照要求提供相关技术资料和运行记录的；

（四）不如实回答现场监督检查人员询问的。

第十九条　排污单位或者运营单位擅自拆除、闲置污染源自动监控设施，或者有下列行为之一的，依照《中华人民共和国水污染防治法》第七十三条或者《中华人民共和国大气污染防治法》第四十六条第（三）项的规定处罚：

（一）未经环境保护主管部门同意，部分或者全部停运污染源自动监控设施的；

（二）污染源自动监控设施发生故障不能正常运行，不按照规定报告又不及时检修恢复正常运行的；

（三）不按照技术规范操作，导致污染源自动监控数据明显失真的；

（四）不按照技术规范操作，导致传输的污染源自动监控数据明显不一致的；

（五）不按照技术规范操作，导致排污单位生产工况、污染治理设施运行与自动监控数据相关性异常的；

（六）擅自改动污染源自动监控系统相关参数和数据的；

（七）污染源自动监控数据未通过有效性审核或者有效性审核失效的；

（八）其他人为原因造成的污染源自动监控设施不正常运行的情况。

第二十条 排污单位或者运营单位有下列行为之一的，依照《中华人民共和国水污染防治法》第七十条或者《中华人民共和国大气污染防治法》第四十六条第（二）项的规定处罚：

（一）将部分或者全部污染物不经规范的排放口排放，规避污染源自动监控设施监控的；

（二）违反技术规范，通过稀释、吸附、吸收、过滤等方式处理监控样品的；

（三）不按照技术规范的要求，对仪器、试剂进行变动操作的；

（四）违反技术规范的要求，对污染源自动监控系统功能进行删除、修改、增加、干扰，造成污染源自动监控系统不能正常运行，或者对污染源自动监控系统中存储、处理或者传输的数据和应用程序进行删除、修改、增加的操作的；

（五）其他欺骗现场监督检查人员，掩盖真实排污状况行为。

第二十一条 排污单位排放污染物超过国家或者地方规定的污染物排放标准，或者超过重点污染物排放总量控制指标的，依照《中华人民共和国水污染防治法》第七十四条或者《中华人民共和国大气污染防治法》第四十八条的规定处罚。

第二十二条 污染源自动监控设施生产者、销售者参与排污单位污染源自动监控设施运行弄虚作假的，由环境保护主管部门予以通报，公开该生产者、销售者名称及其产品型号；情节严重的，收回其环境保护适用性检测报告和环境保护产品认证证书。对已经安装使用该生产者、销售者生产、销售的同类产品的企业，环境保护主管部门应当加强重点检查。

第二十三条 运营单位参与排污单位污染源自动监控设施运行弄虚作假的，依照《环境污染治理设施运营资质许可管理办法》的有关规定处罚。

第二十四条 环境保护主管部门的工作人员有下列行为之一的，依法给予处分；构成犯罪的，依法追究刑事责任：

（一）不履行或者不按照规定履行对污染源自动监控设施现场监督检查职责的；

（二）对接到举报或者所发现的违法行为不依法予以查处的；

（三）包庇、纵容、参与排污单位或者运营单位弄虚作假的；

（四）其他玩忽职守、滥用职权或者徇私舞弊行为。

第二十五条 排污单位通过污染源自动监控设施数据弄虚作假获取主要污染物年度削减量、有关环境保护荣誉称号或者评级的，由原核定削减量或者授予荣誉称号的环境保护主管部门予以撤销。

排污单位通过污染源自动监控设施数据弄虚作假，骗取国家优惠脱硫脱硝电价的，环境保护主管部门应当及时通报优惠电价核定部门，取消电价优惠。

第二十六条　违反技术规范的要求，对污染源自动监控系统功能进行删除、修改、增加、干扰，造成污染源自动监控系统不能正常运行，或者对污染源自动监控系统中存储、处理或者传输的数据和应用程序进行删除、修改、增加的操作，构成违反治安管理行为的，由环境保护主管部门移送公安部门依据《中华人民共和国治安管理处罚法》第二十九条规定处理；涉嫌构成犯罪的，移送司法机关依照《中华人民共和国刑法》第二百八十六条追究刑事责任。

第五章　附　则

第二十七条　本办法由环境保护部负责解释。

第二十八条　污染源自动监控设施现场监督检查的技术规范和相关指南由环境保护部另行发布。

第二十九条　本办法自 2012 年 4 月 1 日起施行。

附：

《治安管理处罚法》第二十九条　有下列行为之一的，处五日以下拘留；情节较重的，处五日以上十日以下拘留：

（一）违反国家规定，侵入计算机信息系统，造成危害的；

（二）违反国家规定，对计算机信息系统功能进行删除、修改、增加、干扰，造成计算机信息系统不能正常运行的；

（三）违反国家规定，对计算机信息系统中存储、处理、传输的数据和应用程序进行删除、修改、增加的；

（四）故意制作、传播计算机病毒等破坏性程序，影响计算机信息系统正常运行的。

《刑法》第二百八十六条　违反国家规定，对计算机信息系统功能进行删除、修改、增加、干扰，造成计算机信息系统不能正常运行，后果严重的，处五年以下有期徒刑或者拘役；后果特别严重的，处五年以上有期徒刑。

违反国家规定，对计算机信息系统中存储、处理或者传输的数据和应用程序进行删除、修改、增加的操作，后果严重的，依照前款的规定处罚。

故意制作、传播计算机病毒等破坏性程序，影响计算机系统正常运行，后果严重的，依照第一款的规定处罚。

国家环境保护总局令

总局令　第35号

《环境信息公开办法（试行）》已于2007年2月8日经国家环境保护总局2007年第一次局务会议通过，现予公布，自2008年5月1日起施行。

国家环境保护总局局长　周生贤

二〇〇七年四月十一日

环境信息公开办法（试行）

第一章　总　则

第一条　为了推进和规范环境保护行政主管部门（以下简称环保部门）以及企业公开环境信息，维护公民、法人和其他组织获取环境信息的权益，推动公众参与环境保护，依据《中华人民共和国政府信息公开条例》、《中华人民共和国清洁生产促进法》和《国务院关于落实科学发展观加强环境保护的决定》以及其他有关规定，制定本办法。

第二条　本办法所称环境信息，包括政府环境信息和企业环境信息。

政府环境信息，是指环保部门在履行环境保护职责中制作或者获取的，以一定形式记录、保存的信息。

企业环境信息，是指企业以一定形式记录、保存的，与企业经营活动产生的环境影响和企业环境行为有关的信息。

第三条　国家环境保护总局负责推进、指导、协调、监督全国的环境信息公开工作。

县级以上地方人民政府环保部门负责组织、协调、监督本行政区域内的环境信息公开工作。

第四条　环保部门应当遵循公正、公平、便民、客观的原则，及时、准确地公开政府环境信息。

企业应当按照自愿公开与强制性公开相结合的原则，及时、准确地公开企业环境信息。

第五条　公民、法人和其他组织可以向环保部门申请获取政府环境信息。

第六条　环保部门应当建立、健全环境信息公开制度。

国家环境保护总局由办公厅作为本部门政府环境信息公开工作的组织机构，各业务机构按职责分工做好本领域政府环境信息公开工作。

县级以上地方人民政府环保部门根据实际情况自行确定本部门政府环境信息公开工作的组织机构，负责组织实施本部门的政府环境信息公开工作。

环保部门负责政府环境信息公开工作的组织机构的具体职责是：

（一）组织制定本部门政府环境信息公开的规章制度、工作规则；

（二）组织协调本部门各业务机构的政府环境信息公开工作；

（三）组织维护和更新本部门公开的政府环境信息；

（四）监督考核本部门各业务机构政府环境信息公开工作；

（五）组织编制本部门政府环境信息公开指南、政府环境信息公开目录和政府环境信息公开工作年度报告；

（六）监督指导下级环保部门政府环境信息公开工作；

（七）监督本辖区企业环境信息公开工作；

（八）负责政府环境信息公开前的保密审查；

（九）本部门有关环境信息公开的其他职责。

第七条　公民、法人和其他组织使用公开的环境信息，不得损害国家利益、公共利益和他人的合法权益。

第八条　环保部门应当从人员、经费方面为本部门环境信息公开工作提供保障。

第九条　环保部门发布政府环境信息依照国家有关规定需要批准的，未经批准不得发布。

第十条　环保部门公开政府环境信息，不得危及国家安全、公共安全、经济安全和社会稳定。

第二章　政府环境信息公开

第一节　公开的范围

第十一条　环保部门应当在职责权限范围内向社会主动公开以下政府环境信息：

（一）环境保护法律、法规、规章、标准和其他规范性文件；

（二）环境保护规划；

（三）环境质量状况；

（四）环境统计和环境调查信息；

（五）突发环境事件的应急预案、预报、发生和处置等情况；

（六）主要污染物排放总量指标分配及落实情况，排污许可证发放情况，城市环境综合整治定量考核结果；

（七）大、中城市固体废物的种类、产生量、处置状况等信息；

（八）建设项目环境影响评价文件受理情况，受理的环境影响评价文件的审批结果和建设项目竣工环境保护验收结果，其他环境保护行政许可的项目、依据、条件、程序和结果；

（九）排污费征收的项目、依据、标准和程序，排污者应当缴纳的排污费数额、实际征收数额以及减免缓情况；

（十）环保行政事业性收费的项目、依据、标准和程序；

（十一）经调查核实的公众对环境问题或者对企业污染环境的信访、投诉案件及其处理结果；

（十二）环境行政处罚、行政复议、行政诉讼和实施行政强制措施的情况；

（十三）污染物排放超过国家或者地方排放标准，或者污染物排放总量超过地方人民政府核定的排放总量控制指标的污染严重的企业名单；

（十四）发生重大、特大环境污染事故或者事件的企业名单，拒不执行已生效的环境行政处罚决定的企业名单；

（十五）环境保护创建审批结果；

（十六）环保部门的机构设置、工作职责及其联系方式等情况；

（十七）法律、法规、规章规定应当公开的其他环境信息。

环保部门应当根据前款规定的范围编制本部门的政府环境信息公开目录。

第十二条 环保部门应当建立健全政府环境信息发布保密审查机制，明确审查的程序和责任。

环保部门在公开政府环境信息前，应当依照《中华人民共和国保守国家秘密法》以及其他法律、法规和国家有关规定进行审查。

环保部门不得公开涉及国家秘密、商业秘密、个人隐私的政府环境信息。但是，经权利人同意或者环保部门认为不公开可能对公共利益造成重大影响的涉及商业秘密、个人隐私的政府环境信息，可以予以公开。

环保部门对政府环境信息不能确定是否可以公开时，应当依照法律、法规和国家有关规定报有关主管部门或者同级保密工作部门确定。

第二节 公开的方式和程序

第十三条 环保部门应当将主动公开的政府环境信息，通过政府网站、公报、新闻发布会以及报刊、广播、电视等便于公众知晓的方式公开。

第十四条 属于主动公开范围的政府环境信息，环保部门应当自该环境信息形成或者变更之日起20个工作日内予以公开。法律、法规对政府环境信息公开的期限另有规定的，从其规定。

第十五条 环保部门应当编制、公布政府环境信息公开指南和政府环境信息公开目录，并及时更新。

政府环境信息公开指南，应当包括信息的分类、编排体系、获取方式，政府环境信息公开工作机构的名称、办公地址、办公时间、联系电话、传真号码、电子邮箱等内容。

政府环境信息公开目录，应当包括索引、信息名称、信息内容的概述、生成日期、公开时间等内容。

第十六条 公民、法人和其他组织依据本办法第五条规定申请环保部门提供政府环境信息的，应当采用信函、传真、电子邮件等书面形式；采取书面形式确有困难的，申请人可以口头提出，由环保部门政府环境信息公开工作机构代为填写政府环境信息公开申请。

政府环境信息公开申请应当包括下列内容：

（一）申请人的姓名或者名称、联系方式；

（二）申请公开的政府环境信息内容的具体描述；

（三）申请公开的政府环境信息的形式要求。

第十七条 对政府环境信息公开申请，环保部门应当根据下列情况分别作出答复：

（一）申请公开的信息属于公开范围的，应当告知申请人获取该政府环境信息的方式和途径；

（二）申请公开的信息属于不予公开范围的，应当告知申请人该政府环境信息不予公开并说明理由；

（三）依法不属于本部门公开或者该政府环境信息不存在的，应当告知申请人；对于能够确定该政府环境信息的公开机关的，应当告知申请人该行政机关的名称和联系方式；

（四）申请内容不明确的，应当告知申请人更改、补充申请。

第十八条 环保部门应当在收到申请之日起15个工作日内予以答复；不能在15个工作日内作出答复的，经政府环境信息公开工作机构负责人同意，可以适当延长答复期限，并书面告知申请人，延长答复的期限最长不得超过 15 个工作日。

第三章　企业环境信息公开

第十九条　国家鼓励企业自愿公开下列企业环境信息：

（一）企业环境保护方针、年度环境保护目标及成效；

（二）企业年度资源消耗总量；

（三）企业环保投资和环境技术开发情况；

（四）企业排放污染物种类、数量、浓度和去向；

（五）企业环保设施的建设和运行情况；

（六）企业在生产过程中产生的废物的处理、处置情况，废弃产品的回收、综合利用情况；

（七）与环保部门签订的改善环境行为的自愿协议；

（八）企业履行社会责任的情况；

（九）企业自愿公开的其他环境信息。

第二十条　列入本办法第十一条第一款第（十三）项名单的企业，应当向社会公开下列信息：

（一）企业名称、地址、法定代表人；

（二）主要污染物的名称、排放方式、排放浓度和总量、超标、超总量情况；

（三）企业环保设施的建设和运行情况；

（四）环境污染事故应急预案。

企业不得以保守商业秘密为借口，拒绝公开前款所列的环境信息。

第二十一条　依照本办法第二十条规定向社会公开环境信息的企业，应当在环保部门公布名单后 30 日内，在所在地主要媒体上公布其环境信息，并将向社会公开的环境信息报所在地环保部门备案。

环保部门有权对企业公布的环境信息进行核查。

第二十二条　依照本办法第十九条规定自愿公开环境信息的企业，可以将其环境信息通过媒体、互联网等方式，或者通过公布企业年度环境报告的形式向社会公开。

第二十三条　对自愿公开企业环境行为信息且模范遵守环保法律法规的企业，环保部门可以给予下列奖励：

（一）在当地主要媒体公开表彰；

（二）依照国家有关规定优先安排环保专项资金项目；

（三）依照国家有关规定优先推荐清洁生产示范项目或者其他国家提供资金补助的示范项目；

（四）国家规定的其他奖励措施。

第四章　监督与责任

第二十四条　环保部门应当建立健全政府环境信息公开工作考核制度、社会评议制度和责任追究制度，定期对政府环境信息公开工作进行考核、评议。

第二十五条　环保部门应当在每年 3 月 31 日前公布本部门的政府环境信息公开工作年度报告。

政府环境信息公开工作年度报告应当包括下列内容：

（一）环保部门主动公开政府环境信息的情况；

（二）环保部门依申请公开政府环境信息和不予公开政府环境信息的情况；

（三）因政府环境信息公开申请行政复议、提起行政诉讼的情况；

（四）政府环境信息公开工作存在的主要问题及改进情况；

（五）其他需要报告的事项。

第二十六条 公民、法人和其他组织认为环保部门不依法履行政府环境信息公开义务的，可以向上级环保部门举报。收到举报的环保部门应当督促下级环保部门依法履行政府环境信息公开义务。

公民、法人和其他组织认为环保部门在政府环境信息公开工作中的具体行政行为侵犯其合法权益的，可以依法申请行政复议或者提起行政诉讼。

第二十七条 环保部门违反本办法规定，有下列情形之一的，上一级环保部门应当责令其改正；情节严重的，对负有直接责任的主管人员和其他直接责任人员依法给予行政处分：

（一）不依法履行政府环境信息公开义务的；

（二）不及时更新政府环境信息内容、政府环境信息公开指南和政府环境信息公开目录的；

（三）在公开政府环境信息过程中违反规定收取费用的；

（四）通过其他组织、个人以有偿服务方式提供政府环境信息的；

（五）公开不应当公开的政府环境信息的；

（六）违反本办法规定的其他行为。

第二十八条 违反本办法第二十条规定，污染物排放超过国家或者地方排放标准，或者污染物排放总量超过地方人民政府核定的排放总量控制指标的污染严重的企业，不公布或者未按规定要求公布污染物排放情况的，由县级以上地方人民政府环保部门依据《中华人民共和国清洁生产促进法》的规定，处十万元以下罚款，并代为公布。

第五章 附 则

第二十九条 本办法自2008年5月1日起施行。

环境保护部令

中华人民共和国环境保护部令　第6号

《限期治理管理办法（试行）》已经2009年6月11日环境保护部2009年第一次部务会议审议通过，现予公布，自2009年9月1日起施行。

环境保护部部长　周生贤

二〇〇九年七月八日

限期治理管理办法（试行）

目　录

第一章　总　则

第一条【立法目的】　为督促排污单位在限期内治理现有污染源，纠正水污染物处理设施与处理需求不匹配的状况，推动水污染物工程减排，根据《中华人民共和国水污染防治法》（以下简称《水污染防治法》），制定本办法。

第二条【适用范围】　排污单位的污染源有下列情形之一的，适用限期治理：

（一）排放水污染物超过国家或者地方规定的水污染物排放标准的（本办法以下简称“超标”）；

（二）排放国务院或者省、自治区、直辖市人民政府确定实施总量削减和控制的重点水污染物，超过总量控制指标的（本办法以下简称“超总量”）。

第三条【不适用情形】　排放水污染物超标或者超总量，但有下列情形之一，法律法规相关条款另有特别规定的，适用特别规定，不适用限期治理：

（一）建设项目的水污染防治设施未建成、未经验收或者验收不合格，主体工程即投入生产或者使用的，根据《水污染防治法》第七十一条处罚。

（二）建设项目投入试生产，其配套建设的水污染防治设施未与主体工程同时投入试运行的，根据《建设项目环境保护管理条例》第二十六条处罚。

（三）不正常使用水污染物处理设施，或者未经环境保护行政主管部门批准拆除、闲置水污染物处理设施的，根据《水污染防治法》第七十三条处罚。

（四）违法采用国家强制淘汰的造成严重水污染的设备或者工艺，情节严重的，根据《水污染防治法》第七十七条处罚。

第四条【级别管辖】 国家重点监控企业的限期治理，由省、自治区、直辖市环境保护行政主管部门决定，报环境保护部备案。

省级重点监控企业的限期治理，由所在地设区的市级环境保护行政主管部门决定，报省、自治区、直辖市环境保护行政主管部门备案。

其他排污单位的限期治理，由污染源所在地设区的市级或者县级环境保护行政主管部门决定。

第五条【特殊管辖】 下级环境保护行政主管部门实施限期治理有困难的，可以报请上一级环境保护行政主管部门决定限期治理。

下级环境保护行政主管部门对依法应予限期治理的排污单位不作出限期治理决定的，上级环境保护行政主管部门应当责成下级环境保护行政主管部门依法决定限期治理，或者直接决定限期治理。

排污单位排放水污染物超标或者超总量造成的社会影响特别重大，或者有其他特别严重情形的，环境保护部可以直接决定限期治理。

上下级环境保护行政主管部门，对同一污染源的同一违法行为，不得重复下达限期治理决定。

第六条【期限】 环境保护行政主管部门应当根据完成限期治理任务的实际需要，合理确定限期治理期限。

限期治理期限最长不得超过 1 年。但完全由于不可抗力的原因，导致被限期治理的排污单位不能按期完成治理任务的除外。

环境保护行政主管部门不得通过重复下达限期治理决定等方式，变相延长限期治理期限。

第七条【信息公开】 环境保护行政主管部门应当通过报刊、门户网站等便于公众知晓的方式，将下列信息向社会公开：

（一）被责令限期治理的排污单位名称、《限期治理决定书》、排污单位的限期治理方案等相关文件；

（二）完成限期治理任务后，被依法解除限期治理的排污单位名称；

（三）因逾期未完成限期治理任务，被依法责令关闭的排污单位名称。

环境保护行政主管部门不得公开涉及国家秘密、商业秘密、个人隐私的政府信息。

第二章 决定程序

第八条【立案调查】 环境保护行政主管部门现场检查时，可以凭环境保护行政主管部门工作人员现场即时采样或者监测的结果，判定污染源排放水污染物是否超标或者超总量。

对经现场检查判定排放水污染物超标或者超总量的污染源，环境保护行政主管部门应当及时分析原因。经分析判断超标或者超总量可能是由水污染物处理设施与处理需求不匹配原因造成的，环境保护行政主管部门应当按照本办法有关限期治理管辖权限的规定立案调查，并确定负责立案调查的机构。

第九条【判断步骤】 对已被立案调查的排污单位，负责立案调查的机构应当通过以下步骤，对排放水污染物超标或者超总量是否因水污染物处理设施与处理需求不匹配所致作出判断，并报环境保护行政主管部门：

（一）现场监测：组织环境监测机构按照污染源监测规范规定的采样频次，对污染源在生产周期内所排水污染物进行监测；

（二）技术评估：组织行业生产专家、污染物处理技术专家和企业代表，采用工艺流程分析、物料衡算等方法，对排污单位水污染物处理设施与处理需求是否匹配进行分析评估。

第十条【事先告知】　环境保护行政主管部门根据监测数据和技术评估结果，判断水污染物处理设施与处理需求不匹配导致排放水污染物超标或者超总量的，应当向排污单位发出《限期治理事先告知书》。

第十一条【告知内容】　《限期治理事先告知书》应当载明以下内容：

（一）排污单位名称；

（二）水污染物处理设施与处理需求不匹配导致排放水污染物超标或者超总量的事实和证据；

（三）拟作出的限期治理决定和法律依据；

（四）未完成限期治理任务的法律后果；

（五）排污单位陈述、申辩和申请听证的权利。

环境保护行政主管部门认为必要时，可以就污染源限期治理事项，约谈排污单位的法定代表人或者其他主要负责人。

第十二条【申请听证】　排污单位对排放水污染物超标或者超总量的事实以及是否应当适用限期治理有异议的，可以自收到《限期治理事先告知书》之日起7个工作日内，向环境保护行政主管部门进行陈述、申辩，或者以书面形式提出听证申请。

第十三条【组织听证】　排污单位提出听证申请的，环境保护行政主管部门应当自收到听证申请之日起7个工作日内，决定听证的时间和地点，并通知排污单位。

依据本办法组织听证的具体程序，参照环境行政处罚听证程序的有关规定执行。

第十四条【认定事实】　环境保护行政主管部门应当在综合考虑监测数据和技术评估结果、排污单位的陈述申辩意见或者听证结果的基础上，对水污染物处理设施与处理需求是否匹配作出认定。

第十五条【决定限期治理】　环境保护行政主管部门对因水污染物处理设施与处理需求不匹配导致排放水污染物超标或者超总量的，应当作出限期治理决定，并制作《限期治理决定书》。

第十六条【决定书内容】　《限期治理决定书》应当载明以下内容：

（一）排污单位的名称、营业执照号码、组织机构代码、地址以及法定代表人或者主要负责人姓名；

（二）事实、证据和作出限期治理决定的法律依据；

（三）限期治理任务，即排污单位在限期治理后应当稳定达到的排放标准或者总量控制指标；

（四）限期治理的期限。

第十七条【告知相关事项】　对被决定限期治理的排污单位，环境保护行政主管部门还应当在《限期治理决定书》中告知以下事项：

（一）排污单位负责自行选择限期治理具体措施；

（二）限期治理期间排放水污染物超标或者超总量的，环境保护行政主管部门可以直接责令限产限排或者停产整治；

（三）逾期未完成限期治理任务的，环境保护行政主管部门将报请人民政府责令关闭。

第十八条【送达】　环境保护行政主管部门应当自作出限期治理决定之日起7个工作日内，将《限期治理决定书》送达排污单位。

《限期治理决定书》自送达之日起生效。

第十九条【重点湖泊流域】　对国家确定的重点湖泊流域内，因排放水污染物超标被要求在 2008 年 6 月底前完成治理而逾期未完成，且排放水污染物超标是因水污染物处理设施与处理需求不匹配造成的，环境保护行政主管部门应当依据国务院办公厅转发的《关于加强重点湖泊水环境保护工作的意见》，按照本章规定的程序直接责令停产整治。

第三章　执行与督察

第二十条【企业采取治理措施】　排污单位接到《限期治理决定书》后，应当根据限期治理任务和期限，制定限期治理方案，并报知作出决定的环境保护行政主管部门。

限期治理方案，应当确定具体污染治理措施、进度安排、资金保障和责任人员。

第二十一条【监测记录】　限期治理期间，排污单位应当按照污染源监测规范，对所排水污染物进行监测，保存原始监测记录，以备查核。

不具备环境监测能力的排污单位，应当委托环境保护行政主管部门所属监测机构或者经省、自治区、直辖市环境保护行政主管部门认定的其他监测机构进行监测。

第二十二条【不得超标超总量】　限期治理期间，排放水污染物不得超标或者超总量。

第二十三条【试运行监管要求】　限期治理期间，水污染物处理设施需要试运行并排放污染物的，排污单位应当事先书面报知环境保护行政主管部门。

试运行期间，排污单位应当在污染源监测规范规定的采样频次基础上，相应增加采样频次，进行加密监测。

在试运行期间，因水污染物处理工艺调试等原因所产生的水污染物不可避免超标或者超总量的，排污单位必须将所产生的水污染物存放于应急储存池或者其他临时储存设施，不得直接向环境排放；确需排放的，必须事先报经环境保护行政主管部门批准，并制定突发环境事件应急预案。

第二十四条【跟踪检查】　环境保护行政主管部门作出限期治理决定后，应当制定跟踪检查方案，明确负责跟踪检查的工作机构。

负责跟踪检查的工作机构，应当根据跟踪检查方案，通过现场检查、采样监测等方式，对排污单位执行限期治理决定的治理进度和排放水污染物状况加强后督察。

试运行期间，负责跟踪检查的工作机构应当加强现场监督检查，相应增加监测频次。

第二十五条【限产限排、停产整治】　负责跟踪检查的工作机构发现被责令限期治理的污染源在限期治理期间排放水污染物超标或者超总量的，应当报由环境保护行政主管部门责令限产限排或者责令停产整治。

第四章　解除程序

第二十六条【解除依据】　被责令限期治理的污染源，经过限期治理后，符合下列条件的，可以认定为已完成限期治理任务：

（一）在工况稳定、生产负荷达 75%以上、配套的水污染物处理设施正常运行的条件下，按照污染源监测规范规定的采样频次监测认定，在生产周期内所排水污染物浓度的日均值能够稳定达到排放标准限值的。

（二）生产负荷无法调整到 75%以上，但经行业生产专家、污染物处理技术专家和企业代表，采用工艺流程分析、物料衡算等方法，认定水污染物处理设施与处理需求相匹配的。

（三）所排重点水污染物未超过有关地方人民政府依法分解的总量控制指标的。

第二十七条【届满核查】　限期治理期限届满之日起 7 个工作日内，作出限期治理决定的环境保护行政主管部门应当及时组织现场核查。

现场核查，应当采取现场监测、实地察看水污染物处理设施、查阅监测记录、工程建设资料以及投资报告等方式；对因排放水污染物超标或者超总量造成较大社会影响，或者造成跨行政区环境污染的，环境保护行政主管部门还可以通过走访或者举行座谈会等方式，听取公众意见。

负责跟踪检查的工作机构应当对现场核查情况进行记录，形成限期治理现场核查笔录，并由环境保护行政主管部门所属监测机构或者经省、自治区、直辖市环境保护行政主管部门认定的其他监测机构出具限期治理监测报告。限期治理现场核查笔录应当由现场核查人员签字。

第二十八条【核查意见】 负责现场核查的工作机构，应当制作限期治理核查意见，连同限期治理现场核查笔录、限期治理监测报告，一并报本部门负责人。

限期治理核查意见应当提出对排污单位解除限期治理决定或者依法关闭的建议和理由。

限期治理核查意见、现场核查笔录、监测报告，应当与限期治理决定文书，一并存档备查。

第二十九条【核查后处理】 环境保护行政主管部门应当根据不同情况，分别作出如下决定：

（一）对已完成限期治理任务的排污单位，解除限期治理。

（二）对逾期未完成限期治理任务的排污单位，报请有批准权的人民政府责令关闭。

第三十条【申请提前解除】 排污单位在限期治理期限届满前，认为其已完成限期治理任务，可以向决定限期治理的环境保护行政主管部门提出解除申请。

申请提前解除的，应当提交解除限期治理申请书，并附具能够证明其已完成限期治理任务的监测报告等相关资料。

第三十一条【核查和决定】 环境保护行政主管部门应当自收到解除限期治理申请书之日起 7 个工作日内，按照本办法有关限期治理核查的规定组织核查，分别作出如下处理决定：

（一）对确已提前完成限期治理任务的排污单位，环境保护行政主管部门应当作出提前解除限期治理的决定。

（二）对未提前完成限期治理任务的排污单位，环境保护行政主管部门应当书面告知其必须采取有效措施，并在期限届满前完成限期治理任务。

第三十二条【企业后续管理】 被解除限期治理的排污单位，应当建立健全环境保护责任制度，保持水污染物处理设施的正常使用，并加强设施的检查和维护，确保所排水污染物稳定达到排放标准或者总量控制指标。

第三十三条【部门后续监管】 环境保护行政主管部门应当将被解除限期治理的排污单位确定为重点监管对象，并加强监督检查。

对被解除限期治理后 12 个月内再次排放水污染物超标或者超总量的排污单位，应当从重处罚。

第三十四条【终结情形】 被责令限期治理的排污单位，有下列情形之一的，环境保护行政主管部门应当终结限期治理决定：

（一）依法被撤销的；

（二）依法解散的；

（三）依法被宣告破产的；

（四）因其他原因终止营业的。

第五章 附 则

第三十五条【个体工商户】 排放水污染物超标或者超总量的个体工商户的限期治理，依据本办法执行。

第三十六条【生效】 本办法自 2009 年 9 月 1 日起施行。

环境保护部令

部令　第8号

《环境行政处罚办法》已由环境保护部2009年第三次部务会议于2009年12月30日修订通过。现将修订后的《环境行政处罚办法》公布，自2010年3月1日起施行。

1999年8月6日原国家环境保护总局发布的《环境保护行政处罚办法》同时废止。

环境保护部部长 周生贤

二〇一〇年一月十九日

环境行政处罚办法

目 录

第一章　总　则

第一条【立法目的】　为规范环境行政处罚的实施，监督和保障环境保护主管部门依法行使职权，维护公共利益和社会秩序，保护公民、法人或者其他组织的合法权益，根据《中华人民共和国行政处罚法》及有关法律、法规，制定本办法。

第二条【适用范围】　公民、法人或者其他组织违反环境保护法律、法规或者规章规定，应当给予环境行政处罚的，应当依照《中华人民共和国行政处罚法》和本办法规定的程序实施。

第三条【罚教结合】　实施环境行政处罚，坚持教育与处罚相结合，服务与管理相结合，引导和教育公民、法人或者其他组织自觉守法。

第四条【维护合法权益】　实施环境行政处罚，应当依法维护公民、法人及其他组织的合法权益，保守相对人的有关技术秘密和商业秘密。

第五条【查处分离】　实施环境行政处罚，实行调查取证与决定处罚分开、决定罚款与收缴罚款分离的规定。

第六条【规范自由裁量权】　行使行政处罚自由裁量权必须符合立法目的，并综合考虑以下情节：

（一）违法行为所造成的环境污染、生态破坏程度及社会影响；

（二）当事人的过错程度；

（三）违法行为的具体方式或者手段；

（四）违法行为危害的具体对象；

（五）当事人是初犯还是再犯；

（六）当事人改正违法行为的态度和所采取的改正措施及效果。

同类违法行为的情节相同或者相似、社会危害程度相当的，行政处罚种类和幅度应当相当。

第七条【不予处罚情形】　违法行为轻微并及时纠正，没有造成危害后果的，不予行政处罚。

第八条【回避情形】　有下列情形之一的，案件承办人员应当回避：

（一）是本案当事人或者当事人近亲属的；

（二）本人或者近亲属与本案有直接利害关系的；

（三）法律、法规或者规章规定的其他回避情形。

符合回避条件的，案件承办人员应当自行回避，当事人也有权申请其回避。

第九条【法条适用规则】　当事人的一个违法行为同时违反两个以上环境法律、法规或者规章条款，应当适用效力等级较高的法律、法规或者规章；效力等级相同的，可以适用处罚较重的条款。

第十条【处罚种类】　根据法律、行政法规和部门规章，环境行政处罚的种类有：

（一）警告；

（二）罚款；

（三）责令停产整顿；

（四）责令停产、停业、关闭；

（五）暂扣、吊销许可证或者其他具有许可性质的证件；

（六）没收违法所得、没收非法财物；

（七）行政拘留；

（八）法律、行政法规设定的其他行政处罚种类。

第十一条【责令改正与连续违法认定】　环境保护主管部门实施行政处罚时，应当及时作出责令当事人改正或者限期改正违法行为的行政命令。

责令改正期限届满，当事人未按要求改正，违法行为仍处于继续或者连续状态的，可以认定为新的环境违法行为。

第十二条【责令改正形式】　根据环境保护法律、行政法规和部门规章，责令改正或者限期改正违法行为的行政命令的具体形式有：

（一）责令停止建设；

（二）责令停止试生产；

（三）责令停止生产或者使用；

（四）责令限期建设配套设施；

（五）责令重新安装使用；

（六）责令限期拆除；

（七）责令停止违法行为；

（八）责令限期治理；

（九）法律、法规或者规章设定的责令改正或者限期改正违法行为的行政命令的其他具体形式。

根据最高人民法院关于行政行为种类和规范行政案件案由的规定，行政命令不属行政处罚。行政命令不适用行政处罚程序的规定。

第十三条【处罚不免除缴纳排污费义务】 实施环境行政处罚，不免除当事人依法缴纳排污费的义务。

第二章 实施主体与管辖

第十四条【处罚主体】 县级以上环境保护主管部门在法定职权范围内实施环境行政处罚。

经法律、行政法规、地方性法规授权的环境监察机构在授权范围内实施环境行政处罚，适用本办法关于环境保护主管部门的规定。

第十五条【委托处罚】 环境保护主管部门可以在其法定职权范围内委托环境监察机构实施行政处罚。受委托的环境监察机构在委托范围内，以委托其处罚的环境保护主管部门名义实施行政处罚。

委托处罚的环境保护主管部门，负责监督受委托的环境监察机构实施行政处罚的行为，并对该行为的后果承担法律责任。

第十六条【外部移送】 发现不属于环境保护主管部门管辖的案件，应当按照有关要求和时限移送有管辖权的机关处理。

涉嫌违法依法应当由人民政府实施责令停产整顿、责令停业、关闭的案件，环境保护主管部门应当立案调查，并提出处理建议报本级人民政府。

涉嫌违法依法应当实施行政拘留的案件，移送公安机关。

涉嫌违反党纪、政纪的案件，移送纪检、监察部门。

涉嫌犯罪的案件，按照《行政执法机关移送涉嫌犯罪案件的规定》等有关规定移送司法机关，不得以行政处罚代替刑事处罚。

第十七条【案件管辖】 县级以上环境保护主管部门管辖本行政区域的环境行政处罚案件。

造成跨行政区域污染的行政处罚案件，由污染行为发生地环境保护主管部门管辖。

第十八条【优先管辖】 两个以上环境保护主管部门都有管辖权的环境行政处罚案件，由最先发现或者最先接到举报的环境保护主管部门管辖。

第十九条【管辖争议解决】 对行政处罚案件的管辖权发生争议时，争议双方应报请共同的上一级环境保护主管部门指定管辖。

第二十条【指定管辖】 下级环境保护主管部门认为其管辖的案件重大、疑难或者实施处罚有困难的，可以报请上一级环境保护主管部门指定管辖。

上一级环境保护主管部门认为下级环境保护主管部门实施处罚确有困难或者不能独立行使处罚权的，经通知下级环境保护主管部门和当事人，可以对下级环境保护主管部门管辖的案件指定管辖。

上级环境保护主管部门可以将其管辖的案件交由有管辖权的下级环境保护主管部门实施

行政处罚。

第二十一条【内部移送】 不属于本机关管辖的案件，应当移送有管辖权的环境保护主管部门处理。

受移送的环境保护主管部门对管辖权有异议的，应当报请共同的上一级环境保护主管部门指定管辖，不得再自行移送。

第三章　一般程序

第一节　立案

第二十二条【立案条件】 环境保护主管部门对涉嫌违反环境保护法律、法规和规章的违法行为，应当进行初步审查，并在7个工作日内决定是否立案。

经审查，符合下列四项条件的，予以立案：

（一）有涉嫌违反环境保护法律、法规和规章的行为；

（二）依法应当或者可以给予行政处罚；

（三）属于本机关管辖；

（四）违法行为发生之日起到被发现之日止未超过2年，法律另有规定的除外。违法行为处于连续或继续状态的，从行为终了之日起计算。

第二十三条【撤销立案】 对已经立案的案件，根据新情况发现不符合第二十二条立案条件的，应当撤销立案。

第二十四条【紧急案件先行调查取证】 对需要立即查处的环境违法行为，可以先行调查取证，并在7个工作日内决定是否立案和补办立案手续。

第二十五条【立案审查后的案件移送】 经立案审查，属于环境保护主管部门管辖，但不属于本机关管辖范围的，应当移送有管辖权的环境保护主管部门；属于其他有关部门管辖范围的，应当移送其他有关部门。

第二节　调查取证

第二十六条【专人负责调查取证】 环境保护主管部门对登记立案的环境违法行为，应当指定专人负责，及时组织调查取证。

第二十七条【协助调查取证】 需要委托其他环境保护主管部门协助调查取证的，应当出具书面委托调查函。

受委托的环境保护主管部门应当予以协助。无法协助的，应当及时将无法协助的情况和原因函告委托机关。

第二十八条【调查取证出示证件】 调查取证时，调查人员不得少于两人，并应当出示中国环境监察证或者其他行政执法证件。

第二十九条【调查人员职权】 调查人员有权采取下列措施：

（一）进入有关场所进行检查、勘察、取样、录音、拍照、录像；

（二）询问当事人及有关人员，要求其说明相关事项和提供有关材料；

（三）查阅、复制生产记录、排污记录和其他有关材料。

环境保护主管部门组织的环境监测等技术人员随同调查人员进行调查时，有权采取上述措施和进行监测、试验。

第三十条【调查人员责任】 调查人员负有下列责任：

（一）对当事人的基本情况、违法事实、危害后果、违法情节等情况进行全面、客观、及时、公正的调查；

（二）依法收集与案件有关的证据，不得以暴力、威胁、引诱、欺骗以及其他违法手段获取证据；

（三）询问当事人、证人或者其他有关人员，应当告知其依法享有的权利；

（四）对当事人、证人或者其他有关人员的陈述如实记录。

第三十一条【当事人配合调查】 当事人及有关人员应当配合调查、检查或者现场勘验，如实回答询问，不得拒绝、阻碍、隐瞒或者提供虚假情况。

第三十二条【证据类别】 环境行政处罚证据，主要有书证、物证、证人证言、视听资料和计算机数据、当事人陈述、监测报告和其他鉴定结论、现场检查（勘察）笔录等形式。

证据应当符合法律、法规、规章和最高人民法院有关行政执法和行政诉讼证据的规定，并经查证属实才能作为认定事实的依据。

第三十三条【现场检查笔录】 对有关物品或者场所进行检查时，应当制作现场检查（勘察）笔录，可以采取拍照、录像或者其他方式记录现场情况。

第三十四条【现场检查取样】 需要取样的，应当制作取样记录或者将取样过程记入现场检查（勘察）笔录，可以采取拍照、录像或者其他方式记录取样情况。

第三十五条【监测报告要求】 环境保护主管部门组织监测的，应当提出明确具体的监测任务，并要求提交监测报告。

监测报告必须载明下列事项：

（一）监测机构的全称；

（二）监测机构的国家计量认证标志（CMA）和监测字号；

（三）监测项目的名称、委托单位、监测时间、监测点位、监测方法、检测仪器、检测分析结果等内容；

（四）监测报告的编制、审核、签发等人员的签名和监测机构的盖章。

第三十六条【在线监测数据可为证据】 环境保护主管部门可以利用在线监控或者其他技术监控手段收集违法行为证据。经环境保护主管部门认定的有效性数据，可以作为认定违法事实的证据。

第三十七条【现场监测数据可为证据】 环境保护主管部门在对排污单位进行监督检查时，可以现场即时采样，监测结果可以作为判定污染物排放是否超标的证据。

第三十八条【证据的登记保存】 在证据可能灭失或者以后难以取得的情况下，经本机关负责人批准，调查人员可以采取先行登记保存措施。

情况紧急的，调查人员可以先采取登记保存措施，再报请机关负责人批准。

先行登记保存有关证据，应当当场清点，开具清单，由当事人和调查人员签名或者盖章。

先行登记保存期间，不得损毁、销毁或者转移证据。

第三十九条【登记保存措施与解除】 对于先行登记保存的证据，应当在7个工作日内采取以下措施：

（一）根据情况及时采取记录、复制、拍照、录像等证据保全措施；

（二）需要鉴定的，送交鉴定；

（三）根据有关法律、法规规定可以查封、暂扣的，决定查封、暂扣；

（四）违法事实不成立，或者违法事实成立但依法不应当查封、暂扣或者没收的，决定解除先行登记保存措施。

超过 7 个工作日未作出处理决定的，先行登记保存措施自动解除。

第四十条【依法实施查封暂扣】 实施查封、暂扣等行政强制措施，应当有法律、法规的明确规定，并应当告知当事人有申请行政复议和提起行政诉讼的权利。

第四十一条【查封暂扣实施要求】 查封、暂扣当事人的财物，应当当场清点，开具清单，由调查人员和当事人签名或者盖章。

查封、暂扣的财物应当妥善保管，严禁动用、调换、损毁或者变卖。

第四十二条【查封暂扣解除】 经查明与违法行为无关或者不再需要采取查封、暂扣措施的，应当解除查封、暂扣措施，将查封、暂扣的财物如数返还当事人，并由调查人员和当事人在财物清单上签名或者盖章。

第四十三条【当事人与现场调查取证】 环境保护主管部门调查取证时，当事人应当到场。

下列情形不影响调查取证的进行：

（一）当事人拒不到场的；

（二）无法找到当事人的；

（三）当事人拒绝签名、盖章或者以其他方式确认的；

（四）暗查或者其他方式调查的；

（五）当事人未到场的其他情形。

第四十四条【调查终结】 有下列情形之一的，可以终结调查：

（一）违法事实清楚、法律手续完备、证据充分的；

（二）违法事实不成立的；

（三）作为当事人的自然人死亡的；

（四）作为当事人的法人或者其他组织终止，无法人或者其他组织承受其权利义务，又无其他关系人可以追查的；

（五）发现不属于本机关管辖的；

（六）其他依法应当终结调查的情形。

第四十五条【案件移送审查】 终结调查的，案件调查机构应当提出已查明违法行为的事实和证据、初步处理意见，按照查处分离的原则送本机关处罚案件审查部门审查。

第三节　案件审查

第四十六条【案件审查的内容】 案件审查的主要内容包括：

（一）本机关是否有管辖权；

（二）违法事实是否清楚；

（三）证据是否确凿；

（四）调查取证是否符合法定程序；

（五）是否超过行政处罚追诉时效；

（六）适用依据和初步处理意见是否合法、适当。

第四十七条【补充或重新调查取证】 违法事实不清、证据不充分或者调查程序违法的，应当退回补充调查取证或者重新调查取证。

第四节　告知和听证

第四十八条【处罚告知和听证】 在作出行政处罚决定前，应当告知当事人有关事实、理由、依据和当事人依法享有的陈述、申辩权利。

在作出暂扣或吊销许可证、较大数额的罚款和没收等重大行政处罚决定之前，应当告知当事人有要求举行听证的权利。

第四十九条【当事人申辩的处理】 环境保护主管部门应当对当事人提出的事实、理由和证据进行复核。当事人提出的事实、理由或者证据成立的，应当予以采纳。

不得因当事人的申辩而加重处罚。

第五十条【处罚听证的执行】 行政处罚听证按有关规定执行。

第五节 处理决定

第五十一条【处罚决定】 本机关负责人经过审查，分别作出如下处理：

（一）违法事实成立，依法应当给予行政处罚的，根据其情节轻重及具体情况，作出行政处罚决定；

（二）违法行为轻微，依法可以不予行政处罚的，不予行政处罚；

（三）符合本办法第十六条情形之一的，移送有权机关处理。

第五十二条【重大案件集体审议】 案情复杂或者对重大违法行为给予较重的行政处罚，环境保护主管部门负责人应当集体审议决定。

集体审议过程应当予以记录。

第五十三条【处罚决定书的制作】 决定给予行政处罚的，应当制作行政处罚决定书。

对同一当事人的两个或者两个以上环境违法行为，可以分别制作行政处罚决定书，也可以列入同一行政处罚决定书。

第五十四条【处罚决定书的内容】 行政处罚决定书应当载明以下内容：

（一）当事人的基本情况，包括当事人姓名或者名称、组织机构代码、营业执照号码、地址等；

（二）违反法律、法规或者规章的事实和证据；

（三）行政处罚的种类、依据和理由；

（四）行政处罚的履行方式和期限；

（五）不服行政处罚决定，申请行政复议或者提起行政诉讼的途径和期限；

（六）作出行政处罚决定的环境保护主管部门名称和作出决定的日期，并且加盖作出行政处罚决定环境保护主管部门的印章。

第五十五条【作出处罚决定的时限】 环境保护行政处罚案件应当自立案之日起的 3 个月内作出处理决定。案件办理过程中听证、公告、监测、鉴定、送达等时间不计入期限。

第五十六条【处罚决定的送达】 行政处罚决定书应当送达当事人，并根据需要抄送与案件有关的单位和个人。

第五十七条【送达方式】 送达行政处罚文书可以采取直接送达、留置送达、委托送达、邮寄送达、转交送达、公告送达、公证送达或者其他方式。

送达行政处罚文书应当使用送达回证并存档。

第四章 简易程序

第五十八条【简易程序的适用】 违法事实确凿、情节轻微并有法定依据，对公民处以 50 元以下、对法人或者其他组织处以 1 000 元以下罚款或者警告的行政处罚，可以适用本章简易程序，当场作出行政处罚决定。

第五十九条【简易程序规定】 当场作出行政处罚决定时，环境执法人员不得少于两人，并应遵守下列简易程序：

（一）执法人员应向当事人出示中国环境监察证或者其他行政执法证件；

（二）现场查清当事人的违法事实，并依法取证；

（三）向当事人说明违法的事实、行政处罚的理由和依据、拟给予的行政处罚，告知陈述、申辩权利；

（四）听取当事人的陈述和申辩；

（五）填写预定格式、编有号码、盖有环境保护主管部门印章的行政处罚决定书，由执法人员签名或者盖章，并将行政处罚决定书当场交付当事人；

（六）告知当事人如对当场作出的行政处罚决定不服，可以依法申请行政复议或者提起行政诉讼。

以上过程应当制作笔录。

执法人员当场作出的行政处罚决定，应当在决定之日起 3 个工作日内报所属环境保护主管部门备案。

第五章　执　行

第六十条【处罚决定的履行】 当事人应当在行政处罚决定书确定的期限内，履行处罚决定。

申请行政复议或者提起行政诉讼的，不停止行政处罚决定的执行。

第六十一条【强制执行的适用】 当事人逾期不申请行政复议、不提起行政诉讼、又不履行处罚决定的，由作出处罚决定的环境保护主管部门申请人民法院强制执行。

第六十二条【强制执行的期限】 申请人民法院强制执行应当符合《最高人民法院关于执行〈中华人民共和国行政诉讼法〉若干问题的解释》的规定，并在下列期限内提起：

（一）行政处罚决定书送达后当事人未申请行政复议且未提起行政诉讼的，在处罚决定书送达之日起 60 日后起算的 180 日内；

（二）复议决定书送达后当事人未提起行政诉讼的，在复议决定书送达之日起 15 日后起算的 180 日内；

（三）第一审行政判决后当事人未提出上诉的，在判决书送达之日起 15 日后起算的 180 日内；

（四）第一审行政裁定后当事人未提出上诉的，在裁定书送达之日起 10 日后起算的 180 日内；

（五）第二审行政判决书送达之日起 180 日内。

第六十三条【被处罚企业资产重组后的执行】 当事人实施违法行为，受到处以罚款、没收违法所得或者没收非法财物等处罚后，发生企业分立、合并或者其他资产重组等情形，由承受当事人权利义务的法人、其他组织作为被执行人。

第六十四条【延期或者分期缴纳罚款】 确有经济困难，需要延期或者分期缴纳罚款的，当事人应当在行政处罚决定书确定的缴纳期限届满前，向作出行政处罚决定的环境保护主管部门提出延期或者分期缴纳的书面申请。

批准当事人延期或者分期缴纳罚款的，应当制作同意延期（分期）缴纳罚款通知书，并送达当事人和收缴罚款的机构。延期或者分期缴纳的最后一期缴纳时间不得晚于申请人民法院强制执行的最后期限。

第六十五条【没收物品的处理】 依法没收的非法财物，应当按照国家规定处理。

销毁物品，应当按照国家有关规定处理；没有规定的，经环境保护主管部门负责人批准，由两名以上环境执法人员监督销毁，并制作销毁记录。

处理物品应当制作清单。

第六十六条【罚没款上缴国库】 罚没款及没收物品的变价款，应当全部上缴国库，任何单位和个人不得截留、私分或者变相私分。

第六章 结案和归档

第六十七条【结案】 有下列情形之一的，应当结案：

（一）行政处罚决定由当事人履行完毕的；

（二）行政处罚决定依法强制执行完毕的；

（三）不予行政处罚等无须执行的；

（四）行政处罚决定被依法撤销的；

（五）环境保护主管部门认为可以结案的其他情形。

第六十八条【立卷归档】 结案的行政处罚案件，应当按照下列要求将案件材料立卷归档：

（一）一案一卷，案卷可以分正卷、副卷；

（二）各类文书齐全，手续完备；

（三）书写文书用签字笔、钢笔或者打印；

（四）案卷装订应当规范有序，符合文档要求。

第六十九条【归档顺序】 正卷按下列顺序装订：

（一）行政处罚决定书及送达回证；

（二）立案审批材料；

（三）调查取证及证据材料；

（四）行政处罚事先告知书、听证告知书、听证通知书等法律文书及送达回证；

（五）听证笔录；

（六）财物处理材料；

（七）执行材料；

（八）结案材料；

（九）其他有关材料。

副卷按下列顺序装订：

（一）投诉、申诉、举报等案源材料；

（二）涉及当事人有关技术秘密和商业秘密的材料；

（三）听证报告；

（四）审查意见；

（五）集体审议记录；

（六）其他有关材料。

第七十条【案卷管理】 案卷归档后，任何单位、个人不得修改、增加、抽取案卷材料。案卷保管及查阅，按档案管理有关规定执行。

第七十一条【案件统计】 环境保护主管部门应当建立行政处罚案件统计制度，并按照环境保护部有关环境统计的规定向上级环境保护主管部门报送本行政区的行政处罚情况。

第七章 监 督

第七十二条【信息公开】 除涉及国家机密、技术秘密、商业秘密和个人隐私外，行政处罚决定应当向社会公开。

第七十三条【监督检查】 上级环境保护主管部门负责对下级环境保护主管部门的行政处罚工作情况进行监督检查。

第七十四条【处罚备案】 环境保护主管部门应当建立行政处罚备案制度。

下级环境保护主管部门对上级环境保护主管部门督办的处罚案件，应当在结案后 20 日内向上一级环境保护主管部门备案。

第七十五条【纠正、撤销或变更】 环境保护主管部门通过接受当事人的申诉和检举，或者通过备案审查等途径，发现下级环境保护主管部门的行政处罚决定违法或者显失公正的，应当督促其纠正。

环境保护主管部门经过行政复议，发现下级环境保护主管部门作出的行政处罚违法或者显失公正的，依法撤销或者变更。

第七十六条【评议和表彰】 环境保护主管部门可以通过案件评查或者其他方式评议行政处罚工作。对在行政处罚工作中做出显著成绩的单位和个人，可依照国家或者地方的有关规定给予表彰和奖励。

第八章 附 则

第七十七条【违法所得的认定】 当事人违法所获得的全部收入扣除当事人直接用于经营活动的合理支出，为违法所得。

法律、法规或者规章对“违法所得”的认定另有规定的，从其规定。

第七十八条【较大数额罚款的界定】 本办法第四十八条所称“较大数额”罚款和没收，对公民是指人民币（或者等值物品价值）5 000 元以上、对法人或者其他组织是指人民币（或者等值物品价值）50 000 元以上。

地方性法规、地方政府规章对“较大数额”罚款和没收的限额另有规定的，从其规定。

第七十九条【期间规定】 本办法有关期间的规定，除注明工作日（不包含节假日）外，其他期间按自然日计算。

期间开始之日，不计算在内。期间届满的最后一日是节假日的，以节假日后的第一日为期间届满的日期。期间不包括在途时间，行政处罚文书在期满前交邮的，视为在有效期内。

第八十条【相关法规适用】 本办法未作规定的其他事项，适用《行政处罚法》、《罚款决定与罚款收缴分离实施办法》、《环境保护违法违纪行为处分暂行规定》等有关法律、法规和规章的规定。

第八十一条【核安全处罚适用例外】 核安全监督管理的行政处罚，按照国家有关核安全监督管理的规定执行。

第八十二条【生效日期】 本办法自 2010 年 3 月 1 日起施行。

1999 年 8 月 6 日原国家环境保护总局发布的《环境保护行政处罚办法》同时废止。

电磁辐射环境保护管理办法

国家环境保护局令 第18号

第一章 总 则

第一条 为加强电磁辐射环境保护工作的管理，有效地保护环境，保障公众健康，根据《中华人民共和国环境保护法》及有关规定，制定本办法。

第二条 本办法所称电磁辐射是指以电磁波形式通过空间传播的能量流，且限于非电离辐射，包括信息传递中的电磁波发射，工业、科学、医疗应用中的电磁辐射，高压送变电中产生的电磁辐射。

任何从事前款所列电磁辐射的活动，或进行伴有该电磁辐射的活动的单位和个人，都必须遵守本办法的规定。

第三条 县级以上人民政府环境保护行政主管部门对本辖区电磁辐射环境保护工作实施统一监督管理。

第四条 从事电磁辐射活动的单位主管部门负责本系统、本行业电磁辐射环境保护工作的监督管理工作。

第五条 任何单位和个人对违反本管理办法的行为有权检举和控告。

第二章 监督管理

第六条 国务院环境保护行政主管部门负责下列建设项目环境保护申报登记和环境影响报告书的审批，负责对该类项目执行环境保护设施与主体工程同时设计、同时施工、同时投产使用（以下简称“三同时”制度）的情况进行检查并负责该类项目的竣工验收：

（一）总功率在200千瓦以上的电视发射塔；

（二）总功率在1 000千瓦以上的广播台、站；

（三）跨省级行政区电磁辐射建设项目；

（四）国家规定的限额以上电磁辐射建设项目。

第七条 省、自治区、直辖市（以下简称“省级”）环境保护行政主管部门负责除第六条规定所列项目以外、豁免水平以上的电磁辐射建设项目和设备的环境保护申报登记和环境影响报告书的审批；负责对该类项目和设备执行环境保护设施“三同时”制度的情况进行检查并负责竣工验收；参与辖区内由国务院环境保护行政主管部门负责的环境影响报告书的审批、环境保护设施“三同时”制度执行情况的检查和项目竣工验收以及项目建成后对环境影响的监督检查；负责辖区内电磁辐射环境保护管理队伍的建设；负责对辖区内因电磁辐射活动造成的环境影响实施监督管理和监督性监测。

第八条 市级环境保护行政主管部门根据省级环境保护行政主管部门的委托，可承担第七条所列全部或部分任务及本辖区内电磁辐射项目和设备的监督性监测和日常监督管理。

第九条 从事电磁辐射活动的单位主管部门应督促其下属单位遵守国家环境保护规定和

标准，加强对所属各单位的电磁辐射环境保护工作的领导，负责电磁辐射建设项目和设备环境影响报告书（表）的预审。

第十条　任何单位和个人在从事电磁辐射的活动时，都应当遵守并执行国家环境保护的方针政策、法规、制度和标准，接受环境保护部门对其电磁辐射环境保护工作的监督管理和检查；做好电磁辐射活动污染环境的防治工作。

第十一条　从事电磁辐射活动的单位和个人建设或者使用《电磁辐射建设项目和设备名录》（见附件）中所列的电磁辐射建设项目或者设备，必须在建设项目申请立项前或者在购置设备前，按本办法的规定，向有环境影响报告书（表）审批权的环境保护行政主管部门办理环境保护申报登记手续。

有审批权的环境保护行政主管部门受理环境保护申报登记后，应当将受理的书面意见在30日内通知从事电磁辐射活动的单位或个人，并将受理意见抄送有关主管部门和项目所在地环境保护行政主管部门。

第十二条　有审批权的环境保护行政主管部门应根据申报的电磁辐射建设项目所在地城市发展规划、电磁辐射建设项目和设备的规模及所在区域环境保护要求，对环境保护申报登记作出以下处理意见：

（一）对污染严重、工艺设备落后、资源浪费和生态破坏严重的电磁辐射建设项目与设备，禁止建设或者购置；

（二）对符合城市发展规划要求、豁免水平以上的电磁辐射建设项目，要求从事电磁辐射活动的单位或个人履行环境影响报告书审批手续；

（三）对有关工业、科学、医疗应用中的电磁辐射设备，要求从事电磁辐射活动的单位或个人履行环境影响报告表审批手续。

第十三条　省级环境保护行政主管部门根据国家有关电磁辐射防护标准的规定，负责确认电磁辐射建设项目和设备豁免水平。

第十四条　本办法施行前，已建成或在建的尚未履行环境保护申报登记手续的电磁辐射建设项目，或者已购置但尚未履行环境保护申报登记手续的电磁辐射设备，凡列入《电磁辐射建设项目和设备名录》中的，都必须补办环境保护申报登记手续。对不符合环境保护标准，污染严重的，要采取补救措施，难以补救的要依法关闭或搬迁。

第十五条　按规定必须编制环境影响报告书（表）的，从事电磁辐射活动的单位或个人，必须对电磁辐射活动可能造成的环境影响进行评价，编制环境影响报告书（表），并按规定的程序报相应环境保护行政主管部门审批。

电磁辐射环境影响报告书分两个阶段编制。第一阶段编制《可行性阶段环境影响报告书》，必须在建设项目立项前完成。第二阶段编制《实际运行阶段环境影响报告书》，必须在环境保护设施竣工验收前完成。

工业、科学、医疗应用中的电磁辐射设备，必须在使用前完成环境影响报告表的编写。

第十六条　从事电磁辐射活动的单位主管部门应当对环境影响报告书（表）提出预审意见；有审批权的环境保护行政主管部门在收到环境影响报告书（表）和主管部门的预审意见之日起180日内，对环境影响报告书（表）提出审批意见或要求，逾期不提出审批意见或要求的，视该环境影响报告书（表）已被批准。

凡是已通过环境影响报告书（表）审批的电磁辐射设备，不得擅自改变经批准的功率。确需改变经批准的功率的，应重新编制电磁辐射环境影响报告书（表），并按规定程序报原审批部门重新审批。

第十七条 从事电磁辐射环境影响评价的单位，必须持有相应的专业评价资格证书。

第十八条 电磁辐射建设项目和设备环境影响报告书（表）确定需要配套建设的防治电磁辐射污染环境的保护设施，必须严格执行环境保护设施“三同时”制度。

第十九条 从事电磁辐射活动的单位和个人必须遵守国家有关环境保护设施竣工验收管理的规定，在电磁辐射建设项目和设备正式投入生产和使用前，向原审批环境影响报告书（表）的环境保护行政主管部门提出环境保护设施竣工验收申请，并按规定提交验收申请报告及第十五条要求的两个阶段的环境影响报告书等有关资料。验收合格的，由环境保护行政主管部门批准验收申请报告，并颁发《电磁辐射环境验收合格证》。

第二十条 从事电磁辐射活动的单位和个人必须定期检查电磁辐射设备及其环境保护设施的性能，及时发现隐患并及时采取补救措施。

在集中使用大型电磁辐射发射设施或高频设备的周围，按环境保护和城市规划要求划定的规划限制区内，不得修建居民住房和幼儿园等敏感建筑。

第二十一条 电磁辐射环境监测的主要任务是：

（一）对环境中电磁辐射水平进行监测；

（二）对污染源进行监督性监测；

（三）对环境保护设施竣工验收的各环境保护设施进行监测；

（四）为编制电磁辐射环境影响报告书（表）和编写环境质量报告书提供有关监测资料；

（五）为征收排污费或处理电磁辐射污染环境案件提供监测数据，进行其他有关电磁辐射环境保护的监测。

第二十二条 电磁辐射建设项目的发射设备必须严格按照国家无线电管理委员会批准的频率范围和额定功率运行。

工业、科学和医疗中应用的电磁辐射设备，必须满足国家及有关部门颁布的“无线电干扰限值”的要求。

第三章 污染事件处理

第二十三条 因发生事故或其他突然性事件，造成或者可能造成电磁辐射污染事故的单位，必须立即采取措施，及时通报可能受到电磁辐射污染危害的单位和居民，并向当地环境保护行政主管部门和有关部门报告，接受调查处理。

环保部门收到电磁辐射污染环境的报告后，应当进行调查，依法责令产生电磁辐射的单位采取措施，消除影响。

第二十四条 发生电磁辐射污染事件，影响公众的生产或生活质量或对公众健康造成不利影响时，环境保护部门应会同有关部门调查处理。

第四章 奖励与惩罚

第二十五条 对有下列情况之一的单位和个人，由环境保护行政主管部门给予表扬和奖励：

（一）在电磁辐射环境保护管理工作中有突出贡献的；

（二）对严格遵守本管理办法，减少电磁辐射对环境污染有突出贡献的；

（三）对研究、开发和推广电磁辐射污染防治技术有突出贡献的。

对举报严重违反本管理办法的，经查属实，给予举报者奖励。

第二十六条 对违反本办法，有下列行为之一的，由环境保护行政主管部门依照国家有关建设项目环境保护管理的规定，责令其限期改正，并处罚款：

（一）不按规定办理环境保护申报登记手续，或在申报登记时弄虚作假的；

（二）不按规定进行环境影响评价、编制环境影响报告书（表）的；

（三）拒绝环保部门现场检查或在被检查时弄虚作假的。

第二十七条 违反本办法规定擅自改变环境影响报告书（表）中所批准的电磁辐射设备的功率的，由审批环境影响报告书（表）的环境保护行政主管部门依法处以1万元以下的罚款，有违法所得的，处违法所得3倍以下的罚款，但最高不超过3万元。

第二十八条 违反本办法的规定，电磁辐射建设项目和设备的环境保护设施未建成，或者未经验收合格即投入生产使用的，由批准该建设项目环境影响报告书（表）的环境保护行政主管部门依法责令停止生产或者使用，并处罚款。

第二十九条 承担环境影响评价工作的单位，违反国家有关环境影响评价的规定或在评价工作中弄虚作假的，由核发环境影响评价证书的环境保护行政主管部门依照国家有关建设项目环境保护管理的规定，对评价单位没收评价费用或取消其评价资格，并处罚款。

第三十条 违反本办法规定，造成电磁辐射污染环境事故的，由省级环境保护行政主管部门处以罚款。有违法所得的，处违法所得3倍以下的罚款，但最高不超过3万元；没有违法所得的，处1万元以下的罚款。

造成环境污染危害的，必须依法对直接受到损害的单位或个人赔偿损失。

第三十一条 环境保护监督管理人员滥用职权、玩忽职守、徇私舞弊或泄漏从事电磁辐射活动的单位和个人的技术和业务秘密的，由其所在单位或上级机关给予行政处分；构成犯罪的，依法追究刑事责任。

第五章 附 则

第三十二条 电磁辐射环境影响报告书（表）的编制、审评，污染源监测和项目的环保设施竣工验收的费用，按国家有关规定执行。

第三十三条 本管理办法中豁免水平是指，国务院环境保护行政主管部门对伴有电磁辐射活动规定的免于管理的限值。

第三十四条 本管理办法自颁布之日起施行。

附件：

电磁辐射建设项目和设备名录

一、发射系统

1. 电视（调频）发射台及豁免水平以上的差转台
2. 广播（调频）发射台及豁免水平以上的干扰台
3. 豁免水平以上的无线电台
4. 雷达系统
5. 豁免水平以上的移动通信系统

二、工频强辐射系统

1. 电压在 100 千伏以上送、变电系统
2. 电流在 100 安培以上的工频设备
3. 轻轨和干线电气化铁道

三、工业、科学、医疗设备的电磁能应用

1. 介质加热设备
2. 感应加热设备
3. 豁免水平以上的电疗设备
4. 工业微波加热设备
5. 射频溅射设备

建设上列电磁辐射建设项目应在建设项目立项前办理环境保护申报登记手续，使用上列电磁辐射设备应在购置设备前办理环境保护申报登记手续。

豁免水平的确认由省级环境保护行政主管部门依据《电磁辐射防护规定》（GB 8702—88）有关标准执行。

第十章　盲目投资

国务院批转发展改革委关于坚决制止电站项目无序建设意见的紧急通知

国发[2004]32 号

各省、自治区、直辖市人民政府，国务院各部委、各直属机构：

发展改革委《关于坚决制止电站项目无序建设的意见》已经国务院同意，现转发给你们，请认真贯彻执行。

近几年来，为适应国民经济和社会发展的需要，缓解电力供应紧张的矛盾，国家加大了电力建设力度，新开工建设与投产运行的电站规模逐年增加。2004 年已批准新开工发电项目 6 000 万千瓦以上，预计投产 5 100 万千瓦。同时，国家还积极采取措施，努力解决当前煤电油运紧张问题，保障社会正常的生产和生活秩序。

在当前电力供应紧张的情况下，各地区、各部门总体上能够正确把握形势，按照国家规划和有关规定，积极落实各项建设条件，加快电力工程建设，为缓解当前电力供应紧张局面发挥了重要作用。但也必须看到，有些地区和企业没有认真执行国家有关政策和规定，盲目铺摊子上项目，违规建设电站工程。特别是从去年以来，一些地区和企业不顾国家多次重申电力建设必须有序发展的要求，继续违规开工建设了大量电站项目，致使电站在建规模远远超出电力规划确定的目标，同时也超出了资源和环境的承受能力，极易再次形成高耗能工业无序发展的恶性循环。这种情况如果任其发展，势必扰乱国家能源总体战略的实施，引发电力布局混乱，煤炭供应和运输能力失衡，金融风险压力加大，以及电力工业技术水平的倒退等问题，也为今后电力结构和产业结构调整留下隐患。

国务院高度重视当前电力建设中出现的问题。为巩固和扩大宏观调控成果，防止违规建设电站项目影响经济建设正常秩序，当前需要尽快采取措施，坚决制止电站项目无序建设的势头。各地区、各有关部门和单位必须按照通知精神和要求，高度重视，组织力量，认真清理违规建设的电站项目，提出停缓建的处理意见，并负责做好各项善后工作。对少数大规模违规建设电站的地区，发展改革委要会同有关部门进行专项重点检查，有关省级人民政府要认真向国务院作出说明。

各地区、各有关部门和单位要牢固树立和认真落实科学发展观，把经济发展的着力点放在调整结构、深化改革、转变经济增长方式上，努力提高能源利用效率，节约资源，正确处理好电力建设局部与全局、近期与长远的关系，切实促进电力工业的健康有序发展。

各省级人民政府和国家电网公司、中国南方电网有限责任公司、有关电力集团公司要在

2004 年 12 月 31 日之前，将清理情况和处理意见报国务院并抄送发展改革委等有关部门。发展改革委要会同有关部门对清理工作进行指导，加强监督检查。

国 务 院

二〇〇四年十一月二十四日

关于坚决制止电站项目无序建设的意见

（发展改革委　二〇〇四年十一月）

近几年，全国电力需求快速增长，一些地区电力供需矛盾突出。为尽快缓解电力供需矛盾，国家在加强电力需求侧管理的同时，加大电力建设规模，加快电力建设进度。继 2001 年、2002 年和 2003 年分别批准开工电站项目 2 140 万千瓦、2 337 万千瓦和 3 111 万千瓦后，今年已经批准开工电站项目 6 110 万千瓦，预计未来一至两年内，发电能力不足的问题能够基本得到解决。但是，在国家加快电力建设的同时，一些地区和企业，无视国家三令五申，违反国家规定和产业政策，未经批准和充分规划论证，大规模建设电站项目。据初步统计，今年各类电站开工规模高达 1.5 亿千瓦，当前全国在建电站规模已达 2.8 亿千瓦，其中未完成或未履行任何国家核准手续而擅自开工建设的电站项目规模高达 1.2 亿千瓦。

违规电站项目的建设，加剧了煤炭供应、交通运输和发电设备制造能力紧张的矛盾，严重超出了经济、市场、资源和环境的承受能力。这种情况如果发展下去，势必导致今后一段时间内发电能力大量过剩，电力建设规模出现大起大落，进而再次形成高能耗工业与电站建设相互推进的恶性循环。违规建设形成的闲置发电资产，还将大量增加金融机构不良贷款，加大金融风险，损害国家整体利益，给国民经济的健康发展带来严重的负面影响。

为巩固和扩大宏观调控成果，贯彻落实国家电力工业发展规划和相关产业政策，维护国家电力建设和投资监管法律、法规的严肃性，促进电力工业全面、协调和可持续发展，必须采取措施尽快制止当前出现的大规模违规建设电站的势头。现提出以下意见：

一、按照科学发展观的要求，进一步统一思想认识。各地区、各有关部门和企业要充分认识违规建设电站项目的严重危害，正确处理好局部与整体、近期与长远的关系，客观分析资源、市场、运输和环境承载能力等外部条件，在国家电力发展规划和产业政策指导下，严格执行国家电力项目投资监管的法律、法规和程序，合理、有序建设电站项目。

二、保持电力工业持续较快健康发展。发展改革委将按照国家电力发展规划实施进度和项目核准制的要求，从满足当前快速增长的电力需求出发，充分考虑资源开发、煤炭生产、设备制造、交通运输、环境保护等因素，继续加快规划内电站项目的核准工作。对已经国家核准的项目，各地区、各有关部门和企业，要按照保工程质量、保设备到货、保资金到位的原则，加快工程建设进度，确保项目按期投产，并争取提前投产。

三、认真清理违规电站建设项目。对于违规在建电站项目，特别是未完成土地征用、环境评价、银行贷款评审手续，取用地下水作为发电用水，煤炭、运输不落实的项目，要认真进行清理。电网企业不得为其接入系统；银行及有关金融机构不得为其提供贷款；国土管理部门不予审批用地，已批准的要收回土地使用权；交通运输部门不予安排运力或铁路接轨；设备制造企业不予供应设备。对这些项目，要根据能源、电力发展规划的要求和各电站项目的具体情况，分类予以处理：

（一）对未经国家批准或核准、未经充分论证、各方面条件不具备的电站项目，要立即停止建设，进行认真清理。

（二）对按国家原电力项目审批程序已批准项目建议书，但未完成核准程序、提前开工的项目，均暂缓建设。当地政府和项目单位要根据国家有关规定，完善建设方案，补充申报材料，补办相关手续，待相关条件具备并完成国家核准后，方可继续建设。国家将抓紧办理这类项目的核准手续。

（三）对已经投入运行的违规电站项目，要区别情况，认真清理，严肃处理。这些项目中，对违反产业政策、不具备环保和用水等条件的，要限期整改；整改后仍达不到要求的，应停止运行并做好善后工作。对符合建设运行条件或整改后符合建设运行条件、经论证可保留的项目，要采取有区别的价格政策，将价差收入上交国家财政，具体办法另行制订。

四、各省级人民政府要认真清理违规建设的电站项目，要按国家电力发展规划和合理布局的要求，会同有关单位提出停缓建的处理意见，该停的要停，该缓的要缓，并负责切实做好善后处理的各项工作。各地区和各有关企业于2004年12月底前将对所有违规项目的处理意见报国务院并抄送发展改革委。

五、发展改革委将会同国务院有关部门，加强对电力项目建设全过程的监督，做好电力规划和产业政策的宣传工作，防止继续出现违规建设电站项目的行为。要密切关注电力市场供求关系的变化，科学引导企业的投资和经营行为。对存在违规建设行为的项目单位，要认真检查其停建或缓建的工作情况。对未按照上述要求认真处理违规电站项目和未及时补办违规项目核准手续的项目单位，其申报的新建电站项目，一律不予受理。

六、各级国土、环保、铁路和水利等部门要认真执行相关法律法规，按照国家清理违规项目的总体部署，配合做好相关项目停工等善后工作。

七、请银监会督促金融机构对违规电站项目贷款进行认真清理。按有关金融法律法规应当停止贷款的，要及时纠正，收回贷款。

八、各级价格主管部门要积极推进电价改革，加强对电力价格政策执行情况的监督检查。电监会要会同发展改革委，抓紧区域电力市场的建设工作，尽快制订、完善电力市场交易模式和规则，及时公开交易信息，强化市场对投资的导向作用，抑制非理性投资电站建设的行为。

九、抓紧制定和完善电力建设管理和投资监管方面的法律、法规，进一步明确电力规划、项目前期工作、工程建设管理等环节的内容和程序，以及国家相关部门和企业的法律责任，加强项目稽察工作，加大对违规行为的处罚力度，实现电力建设的法制化管理。

清理违规建设电站项目，保持电力工业正常的建设秩序，需要地方各级人民政府、国务院各有关部门和企业齐心协力，密切配合。各有关方面要按照本意见的要求，抓紧开展工作，尽快遏制违规建设电站项目的势头，维护电力建设秩序，切实保障国家经济安全。

国家发展改革委关于防止高耗能行业重新盲目扩张的通知

发改运行[2006]1332 号

各省、自治区、直辖市及计划单列市、新疆生产建设兵团发展改革委、经贸委（经委）、国家发供电企业（集团）：

由于国家实施宏观调控，以及经济建设持续多年健康发展，国内能源供应特别是电力供需矛盾总体趋于缓解，今年以来拉限电情况明显减少。在这种情况下，有些地区又出现高耗能行业盲目扩张的苗头。为全面贯彻落实科学发展观，加快推进产业结构调整和经济增长方式转变，实现经济社会平稳较快发展，必须采取经济、法律和行政的综合性措施，坚决防止高耗能行业重新盲目扩张。现将有关要求通知如下：

一、认真贯彻国家产业政策和有关法律法规。《国务院关于发布实施〈促进产业结构调整暂行规定〉的决定》（国发[2005]40 号）和经国务院批准的《产业结构调整指导目录（2005 年本）》是实现“十一五”规划目标，推进产业结构调整的政策导向和重要依据。各地区一定要结合产业发展实际并针对突出问题，加强组织领导，明确责任分工，制定具体措施，抓好贯彻落实。在我国能源资源和生态环境压力严峻形势下，正确引导投资方向，支持发展先进生产能力，依法淘汰落后生产能力，坚定不移地遏制高耗能行业盲目扩张的势头和倾向。

二、从严控制新建项目特别是高耗能项目。按照《国务院关于加快推进产能过剩行业结构调整的通知》（国发[2006]11 号）和《国务院办公厅转发发展改革委等部门关于加强固定资产投资调控从严控制新开工项目意见的通知》（国办发[2006]44 号）要求，进一步加强建设项目的投资准入管理，从严控制钢铁、电解铝、铜冶炼、铁合金、电石、焦炭、水泥、煤炭、电力等行业新上项目特别是高耗能项目。严禁投资新建或改扩建违反国家产业政策、行业准入标准和缺乏能源、环境支撑条件的高耗能生产项目，从源头上把住高耗能行业准入关。各地区在全面清理今年新开工项目过程中，对于宏观调控期间仍继续违规审批和建设的高耗能项目，要作为重点内容，本着“谁审批、谁负责，谁主管、谁负责”的原则，组织从严查处。

三、科学调度合理利用现有电力资源。电力企业要妥善处理局部与整体、当前与长远、自身效益与社会效益的关系，加强统筹安排，合理利用现有各类电力资源。充分利用可再生资源、水利资源和核能资源发电；在确保汛期安全的前提下，多发水电避免弃水；注意发挥大容量机组在能耗、环保方面的优势，发挥科学调度在跨区跨省资源优化配置上的作用。对于违规盲目扩张和不按期淘汰落后高耗能装备及产品的企业，电力供应企业要依法停止供电。

四、坚决取消违规出台的优惠电价等政策措施。无论电力供应处于紧缺或是宽松状态，各地区一律不得违反国家法律、法规和政策规定，自行制定出台对高耗能企业用电实行电价优惠的政策，已经自行采取优惠电价政策的，应立即停止执行。在各类招商引资活动中，凡自行制定的不符合有关法律法规和国家产业政策的“优惠政策措施”，要一律予以废止。

五、加强督促检查切实贯彻执行调控措施。防止高耗能行业盲目扩张，缓解能源环保压力，建设资源节约型和环境友好型社会，既是当前国家宏观调控的重要内容，又是涉及长远发展的战略性任务。各地区和有关部门在贯彻执行的过程中，要加强督促检查，不断总结、注意发现新情况新问题，反映新情况新问题，研究解决新的问题，坚持不懈地抓好节能降耗和防止盲目扩张。国家发展改革委将会同有关部门，加强跟踪检查，深入调查研究，把握动态趋势，进一步采取有针对性的调控措施，继续加强和改善宏观调控，共同促进国民经济与社会平稳较快发展。

国家发展和改革委员会

二〇〇六年七月五日

第十一章　上市环保核查

关于对申请上市的企业和申请再融资的上市企业进行环境保护核查的通知

环发[2003]101 号

各省、自治区、直辖市环境保护局（厅）：

为督促重污染行业上市企业认真执行国家环境保护法律、法规和政策，避免上市企业因环境污染问题带来投资风险，调控社会募集资金投资方向，根据中国证券监督管理委员会对上市公司环境保护核查的相关规定，我局特制定《关于对申请上市的企业和申请再融资的上市企业进行环境保护核查的规定》。原《关于做好上市公司环保情况核查工作的通知》（环发[2001]156号）同时作废。

现将此规定印发给你们，请认真遵照执行。

附件：关于对申请上市的企业和申请再融资的上市企业进行环境保护核查的规定

国家环境保护总局

二〇〇三年六月十六日

附件：

关于对申请上市的企业和申请再融资的上市企业进行环境保护核查的规定

为督促重污染行业上市企业严格执行国家环境保护法律、法规和政策，避免上市企业因环境污染问题带来投资风险，调控社会募集资金投资方向，指导各级环保部门核查申请上市企业和上市企业再融资工作，特制定本规定。

一、核查对象

（一）重污染行业申请上市的企业；

（二）申请再融资的上市企业，再融资募集资金投资于重污染行业。

重污染行业暂定为：冶金、化工、石化、煤炭、火电、建材、造纸、酿造、制药、发酵、纺织、制革和采矿业。

二、核查内容和要求

（一）申请上市的企业

1．排放的主要污染物达到国家或地方规定的排放标准；

2．依法领取排污许可证，并达到排污许可证的要求；

3．企业单位主要产品主要污染物排放量达到国内同行业先进水平；

4．工业固体废物和危险废物安全处置率均达到100%；

5．新、改、扩建项目“环境影响评价”和“三同时”制度执行率达到100%，并经环保部门验收合格；

6．环保设施稳定运转率达到95%以上；

7．按规定缴纳排污费；

8．产品及其生产过程中不含有或使用国家法律、法规、标准中禁用的物质以及我国签署的国际公约中禁用的物质。

（二）申请再融资的上市企业

除符合上述对申请上市企业的要求外，还应核查以下内容：

1．募集资金投向不造成现实的和潜在的环境影响；

2．募集资金投向有利于改善环境质量；

3．募集资金投向不属于国家明令淘汰落后生产能力、工艺和产品，有利于促进产业结构调整。

三、核查程序

申请上市的企业和申请再融资的上市企业应向登记所在地省级环保行政主管部门提出核查申请，并申报以下基本材料：（一）企业（含本企业紧密型成员单位）基本情况；（二）报中国证券监督管理委员会待批准的上市方案或再融资方案；（三）证明符合本规定第三条的相关文件；（四）企业登记所在地省级环保行政主管部门要求的其他有关材料。

省级环境保护行政主管部门自受理企业核查申请之日起，于30个工作日内组织有关专家或委托有关机构对申请上市的企业和申请再融资的上市企业所提供的材料进行审查和现场核查，将核查结果在有关新闻媒体上公示10天，结合公示情况提出核查意见及建议，以局函的形式报送中国证券监督管理委员会，并抄报国家环保总局。

火力发电企业申请上市和申请再融资应由省级环保部门提出初步核查意见上报国家环保总局。国家环保总局组织核定后，将核定结果在总局政府网站上公示10天，结合公示情况提出核查意见及建议，以局函的形式报送中国证券监督管理委员会。

对于跨省从事重污染行业生产经营活动的申请上市企业和申请再融资的上市企业，其登记所在地省级环境保护行政主管部门应与有关省级环境保护行政主管部门进行协调，将核查意见及建议报国家环保总局，由国家环保总局报送中国证券监督管理委员会。

关于进一步规范重污染行业生产经营公司申请上市或再融资环境保护核查工作的通知

环办[2007]105 号

各省、自治区、直辖市环境保护局（厅）：

自 2003 年我局印发《关于对申请上市的企业和申请再融资的上市企业进行环境保护核查的规定》（环发[2003]101 号）以来，各地环保部门普遍开展了对重污染行业申请上市或再融资公司的环保核查工作，并取得较好的效果。为进一步规范跨省从事重污染行业申请上市或再融资公司的环保核查工作，现通知如下：

一、按照环发[2003]101 号文件和 2004 年印发的《关于贯彻执行国务院办公厅转发发展改革委等部门关于制止钢铁电解铝水泥行业盲目投资若干意见的紧急通知》（环发[2004]12 号）的规定，从事火力发电、钢铁、水泥、电解铝行业的公司和跨省从事环发[2003]101 号文件所列其他重污染行业生产经营公司的环保核查工作，由我局统一组织开展，并向中国证券监督管理委员会出具核查意见。

上述公司申请环保核查的，应向我局提出核查申请，提交环发[2003]101 号文件规定的有关资料及我局认为必要的其他材料，核查申请应同时抄报核查企业所在地省级环保局（厅）。我局按规定程序组织开展核查工作，相关省级环保局（厅）应向我局出具审核意见。

二、需核查企业的范围暂定为：申请环保核查公司的分公司、全资子公司和控股子公司下辖的从事环发[2003]101 号文件所列重污染行业生产经营的企业和利用募集资金从事重污染行业的生产经营企业。

三、核查工作完成后，由我局统一进行公示，在我局网站和中国环境报上公示 10 天，同时在相关省级环保局（厅）、企业所在地地级及以上市级环保局的政府网站和地方主要媒体上公示 10 天。

国家环境保护总局办公厅

二〇〇七年八月十三日

关于印发《上市公司环保核查行业分类管理名录》的通知

环办函[2008]373号

各省、自治区、直辖市环境保护局（厅），全军环办、新疆生产建设兵团环境保护局：

根据《关于对申请上市的企业和申请再融资的上市企业进行环境保护核查的通知》（环发[2003]101号）与《关于进一步规范重污染行业生产经营公司申请上市或再融资环境保护核查工作的通知》（环发[2007]105号）的规定，为进一步细化环保核查重污染行业分类，我部制定了《上市公司环境保护核查行业分类管理名录》（以下简称《管理名录》），《管理名录》中未包含的类型暂不列入核查范围，现将该《管理名录》印发你们，请遵照执行。

附件：上市公司环保核查行业分类管理名录

环境保护部办公厅

二〇〇八年六月二十四日

附件：

上市公司环保核查行业分类管理名录

行业类别	类　型
1．火电	火力发电（含热电、矸石综合利用发电、垃圾发电）
2．钢铁	炼铁（含熔融和还原） 球团及烧结 炼钢 铁合金冶炼 钢压延加工 焦化
3．水泥	水泥制造（含熟料制造）
4．电解铝	包括全部规模、全过程生产
5．煤炭	煤炭开采及洗选 煤炭地下气化 煤化工（煤制油、煤制气、煤制甲醇或二甲醚等）
6．冶金	有色金属冶炼（常用有色金属、贵金属、稀土金属、其他稀有金属冶炼） 有色金属合金制造 废金属冶炼 有色金属压延加工 金属表面处理及热处理加工[电镀；使用有机涂层，热镀锌（有钝化）工艺]

行业类别		类型
7．建材		玻璃及玻璃制品制造 玻璃纤维及玻璃纤维增强塑料制品制造 陶瓷制品制造 石棉制品制造；耐火陶瓷制品及其他耐火材料制造 石墨及碳素制品制造
8．采矿		石油开采 天然气开采 非金属矿采选（化学矿采选；石灰石、石膏开采；建筑装饰用石开采；耐火土石开采；黏土及其他土砂石开采；采盐；石棉、云母矿采选；石墨、滑石采选；宝石、玉石开采） 黑色金属矿采选 有色金属矿采选（常用有色金属、贵金属、稀土金属、其他稀有金属采选）
9．化工		基础化学原料制造（无机酸制造、无机碱制造、无机盐制造、有机化学原料制造、其他基础化学原料制造） 肥料制造（氮肥制造、磷肥制造、钾肥制造、复混肥料制造、有机肥料及微生物肥料制造、其他肥料制造） 涂料、染料、颜料、油墨及其他类似产品制造 合成材料制造[初级形态的塑料及合成树脂制造、合成橡胶制造、合成纤维单（聚合）体的制造、其他合成材料制造] 专用化学品制造（化学试剂和助剂制造、专项化学用品制造、林产化学产品制造、炸药及火工产品制造、信息化学品制造、环境污染处理专用药剂材料制造、动物胶制造、其他专用化学产品制造） 化学农药制造、生物化学农药及微生物农药制造（含中间体） 日用化学产品制造（肥皂及合成洗涤剂制造、化妆品制造、口腔清洁用品制造、香料香精制造、其他日用化学产品制造） 橡胶加工 轮胎制造、再生橡胶制造
10．石化		原油加工 天然气加工 石油制品生产（包括乙烯及其下游产品生产） 油母页岩中提炼原油 生物制油
11．制药		化学药品制造（含中间体） 化学药品制剂制造 生物、生化制品的制造 中成药制造
12．轻工	酿造	酒类及饮料制造[酒精制造、白酒制造、啤酒制造、黄酒制造、葡萄酒制造、其他酒制造；碳酸饮料制造、瓶（罐）装饮用水制造、果菜汁及果菜汁饮料制造、含乳饮料和植物蛋白饮料制造、固体饮料制造、茶饮料及其他软饮料制造；精制茶加工]
	造纸	纸浆制造（含浆纸林建设） 造纸（含废纸造纸）

行业类别		类型
12．轻工	发酵	调味品制造（味精、柠檬酸、氨基酸制造等） 有发酵工艺的粮食、饲料加工
		制糖 植物油加工
13．纺织		化学纤维制造
		棉、化纤纺织及印染精加工
		毛纺织和染整精加工
		丝绢纺织及精加工
		化纤浆粕制造
		棉浆粕制造
14．制革		皮革鞣制加工
		毛皮鞣制及制品加工

关于重污染行业生产经营公司IPO申请申报文件的通知

发行监管函[2008]6号

各保荐人：

根据国家环保总局文件《关于对申请上市的企业和申请再融资的上市企业进行环境保护核查的规定》（环发[2003]101号）和国家环保总局办公厅文件《关于进一步规范重污染行业生产经营公司申请上市或再融资环境保护核查工作的通知》（环发[2007]105号）的相关规定和发行审核工作的实际情况，现对重污染行业生产经营公司首发申请受理工作的有关事项通知如下：

从事火力发电、钢铁、水泥、电解铝行业和跨省从事环发[2003]101号文件所列其他重污染行业生产经营活动的企业申请首次公开发行股票的，申请文件中应当提供国家环保总局的核查意见，未取得相关意见的，不受理申请。

中国证券监督管理委员会发行监管部

二〇〇八年一月九日

关于加强上市公司环境保护监督管理工作的指导意见

环发[2008]24 号

各省、自治区、直辖市环保局（厅），副省级城市环保局，新疆生产建设兵团环保局，中国人民解放军环保局：

为贯彻落实《国务院关于落实科学发展观加强环境保护的决定》（国发[2005]39 号）关于企业应当公开环境信息和《国务院关于印发节能减排综合性工作方案的通知》（国发[2007]15 号）关于加强上市公司环保核查的要求，按照《环境信息公开办法（试行）》（国家环保总局令第 35 号）、《关于对申请上市的企业和申请再融资的上市企业进行环境保护核查的通知》（环发[2003]101 号）、《关于进一步规范重污染行业生产经营公司申请上市或再融资环境保护核查工作的通知》（环办[2007]105 号），以及《上市公司信息披露管理办法》（中国证券监督管理委员会令第 40 号）、《关于重污染行业生产经营公司 IPO 申请申报文件的通知》（中国证券监督管理委员会发行监管函[2008]6 号）等规定，引导上市公司积极履行保护环境的社会责任，促进上市公司持续改进环境表现，争做资源节约型和环境友好型的表率，现提出以下意见：

一、进一步完善和加强上市公司环保核查制度

国家环保总局自 2001 年以来，开展了重污染行业上市公司的环保核查工作，对于促进重污染行业上市公司遵守国家环保法律法规，降低因环境污染带来的投资风险等发挥了作用。

2007 年，国家环保总局颁布实施了《关于进一步规范重污染行业生产经营公司申请上市或再融资环境保护核查工作的通知》（环办[2007]105 号）以及《上市公司环境保护核查工作指南》，对从事火力发电、钢铁、水泥、电解铝行业的公司和跨省从事其他重污染行业生产经营公司明确了环保核查程序要求，进一步规范和推动了环保核查工作。地方各级环保部门也陆续开展了上市公司环保核查工作，收到了很好效果。

为进一步加强上市公司环保核查工作，国家环保总局将继续完善上市公司环保核查相关规定，严把上市公司环保核查关口，健全环保核查专家审议机制，加强对上市公司以及相关技术单位的培训，拓宽公众参与和社会监督渠道，加大宣传力度。

省级环保部门要严格执行上市公司环保核查制度，做好辖区内由其负责核查的上市公司环保核查工作，并对国家环保总局负责核查的上市公司提供相关意见，同时建立上市环保核查工作档案。对于核查时段内严重违反国家环保法律法规和产业政策、发生重大环境污染事故且造成严重后果以及在核查过程中弄虚作假的上市公司，不得出具环保核查意见。对于核查中发现的问题，应督促企业按期整改。

省级环保部门要加强与证券监管机构的协调配合，建立信息通报机制，及时将上市公司环保核查相关情况通报给相关证券监管机构。

二、积极探索建立上市公司环境信息披露机制

为促进上市公司特别是重污染行业的上市公司真实、准确、完整、及时地披露相关环境信

息，增强企业的社会责任感，国家环保总局将与中国证监会建立和完善上市公司环境监管的协调与信息通报机制。

国家环保总局将按照《环境信息公开办法（试行）》等有关规定，推进和监督上市公司公开环境信息。地方各级环保部门应当将未按规定披露环境信息的上市公司名单，逐级上报国家环保总局，同时依法严格保守公司的商业秘密和技术秘密。

国家环保总局将按照上市公司环境信息通报机制，对未按规定公开环境信息的上市公司名单，及时、准确地通报中国证监会。由中国证监会按照《上市公司信息披露办法》的规定予以处理。

上市公司的环境信息披露，分为强制公开和自愿公开两种形式。

发生可能对上市公司证券及衍生品种交易价格产生较大影响且与环境保护相关的重大事件，投资者尚未得知时，上市公司应当立即披露，说明事件的起因、目前的状态和可能产生的影响。“重大事件”主要包括：

——新公布的环境法律、法规、规章、行业政策可能对公司产生重大影响的；

——公司因为环境违法违规被环保部门调查，或者受到刑事处罚、重大行政处罚的；

——公司有新、改、扩建具有重大环境影响的建设项目等重大投资行为的；

——由于环境保护方面的原因，公司被有关人民政府或者有关部门决定限期治理或者停产、搬迁、关闭的；

——公司由于环境问题涉及重大诉讼或者主要资产被查封、扣押、冻结或者被抵押、质押的；

——《环境信息公开办法（试行）》规定并可能对上市公司证券及衍生品种交易价格产生较大影响的其他有关环境的重大事件。

广大股民、媒体和社会各界有权举报上市公司未按规定披露环境信息的行为。

国家鼓励上市公司定期自愿披露其他环境信息，推动企业主动承担社会环境责任。

国家环保总局将与证监会探索进一步完善上市公司环境信息披露的监管机制。

三、开展上市公司环境绩效评估研究与试点

国家环保总局将探索建立上市公司环境绩效评估制度，组织研究上市公司环境绩效评估指标体系，选择比较成熟的板块或高耗能、重污染行业适时开展上市公司环境绩效评估试点，建立上市公司环境绩效评估信息系统，编制并公开发布上市公司年度环境绩效指数及综合排名，为广大股民、投资机构提供上市公司环境绩效的“大盘”信息，营造广大股民和媒体对上市公司开展“绿色监督”的社会氛围。

四、加大对上市公司遵守环保法规的监督检查力度

地方各级环保部门要切实加强对上市公司特别是重污染行业上市公司遵守环保法律法规的监督检查。要保证对上市公司巡查和监督性监测频次，督促其污染治理设施正常运行，污染物排放稳定达标。要按照《环境信息公开办法（试行）》，及时向社会公开对上市公司的环境行政处罚情况；公开拒不执行环境行政处罚决定、超标或超总量排放污染物、发生重大或特大环境污染事件的上市公司名单等信息。

国家环境保护总局

二〇〇八年二月二十二日

关于进一步严格上市环保核查管理制度
加强上市公司环保核查后督查工作的通知

环发[2010]78 号

各省、自治区、直辖市环境保护厅（局），新疆生产建设兵团环境保护局，华北、华东、华南、西北、西南、东北环境保护督查中心：

近年来，上市环保核查工作逐步完善，规章制度不断健全，技术程序不断规范，核查内容不断深入，社会影响不断扩大，推动了上市公司持续改善环境行为，有效提升了上市公司的环境保护水平。上市环保核查已经成为全面审视企业环境行为的有效载体，成为工业污染防治工作的重要抓手，成为环境保护优化经济增长的有效途径，正在成为一项重要的环境管理制度。

但是，随着核查工作的深入开展，一些问题也逐渐暴露出来。部分地方环保部门现场检查不够充分，对上市公司的环保后督查不够深入，极个别省级环保部门还违反分级核查管理规定，越权为企业出具上市环保核查意见，严重干扰了上市环保核查工作秩序。为进一步做好上市环保核查工作，现将有关要求通知如下：

一、严格执行上市环保核查各项规定。各省级环保部门要以高度认真负责的态度严格审核、严格把关，通过环保核查督促企业发现问题、解决问题，在开展环保核查时，未经现场检查不得出具核查意见。核查过程中，重点检查是否按期完成主要污染物总量减排任务、是否按期淘汰落后产能、是否依法履行环评手续和通过环保验收、是否依法按要求完成清洁生产审核及评估验收、是否按期完成重金属污染防治任务以及是否实现稳定达标排放等情况。对于存在重大环保问题的企业，应在其完成整改之后方可出具意见。

二、严格遵守上市环保核查分级管理制度。各省级环保部门应严格执行我部《关于进一步规范重污染行业生产经营公司申请上市或再融资环境保护核查工作的通知》（环办[2007]105 号）规定，不得越权直接出具核查意见。按分级核查管理规定，各省级环保部门需直接向国务院证券监督管理机构或申请上市环保核查公司出具核查意见时，应同时抄报环境保护部。凡越权核查的，我部将予通报批评并上收该省环保部门上市公司环保核查权限。

三、建立完善上市环保核查后督查制度。对于通过环保核查的上市公司，各省级环保部门应建立完善上市公司环保核查后督查管理制度，每两年组织开展一次系统深入的后督查工作，重点检查公司承诺限期完成整改的环境问题。环境保护部环保督查中心应按照我部统一部署、统一要求，在我部确定的范围内开展上市环保核查后督查。各省级环保部门和督查中心对上市公司的环保情况应进行现场检查，逐一查看污染治理设施和相关监控设备，认真核实企业存在的环保问题，按照有关规定做好现场笔录。各省级环保部门和各督查中心应将后督查情况及时报告我部，由我部统一向社会发布后督查信息。

四、完善上市公司环境信息披露机制。各省级环保部门应督促辖区内上市公司认真执行我部关于企业环境信息公开的相关规定，督促企业及时、完整、准确地披露环境信息、发布年度环境报告书。上市公司的年度环境报告书应包括产业政策、环评和“三同时”制度、达标排放和总量控制、排污申报和缴纳排污费、清洁生产审核、重金属污染防治、环保设施运行、有毒有害物质使用和管理、环境风险管理等环境管理制度的执行情况。各省级环保部门应将上市公司主动披露环境信息和发布年度环境报告书的情况，作为上市环保核查的重要内容。

五、加大上市环保核查信息公开力度。各省级环保部门应将上市环保核查的程序向社会公布。负责核查的省级环保部门应在当地主要媒体和环保部门网站公示核查情况，上市环保核查技术报告应同时在环保部门网站公开，以便公众查阅。为进一步加大信息公开力度，我部将建立上市环保核查公告制度，每季度公开通过我部和各省级环保部门环保核查的企业名单，每年公布我部和各省级环保部门环保后督查结果。各省级环保部门应于每季度第一个月份的 15 日前，按附件要求将上一季度本省直接向国务院证券监督管理机构或申请公司出具核查意见的情况报告我部。

近期，我部将发布 2005 年以来通过上市环保核查的公司清单。请各省级环保部门于 2010 年 7 月 31 日前，将 2005 年以来和今年第一、二季度上市公司环保核查情况，按照附件要求报告我部。

联系人：污染防治司 王晓密

电话：（010）66556277

传真：（010）66556244

邮箱：wang.xiaomi@mep.gov.cn

二〇一〇年七月八日

关于进一步规范监督管理严格开展上市公司环保核查工作的通知

环办[2011]14号

各省、自治区、直辖市环境保护厅（局），新疆生产建设兵团环境保护局：

近来，各地认真开展上市环保核查工作，深入现场检查和后督查，促进企业加强环保工作，推动企业转变发展方式，取得积极成效。为进一步规范上市环保核查工作，现将有关要求通知如下：

一、规范上市环保核查工作程序

由环境保护部负责主核查的公司，应先取得相关省级环保部门的核查初审意见。省级环保部门出具的核查初审意见应主送环境保护部办公厅，同时抄送申请公司；在所有相关省级环保部门出具同意通过核查初审的意见后，环境保护部才受理公司的上市环保核查申请。

省级环保部门负责主核查的公司跨省生产的，主核查的省级环保部门应请相关省级环保部门协助核查，相关省级环保部门应向主核查的省级环保部门出具核查初审意见。

二、严格上市环保核查工作时限

各级环保部门要进一步增强服务意识，努力提高上市环保核查工作效率，在规定时限内完成核查工作。

在收到公司提交的申请材料之日起 10 个工作日内，负责主核查的环保部门应作出是否受理的决定并及时告知申请公司。在受理之日起 30 个工作日内，负责核查初审的省级环保部门应向环境保护部或主核查省级环保部门出具核查初审意见。在受理之日起 50 个工作日内，负责主核查的环保部门应组织完成核查并出具核查意见。

三、加强对企业环保违法行为的监督管理

一是对申请核查前一年内发生过严重环境违法行为的企业，各级环保部门应不予受理其核查申请，包括：发生过重大或特大突发环境事件，未完成主要污染物总量减排任务，被责令限期治理、限产限排或停产整治，受到环境保护部或省级环保部门处罚，受到环保部门 10 万元以上罚款等。本条规定自本通知发布之日起 6 个月后开始实施。

二是在核查过程中，公司仍存在以下违法情形尚未得到改正的，环保部门应退回其核查申请材料，并在 6 个月内不再受理其上市环保核查申请：违反环境影响评价审批和“三同时”验收制度，违反饮用水水源保护区制度有关规定，存在重大环境安全隐患，未完成因重金属、危险化学品、危险废物污染或因引发群体性环境事件而必须实施的搬迁任务。

三是严厉处罚弄虚作假行为。核查过程中，如发现公司存有弄虚作假、故意隐瞒重大违法事实的行为，各级环保部门应及时终止核查，且在 1 年内不再受理其上市环保核查申请。对于存有弄虚作假、故意隐瞒企业重大违法事实行为的上市环保核查技术咨询单位，省级及以上环

保部门应予通报批评，并在2年内不再受理其编制的技术报告；环境保护部将撤销相关责任人员证书。

四、加大对企业环境安全隐患的排查和整治力度

省级环保部门在核查过程中，要加大对企业环境安全隐患的现场排查和督促整改力度。尤其是对于涉重金属、危险化学品和尾矿库的企业，要安排经验丰富的人员加强现场检查，发现问题及时要求企业整改。对于存在重大环境问题的企业，须待其全部完成整改且经现场核实后，才可出具同意的核查初审意见或核查意见。

环境保护部办公厅

二〇一一年二月十四日

关于深入开展重点行业环保核查进一步强化工业污染防治工作的通知

环发[2012]32号

各省、自治区、直辖市环境保护厅（局），新疆生产建设兵团环境保护局，解放军环境保护局，各环境保护督查中心：

工业污染防治始终是环境保护工作的重点领域。当前我国经济发展保持较高增长速度，工业污染对生态环境的压力愈加突出，必须进一步强化重污染行业污染防治，深入开展重点行业环保核查，推进经济发展方式转变。为全面贯彻第七次全国环境保护大会精神，落实《国务院关于加强环境保护重点工作的意见》，现就深入开展重点行业环保核查，进一步强化工业污染防治工作，通知如下：

一、充分认识行业环保核查的重要意义

（一）行业环保核查的内涵。行业环保核查是环保部门对行业内企业的环保守法、环境管理和环境表现情况进行全面审查和现场核查，督促企业整改环保问题，确保稳定、持续达到环境保护法律法规要求，从而提升全行业环境保护水平。

（二）行业环保核查已具扎实工作基础。从2002年起，我部陆续对柠檬酸（盐）、制革、味精、稀土、淀粉和酒精等行业开展环保核查。我部与中国生物发酵产业协会联合开展的6轮行业环保核查，改变了柠檬酸企业小而散、污染严重的局面，生产工艺和产业集中度显著提升，已经处于世界同行业领先水平。我部近年组织开展的稀土、制革等行业环保核查推动企业解决了一大批突出环境问题，全行业环保责任意识明显提升，环境守法状况明显改善。

（三）部分行业环保核查取得明显成效。近年开展的部分行业环保核查，有效提升了企业环境保护水平，取得明显的环境、经济和社会效益。实践表明，行业环保核查已经成为现有企业环境准入的重要条件，成为工业污染防治的有效手段，成为重污染行业转变发展方式的有力推手，是探索中国环境保护新道路的重要实践。第七次全国环保大会明确指出，加强重点行业环保核查为转变经济发展方式作出了贡献。

二、行业环保核查的原则、程序和内容

（四）坚持全面核查、惩促并举、信息公开的原则。行业环保核查相当于对企业进行全面系统的环境审查，采取多部门联动的鼓励和限制措施，加强环境信息公开和社会监督，通过行业协会调动全行业治污积极性，落实企业治污主体责任，促使企业下大力气解决突出的环境问题，特别是涉及饮用水安全、重金属、危险化学品和危险废物污染防治的问题和存在环境风险隐患、易引发群体性事件的环境问题。

（五）行业环保核查的程序。包括自查、初审、复核和公告四个环节。企业按规定时限提交环保核查申请、自查报告及相关材料。省级环保部门或行业协会等组织初审，进行资料审查和现场检查。环境保护部组织有关单位复核，省级环保部门和环境保护部各环境保护督查中心

负责现场抽查。经过社会公示，环境保护部发布符合环保法律法规要求的企业名单公告。

（六）行业环保核查的主要内容。主要包括16个方面：建设项目环境影响评价和“三同时”制度执行情况；产业政策执行情况；排污申报登记、排污许可证和排污缴费执行情况；主要污染物及特征污染物达标排放情况；主要污染物排放总量控制和总量减排执行情况；环保设施及自动监控设备稳定运行情况；依法实施清洁生产情况及产排污强度；重金属污染防治情况；危险化学品污染防治情况；危险废物污染防治及一般工业固体废物处理处置情况；生态环境保护措施执行情况；对饮用水水源保护区、自然保护区、国家重点生态功能区等环境敏感区影响情况；环境安全隐患及应急预案和引发环境事件情况；企业环境管理、自行监测及环保违法处罚情况；环境信息公开情况；其他环保情况。各级环保部门对企业的日常执法检查结果应作为重点行业环保核查的重要依据。

（七）通过行业环保核查的条件。行业环保核查重点审查申请企业过去一年和当年的环境保护情况。通过行业环保核查的企业应当严格遵守环境保护法、环境影响评价法、大气污染防治法、水污染防治法、固体废物污染环境防治法、清洁生产促进法等环保法律法规，环境管理规范，环境行为优良。对于开展行业环保核查工作的重点行业，我部将按行业分别发布环保核查细则，明确规定通过行业环保核查的具体条件、核查结果有效期等。

三、积极支持符合环保法律法规要求的企业发展

（八）各级环保部门采取支持措施。对于通过行业环保核查的企业，各级环保部门应优先办理新、改、扩建项目环境影响评价等各类环境保护行政许可申请，优先审批固体废物和危险化学品进出口申请，优先给予环保各类专项资金和经济优惠政策支持。企业通过行业环保核查一年内申请上市环保核查的，各级环保部门应予优先支持，并简化其上市环保核查程序。

（九）采取部门联动的支持措施。环境保护部将通过行业环保核查的企业名单公告抄送发展改革委、工业和信息化部、商务部、国资委、安全监管总局、质检总局、海关总署、税务总局、人民银行、银监会、证监会、电监会等有关部门，为其支持企业发展提供依据。

四、采取严厉的环境监管措施

（十）限制不符合环保法律法规要求的企业发展。对于行业环保核查发现的不符合环保法律法规要求的企业，各级环保部门应严格审查其各类环境保护行政许可申请，严格审查其进出口固体废物和危险化学品申请，不予受理其上市环保核查申请，不给予环保各类专项资金支持，各级环保部门不得为其出具任何方面的环保守法证明文件。

（十一）加强日常执法监管。对于行业环保核查发现的不符合环保法律法规要求的企业加大现场执法检查力度，特别是对环境污染严重、环境安全隐患突出、群众反映强烈的企业，要依法从严从重从快处罚，采取挂牌督办、限期治理等措施。已列入公告名单的企业，若出现不符合环保法律法规要求的问题，立即从名单中撤下并向社会公告。

（十二）严格按照行业环保核查要求出具各类环保守法证明文件。地方各级环保部门在配合有关部门开展行业准入审查、生产或工商许可证审核、贷款融资审查等工作时，对于尚未开展环保核查行业的企业，应按照本通知规定的内容和要求对企业开展全面核查，对于符合十六项核查内容要求的企业方可出具环保守法证明文件。

五、近期行业环保核查工作要求

（十三）环保核查的重点行业。根据中央加快转变经济发展方式的战略部署，紧密围绕全国环境保护工作的重点，适时选取重点行业开展环保核查。近期要继续开展稀土、制革、钢铁、柠檬酸、味精、淀粉、淀粉糖、酒精行业环保核查，适时开展铅蓄电池和再生铅、多晶硅、焦炭、化工、石油石化、有色金属冶炼、铬盐等行业环保核查。

（十四）环保核查要统一组织、统一标准、统一发布。各级环保部门和相关行业协会，要根据环境保护部统一组织，在全行业有序开展环保核查。各地应严格按照行业环保核查细则要求，统一技术标准，统一政策尺度，确保实现行业公平。环境保护部对初审结果进行复核和公示后，统一发布重点行业环保核查结果。

（十五）各地可率先开展行业环保核查。对于环境保护部未统一组织开展行业环保核查工作的行业，各省级环保部门可根据本地实际，按照本通知要求自行组织开展本省行业环保核查工作，采取鼓励或监管措施，核查情况可报环境保护部。

联系人：环境保护部污染防治司　王晓密　韦洪莲

电话：（010）66556298，66556245

传真：（010）66556244

二〇一二年三月二十二日

关于进一步优化调整上市环保核查制度的通知

环发[2012]118号

各省、自治区、直辖市环境保护厅（局），新疆生产建设兵团环境保护局，解放军环境保护局，各环境保护督查中心：

为贯彻落实《国务院关于加强环境保护重点工作的意见》和《国务院办公厅关于印发2012年政府信息公开重点工作安排的通知》有关部署，进一步调整优化上市环保核查制度，现将有关事项通知如下：

一、调整优化的思路

进一步完善环保核查制度，精简工作环节，缩短工作时限，突出环保核查重点，强化上市公司环保主体责任，全面推进环境保护信息公开。

二、强化上市公司环境保护主体责任

公司计划上市或再融资需取得环保证明文件的，应向所在地省级或以上环保部门申请上市环保核查，并提交核查申请文件及申请报告（见附件）。申请文件及报告应介绍公司环保理念、环保目标及发展规划，环境管理规章制度及考核、激励措施，采取的降低环境负荷的措施及效果；说明公司与环保核查要求的符合性，并提出环保持续改进计划。公司应对提交的核查申请文件及申请报告真实性负责，申请文件及申请报告中对公司上市及融资基本情况、与环保核查要求相符性、环境违法情况等方面存在虚假记载、误导性陈述或重大遗漏的，负责主核查的环保部门可以终止环保核查，并在6个月内不再受理该公司的上市环保核查申请。

各级环保部门不得强制要求或变相指定申请核查公司委托第三方中介机构代为准备核查申请文件或申请报告；不得向申请上市环保核查公司违规收费。

三、精简上市环保核查内容和核查时限

对首次上市并发行股票的公司、实施重大资产重组的公司，未经过上市环保核查需再融资的上市公司，将核查内容调整简化为五项，即建设项目环评审批和“三同时”环保验收制度执行情况；污染物达标排放及总量控制执行情况（包括危险废物安全处置情况）；实施清洁生产情况；环保违法处罚及突发环境污染事件情况；企业环境信息公开情况。

对已经过上市环保核查仅再融资的上市公司，以及获得上市环保核查意见后一年内再次申请上市环保核查的公司，将核查内容简化为三项，即募投项目环评审批和验收情况、环保违法处罚及突发环境污染事件、企业环境信息公开情况。

由我部负责主核查的，公司核查申请材料齐全并符合要求，且相关省级环保部门向我部报送初审意见的，我部方予受理。我部上市环保核查工作时限由60个工作日缩短为50个工作日，其中核查公示时间由10天缩短为5天；企业补正材料、整改问题的时间、环保部门调查核实的时间不计入工作时限。

四、加强对上市公司的日常环保监管和后督查

地方相关环保部门要积极配合同级金融及证券监管部门，对计划上市或再融资的上市公司提前辅导，督促其对照上市环保核查要求进行自查自纠，提前整改环保问题。在日常环保监管、开展环保专项行动和处理环境信访过程中对上市公司进行重点检查，发现违法问题要依法查处，不得以多收排污费的方式替代环保处罚。负责主核查的环保部门以公司申请文件及报告为基础，依据日常环保监管情况，开展上市环保核查，出具上市环保核查意见。

在核查过程中，发现公司存在重大环保问题，且属于《关于进一步规范监督管理 严格开展上市公司环保核查工作的通知》（环发[2011]14 号）规定不予受理或退回核查申请材料情形的，负责主核查的环保部门应作出不予受理或退回核查申请材料的决定，责令主管环保部门依法督促企业整改，并在环保后督查时检查公司整改落实情况。

发现公司存在其他环保问题且不能在核查过程中整改完毕的，负责主核查的环保部门应责令其依法整改，在核查意见中说明情况，提出环保监管要求，并将公司环保整改方案及时间表向社会公开。

各省级环保部门要对上市公司开展环保后督查，督促其切实整改到位；对于未履行整改承诺、未按期纠正环境违法行为的公司依法处罚。我部组织各环境保护督查中心对上市公司开展环保后督查，检查公司环保要求落实情况，并根据后督查情况，适时发布通报。

五、持续加大上市公司环境信息公开力度

各级环保部门要继续做好核查工作制度公开、过程公开和结果公开。公开上市环保核查规章制度，包括核查程序、办事流程、时间要求、申报方式、联系方式等；核查过程中，公开核查工作信息并动态更新，包括受理时间、进展情况等；核查结束后，公开核查意见及结论。

环保部门逐步公开对上市公司的日常环保监管信息，如建设项目环评批复和环保验收文件、监督性监测数据、主要污染物排放情况（包括在线监测数据）、污染物排放总量控制指标、环保处罚情况等。

在上市环保核查期间，申请核查公司应在其网站公开核查申请文件及申请报告；属于再次申请上市环保核查的，还应当公开对上次环保核查要求（包括整改承诺）的落实情况。上市环保核查结束后，申请核查公司应在其网站公开持续改进环境行为的承诺；向环保部门承诺整改环保问题的，还应披露整改方案、进度及结果等信息。属于强制开展清洁生产审核的企业，还应依照《清洁生产促进法》和《环境信息公开办法（试行）》，披露企业基本信息、主要污染物排放情况、环保设施建设运行情况、环境污染事故应急预案以及清洁生产审核情况等信息。

本通知自发布之日开始执行。我部发布的《关于对申请上市的企业和申请再融资的上市企业进行环境保护核查的通知》（环发[2003]101 号）、《关于进一步规范重污染行业生产经营公司申请上市或再融资环境保护核查工作的通知》（环办[2007]105 号）、《关于加强上市公司环境保护监督管理工作的指导意见》（环发[2008]24 号）、《关于印发〈上市公司环保核查行业分类管理名录〉的通知》（环办函[2008]373 号）、《关于进一步严格上市环保核查管理制度 加强上市公司环保核查后督查工作的通知》（环发[2010]78 号）、《关于进一步规范监督管理严格开展上市公司环保核查工作的通知》（环办[2011]14 号）等文件中，与本通知规定不一致的，按本通知执行。

附件：上市环保核查申请文件及申请报告的内容与格式要求

环境保护部

2012 年 10 月 8 日

附录　通用法律法规和标准目录

一、法律法规

1．中华人民共和国环境保护法，1989
2．中华人民共和国大气污染防治法，2000
3．中华人民共和国水污染防治法，2008
4．中华人民共和国海洋环境保护法，2000
5．中华人民共和国环境噪声污染防治法，1996
6．中华人民共和国固体废物污染环境防治法，2005
7．中华人民共和国放射性污染防治法，2003
8．中华人民共和国环境影响评价法，2003
9．中华人民共和国清洁生产促进法，2003
10．中华人民共和国节约能源法，2008
11．中华人民共和国电力法，1996
12．中华人民共和国循环经济促进法，2009
13．中华人民共和国可再生能源法，2006
14．中华人民共和国水法，2002
15．中华人民共和国水土保持法，2011
16．中华人民共和国矿产资源法，1997

二、部门规章

1．建设项目环境保护管理条例，1998
2．排污费征收使用管理条例，2003
3．危险化学品安全管理条例，2011
4．规划环境影响评价条例，2009
5．中华人民共和国自然保护区条例，1994
6．基本农田保护条例，1994
7．中华人民共和国政府信息公开条例，2008
8．城市市容和环境卫生管理条例，1992

三、标准

（一）大气

1．环境空气质量标准 GB 3095—2012
2．火电厂大气污染物排放标准 GB 13223—2011
3．大气污染物综合排放标准 GB 16297—1996

4．保护农作物的大气污染物最高允许排放浓度 GB 9137—88
5．锅炉大气污染物排放标准 GB 13271—2001
6．煤炭工业污染物排放标准 GB 20426—2006
7．恶臭污染物排放标准 GB 14554—93

（二）水

1．地表水环境质量标准 GB 3838—2002
2．污水综合排放标准 GB 8978—1996
3．关于发布《污水综合排放标准》（GB 8978—1996）中石化工业 COD 标准值修改单的通知（环发[1999]285 号）
4．城镇污水处理厂污染物排放标准 GB 18918—2002
5．关于发布《城镇污水处理厂污染物排放标准》（GB 18918—2002）修改单的公告（国家环境保护总局公告 2006 年 第 21 号）
6．饮用水水源保护区划分技术规范 HJ/T 338—2007

（三）声和振动

1．声环境质量标准 GB 3096—2008
2．工业企业厂界环境噪声排放标准 GB 12348—2008
3．建筑施工场界环境噪声排放标准 GB 12523—2011
4．社会生活环境噪声排放标准 GB 22337—2008

（四）土壤和固废

1．一般工业固体废物贮存、处置场污染控制标准 GB 18599—2001
2．关于发布《一般工业固体废物贮存、处置场污染控制标准》（GB 18599—2001）等 3 项国家污染物控制标准修改单的公告（环境保护部公告　公告 2013 年　第 36 号）
3．危险化学品重大危险源辨识 GB 18218—2009

（五）评价导则

1．环境影响评价技术导则—总纲 HJ 2.1—2001
2．建设项目环境风险评价技术导则 HJ/T 169—2004
3．环境影响评价技术导则—声环境 HJ 2.4—2009
4．环境影响评价技术导则—大气环境 HJ 2.2—2008
5．环境影响评价技术导则—地面水环境 HJ/T 2.3—93
6．环境影响评价技术导则—生态影响 HJ 19—2011
7．环境影响评价技术导则—地下水环境 HJ 610—2011
8．规划环境影响评价技术导则（试行）HJ/T 130—2003
9．规划环境影响评价技术导则煤炭工业矿区总体规划 HJ 463—2009
10．清洁生产审核指南制订技术导则 HJ 469—2009
11．辐射环境保护管理导则 电磁辐射环境影响评价方法与标准 HJ/T 10.3—1996
12．大气污染治理工程技术导则 HJ 2000—2010
13．企业环境报告书编制导则

14．燃煤火电企业环境守法导则

（六）技术规范

1．火电厂烟气脱硝工程技术规范—选择性非催化还原法 HJ/T 563—2010
2．火电厂烟气脱硝工程技术规范—选择性催化还原法 HJ/T 562—2010
3．火电厂烟气脱硫技术规范—石灰石/石灰-石膏法 HJ/T 179—2005
4．火电厂烟气脱硫技术规范—烟气循环流化床法 HJ/T 178—2005
5．火电厂烟气脱硫工程技术规范—氨法 HJ 2001—2010
6．建设项目竣工环境保护验收技术规范（火力发电厂） HJ/T 255—2006
7．环境保护产品技术要求湿式烟气脱硫除尘装置 HJ/T 288—2006
8．关于修改《火电厂烟气脱硫工程技术规范 烟气循环流化床法》（HJ/T 178—2005）等两项国家环境保护标准的公告（公告 2008 年 第 5 号）
9．电除尘工程通用技术规范 HJ 2028—2013
10．袋式除尘工程通用技术规范 HJ 2020—2012
11．500kV 超高压送变电工程电磁辐射环境影响评价技术规范 HJ/T 24—1998
12．建设项目竣工环境保护验收技术规范（生态影响类） HJ/T 394—2007
13．固定污染源烟气排放连续监测技术规范 HJ/T 75—2007
14．废矿物油回收利用污染控制技术规范 HJ 607—2011
15．工业锅炉及炉窑湿法烟气脱硫工程技术规范 HJ 462—2009
16．危险废物污染防治技术政策，环发[2001]199 号
17．城市生活垃圾处理及污染防治技术政策，建成[2000]120 号
18．煤矸石综合利用技术政策要点，国经贸资源[1999]1005 号
19．取水定额第 1 部分：火力发电 GB/T18916.1—2002
20．火力发电厂废水治理设计技术规程 DL/T 5046—2006
21．火力发电厂除灰设计技术规程 DL/T 5142—2002
22．火力发电厂输煤系统煤尘治理设计技术暂行规定 NDGJ 93—89
23．火力发电厂烟气脱硫设计技术规程 DL/T 5196—2004

（七）产品技术要求

1．环境保护产品技术要求—低噪声型冷却塔
2．环境保护产品技术要求——般用途低噪声轴流通风机
3．环境保护产品技术要求—袋式除尘器滤袋
4．环境保护产品技术要求—袋式除尘器用覆膜滤料
5．环境保护产品技术要求—袋式除尘器滤袋框架
6．环境保护产品技术要求—袋式除尘器用滤料
7．环境保护产品技术要求—电除尘器
8．环境保护产品技术要求—电除尘器低压控制电源
9．环境保护产品技术要求—电除尘器高压整流电源
10．环境保护产品技术要求—花岗石类湿式烟气脱硫除尘装置
11．环境保护产品技术要求—湿式烟气脱硫除尘装置